心象造境

何怀硕苦涩美感的世界

初枢昊 著

GUANGXI NORMAL UNIVERSITY PRESS
广西师范大学出版社
·桂林·

序

灵魂的探险

三十多年前，一位山东少年从天津《迎春花》杂志 1986 年第 4 期上看到介绍我的几幅画及短文，十余年之中，寻寻觅觅，经历颇曲折的过程，终于成为多年通信的朋友。那时我是台北艺术大学和台师大美术系教授，因为彼时未能去大陆，到 20 世纪 90 年代，两岸大交流，我常应邀去北京开会。又过几年，进入 21 世纪后，初枢昊学成业就，成为央美《世界美术》（后转入《美术研究》）的编辑。之后，因我到北京参加研讨会，才见了面。

我没想到他发愿写我的艺术评传。他默默从各种管道了解我，收集我平生资料。他给我的印象：在理解与鉴识上很有天赋，又细心、敏锐，有见解。除曾问我几项具体事实与作品年代等问题，从来没有"访问"或特别请我对他的写作提出要求或表白什么。不记得过了多少年，有一天他寄书稿给我，请我看看有什么错误。我一看，吓了一跳。许多事若不经他揭发，我早忘了。我好像在别人的镜子中看到昨日的我、今日的我与依稀可辨的明日的我。有几分惊奇、感动、欣慰，也有几分惊悚与自怜——原来我是那样子！

在我的子侄辈研究者的笔端，经灵犀而通探我的初心，如杜甫两句我最感动的诗句："怅望千秋一洒泪，萧条异代不同时"。只有艺术能使人与人间深刻的共鸣成为可能。我读此书稿时，因激动而匆匆跳读，似乎不敢细看。我要等出版后再好好细读，好好看他如何在我的心上、笔下，捕捉证据，揭发底蕴：有多少是我所自知，有多少是我的"无明"。艺术作品与其创作者，在不同心灵的观照中可以南辕北辙，有时会莫衷一是。艺术与人生都应当"不为盈喜，不以戕忧"。

少年时读书记得大文豪法朗士说，文艺批评是批评家在艺术作品中从事灵魂的冒险。若改为"探险"，或更恰当。谢谢枢昊！

2021 年 7 月新冠疫情漫漫中

何怀硕于碧潭涩盦

自序

识荆三十二载
——书信与交往中的怀硕先生

一

　　1986 年冬季的一天，正在胶东小城文登读高中的我，偶然在教美术的吴炳年老师那里看到刚刚出版的 1986 年第 4 期《迎春花》，翻阅时，杂志中刊登的何怀硕《斜晖》《荒寒》《枯树赋》《苍山残照》《空茫》等作，如电流般瞬间击中了我，让我至今都记得当年沮丧的震栗：竟然能有人画出如此的沧桑、深沉、孤独，在北欧风景画的荒冷间，却又兼具油彩无力传达的水墨的沉凝涩古，怎么可能？！"何怀硕"三个字，从此深深烙印在我的艺术地图中。

　　李白《与韩荆州书》云："白闻曰，'生不用封万户侯，但愿一识韩荆州'。何令人之景慕，一至于此耶！"虽未能谋面，精神上的交往已经开始，已然"识荆"。

　　后来，1989 年第 2 期《迎春花》，以何怀硕的《蟠木林》局部为封面，并配发杜滋龄《深沉的苦涩之美》一文，重点介绍他的绘画，同时刊发《蟠木林》《雨巷》《李后主词意》《古月》《独行》等作，震撼虽不如初见时强烈，但感动却不曾稍减。那时是图像资料匮乏的年代，此后几年的时间里，只在1989年的《中国书画·29》和一两本港台杂志中零星见过他的画作，始终无法一窥全豹，内心一直渴望能欣赏到整本的何怀硕画作。

　　大约1991年前后，正读大三的我，一日午后无事，到琉璃厂闲逛，在荣宝斋的柜台里，突然看到一本大十六开软精装画册《涩盒造境》，银灰底子，封面是他标志性的枯树的局部，似乎出自《蟠木林》一画。不厚的一本书，印刷精致，看起来约莫六七十页的样子，像是香港出版，标价一百六十元。当时，一名大学毕业生，每月工资二百多元，我想哪怕是咬牙，也要买下来。可惜，当时囊中虽非空空如也，但确实没这么多银子。那时节，书不是开架销售，而是摆在玻璃柜台里或书架上，读者只能隔着柜台看，如果想要买书，就要鼓起勇气，麻烦店员将自己想看的书拿出来，翻翻，再决定买不买。荣宝斋这种国营老店，对一看就是穷学生模样的顾客，态度不咸不淡，何况又是那么贵的书！当时年轻气盛，脸皮又薄，最讨厌看人脸色，如果不是特别想买的书，一般想想也就作罢。其时，天色将晚，琉璃厂离我读书的北京师范大学又路途颇远，坐22路或47路公共汽车回校取钱再回来，商店早关门了。心想，这么贵的书，一时半会儿应该不会有人买，等明天带上银子，理直气壮、痛痛快快"啪"地一叠钱交给店员，将书拿到手，细细欣赏，岂不快哉！一念及此，便懒得央请店员拿出来翻看内中都有些什么画，于是，悠悠然离开荣宝斋。第二天，上午有课，下午没课，午饭后，揣上银子，直奔琉璃厂而去，到了荣宝斋，正要掏银子的当口，瞥了一眼柜台，坏了——《涩盒造境》不见了。问柜台里的店员，说只有一本，卖了。当时的心中懊悔，莫可言喻：为什么昨天不提前跟店员打个招呼，身上带的钱不够，麻烦给留一下，明天再来？退一步讲，哪怕当时先翻翻，饱饱眼福也好，脸皮就那么重要吗？

我大学毕业后，留京，在崇文区（今东城区）一所中学教政治，闲暇时，琉璃厂、历史博物馆（后来改成了中国国家博物馆）与中国美术馆都离工作单位不远，常常骑着自行车就去了，但那本画册再也没有见到过。

二

1997年春夏之交，我到中国美术馆看展览，什么展览已不记得，偶遇穿着僧袍、剃着光头、正在看展览的史国良（法名慧禅），当年他在美国西来寺出家，是轰动艺坛的爆炸性新闻，我揣度或许他知晓何怀硕的消息，于是随口一问，他很客气地问我找他什么事，我说自己酷爱何怀硕的画。于是，他颇为热心地说："你给何怀硕写信，他会很愿意回信跟你谈艺术问题的。""那地址呢？""你寄到台北艺术学院美术系就行了。""好的，多谢！"

如此这般。

暑假过后，新学期开学后不久的一天，忽然收到一个台湾的包裹，拆开一看，是八开的《何怀硕庚午画集》和十六开的《何怀硕画》，以及印着何怀硕画作的几张彩色明信片，内里夹着他的亲笔信，很客气地称我为"枢昊先生"，写道："我因为出国月余，回来又极忙，到今天才回你的信，抱歉之至！"哪里需要抱歉，是我感动之至才是！信中又说："你这样有心，令人荣感。我的大画册1990年由香港出版，到现在我自己只存极少数，为报答盛情，寄上一册敬赠，并附上

小册及画片，请你多予批评，我很愿多听听你的意见。"落款的时间
是"一九九七·九·四"。信中还附了一张名片，用订书机钉在信的
右上角，上面有他的通信地址、电话和传真。但信后另附了一页，"写
完此信，忽然想到请你帮我寻书"，1986 年他在香港买到的《哈代短
篇小说集（第一集）》（伍蠡甫译，上海译文出版社，1985 年版），
他很想知道，该小说集到底共多少集？当时，海峡两岸交流不畅，他
曾托友人代购，一直未能如愿，想到我如此爱书，不知能否代他买全？
如果不行，到图书馆查到后，影印也可以。最后说："这可能花钱，
但我喜欢哈代小说，到了崇拜地步。影印费即使几百元，我也愿意。
我知道大陆人收入不多，请你容我把钱托上海亲友寄给你。钱不算什么，
我也不是要你回报。因为你对书如此用心，或许会找到此书。"

这是怀硕先生与我书信往来的开始。

不过，得阅画册狂喜后不久的一件事，是怀硕先生给了我毕生难
忘的教育。

闲暇时我喜欢写写画画，水平不高，但热情很高，得到怀硕先生
的赠书后，临了他的《枯树赋》，并抄录杜甫《夜宴左氏庄》一诗，
寄他以表敬意，就像当年的左翼青年之于鲁迅先生。但抄录的杜甫诗，
因版本不同，将"风林纤月落"的"风林"写成了"林风"，更大的
问题是，怀硕先生在 1997 年 9 月 20 日给我的信中说，不长的一首诗，
竟有脱漏字多处，"为什么没有多读一遍？"其实，我是有读过的，
并写了许多遍，挑了自觉尚可的一件：是写法错误或大小错落，看起
来像脱漏？还是鬼使神差，只注重字的整体章法而导致脱漏？为什么
自己会没有发现？信中的一段话，不止让我每每读来脸红心虚，此后
更时时警策自己，凡事务必细致认真。他说："我上封信说你锲而不
舍的追求，非常有心，但此次看了你的书画，我坦率告诉你，你虽有

心，但太粗心，不够认真，我想你得改正此毛病。"唯一可让我稍微"阿Q"一点的是，在我为先生代买的哈代小说中，《苔丝》《无名的裘德》等之外，上海译文出版社的《哈代短篇小说集（第一集）》之后便没了下文，他直言"出版社糊涂"，难不成粗心毛糙是那个时代的通病？不过，对年轻人，他终是鼓励："你原学经济，能写这么好的书法，也能画两笔，不容易，应该继续努力。不过，要认真，胆大心细，粗疏就不好。"

此后，他陆续将自己出版的画集与文集寄我，包括几本近乎绝版的早年文集，如《苦涩的美感》《十年灯》《变》等。但是，当初我在荣宝斋见过的那本《涩盦造境》（并非 1981 年香港 HIBIYA. CO., LTD 出版的《怀硕造境》）却始终未曾见到，他说自己也从未出过那样的一本画册，那我见到的是什么？幻影还是幻觉？

三

断断续续，我将大陆出版的几乎所有哈代小说搜罗齐全，寄他。随着关系渐熟，他给我的信，有话则长，无话则短，笔调也变得松弛随意，"枢昊老弟"的称呼，显然也比"枢昊先生"亲切许多。

《吕氏春秋》有云："见瓶水之冰，而知天下之寒。"他的睿智，每见于平凡小事。1999 年春，我将父亲出的一本不大的书画册寄他，内有我写的一篇小文，他在 5 月 12 日给我的信中说："你写的《碑骨诗魂笔底生》，很含蓄，我知道这文章不易写，但写得很适当。"随之笔锋一转，"现代中国写意画，有时是简笔速写，有时是漫画，大陆崔子范名气很大，我觉得粗枝大叶，一览无遗。这条路李苦禅、崔子范，还有像吴作人等人，再不易走下去，不论观念、题材与表现方法，都已了无余味。"我自然知道，父亲无法和崔子范、李苦禅等相提并论，但符号化与空疏之弊相似，因为父亲的画，学的便是他们一路。但怀硕先生从人的际遇来看这种现象，则得体间见高明："令尊一生为生活辛劳，工余捉笔，以笔墨为精神上之寄托，这也是传统中国社会苦闷读书人一代代的人生道路。在艺术中修持人格，排遣苦闷，追慕前贤，以求安慰，甚可佩。"

我这代人，生在"文革"年代，长在改革年代，旧礼多已缺失，新礼不知何处，凡事随意，时或鲁钝，回信中，大约言辞不甚推敲，怀硕先生误以为他对家父书画的看法使我不悦，在 1999 年 6 月 11 日的信中，很礼貌地说："我忘记如何告诉你我对令尊画集的观感，可能有些太直率而不大客气，然则我很唐突，请原谅！你说得对，如果我一直在大陆，也必然不同今日……人的局限实在是太多了。"他的客气，让我尴尬，实则我根本没放心上，反觉实得我心。只是现实人生太过粗粝，去文雅已远罢了。但他的周详，却让人铭感。考虑到我的经济状况，他很诚挚地说："我能不能寄些美金给你，一方面弥补你已为我买寄的书，也为未来托你买书之用？请别客气。"他几次寄钱给我，说是买书；小女伊洵出生后，又说是给小朋友买礼物，但哪里需要那么多。我明白，他不只是在为学之道上点拨我，也是在经济上帮衬我。后来，他在 1999 年 10 月 2 日的信中，一再表示，"我们是道义之交，一点钱不要放心上，也不要'算数'"。

我们自小称呼"张老师""李老师"，写信时也是如此。他在 2001 年 7 月 12 日的信中，耐心地指教："中国人的老规矩，见面时呼'初先生'，写信时要写'枢昊先生'，不写姓，但见面则不叫名。你若写信给薛永年，要写'永年老师'，不应写'薛老师'，但见面得呼'薛老师'。"在我们习惯了某某同志、某某老师的思维里，觉得称呼"怀硕先生"，似乎不够谦虚，有套近乎之嫌，起初并不习惯，但时间一久，确感尊重而不失亲切。所谓"传统的温度"，此之谓耶？

不久之后，在 11 月 15 日的信中，他再次提及正给我们讲"中国美术史方法论"的薛永年先生："薛永年老师是才子，带有传统文士的特色。他很用功，用功的人都自负。"一向克勤自励的怀硕先生，或许在友朋身上，窥见了自己。

2000 年 4 月 4 日，他将为我题写的斋号"怀斯居"寄我，信很短，而欣慰可见："枢昊老弟：写好了，'怀斯居'，不是应酬之作，相当用心，写了许多才成功。"斋号裱好装框后，挂在书房，陪伴着我从崇文区法华寺旁的文章胡同搬到望京：如今，崇文区之名已成历史；我原来任教的北京二〇一美术职业高中，后来并入四十九中，再后来又并入一一九中；我也早已离开教师岗位——中央美术学院硕士毕业后留校做编辑，先是《世界美术》，后转入《美术研究》，没有变的，是挂在墙上的"怀斯居"。

四

怀硕先生的好读书，令我感佩不已。哈代小说之外，仅只我重点为他代买的日本文学书，便几乎将我们能叫得上名字的近代作家一网打尽：永井荷风、尾崎红叶、谷崎润一郎、德富芦花、田山花袋、岛崎藤村、夏目漱石、芥川龙之介、有岛武郎、川端康成、菊池宽、志贺直哉、横光利一、太宰治、森鸥外、三岛由纪夫、安部公房等，不只是小说，还有这些作家的介绍、评介、传记与文学史。他对书的情感，在 2001 年 11 月 20 日《联合副刊》的《爱书》一文中的表述，也让我照见了自己：买书投入的钱，成为不能投资的"死钱"；为了越来多的书籍，还要找地方安置；除了少数认真读过，许多只是跳读或翻翻，甚至买后即忘，更何况人生光阴之于书海，无异于一粟与沧海。既读不完，为何还要源源不断地买入？在书不厌多的同时，却又讨厌别人借书。他的说法，"所有的书合成私人的一部超级百科大辞典；谁会从第一页读到最后一页？你要借书，岂不如同要我从大辞书中撕下一页借给你，怎么可以呢？名联有'名酒过于求赵璧，异书浑似借荆州'。因为荆州借久成已业；书既借出，很难回头"。书的功能，是"济吾之贫"，所以，"在书的海洋中游弋，是让我觉得人生最不贫穷的时候，也感到'家'是'避难所'应有之义；哪怕是孤独的生活"。

2000 年秋，我辞去教职，进入中央美术学院美术系攻读易英老师的硕士研究生，其间，怀硕先生常在信中问我，有没有什么困难需要帮助？2003 年 4 月 12 日的信中，问："不知你现在念书已进展到什么阶段？是否已快写完学位论文？生活一切如何？念念。"这年春夏之际，"非典"横行，我们这届毕业生，没有论文答辩，匆匆毕业。毕业后，我留校当编辑，他也为我高兴，在 8 月 16 日的信中，恭喜之外，特别叮嘱："'非典'已过，但天凉之后恐又再起，宜小心。"

这期间，他的生活发生了很大的变故，住处也搬至台北市郊的新店溪畔，装修整理新居，忙乱不堪。2004 年，他转赴台湾师大美术系研所专任，不再去原来的台北艺术学院（现改名"台北艺大"）；加之时局纷乱，台湾一路下坡，更因西潮的全球化影响，令他"大不如前有'创作欲'"，正经历着低潮。但依然在 2005 年 5 月 7 日的信中劝慰我："我知道你们年轻一辈现在的处境，比我年轻时更艰难。一方面是高度商业化，崇高的理想一下子不值钱了，一方面是现在对每个人的局限更多（要高学历，要有钱，要有优势的人事关系……）我想到我现在'淡泊名利'，因为我已有'自存'的条件，不必求人，我又无升官发财、贪图虚名的心志，所以可以'退隐'，但年轻一代，还要争立足点，求自存，甚至养家，若不肯随波逐流，要'特立独行'，可能便不易立足，是何等痛苦。"

2005年10月下旬，怀硕先生来北京开会，借便到崇文区法华寺，看望我们一家。当时，蜗居文章胡同一处半地下室的我们，正为房价高涨而苦恼。回台后，他在12月6日给我的信中说："第一回见到你及你妻女，又到你家，非常高兴，我无什么禁忌，非常随性、开放的态度。又觉得与你是'老友'，一无拘束……"随后说，"你现在居住环境不大理想，尤其无法排污水，生活过于不便，能否争取换个地方，或要期待自己买屋，现在北京房价也不低了。你们这一代虽然远离了过去的斗争与饥饿（我便经历过），但生活还是艰苦，我看到社会非常不公平，商业大潮使某些人暴发，但大多数人还是艰辛，贫富悬殊，这是令人难过的。台湾也有同样问题，政治不理想，经济的公平便不可能"。并鼓励我，"此次没时间与你多聊聊，你也挺忙，也辛苦，社会变迁很快，希望你努力，一定可以创造未来，要有信心"。

那天晚上，我们到一家老字号"同春楼"吃烤鸭。当时，女儿刚上小学一年级。此前，他在2002年1月22日的信中，曾叮嘱我："小孩三岁前多病，宜小心照料，四五岁以后便较有抵抗力。"我们小时受的教育，都是"破四旧"一类，一身反骨，自己不讲究，但对独生子女，就像美国冯文（Vanessa L. Fong）的人类学名作《唯一的希望》书名所彰示的那样，了无选择，又无辙可依，只能看得像宝贝儿一般，不免有些娇惯。菜刚上来，女儿便说饿了，怀硕先生说，小孩子怎么能没规矩？何爷爷还没动筷子，你怎么能先说饿了？后来，一提起何爷爷，女儿便只记得自己被批评过。因之12月6日的信中，怀硕先生告诫我们："我粗略观察，不讳言跟你说，你与妻子不可太宠小孩，要训练她做事，自己处理，并帮家务，才能成材。小孩不可多生，很消耗父母，时代不同了，生活环境也变了，我们先得把自己'培植'起来，为下一代牺牲不合理。"

<h1 style="text-align:center">五</h1>

冯小刚 2001 年导演的电影《大腕》，借疯子说房价，成为当时风靡一时的笑话，但北京房价的上涨，远远超过疯子的想象。2006 年春节前，学校将公积金补发到没有享受到福利分房的教职工手中，加上手头的一点积蓄和朋友处筹措，凑够了买房的首付。春节过后，便开始四处看房，春末夏初，赶在北京房价刚开始被资本利益共同体绑架着一路狂飙时买了房。怀硕先生在 2009 年 10 月 8 日的信中，为我及早买房而庆幸："北京房价一定越来越高，你先前购屋是对的。这世界贫富越悬殊，一般越难以快乐生活，每一代人都有人受到时势的伤害，不过伤害的情形与方式不同罢了。"对于我劝他多画画才是"正道"，他并不以为然，"事实我从来不为'应市'而工作，我的'正道'是追求我所信仰，在我认为有价值的事不懈努力，两支笔都应努力工作……我不大喜欢到处跑，书房画室还是我安身立命之所。我对名利不热衷，只对读书及自我的追求有热诚"。随着中国经济的发展，艺术成为"景观社会"的风向标，对此，他冷静中不失狷狂："两岸交流甚多，大半是热闹有余，深度不足。许多'艺术家'热衷名利，活跃非常，我只选择少数较有意义的（活动）参加，许多邀约……我都没参加。"

对于这个越来越功利的世界，他感慨良多。2010 年 7 月 7 日的信中说："由于'商业化'，世上有价值的东西渐被摧毁。自我们通信以来，这十多年世界的变化已这么大，真可怕。"唏嘘道："幸好你有一个自己的家，现在房价飞上天。这个世界危机重重，我们都应自求多福。"在 2011 年 1 月 5 日的信中，他再三表示："北京交通不便，百物腾贵，幸好你有自己的窝，今日房价已涨到令人咋舌。如此时代，也是另一类痛苦，似乎人间永远不得安宁。大家只能自求多福也。"

对于商业化的宰制，在 2011 年 10 月 7 日的信中，他既感喟不已又无可奈何："想起十多年前我们开始通信的情景，我觉得这十多年来世界变得太快了，功利、庸俗、虚假、忙碌、空虚，十多年前似乎尚有一点朴素的人情之美。廿年前我第一次去北京，还有一点老的独特人文历史气息……我之所以越来越不想出门，因为到处是炫耀，是俗气与势利。如果我都答应参加，从 6 月到 10 月，我每月都可以来京一到两次，因为各种'活动'太多了，我结果全都没去。台湾艺术界太多人求之不得，我很难接受这些优遇和虚荣，因为中国文化一点一滴在变迁、流失，我忧心，不欣赏，而且为昨日的愚昧、痛苦与今日的崇洋、奢侈，巨大的社会反差，人人忘了，也没反省，也不忧虑，我惊悚而难过。"尽管他忙碌非常——要写书、创作、读书，但仍勉励我要有自己的追求与反省，"时间匆匆而过。今夜写此算是与你谈心"。

对于艺术界的西化之风，他在 2012 年 5 月 1 日信中，有真切的忧虑："大陆与台湾，新潮艺术都是西化垃圾的中国版，我怎么会认同呢？但不认同也只能无奈忍受，'时代'的威压把大部分人士都改变了，我不肯受改变，便只能逃在一旁忧心忡忡而已。"他对新潮艺术的看法，我未必全然认同，但对于垃圾作品遍地，却与他心有戚戚。他同时颇恳切地告诫我："在此纷扰的世界，一切都不稳定，未来茫茫。小孩子不可太宠，要使她知道目前的世界有许多坏影响，要能独立追求有意义的人生，不要随波逐流，多读书，不要跟流行——现在养小孩太难了，真是无奈。"

这一年，怀硕先生将手头自存和他的大藏家莫士拙（Hugh Moss）手中所有的画作，加以整理，请专业人士拍摄，存入光盘，在 2012 年 7 月 25 日的信中，谓之"可说我一生最多最重要的作品"，惠赠于我，并勉励有加："全套光盘寄一份给你。因为你年轻，又对我有了解，也是美术界的专家，我们又是老朋友，值得托付你保存这一份拙作光盘。我很高兴，海内知己天涯比邻，你对拙作有何批评，请勿吝告我。"

2012 年 7 月 8 日的信中，他请我帮忙买几本书，包括周有光的《百岁新稿》、梁宗岱的《诗情画意》、李健吾的《咀华与杂记》等，在 9 月 8 日的回信中，慨叹："这些书都是过去的人杰的遗作，现在这样水平的人已很难有了，"并说，"梁宗岱尤其了不起。我几十年前读他的《诗与真》（大陆应有出版），很受感染，他是天才。"

六

2012 年 9 月底，怀硕先生应邀赴京，参加中央美术学院潘公凯院长"中国美术现代之路"在中国美术馆举办的研讨会。苦于北京"人多，车多，官多，事多"而甚少参加此类活动的他，坦言之所以答应参会，主要是借机看看北京的老朋友，如同辈的郎绍君、邵大箴、薛永年等，晚辈的袁武、笔者等。回台后，他在 10 月 1 日给我的回信中，高兴地说："此次我来北京，收获甚多，对你的生活和环境多些了解，这是使我很快慰的事……虽然我并不是你的老师，但我总把你视为子弟。"

他对后学的提携鼓励，不只是我。在信中，他说："袁武是可交的朋友，他有画才，我要鼓励他多读书，不要偏好新奇，画的内涵很重要，题材是一大关键，若只画许多人人都在画的题材与方式，很难超脱时空的陈腔滥调。我也给他写了长信鼓励他，劝导他。"信中还说，他有个中文系毕业的学生廖诏清，喜书画，读古书，有书呆子气，"中文程度极佳，书法也老到，今年二十八岁，他甚聪明，也很有见解，与你很多地方相似。他因为读我的书，写信给我（与你一样）而认识。当时我看他毛笔字的信，以为很大年纪，原来才十九岁，所以我很关心他"。怀硕先生感到孺子可教，遂修书北京大学王岳川教授，推荐廖诏清到北京大学书法艺术研究所学习一年，因此托我"他有什么需要或不懂的事，你把他当小弟，尽量助他，我希望他在中国文化的学习、研究中找到属于他自己应走的路，而且有一番贡献"。惭愧的是，我和小廖都是疏于交往的人，见过两面后，各自忙碌，实是有负嘱托，但怀硕先生"就看你们如何寻觅自己的大道"的期望，却深铭于心。

美国人爱德华·O.威尔逊的《论人性》，他曾托我代买。或许，人性的荒芜，让他对人类学家的独特见解格外倾心。对于我常劝他多画画，他说："你希望我多画画，与李小可一般意见。我也不否认确应多画画。不过，我身受世界文化大变迁，艺术已死灭，我心中的忧虑与失望，使我灵感熄火，其情形好像大地震，天摇地动中，你如何能展喉高歌？"

在他 2013 年 11 月 3 日给我的长信中，最后特意写上"今天是我生日"。因我在此前的信中，对某些社会现象不满，言辞过激，着实一个文化老愤青，他在信中批评我："你的想法，因为对自己文化的腐败而生愤慨，我与你有点不同，只在于，一个悠久的传统文化，它应如长河要向前流动……但无论如何，自己的基本宗旨与立场，自己的本质与特色，不能抛弃，更没理由以其他'先进'取代自己的文化。"直言："其实，古今世界上的文化，再伟大的文化也有其黑暗、反人性的一面——这差不多是人类的宿命：人不完美也。"他坦率地说，尽管我们每个人在时代大潮面前的确无能为力，无力改变现实，只能尽己之责，做好自己的事情，"但无力改变，不同于不思想"。他以自己为例，自我剖析："我青年时批判传统，似乎'激进'；我同时又批判西化，又似乎'保守'。现在，西方文化尤其艺术的堕落、错乱、虚无与荒谬，我对它的反抗，显得我的'保守'更比以前强烈百十倍。"

七

2012 年初，我心生一念：自己美术史出身，怀硕先生不正是活的美术史吗？以我对他的理解与认知，不正适合写一本关于他的书么？看似与自己的专业方向相去甚远，但哪种历史不曾是今人的创造？"后之视今亦犹今之视昔"，不是因为私交，而是因为他的艺术曾带给我的灵魂战栗，虽坐久落花多，感动慢慢淡化，但真的创造永远不应被漠视。克罗齐曾说："一切的历史都是当代史"，不论话做何解，同时代人的眼光与理解，永远是后来者无从真切体会的，有些感觉的东西，一旦过去便永远地消失了。有此计划后，写写停停，杂事纷扰，并无所成，却似乎忙碌。他也劝我不必急，在 2014 年 6 月 30 日的信中说："书写好，我想先读（或可更正一些'事实'），也不执意要先读（因为我无意影响你的看法，也免给你造成不自由或不自然），我自己的书也写得太慢，我也不急于完成。"

进展缓慢，不免心中歉疚，自觉像一张食言而肥的空头支票。一年多后，他在 2016 年 1 月 6 日的信中，劝慰道："写我的书不急，也不必歉疚，尽管细嚼慢咽，不匆忙。我自己编书搞了年余，也没编好，序文一改再改。"同时，不忘问我辛苦翻译几年却迟迟没有出版的一本书，纾解我的愧怍："《摄影理论》何时出版？想看看。"

2017 年夏天，我的女儿，他记忆中的小不点儿，似乎倏然之间，已高中毕业，考入中央美术学院人文学院学习美术史，与我硕士同一专业。由是，他在 11 月 3 日给我的信中，恭喜之余，难免时光匆迫之慨："女儿读美术史也不错，恭喜你们，为子女操心可告一段落。时光飞快，小的长成，青年变中年，我也老了。"

是的，看着林花一次次谢了春红，树叶长了又落，落了又长，"流光容易把人抛"，心中如何能够坦然？

写作的过程，我自觉更像一位"文抄公"，不停地穿越往昔，将怀硕先生的许多睿见与妙思，从时间的遗忘之河中一点一点打捞起来。如果说最初的震撼来自他的绘画，其对苦涩美感的开掘与表现，质诸中国美术史，孤怀独往，堪称最深沉的存在，那么，随着我对画面与文字的一次次回溯，他思想与辞章的奕奕神采，同样令以文字为业的我惭愧，令我怀疑自己的写作是否画蛇添足，是否真的有意义，"种一顷豆，落而为萁"，只能安慰自己，意义的有无，或许多存在于过程中罢！

因此，我更愿将本书的写作视为对自我的提升与解惑。以前，翻阅怀硕先生的绘画、书法、文章，是不连贯的，只有写作的过程，才因着系统的梳理，看到一位才情颖异非凡之士，如何一步步成长为其所是。在此过程中，在对他写给我的七十多封信的翻阅中，我甚至常常忘了他是一位画家，而只是感受到一位遨游于四方上下、往古来今的能歌能哭的人。写作的过程，一如卡瓦菲斯的那首《伊萨卡岛》（1911）："当你起航，前往伊萨卡岛，但愿你的道路漫长，充满奇迹，充满发现。"

生活在这个思想看似丰富的时代，其实常常是无法思想的。何怀硕的理想主义，他对西方现代主义、后现代主义，主要是美国霸权主义的批判，他身上的理想主义热忱，堂吉诃德式的勇气，固非我所能，但"虽不能至，而心向往之"。现实的庸常与威压，引发的无力感，每欲令人窒息，愿借他铁肩道义的坚持，超越旧我，消解人生的暗夜与虚无。

米海里司说："禾黍割了，应该有束禾的人来做他谦卑的任务。"我希望自己能坦然地说，自己就是怀硕先生创作的"束禾人"，若能因此让更多的人深入了解一位有思想、有抱负、有才华而又经历独特的水墨画家，如何以不世出的天才，独特地呼应一个永不再回来的巨变中的中国与世界，则幸莫大焉！

是为序！

初枢昊

2018 年 3 月 9 日——无雪之冬惊蛰后四日

2019 年 8 月 22 日改毕

目录

小引

　　布莱兹·帕斯卡尔说："人究竟是什么呢？与无限相比，他是虚无，与虚无相比，他是一切，他介于虚无和万物之间。他完全脱离了思考极端，因此，事物之目的和它们的开端，隐藏在他绝对无法理解的秘密中；他同样无法参透他由以构成的虚无，以及他淹没其中的无限。"所谓人生追求，无疑便是在虚无和万物间寻求自我存在的意义与理由。

　　2012 年，何怀硕应中国画学会"两岸画家画福建"之邀，从台湾奔赴八闽山川采风写生，这次采风之旅，对生长在大陆、少年时代辗转赴台定居的何怀硕来说，无疑是一段温暖而百感交集的旅程。回台后，他借此次写生，创作出《武夷山隐屏峰》《武夷山水帘洞》《闽西土楼》《客家土楼圆寨内景》《鼓浪屿菽庄花园》等作品，其中《闽西土楼》上的题记，艰难苦恨，几可视为他个人经历的投射：

　　客家土楼为中国建筑之奇葩。历代战乱，中原汉人为避乱，跋涉南迁。其中一支，从赣南越武夷山，于闽西獠狐之地，以当地竹木、红土、砂石、石灰、红糖、蛋清、糯米和匀夯墙，高十至廿余米，厚一至三米，加上木作，盖上青瓦。土楼为客族文化光辉的见证。壬辰夏，公元二千零十二年五月，余应北京中国画学会"两岸画家画福建"之邀，归来试作。怀硕并记。

《闽西土楼》中，以仰视角度刻画的土楼，矗立在荒山与低矮民居间，看起来更像碉堡，似乎缺乏作为居住空间的生活感。他认为此作无论构图还是笔墨，都有"拼凑"之感。[1]相比之下，他稍后以俯视角度描绘的《客家土楼圆寨内景》，家家户户门上贴着对联，在暗沉墙壁映衬下，恍如挂着一盏盏红灯笼，零星散处其间的居民，或忙碌劳作或三两闲话，不只生活气息浓郁，更凸显土楼这一对外孤立、对内却注重向心性的民居形式的特质，彰显居住空间的物理属性之外，兼具心理空间的指向性。

列夫·托尔斯泰在《安娜·卡列尼娜》中说过："对一个人来说，没有什么境况不能适应，特别是当这个人看到他身边所有的人都已适应的时候。"对人的强大适应性，何怀硕同样深信不疑：

　　任何环境均有其优点也有其缺点，而人是能适应的动物，日久也习惯，变换环境开头还觉得不适应，过久了也自然适应了。不过，我们不论处何环境，在求存之外，便是求发展，以我们的智慧和努力使生活更安全舒适，也要使自己不断提升。我一向认为自己培养自己是成功的不二法门，恶劣环境也能出人才，便是此理。[2]

1　此画他很不满意，在 2018 年 12 月 24 日给笔者的信中，写道："《闽西土楼》一画的插图，我觉得不行。其他画福建的风景都比此图佳，此图不成功。请删去，因为该画我自己很不喜欢，从不展出，改天会毁弃。（因为应邀去写生，勉强画该地风物，构图与笔墨都很'拼凑'，不值得留在书中。）"后来，他不止一次，表示此画"不及格，原画要毁去"，建议将其删去。笔者的看法是，此作也许"造境"不足，"写景"却生动，画中堡垒般的造型，正体现出其原始功能，也是建造者的本意。艺术家着眼的永远是作品本身，研究者则看重来龙去脉，二者之间，有时不免扞格。《闽西土楼》作为他少有的写生气息强烈之作，自有别趣。退一步讲，他认为此作不成功，而从这种不成功中，或许更能窥见他的推敲与艺术判断。他见笔者坚持，于是无可奈何地说："你是作者，当然最终由你来决定。"
2　何怀硕 2012 年 10 月 1 日给笔者的信。

上：何怀硕 / 闽西土楼 / 67 cm×104 cm / 纸本水墨设色 / 2012 年

下：何怀硕 / 客家土楼圆寨内景 / 70 cm×103 cm / 纸本水墨设色 / 2012 年

并说：

> 如果我一直在大陆，也必然不同今日，人是环境所塑造。只有很
> 少一部分可抗逆环境而追求自我，人的局限实在是太多了。
> ……哈代小说就是一句话："命运捉弄每一个人。"我有很深的
> 感慨。[3]

人的经历不同，经验不同，对一般人来说，大多只是影响情绪的
喜怒哀乐，但对艺术家来说，则能够将这种经验的独特性转化为自己
艺术的独特性，即便是痛苦的经验。[4]

3　何怀硕 1999 年 6 月 11 日给笔者的信。
4　博尔赫斯关于经验与作为诗人的博尔赫斯之间的关系，有极精彩的论述。博尔赫斯说："对
一位诗人来说，万事万物呈现于他都是为了转化为诗歌。所以不幸并非真正的不幸。不幸是诗人
被赋予的一件工具，正如一把刀是一件工具一样，一切经验都应变为诗歌……假如我的确是一个
诗人，我将认为生命的每时每刻都是美丽的，甚至某些看起来并不美丽的时刻。但最终，忘记会
把一切变得美丽。诗人的任务与责任，即是将情感、回忆，甚至对于悲伤往事的回忆，转变为美。"
见［美］巴恩斯通编《博尔赫斯八十忆旧》，西川译，作家出版社，2004，第 123 页。清人赵翼《题
遗山诗》中所谓"国家不幸诗家幸，赋到沧桑句便工"，与此异曲同工。

《孤旅》

——少年漂泊者

现在回想起来，我的一生可用两个字形容——逃亡，我这一生大多处于逃亡状态。

少小离家

何怀硕 1941 年 11 月 3 日出生于广东潮安。在他的记忆中，这里就像台湾屏东的小镇般封闭，但作为著名的侨乡之一，当地人谋食海外之风颇盛，很早便在香港谋生的父亲何平秋，便是大潮中的一员。父母于 1929 年结婚，先后育有子女四人。何怀硕行三，上面两个姐姐，下面一个弟弟。清贫的家境，无法给他提供优越的早年教育，不过家庭信仰和父亲对于鲁迅的热爱给予他广阔的想象天地，为他开启了一扇通往人文艺术的窗口。在家乡读完小学和初中后，他确信自己必然会走上文学或艺术创作的道路。尽管很喜欢唱歌，但声带受损，使他无法走上这条最能感染人的艺术路途。对于贫寒的学子，一支笔无疑比音乐更容易亲近，而画笔又比文笔更能直观贴切地表达自我对世界的感怀，虽然他从未放弃文笔。[1]

当地封闭的地理文化环境，令早慧的何怀硕感到沉闷与压抑。2012 年，他在台湾大学《我的学思历程》演讲中，回首前尘："我从小即向往到大江南北闯荡。我非常讨厌家乡，不明白为何那么多人热

1　关于何怀硕的生平，参见颜娟英：《台湾美术评论全集·何怀硕卷》，（台北）艺术家出版社，1999。颜娟英为写此书，曾与何怀硕约谈过六次，每次约两小时，由于何怀硕有写日记的习惯，抛开记忆错误，这些资料无疑准凿可信。笔者虽与何怀硕通信逾 20 年，并有过数面之缘，但个人生活细节，却甚少涉及。由于海峡两岸的长期隔阂，大陆对台湾那个时代的认识是有隔膜的，甚至是陌生的，因此文中关于何怀硕的生平，多本于此书，不再一一注明，特此说明，并致谢忱！

爱家乡！我的家乡非常封闭、狭隘而俗气，一代一代的人都过着雷同的生活，他们却感到心满意足。"内心对外面世界的好奇与渴望，让他自小就盼望着挣脱周遭环境加在身上的束缚与限制。"现在回想起来，我的一生可用两个字形容——逃亡，我这一生大多处于逃亡状态。"1956年，初中毕业的他，同时考上两所学校，一所是家乡的高中，一所是离家千里之外，位于长江边的武汉艺术师范学院附中（即后来的湖北艺术学院附中）。[2] 当时的他，经过认真的思量，"人生有许多关卡得靠自己决定——若你一步步的决定都是对的，有利于往后的人生发展，代表你很有智慧，且运气不错；不过有时一步走错，就往另一个方向去了"，想到古人说"男儿志在四方"，决心远离家乡，[3] 从此开始了他几乎是漂泊的人生。

不过，早岁离家千里而又艰辛的这一经历，很像8世纪初的唐代诗人郭震，从昆虫的鸣叫中感受到人生的苦涩：

> 愁杀离家未达人，
> 一声声到枕前闻。
> 苦吟莫向朱门里，
> 满耳笙歌不听君。
> ——《蛩》

2　1958年，武汉艺术师范学院、中南音乐专科学校合并，组建湖北艺术学院，何怀硕就读的附中，因此更名为湖北艺术学院附中。
3　《一个独立的行者·何怀硕》，载《我的学思历程》，（台北）台湾大学出版中心，2014，第146—195页。何怀硕在演讲中，曾自问："我不知道自己当时若选择留在家乡，现在会怎样。"但当他在离家四十年后再回到故乡，看到"小学同学、初中同学他们都还留在原地，说那种话、想那种思想、过那种日子"后，得到的是一种不悔的自我肯定："就算是出外撞得头破血流，我也觉得值得；他们真可怜，一辈子困在一个小窝里，不知天高地厚。"

　　在宇文所安眼中，《蛩》中"苦涩的吟唱"，即"苦吟"，无异于诗人的镜像：远离家庭，客居异乡，被朱门生活排除之外，"苦"是诗人经历的底色，既存在于昆虫的鸣叫中，也存在于诗人的歌吟中。[4]何怀硕艺术苦涩的基调，或许正由早年的这些点点滴滴浸染而成。

　　少年何怀硕就读的湖北艺术学院附中，与包括初中、高中的普通附中不同，是一种特类，只有高中，是为培养进入大学的本科生而准备的艺术教育。附中的课程，学习重点是素描、水彩和油画等西画技法，直到进入大学前，何怀硕才将从事现代水墨画当作一生的志业。"我个人由西画的训练开始，后来我感到我的气质里面属于中国的成分更多，我从事中国画的学习和创作。但我不断注视西方绘画的发展。"[5]他说：

　　我的思想受西方影响很大、很多。虽然我画中国水墨，我正想将西方思想来启示中国文化的再生，或开启另一个方向，不再走佛道老庄了。[6]

　　素描、水彩和油画等训练，他的体会是："画过各种画，不见得就精博，但各种体验对尔后的创作，提供无限的益处，至少不太容易囿于一家一派。此外，我对文学、诗、音乐、哲学、知识的酷爱，使我不认为绘画只是技巧的磨炼而已。我觉得绘画观建立的先决条件是人生观与宇宙观的探索。所以我鄙夷成套的技术，主张由意象产生技巧。"因而他反对有些画家将自己的身份特殊化，反对技巧本位主义：

4　宇文所安：《苦吟的诗学》，载《他山的石头记——宇文所安自选集》，田晓菲译，江苏人民出版社，2006，第159—175页。

5　何怀硕：《苦涩的美感》，载《苦涩的美感》，（台北）大地出版社，1984，第77—83页，尤见第81页。

6　何怀硕1999年10月2日给笔者的信。

　　我以为画家只是借助造型在视觉上产生的效果，来表达他对宇宙人生看法的一种人。技巧的磨炼固然很重要，但他要先成为一个对宇宙、人生有见地的人。像哲学家、学者一样，只是艺术家表达他的见地不以理性的文字，而是以感性的形象，构成他的境界、来宣示他个人独特的世界观与人生观。缺乏这个条件，光凭技巧，我们只能把这种画家看成技术家，与艺术家相去甚远。

　　所以，我感到一个艺术家要具备强烈的感受性与悟性，他要对世界人生有强烈的兴趣，对人类古今思想有所涉猎，他便能发现、能掠取、能赞赏，亦能批判。这是艺术家所以为大众先知先导的原因。他可以不是哲人，不是学者，但其文化心灵，其对人类文化的关切，应有相同的怀抱。[7]

　　环境的贫乏，迫使好强的何怀硕从小在生活上节衣缩食，热衷于通过书本填补内心对知识的渴望。高中时，他自拟了一套读书计划，暗地里用两年课余时间苦读中国文学史，从《诗经》到唐诗，重要原典配合近代的名家评论一起阅读。郑振铎、闻一多、刘大杰、王力与朱光潜等学者的著作，被消化为一本本的读书笔记，并将古诗文的意境与现实相印证：

　　回想我十几岁在武昌，冬天踩着烂泥拌着死叶的土路，看着黑色枯秃的树枝，忍着饥寒，盼望春天。等到大地远方隐约呈现一抹梦幻似的淡绿色，杨柳枝梢也似乎有点绿味，我忽想起古诗中有"不知谁为染鹅黄""绿柳才黄半未匀"句，正是此时的远方地上、枝头显露

7　何怀硕：《谈艺录》，载《十年灯》，（台北）大地出版社，1974（初版）、1985（第6版），第111—116页。该文是1970年10月3日台湾的中国电视公司《生活的艺术》节目刘秀嫚小姐访谈何怀硕的文字记录。

带着嫩黄的新绿意。又有"草色遥看近却无",也道尽了春晓的实况。那是由于"透视"的原理,近处看不到如针尖一样小的绿苗,远处因为千万苗尖重叠才显示了淡淡的绿色。我那时没读过多少古诗,能与实景印证,心中多乐啊。待秋冬来到,"无边落木萧萧下",换来了萧索悲凉。新生的欢愉与凋伤的悲哀,才能发现、体会美;不论是从悲伤中来,或终将回到毁灭的悲伤中去,两者不须臾离,原是铁律。[8]

广阔的阅读视野,不倦的学习与思考,使他后来得以结交学界不同领域的许多长辈朋友,如外交家兼学者叶公超,文学家台静农、梁实秋,大收藏家王季迁(己千),文学史家夏志清,人类学家李亦园等,他们的推重,对于何怀硕,增强自信与拓展视野外,亦不无传播名声之效。但著述之丰,也使得他在技术本位论的绘画圈内鹤立鸡群,予人不务正业之感。

---

8 何怀硕:《悲欣同一》,载《珍贵与卑贱:未之闻斋散文·随笔》,(新北市)立绪文化事业有限公司,2019,第439—441页。该文写于"二〇一五年十月秋风初起之夜"。

无根的生活

何怀硕的父亲很早便在香港工作，他到香港探亲的申请被批准。1961 年，正在湖北艺术学院读书的他，由此得以进入这块时值英国进行殖民式统治之地。至于离开的原因，他在 2009 年的一次访谈中说，记忆里，那时天天搞斗争，没法读书，这让酷好文艺的他深感痛苦：

> 我不肯喊口号。每个人的人生都只有一次，我们要做自己生命的主人。宗教压迫都令人觉得很愤怒：为什么《圣经》就是世界上最正确的东西，不遵循就是背叛，甚至被判死刑？反右的时候如果不遵循官方的理念，连教授的职位都要被剥夺。当时我是中学生，被列为右倾，如果大学就是右派了……这是当年我离开大陆的原因。[1]

但苦于家贫的他，无法继续学业，只能到处打工。"当时香港是一个高度商业化的地方，说起文化与艺术，就像是女人脸上的假睫毛与唇膏！别人到香港是高兴得不得了，但我却是非常的厌恶。"[2] 后来幸运地以侨生身份申请进入台湾，就读芦洲侨大先修班（1962），1963 年先修班结业后，顺利地插班进入全公费的台湾师范大学美术系

1　《何怀硕：艺术有震撼心灵的力量》，载李怀宇：《知识人：台湾文化十六家》，漓江出版社，2012，第 169—185 页。
2　《一个独立的行者·何怀硕》，载《我的学思历程》，（台北）台湾大学出版中心，2014，第 146—195 页。

三年级——当时，台湾仅师范大学设有美术系。从这时起，他正式地将自己的名字由"何伟文"改为"何怀硕"，隐然有襟怀宏大之意。[3]

威廉·福克纳说，没有根的生活是需要勇气的。经济上的困窘，促使何怀硕急于毕业后独立生活，决心在两年内修完所有学分，故而日夜苦读。现实生活的举目无亲，并没有妨碍他艺术视野与审美趣味的提升。在他看来，当时的台湾画坛整体显得传统、保守。相比大陆的林风眠、傅抱石、李可染的开拓与创造，他就读的台师大美术系，以黄君璧、溥心畬为代表的偏重临仿一路画风，便显得守成有余，进取不足。

之所以出现这种局面，何怀硕分析，不论从传统的根基上创新，还是留学回国的艺术先锋将西方艺术进行横向移植，抑或探索二者的融合折中，现代中国美术百花怒放的现象，出现在 1919 年五四运动其后约二十年里，即 20 世纪 20 年代后期至 40 年代末这一时期。一大批天才艺术家，如黄宾虹、齐白石、徐悲鸿、林风眠、吕凤子、陈师曾、潘天寿、傅抱石、贺天健、高剑父、高奇峰、关良、李可染、庞薰琹、蒋兆和、刘开渠、吕斯百、张充仁、倪贻德……且不说其中第一流的精英，如"齐、黄、徐、林"几位大师，而是这些重要艺术家（主要为画家）中，竟没有一位渡海赴台。对于台湾有志于艺术的新一代来说，最大的损失是无法承续第一代开拓者的成就与抱负，在如此历史断层下，或茫然无措，不辨前路，或难免走许多弯路。[4]

3　何怀硕上小学前，家中称"国惠"，即传统所谓小名。上学后，正式上课叫"何伟文"，直到改为"何怀硕"。现在，"伟文"之名，只有少数老同学知道，而知道"国惠"者，只有二三亲属了。
　　在何怀硕转入台湾师范大学美术系之前，周澄一直被师长同侪视为传统山水最优胜者，但自这位大陆来的插班生入学后，不复有此论。后来，专事师法江兆申的周澄，同样成为台湾有名的画家。
4　何怀硕：《社会变迁与现代中国美术——三十年来中国美术在台湾发展的回顾与省思》，载《绘画独白》，（台北）圆神出版社，1987，第 157—199 页。他对此现象的阐述，见第 160—161 页。文末注明，该文是为联合报文化基金会与中国论坛社筹办的"台湾地区的社会变迁与文化发展"研讨会而作，该研讨会于 1984 年 10 月 28 日至 30 日在台北桃园市举办。

何怀硕 / 白屋 / 71 cm×79 cm / 纸本水墨设色 / 1964 年

何怀硕 / 硕 / 2.6 cm×2.3 cm /1963 年

　　何怀硕 1963 年自刻的
"硕"，《白屋》空间呈现
出与之高度相似的结构性。

　　这种认识上的差异，让他与一般同学或老师格格不入。1965年台师大毕业，他以样式迥异于时贤的《白屋》（1964）一画，造成不小的轰动。

　　画中，前景如摄影特写般出现几株笔直挺立的灰白树干，上半部的枝干左右互相交叉，形成一个舞台般的空间。稍粗的树干后，是浓墨线条直接绘出的细劲小树，同样作挺立状。林间的杂草与林木拱卫着矗立其间的惨淡白屋，白屋后的一间灰屋，则几与环境融为一体。灰屋旁，一条幽径穿过林间，从画面右上角蜿蜒至底部，与前景灰白的树干、白屋，将全画呼应着连通一气。白屋、灰屋间的柴门半开，变化形式的同时，又将毗连的白屋、灰屋分割为似近而实分的两个空间。隔着柴门相对而语的两人，传递着孤独中交流的渴望。更借画上题记，一泄精神上的苦闷：

　　此法可为法耶？余所欲问于人者。我心于此中快矣！能去古今镣铐者几稀。一笑待之。怀硕子甲辰九月静夜。

　　"此法可为法耶？"看似心中有所疑虑，但一句"能去古今镣铐者几稀"，无疑以"能去者"自居，其挑战流弊的雄心锋芒毕露！

　　就画面形式看，《白屋》构图，延续的是他湖北艺术学院时期的一种典型图式，如《儿童公园幽亭》（1960）、《武汉阅马场省委会》（1960）、《公园茶座速写》（1960）、《武汉大学林荫道》（1961）、《武汉大学校园》（1961）与《珞珈山武汉大学》（1961）等，大都前景林木环抱，如帷幕般支撑起画面结构；林木间，或是一条通向远方的幽径，或是耸立着形态、色彩各异的屋舍。

　　与构图类似的前作相比，《白屋》将水墨的氤氲意味弱化，墨色

上：何怀硕 / 武汉阅马场省委会 / 42 cm×55 cm / 纸本水墨设色 / 1960 年

下：何怀硕 / 白屋 / 50 cm×65 cm / 纸本水彩、水粉 / 1969 年

　　此画是何怀硕水墨画《白屋》的同题延伸。他认为，素描、水彩和油画等训练的好处是："画过各种画，不见得就精博，但各种体验对尔后的创作，提供无限的益处，至少不太容易囿于一家一派。"

何怀硕 / 武汉大学林荫道 / 58 cm×41 cm / 纸本水墨设色 / 1961 年

相对单纯以强化用笔，色彩更淡到虽有若无——只在白屋的轮廓与背光的墙上，以淡花青略加勾勒渲染，重点在黑白灰关系的构建。就笔墨色彩而论，似乎进境不大，但画家的风格与构成意识，在《白屋》中大大强化：全作构图几乎与画面右下角所钤朱文方印"硕"同构。"硕"字的结构，源自吴昌硕篆刻中"硕"字的圆浑意蕴，而予以图案式变化，尤其是"页"字下方的两点，直如鼎足。此印为何怀硕自刊，"硕"字篆法与画面构图的耦合，以及画面边角的圆势处理与印文取势的呼应，足见推敲苦心。画面左上方所钤的朱文长印"怀斯"，既与"硕"字圆势遥成变化与呼应，亦兼点题……一切都凸显出画家对笔墨、色彩等的认知提升：笔墨、色彩不只是为形式服务，更为表达艺术家的内心情感服务——为了更好地表达主题，可以牺牲甚至舍弃形式中的某些美感元素。

作为当时台湾唯一的大学美术系，台师大毕业展颇受社会重视。美方官员在展场认识了何怀硕，尤其是李迪，还成为他的好友。就在这年，李迪邀请何怀硕在阳明山的宿舍办了一次非正式展览，将许多朋友介绍给他。对于生活困顿的何怀硕，展览不仅在经济上有所帮助，更在西方文化精英中建立起知名度，这一交流渠道，成为他毕业9年后（1974）旅居纽约，乃至留学、办展的契机。可以说，一切皆始于《白屋》的成功。

不过，《白屋》虽然显示出强烈的风格意识，但形式与笔墨，较之他数年前在湖北艺术学院求学时的作品，未见得有太多提升，与其说是作品本身的跳脱，不如说是在当时台湾画坛保守主义的大环境下，他的大陆艺术教育背景，令其作品"木秀于林"。至于真正的破茧成蝶，则要等到十余年后客居纽约时心念故国而作的《长河》（1975）。

临仿、收藏与《大师的心灵》

　　模仿是学习的必经之途，也是有效的方法。早年何怀硕曾参观西班牙巴塞罗那的毕加索美术馆，看到以革新、反叛名世的毕加索青年时代的许多画作，简直是印象派的翻版；而吴昌硕、齐白石、傅抱石等中国画家，也少不了对前代大师的模仿，有的则根本是临摹。世上没有百分之百的创造，文化是积累的，艺术是传承的，而模仿是传承最有效的途径。[1]

　　汉宝德相信："如果就画论画，你可以发现何怀硕是当代画家中绘画技巧最精湛的一位。这是作为一位大师的基本条件。他的字与画在技巧上几乎无懈可击。他的主要作品大多以水墨渲染，比较不容易看出国画的基本技巧……一幅最淡的小画，题为《怅望》，可以清楚地看出他操纵笔墨的本领。如果他肯画传统国画，恐怕老早是传统派当道时代的主流了。"

　　何怀硕早年的临仿对象，既包括自己的师长，如《临王霞宙〈长阳写生〉》（1959）、《临王霞宙〈黄阳玉泉寺〉》（1959），临仿对象王霞宙（1902—1976），是湖北艺术学院国画学科的奠基人之

1　何怀硕：《给未来的艺术家》，（台北）立绪文化事业有限公司，2004，第 69—70 页。

何怀硕 / 怅望 / 54 cm × 55 cm / 纸本水墨设色 / 1993 年

何怀硕 / 临王霞宙《黄阳玉泉寺》/ 43 cm×33 cm / 纸本水墨设色 / 1959 年

何怀硕 / 临徐悲鸿《李印泉像》/ 23 cm×17 cm / 纸本水墨设色 / 1964 年

一[2]，又包括富有创造力的时贤，如《临傅抱石〈黄河清〉》（1960）、《临李可染〈鉴湖〉》（1960）、《临李可染〈黄山清凉台〉》（1960）、《临李可染〈富春江〉》（1960）、《临李可染〈牧童〉》（1960）、《临徐悲鸿〈李印泉像〉》（1964），进而及于八大山人、石涛，如《临八大山人山水》（1964）和《拟石涛山水》（1964），以及清末民初的海派大师，如任伯年、吴昌硕、王震等。

古希腊大哲亚里士多德说，模仿是人的天性的体现，人通过模仿能够获得快乐。临仿过程中，对他影响尤深的是黄宾虹、傅抱石、李可染三位大师。何怀硕自称："我少小即慕黄宾虹（1865—1955）画，曾临摹其画百幅以上。"[3] 黄宾虹的绘画，可谓集传统文人画笔墨之大成。后来，何怀硕在《大师的心灵》中，以一生画"一画"来概括黄氏的艺术成就。

何怀硕在武昌读书时，学校从住在武汉的黄宾虹公子处借来约一百幅未装裱的黄氏山水小斗方，当时，"在课余，没日没夜认真学习……全系学生如此拼命也只有我。当年的少年习作有一部分我还保留至今。我的兴奋与用功，真是夙兴夜寐，难怪别人觉得我有点疯"。[4] 少年何怀硕对笔墨这种超乎年龄的沉迷，显示出他对笔墨内涵的别有会心。

---

2 2019年8月7日凌晨，我电话询问何怀硕这几幅临作的缘由，他说，这是课堂临摹的王霞宙写生。在附中时只画水彩、素描，升入大学后，王霞宙是他水墨画的第一位启蒙老师，印象特别深刻。2009年，湖北美术出版社发行《王霞宙中国画艺术》，邀何怀硕作序，他以《自然的真趣》一文缅怀自己的恩师。他回忆少年时见到的王霞宙老师，"永远穿布鞋，衣袖总是过长，所以我现在想来，很有古代书生的风韵"。为人严肃中慈祥，不苟言笑，说话条例清楚，能使听者心领神会。他特别记得，王霞宙老师介绍古代画家惨淡经营草图，创造形象，有所谓"九朽一罢"之说。强调画家应以认真、严谨、不厌其烦、不懈追求的态度从事艺术创造。何怀硕觉得，当时已五十多岁的王霞宙，面对这些懵懵懂懂的少年，"必有一点对牛弹琴的遗憾"，但他"由此进入中国文人画的门槛，先生的某些话语，永难忘怀"。
3 何怀硕：《大师的心灵》，（台北）立绪文化事业有限公司，1998，第168页。
4 何怀硕：《坎坷心路识大师》，载《什么是幸福：未之闻斋人文艺术论集》，（新北市）立绪文化事业有限公司，2019，第562—575页。该文写于2018年3月。

何怀硕 / 临黄宾虹山水 / 26 cm×36 cm / 纸本水墨设色 / 1964 年

从现存的一批 1961 年临黄宾虹山水看，他的临摹，既有疏简澹宕、讲求线质的"白宾虹"一路，又有浑厚华滋、重视墨韵的"黑宾虹"一路。难能处在于，当年尚在艺术起步阶段的何怀硕，在临摹时，面对黄宾虹强调的"国画艺术的最高境界，就是要有笔墨"，也并非一味地亦步亦趋，而在其中融入自我对意境的追求。比如水墨设色的《临黄宾虹山水》（1964），他便相对弱化了黄宾虹笔墨的抽象意味，转而强化了山石、林木、屋宇的丘壑感。

　　尤为可遇不可求的是，何怀硕在湖北艺术学院读书期间，李可染作品曾到武汉展出。此时，神州大地正承受着"大跃进"的痛苦，但立志改造中国画的李可染，于 1959 年桂林写生后，9 月由全国美协在北京举办李可染水墨山水写生画展"江山如此多娇"，随后转至上海、

上：李可染 / 家家都在画屏中（富春江芦茨溪）/ 40.5 cm×44.5 cm / 纸本水墨设色 / 1954 年

下：何怀硕 / 临李可染《富春江》/ 44 cm×40 cm / 纸本水墨设色 / 1960 年

南京、武汉、广州、重庆等城市巡展。在武汉展览期间，学校出面商借来校观摩展出，李氏作品鲜活的意境，迥异于前人的笔墨，引发学生们的一阵临摹之风。当时，囿于摄影的技术条件，为便利日后的学习临摹，特别选出几位优秀生，对原作进行临摹，何怀硕便是几位幸运者之一。[5] 武汉画展，正是李可染数次山水写生成果的集中展示。

《人民美术》1950 年创刊号上，刊发了在中央美院任教的李可染的《谈中国画的改造》，提出"深入生活"和"接受遗产"的口号。对于山水画家，"深入生活"的最好方法便是写生，同时，这也是徐悲鸿"素描是一切造型艺术的基础"主张的实践——1947 年 10 月 16日《世界日报》上发表的徐悲鸿《新国画建立之步骤》，直陈："建立新中国画，既非改良，亦非中西合璧，仅直接师法造化而已。"李可染的写生活动，从 20 世纪 50 年代开始，断续至 20 世纪 80 年代，集中于 1954—1962 年间，最重要的有四次。

1954 年，李可染与张仃、罗铭赴江南做水墨写生，历时三个多月，先后至无锡、太湖、苏州、上海、杭州、富春江和黄山，代表作有《家家都在画屏中》等，但作品整体略显笔墨让位于景观刻画的窘迫。此前，李可染最受称誉的是人物画和牧牛图，但此次写生归来后，在北海公园悦心殿举办的"李可染、张仃、罗铭水墨写生画展览会"，使他作为山水画家被画界所瞩目。黄永玉在当年第 23 期《新观察》发文《可喜的收获——李可染江南水墨写生画观感》，称其为"提倡国画改革以来的可喜的收获"。

1956 年 3 月，李可染在黄润华的陪同下，赴江南、西南做山水写生，

---

5 2012 年 9 月 24—25 日，何怀硕参加中央美术学院潘公凯院长"中国美术现代之路"在中国美术馆举办的研讨会。会后，笔者陪何氏逛琉璃厂等处，聊天时，就某些史实、画作缘起等问题，求证何氏。对临李可染作品一事，便得于此时。后来，他在 2018 年的《坎坷心路识大师》一文中提及与李可染的渊源，说当时"李先生没有来武昌，所以当年无缘拜见"。

历无锡、苏州、杭州、雁荡山、绍兴、宁波、上海、株洲、武汉、三峡、奉节、万县、重庆、成都、灌县、峨眉山、乐山、阳平关、略阳、宝鸡、嘉陵江、岷江，过栈道，越宝成铁路，行程一万余千米，11月回京，历时近八个月，是他四次写生活动中最艰苦、作画最多的一次，也是他"用最大的功力打出来"过程中最重要的一次。一路下来，几乎每处都有佳作，其中《无锡梅园》《汉代的柏树》《鲁迅故居百草园图》《巫峡百步梯》《夕照中的重庆山城》《嘉定大佛》《略阳城》等尤具匠心，在尽力刻画客观景观的同时，更强化了笔墨自身的表现力。王朝闻以《有情有景》分析李可染的这批山水写生：

> 我们一再强调面向生活，不是简单地希望绘画的形象真实，我们提倡写生，不只为了加强画家的写实能力，而是希望风景画家从自然本身获得新鲜的感受，形成创造的灵感，避免"人云亦云"的内容和"以不变应万变"的形式；希望风景画家和自然进行深交，看出它那微妙的变化，把握对象的精华部分，产生由衷的爱，构成与众不同的意境。[6]

1957年，李可染与关良一同到东德写生，历时四个月，新奇的异国风光，尤其是教堂与民居等欧洲建筑，在他笔下焕发异彩，《麦森教堂》《歌德写作小屋》《德累斯顿暮色》等在紧抓对象特征的同时，笔法的力度与神采，墨法的虚实与层次等微妙气韵表现愈发得心应手。

1959年，李可染赴桂林写生，《漓江边上》《画山侧影》《桂林春雨》等漓江山水名作，开启了他日后漓江山水题材的先声。

在这一系列写生过程中，李可染逐渐形成了自己独特的"写生创作"法，在研究描绘对象的"自然规律"，如物象的结构、纹理、光线、质感、

6　王朝闻：《有情有景》，《美术》1957年第8期。

李可染 / 德累斯顿暮色 / 53.5 cm×44 cm / 纸本水墨 / 1957 年

　　李氏对描绘西式建筑结构的探索，对何怀硕日后的《域外印象·巴黎之忆》（1981）、《世纪末之月》（1995）等有潜在的影响。

空间关系等的基础上，发现前人"未发现的东西"，有意识地放弃由"临摹前人得来的一套方法"，转而根据描绘对象的不同，发掘出新的表现方法。强调"首先要抓住对象的感觉，再考虑用什么样的笔墨"，致力于追求"自然美和笔墨的统一"，摸索创造出一种"画的味道必须在准确、结实的基础上去寻求"的新传统。[7]

对刚踏入水墨画大门的何怀硕来说，因缘际会，得遇李可染的这批盛期杰作，实在是其艺术生涯的大幸。就在李可染"江山如此多娇"展的同年，人民美术出版社出版了《李可染水墨山水写生画集》，第二年，即1960年，何怀硕在香港购得此书，成为宝爱之物。近半个世纪后，他曾以《关于四十八年前这本珍贵的画集》一文追怀其间曲折：

这一本一九五九年出版的《李可染水墨山水写生集》我一九六〇年购于香港，是我青少年时期最珍爱的藏书。

后来我到台湾唯一有美术系的台湾师大求学，当时尚在戒严时期，……我父亲把版权页、序文等都除去，交人带来台北给我，若干年后我回港探亲，才从父亲处带回以前割下的序文，重新装上去。

此书见证了过去时代的沧桑和伤痕，以及我珍藏可染先生此书数十年的感情。

何怀硕　二〇〇七年十月于台北[8]

7　郎绍君：《李可染的山水写生》，载《现代中国画论集》，广西美术出版社，1995，第179—190页。
8　何怀硕：《关于四十八年前这本珍贵的画集》，载北京画院编《李可染的世界·写生篇：千难一易》，广西美术出版社，2012，第270—271页。书中还影印了何怀硕父亲为《李可染水墨山水写生画集》所加的书衣、题签和手抄的方纪《〈李可染水墨山水写生画集〉序》，以及何怀硕写的两段文字：一、封面何父手书的"山水写生画册"旁，何怀硕书"父亲为此书所加的书衣及题签，去今已近半世纪矣。怀硕记"。二、何父所加书衣的内封，何怀硕所书"（1907—1989）此册约一九六〇年购于香港。今日李可染先生以心脏病于北京逝世。享寿八十二。一九八九年十二月六日记"。

因此两种机缘，使何怀硕"自 50 年代以来景仰李先生，他的作品我一直非常注意……可说近乎'如数家珍'"[9]。李可染个体性的写生行为，随着全国性巡展的辐射，引得许多画家竞相效法，更引发金陵画家的群体性行为。

1960 年 8 月，傅抱石当选中国美协副主席、全国文联委员，9 月 15 日，他率钱松嵒、亚明等十二人组成的"江苏国画工作团"，赴豫、川、鄂、湘、粤、陕六省，开始为期三个月的两万三千里红色之旅，沿 20 世纪 50 年代初开始的以写生带动传统国画推陈出新的道路前行。其后，傅抱石借旅行写生，创作出《待细把江山图画》《黄河清》《枣园春色》等一批反映山河新貌的作品。

1960 年 11 月中下旬，傅抱石写生途经武汉，曾在湖北艺术学院举办小规模个展。此时，"江苏国画工作团"的六省红色之旅写生已近尾声，傅抱石 11 月 15 日经过武汉时，停留数日，19 日应邀到湖北艺术学院讲学，以"时代变了，笔墨就不得不变"为中心，谈中华人民共和国成立以来中国画技法的革新问题。[10] 傅氏身世坎坷，虽颠沛流离却胸怀大志，发愤读书作画，勤苦不辍，力图以日本画与魏晋传统改造宋元以来的中国水墨画传统，画中兼具磅礴的气势与浓郁的诗情，激起何

9　何怀硕：《写生与创作——我对李可染先生画的体会》，载北京画院编《李可染的世界·写生篇：千难一易》，第 270—273 页。

10　颜娟英：《台湾美术评论全集·何怀硕卷》，第 116 页。书中将傅抱石在湖北艺术学院的展览，记为 1956 年。颜娟英此记应误。查傅抱石女婿叶宗镐编著的《傅抱石年谱（增订本）》，1956 年傅抱石并无武汉之行。实际上，1957 年 5 月，傅抱石以新中国第一个美术家代表团团长的身份，率团访问捷克斯洛伐克、罗马尼亚。当傅抱石等到达捷克首都布拉格时，捷方文化部负责人提出，用中国画笔墨表现他们国家的美丽景色。6 月 9 日，在斯洛伐克首府布拉迪斯拉发，应主人之请，在摄影机前，直接面对这座多瑙河畔的美丽城市，选景、落墨，最后落款："一九五七年六月九日傅抱石"，即《斯洛伐克首府布拉提斯拉发》一画，供当晚的电视台播放。这是傅抱石第一次在异域写生作画。据《傅抱石年谱》，1960 年"江苏国画工作团"写生接近结束时，傅抱石自重庆返回途中，于 11 月 15 日经过武汉，19 日应邀到湖北艺术学院讲学，20 日离开。在湖北艺术学院的小规模展览，应在此期间。参见叶宗镐：《傅抱石年谱（增订本）》，上海书画出版社，2012。亦可参见万新华《傅抱石东欧写生之考察》一文。

怀硕内心的钦佩与向往[11]，成为他后来取名"怀硕"的根由。在他的记忆中，这是一次小规模交流，傅抱石谈得比较随意，主要是自己的创作体会。时隔近六十年，何怀硕依然记得，自己问了傅抱石一个关于材料的问题：展览中的《黄河清》，画面神采奕奕，用的什么纸？傅抱石说，是清代的宫廷用纸，是上级发给画家用的。这是何怀硕生平第一次也是唯一一次见到傅抱石[12]，他后来回忆说："我记得他讲中国绘画的精神，充满对民族艺术的自豪与对中国文化的自尊，他开我茅塞，至今难忘。"[13]傅抱石大约也不会想到，一位座中少年，日后竟成揄扬其艺术最热切之人。从《傅抱石像》（1989）题记中，可见他在何怀硕心目中的崇高位置：

　　傅抱石先生，一九零四年生于江西新喻县章塘村，一九六五年逝世金陵寓所。中国绘画史大家辈出，若论吞吐古今，吸纳中外，雄豪壮阔，邃密幽深，抱石先生堪称前无古人。余自少憧憬斯人，兹造此象（像）。因图片短缺，斯惟予心中之象耳！涩盦何怀硕，己巳五月既望。

　　何怀硕作画，从画前的精心构思，到每一寸画面的设计，到投入

11　多年以后，在《大师的心灵》的《解衣磅礴，纵横排奡——傅抱石》一章，何怀硕说傅抱石不但是 20 世纪"中国第一流的画家，而且是世界第一流的画家。在中国画史上，他也是几百年才能一见的天才艺术家"。见该书第 322 页，原文为"即使在画史上"，在现藏我手上的修改版中，改为"在中国画史上"。

12　2018 年 7 月 22 日，在台北新店何怀硕家中，我曾问何怀硕，按理他应见过傅抱石，但从未见他谈及此事，不知是何缘故？他说，他早年在台湾，为避"通匪"之嫌，小心翼翼地避免提及自己与傅抱石曾有过一面之缘。后来，政治宽松，写文章也无必须提及自己见过傅抱石之处，因我有此一问，他才说到此事。他说，本来这些事情，包括傅抱石讲座的内容等，他都有笔记，简单一查就行了。但离开大陆时，随身携带不便，包括读书札记、日记等几十本笔记，留在大陆，早已不知流落何处矣！这段渊源，他在 2018 年的《坎坷心路识大师》一文中提及，载《什么是幸福：未之闻斋人文艺术论集》，第 562—575 页。当时，该书尚未出版，这段往事我自是无从得知。

13　何怀硕：《坎坷心路识大师》，载《什么是幸福：未之闻斋人文艺术论集》，第 568 页。

画面的深沉情感，在徐小虎看来，其实是不知不觉发挥了由傅抱石传承的"日本画"（Nihonga）的特性，或者说，是傅抱石经由日本画而重新发现的宋人院体画强调完美的作风。与中国画的重视大我而忽视小我，给画面留下很大的弹性不同，日本画更刻意于张扬个性，强调以特定的构图表达特定的情绪，因此画面紧凑，尤喜以横构图具体表现时空的推移，如四季更替和生命消长，更富感情色彩。[14] 这些特点后来在何怀硕的《四季山水图卷》（1984）、《间关归行图卷》（1987）等画中一一呈现。

　　附中生活，何怀硕印象最深的一次是 1959 年秋季开学后，参加劳动竞赛，工地上敲锣打鼓，连续三十六个小时不睡觉，简直干着活都要睡着了。有同学说，只要有根棍把身体撑住，站着都能睡。[15] 正是长身体的年纪，营养不良，却要参加重体力劳动，身体的羸弱可想而知。何怀硕在肉体承受饥饿与病苦的同时，偷偷地读书，还要免得被人看到受批判。不过，艺术的一项重要功能，是超越现实的羁绊。因此，《临傅抱石〈黄河清〉》（1960）[16]，对饥疲交困中的何怀硕来说，或许正

14　徐小虎：《何怀硕与中国画》，载何怀硕：《绘画独白》"附录一"，严以恕、任秀姗译，第 231—245 页。原载 1986 年二月号《艺术家》。尤见第 238—239 页。

15　2019 年 8 月 7 日凌晨，我与他通电话，闲聊时偶然谈到此事，他说至今难忘，恍若眼前。

16　傅抱石率团的红色之旅，旅行写生经过豫、陕、川、鄂、湘、粤六省。
　　关于创作方向，在西安与石鲁座谈，石鲁说："党号召我们表现延安作风，这是当前党的重大任务之一，这不仅是艺术活动，也是党的政治任务。"至于如何在画中反映"盛世"，画家们是动了脑筋的，如，在峨眉山雷音寺，"宋文治抓紧画了雷音寺破旧寺庙速写，以后他以古寺为素材画成了《峨眉山公共食堂》，食堂内有许多社员在吃饭，食堂前后为绿树衬托，呈现出欣欣向荣的景象"。
　　傅抱石的《黄河清》，创意来自三门峡大坝。在他之前不久，老画家丁士青先画了一幅《黄河清》，傅抱石曾大加赞美。"黄河清"之说，典出明人程登吉编写的《幼学琼林》中的"黄河清，圣人出"，传说黄河五百年变清一次，"黄河清"是以自然之象映射现实政治的"圣人出"，画家争夸黄河清，意在歌颂毛主席。亚明总结说："走了这么久，现在回头去算一算，要是弄得好，可以搞黄河清、延安颂、江山娇、钢厂赞。这些都是大题材……大家要动脑筋去找。"
　　参见黄名芊执笔，辅以亚明、魏紫熙等五名参与者回忆材料充实佐证的《笔墨江山》，人民美术出版社，2009。

是在图像与线条的沉酣间，暂时抛却与遗忘了现实的痛苦。这种审美取舍，使何怀硕的创作题材，无论荒原寒月，还是枯树浮云，无法直面"惨淡的人生"，但或许正因为摆脱了现实的束缚，才令其艺术能更执着于审美品质的追求。

但临摹只是学习的手段，而非目的，其真正意义是通过体悟、理解与研习，提升临仿者运用工具材料的能力，助其成长。何怀硕始终警策自己，临摹前人作品，目的不在"复制"，不在背熟物象造型与公式化的技法规范，而是注重体会其构思、布局与创造性的技法。那种以为"精熟了某家画鸟画花画山水的技法，以为从此手艺上手，永远可照样搬演"的学艺，学成之日，便是艺术远离之时。[17]

对水墨画家来说，面对明清以降成熟的笔墨程式，任何想寻求突破者都不得不直面两难之境：选择新鲜的题材，缺乏成熟的笔墨程式参照，虽有题材之"独诣"，却可能失于笔墨语言之无味；一味沿袭老路，虽有"众能"，但风险是失去"我之为我，自有我在"的艺术个性。因之作为画家，首先要面对的便是"取材以立意"，即题材选择是因为先有一个想画的题材而进行构思创作，还是因为先有一个渴望表达的念头或观念再来物色适宜的题材？

这种矛盾，在中华人民共和国成立后，因表现"新"的压力而愈发凸显，李可染以自己的山水写生做出了回应。

李可染在武汉的山水写生展，给何怀硕带来观念上的冲击与技法上的启迪。他早年的山水，便明显有着李可染的影子。《江村暮韵图》（1965）不仅构图、笔法，而且以墨笔勾皴物象轮廓，再淡墨皴染，复以赭石提亮屋宇、风帆的画法，都显然来自李可染。在艺术品位上，也与李可染产生共鸣：

17　何怀硕：《给未来的艺术家》，第79页。

何怀硕 / 临傅抱石《黄河清》/ 44 cm×64 cm / 纸本水墨设色 / 1960 年

一九六五年五月，制《江村暮韵图》，略得苍郁二字。何怀硕于未闻书屋写此并记。

"苍郁"是对李可染笔墨风格特征的概括。追求这种风格，便意味着对偏世俗化的甜美趣味的放弃，因此，画面左下角所钤的"苍郁难媚"一印，正明确了这种意志。

何怀硕后来回忆，傅抱石、李可染在国际上还没有任何地位、默默无闻的时候，他们的天才便打动了他的心。比较而言，傅抱石的天分比李可染高，傅抱石与古人有很多共鸣。李可染是意匠多过神思，对西画的吸收比傅抱石要多，其魅力在于创造出一种李可染式的意境，不过对中国文化的理解，无法与傅抱石相比。[18]不只是李可染，放眼20世纪的山水画家，以山川为题材表达心声，将"强烈的个人情感、人生观与宇宙观溶（融）入山水画的构思里，傅抱石是最突出的一个"[19]。

　　笔墨与写生的关系，是困扰当时许多画家的难题：如何在写生时面对鲜活的现实，以相对完美的笔墨形式传递出真切的感受？因此，在临仿名家，掌握笔墨技巧的同时，何怀硕也热衷于写生，培养自己表达敏锐感受性的能力，临仿与写生，堪称他这一时期的左右手。《武昌长春观》（1960）、《武昌小景》（1960）、《林居小景》（1960）、《武昌蛇山》（1961）等，取平视视角；《武昌起义门》（1960）、《汉阳龟山》（1960）、《武昌洪山宝塔》（1960）、《长春观婆娑柏树》（1961）、《蛇山抱冰堂》（1961）等，则略取仰势；《蛇山上看武昌》（1960）、《武昌长春观高处》（1961）、《珞珈山望东湖》（1961）等，又有意地采用俯视……三种不同的视角，与中国传统"平远""高远""深远"的"三远法"遥遥相应，可见其良工苦心。

　　这一时期的有些写生，如《武汉钢铁公司高炉写生》（1960）、《湖北艺院宿舍》（1960）、《武汉阅马场省委会》（1960）、《汉口中山公园》（1961）等，何怀硕则着力于探索现代题材如何进入水墨画表现的问题。钢铁高炉、钢筋水泥楼、西式阅马场等工业化题材，较之中国传统土木建筑，就视觉形式来看，以强调功能的简洁直线、弧线与几何形关系组合而成，迥异于中国传统土木建筑充满趣味的曲线。这也可以理解为现代工业文明对中国传统农业文明的颠覆：传统土木建筑置于山川林木间，材质与形式具有天然的亲和性。而以钢铁水泥

18　《何怀硕：艺术有震撼心灵的力量》，载李怀宇：《知识人：台湾文化十六家》，第169—185页，尤见第176—177页。

19　何怀硕：《大师的心灵》，第320页。

等机械加工材料建造的新式建筑，与机械时代相表里的强烈人工化硬边结构和几何关系，与充满变化的自然环境形式上有着天然的扞格，如何用充满自然变化的水墨方式表现这种全新的工业视觉关系？

何怀硕以一种智慧的方式破此困局：钢铁高炉、钢筋水泥楼、西式阅马场这些新建筑形式，他并不着意强调它们的硬边形式，而是在刻画结构的同时，用描绘林木的带有自然变化的线质，弱化其几何硬边，并辅以水墨皴擦，以笔法的一致性统一画面，令纯粹的工业题材，如《武汉钢铁公司高炉写生》等，一洗水墨画素描的生硬感；《湖北艺院宿舍》《武汉阅马场省委会》《汉口中山公园》等的现代建筑，掩映在林木间，也毫无违和感，皆是源于笔法的这种巧妙运用。

在艺术的起步之初，虽寂寂无闻，但内心的艺术抱负，促使何怀硕与李可染等大家一样，思考翻天覆地的大时代抛给每位有思想的艺术家的新命题。他的临摹与写生，正折射出时代变迁之际的巨大疑问：水墨画向何处去？黄宾虹、李可染、傅抱石这三位做出不同回应的大师，带给他很多思考与影响，因此，也在他《大师的心灵》一书中占据独特的地位与意义。

对何怀硕来说，黄宾虹的笔墨形式、李可染的写生观念与傅抱石的意境追求，并由之上溯"四僧"，正是"器"与"道"的辩证，最终融化为自我内心的"心象风景"。

不过，无论时代如何变迁，无论是一位学子还是一代大家，他心灵深处对傅抱石的共鸣却始终不渝：

抱石在八人（《大师的心灵》中的任伯年、吴昌硕、齐白石、黄宾虹、徐悲鸿、林风眠、傅抱石、李可染八位大师）中才气最高，内蕴最富，

上：何怀硕 / 武昌长春观 / 29 cm×38 cm / 纸本水墨设色 / 1960 年

下：何怀硕 / 汉口中山公园 / 30 cm×42 cm / 纸本水墨设色 / 1961 年

何怀硕 / 武汉钢铁公司高炉写生 / 52 cm×41 cm / 纸本水墨设色 / 1960 年

诗心最美，性情最真率。[20]

不同时期皆有临仿傅氏之作，如《临傅抱石〈黄河清〉》（1960）、《临傅抱石山水》（1980）、《临傅抱石〈平沙落雁〉》（1981）、《临傅抱石〈秋山行旅〉》（1991）、《临傅抱石〈逝水〉》（2002）、《临傅抱石〈屈子行吟〉》（2007）、《拟傅抱石〈赤壁图〉》（2008）等。他《大师的心灵》一书"绪论"的"话说从头"，便是一件与他擦肩而过的傅氏佳作：

先从一个故事说起。

一九六四年，我大学三年级的时候，看到台北市南海路一家裱画店墙上裱了一幅傅抱石的斗方人物画，不禁怦然心动。裱画店老板告诉我，如果我有新台币八百元，可以卖给我。可怜当时东挪西借，我竟无法筹得八百元来。后来听说为专仿齐白石画的传统画家李大林买去，加上微利，转售给了洋人。这一份懊恼，到现在还不曾释怀。幸好当时裱画店老板让我留下这幅画的照片，到今天还能慰情聊胜于无。

那时候八百元是一个小公务员一个月的薪水。当时台北许多"国画大师"的画，每幅都要几千乃至几万元。而近代的画家，名气较大如齐白石、徐悲鸿，每幅不过几百或上千元便可买到。那时候傅抱石的名字陌生得多，八百元算是高价。[21]

这件傅抱石小画，令他念兹在兹的，不只是作品本身，更是作品

20　何怀硕 1999 年 10 月 2 日给笔者的信。

21　何怀硕：《大师的心灵》，第 2 页。原文"后来听说为专仿齐白石画某姓李的传统画人买去"中的"某姓李的传统画人"，他在 2018 年 12 月 24 日给我的修改稿中，改为"传统画家李大林"，懊恨可知！

背后折射的我们自身文化价值判断的缺失与荒谬。"我大学毕业前后，台北最有名、身价最高者，山水黄君璧，花鸟高逸鸿，美人季康。而高逸鸿最贵，牡丹以朵论价，一朵二十万。后来张大千来台定居，便居画坛龙头。"[22] 因为外国美术馆和拍卖公司的重视，将近代中国画家的作品列为拍品，渐渐有了国际市场，之后，中外藏家才兴起收藏中国近代书画的热潮。假如没有这些"老外"，中国近代书画的价值与价格，不要说与西方近代绘画别如云泥，甚至无法与明清瓷器相提并论。正是在市场的检验下，才使中国社会的大众与收藏者，渐次认识到书画水准高低之分，才比较清晰地认识到"大师""名家"与"小名家"的层次之别。今天，近代中国画家的画价"已与国际接轨"，但回溯短短数十年间发生的这种"接轨"的因由，在他看来，真正令国人惭愧的是，这种对真正大师的认识，却是在域外人士的"提示"与"刺激"之下，才有了一点后知后觉[23]，对他来说，这八位他"从少年时期就景仰的大师，他们今天普遍得到公认，我心中有骄傲与欣慰。因为三十多年前我与同侪说傅抱石、林风眠等人是近百年第一流中国大画家，常受到讪笑。而那时台湾艺术界连黄宾虹、傅抱石、林风眠、李可染的名字也没几人知道。而回首前尘，许多数十年来声名大噪的画家，到今天有的已经褪色，有的差不多被人所遗忘"[24]。这面镜子，映照出我们对自己民族艺术的审美与创造价值的判断力缺失。

　　早在百年前的 1918 年，鲁迅在《新青年》上尖锐地批评："中国人向来有点自大。——只可惜没有'个人的自大'，都是'合群的爱国的自大'。这便是文化竞争失败之后，不能再见振拔改进的原因。"

22　何怀硕：《八大家何以不列张大千》，http://www.peoplearts.cn/News/News_48407_3.html［2016年 4 月 19 日登录］。
23　何怀硕：《大师的心灵》，"自序"，第 5 页。"叙说"，第 3 页。
24　同上书，"自序"，第 7 页。

所谓"'个人的自大',就是独异,是对庸众宣战。……也可说就是几分狂气。他们必定自己觉得思想见识高出庸众之上,又为庸众所不懂"²⁵,向来秉持"独异"观的何怀硕,感性的耿耿"不曾释怀",不是理性的认知能够平复的,于是,便有了《临傅抱石〈逝水〉》(2002)。画中重提往事,交代临仿抱石此作因由:

> 三十余年前,台北南海路一裱店有抱石先生此画,售价廿美元。予无力购买,只留下小照片,后,闻为专仿齐白石之李姓画人买去,旋转售与外国藏家,今该画不知流落何方。壬午夏,傅二石兄请为上海古籍出版社之傅抱石精品画集作序,因重睹此图,往事历历,遂信笔追怀,求得其二三耳。小暑前五日凌晨,何怀硕并记于涩盦灯下。
>
> 吾入住新居八阅月,未执画笔,惭愧之至。原图及其故事,余曾刊于拙著《大师的心灵》"序"中。记忆中,尺寸约只当此之半。余制此时,技痒急成,以屉中旧罗纹薄纸,历时两日,易稿三次始成。人物形神毕肖,而笔墨稍嫌累赘,无原画之痛快淋漓浑然天成也!又记。

《临傅抱石〈逝水〉》为 47 cm×59 cm,略小于四尺三开,本已不大,傅抱石原作"记忆中,约只当此之半",则只有 A4 纸大小。不知有意还是巧合,临此作时的何怀硕六十一岁,正是傅抱石一生的长度。或许,在此时间节点,何怀硕选择此作,意在验证一下自己的艺术修为,相较自己仰慕的大师,何如?

在何怀硕平生之作中,有一幅《湘君》(1982)别有纪念意义:当时有位画商,也是他弟子的莫士挣,从傅抱石后人手中,得到两幅傅

25　鲁迅:《随感录·三八》,载《新青年》第五卷第五号,1918 年 11 月。后该文收入杂文集《热风》。

上：何怀硕手中留存的傅抱石《逝水》小照片

下：何怀硕 / 临傅抱石《逝水》/ 47 cm×59 cm / 纸本水墨设色 / 2002 年

氏未竟的线描稿，希望何怀硕为之足成——足成之后，一人一幅。留存何怀硕手中的，便是《湘君》。

　　作为何怀硕素所景仰的大师，多年后竟有机会为其补作，心中的喜悦与感慨不言而喻："抱石师《湘君》残稿，怀硕补烟水陂陁并着色，不胜荣幸。岁次壬戌冬夜谨记。"作品完成后，心中的激动难以平复，复题诗塘："少陵诗：'怅望千秋一洒泪，萧条异代不同时。'傅抱石先生每以《楚辞》为题材，所作'湘君''湘夫人'，系采洪兴祖、朱熹说，以湘君为舜正妃娥皇，湘夫人为次妃女英。而自王逸、郭璞以来，皆有以湘君为男神者。近世学者亦多主此说。而荒古湮远，莫可稽考，

何怀硕 / 湘君（傅抱石残稿补成）/ 47 cm×68 cm / 纸本水墨设色 / 1982 年

盖其原为神话，正不必斤斤于故实，其恋爱之悲情，为千古绝唱。曾见抱石师题新诗云：'我望着老远远的岑阳，让我的魂灵飞过大江，魂灵飞去路太长，妹妹忧愁更为我悲伤。'岁在壬戌十一月初二夜补成此图，欢喜并记。涩园何怀硕。"

何怀硕的临仿，并不因自己的成就日高而停息，所谓常学常新，渐于其中融入己意。如他在《仿石涛册页》（1988）中题曰："此清湘第一精品。箧中旧纸，漫临之。"在《岩穴幽居图》（1988）中题曰："石道人拙厚苍茫，无出其右，此图以破笔略拟之，识者当知古今不同耳！"八大山人的高妙，尤其是其白眼向天的孤鸟，令他倾倒不已。20 世纪80 年代的小品《睥睨（鸟）》《独鸟》，作于"丁丑（1997）母亲节"的《吞声》，鸟的神采，一望而知出自八大山人，《睥睨（鸟）》更题："不知今何世，白眼看青天！"癸巳（2013）夏，已蔚然大师的何怀硕，复仿八大山人之鸟，并以题识论及八大山人艺术的非凡影响：

朱耷画鱼鸟，四百年来只手遮天，天下画鱼鸟者，皆其子孙或麾下小卒，齐木匠、张爰、丁衍庸、李苦禅、潘阿寿等人，投靠驴屋而得以发迹，缶翁更是雪个第一知音。刃庵过人处，在以鱼鸟拟人之处境，遂有深长之写意，此个山石破天惊之创发也。癸巳夏，予于厨房清洗乌贼，取其墨汁，信手仿八大于残纸，数小时后，拟题字，墨已臭不可忍，即清洗笔碟，良久，仍如处鲍肆。何怀硕用墨の华跋于涩盦。[26]

从年轻时代起，文化虚无主义便一直是何怀硕批判的对象：

26 驴屋、雪个、刃庵、个山、八大山人等，皆为朱耷之字或号。墨の华，为著名的日本墨汁品牌，蔡澜说他的老师冯康侯认为墨汁中，这一品牌的最好。

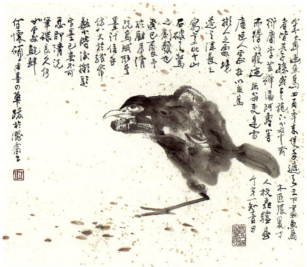

上：何怀硕 / 岩穴幽居图 / 66 cm×66 cm / 纸本水墨设色 / 1988 年

下：何怀硕 / 孤鸟 / 52 cm×62 cm / 纸本水墨 / 2013 年

艺术的高贵在于它与人类精神价值的关联；艺术是促进人类爱的；在这一点上我同情托尔斯泰的艺术论。而艾略特（T. S. Eliot）说："绝对独创的是绝对拙劣的；就坏的意义来说，那是'主观的'，对于它所要求共鸣的世界毫无关系。"[27]

作于 2007 年《前赤壁赋图》，便是以一种全新的方式，表达对傅抱石景仰之情的同时，展现与古人精神价值的共鸣。

《前赤壁赋》为宋神宗元丰五年（1082）苏轼贬谪黄州（今湖北黄冈）时所作，记述他与友人月夜泛舟赤壁之下、长江之中的情景。赋中一位吹洞箫的客人，箫声如怨如慕，如泣如诉，引起舟中人吊古伤今的情怀。当东坡问客"何为其然也"，引出主客之间的一番对话，客人感慨：

　　"月明星稀，乌鹊南飞。"此非曹孟德之诗乎？西望夏口，东望武昌，山川相缪，郁乎苍苍，此非孟德之困于周郎者乎？方其破荆州，下江陵，顺流而东也，舳舻千里，旌旗蔽空，酾酒临江，横槊赋诗，固一世之雄也，而今安在哉？况吾与子渔樵于江渚之上，侣鱼虾而友麋鹿，驾一叶之扁舟，举匏尊以相属。寄蜉蝣于天地，渺沧海之一粟。哀吾生之须臾，羡长江之无穷。挟飞仙以遨游，抱明月而长终。知不可乎骤得，托遗响于悲风。

作为主人的苏轼，则从"变者"与"不变者"两种对立的视角来宽慰客人：

27　何怀硕：《艺术价值之反省》，该文写于 1971 年 12 月 9 日，载《苦涩的美感》，第 120—133 页，尤见第 133 页。

左：
何怀硕
前赤壁赋
234 cm×52 cm
纸本水墨设色
2007 年

右：
何怀硕
行书前赤壁赋
98 cm×31 cm
纸本水墨
2011 年

　　承傅抱石之
余绪，《前赤壁
赋》不只是何怀
硕的画材，也是
每每不厌抄录之
文。此为辛卯年
（2011）所书。

　　客亦知夫水与月乎？逝者如斯，而未尝往也；盈虚者如彼，而卒莫消长也。盖将自其变者而观之，则天地曾不能以一瞬；自其不变者而观之，则物与我皆无尽也，而又何羡乎？且夫天地之间，物各有主，苟非吾之所有，虽一毫而莫取。惟江上之清风，与山间之明月，耳得之而为声，目遇之而成色，取之不尽，用之不竭。是造物者之无尽藏也，而吾与子之所共适。

　　苏轼理性而睿智的见识，似乎消释了客人心中的郁结，于是"客喜而笑，洗盏更酌……不知东方之既白"。

　　在《前赤壁赋》中，罹"乌台诗案"之祸而幸存的苏轼，面对传说中的"赤壁之战"遗迹，借客人之口，传递出对于勋业、人生的巨大虚无感，本质上，这种存在与生俱来的虚无，无可排解，但存在本身，又让人不得不排解，所以，由"变者"而观之所引发的虚无感和由"不变者"而观之所获得的存在感之间，便是人的栖息之所，也是诗人的自适之道。有论者认为，该赋与随后的《后赤壁赋》，引发视觉艺术，主要是绘画中《赤壁图》传统的部分原因，在于赋中深沉的怀古之情：尽管客人的怀古悲情经苏轼劝慰，似得纾解，但却转化为画家描绘的中心主题——在画中，赤壁同时代表了自然和历史，即便它看似永恒，其沧桑的表面仍显露出时间的侵蚀。[28]《前赤壁赋》中并没有提及赤壁的外形，《后赤壁赋》也只说："江流有声，断岸千尺；山高月小，水落石出。"自金代武元直之后，以此为题材者，不绝如缕，尤以傅抱

28　巫鸿：《废墟的故事：中国美术和视觉文化中的"在场"与"缺席"》，肖铁译，巫鸿校，世纪出版集团·上海人民出版社，2012，第82—85页。巫鸿谈到，《赤壁图》作为中国山水画和叙事画的一个支流，包括两类构图，一类是含有多幅画面的卷轴画，将苏轼的文本图解为一个连续性叙事；另一类是单幅画，聚焦于苏轼泛舟赤壁之下的时刻。单幅画往往是"前后"两赋情景的综合，因而更有象征意义。自金代武元直的《赤壁图》开始，便将苏轼的雅集与赤壁的峭壁组成相对的形象。

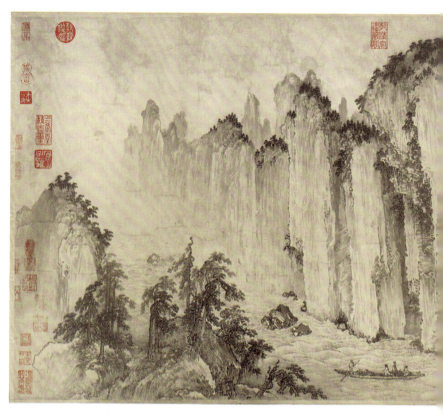

（金）武元直 / 赤壁图 / 50.8 cm×136.4 cm / 纸本水墨 / 台北故宫博物院藏

石为翘楚。

何怀硕的收藏中，有一件傅抱石"为碧微先生写"的《赤壁赋图》（1947）。画中，一叶小舟飘荡赤壁之下，东坡正出神地望着吹箫的客人。同时，他的傅抱石藏品中，还有一件"乙酉正月廿九日抱石东川金刚坡下写"的《秋山登临图》（1945），用的是疾风暴雨般的"抱石皴"。何怀硕《前赤壁赋图》的构图，右下角便化自傅抱石的《赤壁赋图》；竖长画面的结构大势，与傅氏的《秋山登临图》相仿；画面顶端山峰的走势，则与他收藏的李可染《黄海烟云》右上角山势的布局气脉相通。

虽然如此，在这件赤壁画作中，何怀硕仍别有所思。为强化《前赤壁赋》中"寄蜉蝣于天地，渺沧海之一粟"的"人生若寄"之感，借"断岸千尺""山高月小"予以衬托：巨大圆白的月亮，浮在怪石嶙峋、高高耸峙的山间，山谷间弥漫升腾的云雾，益显月亮的高渺……作品与前辈大师的关联丝丝缕缕，笔法却是自家法门。[29] 或许正因作品与先贤显见的血脉关系，而使画家对其有种既爱而又欲弃的复杂情感："此图约十年前于云门初命笔而未竟，将欲弃之，今自箧中救起，约十日，并题全篇。时在丙戌大寒前后。何怀硕于未之闻斋。"

任何画家，或多或少，不免有所收藏，或朋侪师友相赠，或同道相互交换，或购自拍卖画廊，往往随着岁月流逝，积少成多，甚或成为收藏家。在收藏的过程中，不知多少画家曾想过，收藏的目的与意义何在？

欧阳修《集古录跋尾》云："物常聚于所好，而常得于有力之强。有力而不好，好之而无力，虽近且易，有不能致之。"何怀硕在《拾穗杂谈》中说，自己的收藏，始于大学毕业后不久：一天，偶然在台师大附近的一家裱画店，看到一幅有几个小虫洞的萧俊贤（1865—

29　不过，画中沉郁顿挫的线条，依然可见与李可染盛期之作《黄海烟云》的传承脉络。

何怀硕诗堂
前赤壁赋
54 cm×31 cm
纸本水墨
1991 年

何怀硕收藏的傅抱石
"为碧微先生写"的《赤
壁赋图》（1947）诗堂
为他抄录的东坡《前赤壁
赋》全文。

傅抱石
赤壁赋图
27 cm×31 cm
纸本水墨设色
1947 年

傅抱石
秋山登临图
137.5 cm×40 cm
纸本水墨设色
1945 年
（1947 年再题）
何怀硕收藏

李可染 / 黄海烟云 / 69 cm×54 cm / 纸本水墨设色 / 20 世纪 60 年代 / 何怀硕收藏

1949）山水小条幅，价格极便宜，遂"很高兴的（地）买下来"。其实，萧俊贤与这幅画并非他的心仪，但之所以毫不犹豫地买下，在于这是他"第一次看到美术史书有登录的名家原作"，而又是自己能买得起的，所以使他"当时不但惊奇、兴奋，还有一种难以形容的快慰"。[30] 自此开始，经过许多的"偶然"和"偶尔"，随时间的积渐，聚沙成塔，后来，与美术史家傅申一道，合二人之力，2008 年在台北历史博物馆举办收藏展，并出版画集《沧海一粟：古今书画拾穗》，成为其"雪泥鸿爪"收藏生涯的总结。

　　虽有所收藏，他也常对朋友说，"立志不做收藏家"，原因在于，他非常清楚，做收藏家须"有钱、有闲、有眼"，三个条件，缺一不可，他自忖，除"有眼"一点"略备"外，另外二者，"非我辈所有"，所以，他从一开始就有"不做收藏家"的定力。而现实中许多血淋淋的例子，也不时警策着他：

　　　　我见过没有三者兼备而沉迷于收藏，结果是无尽的灾难。有人为了寻觅"猎物"四处奔走，栖栖惶惶，患得患失，寝食难安，甚至因为探求无度，渐成瘾疾，以致"病"入膏肓。还有因为此道所费不赀，因而节衣缩食，克扣家用，甚至借贷负债，乃至信用扫地。更悲惨的是，"三条件"中前两者固不够充分，连第三条件也不过略知 ABC，结果是半生收藏，多为"行货"，灰头土脸，莫此为甚。平生所见如此闹剧与悲剧绝非凤毛麟角。[31]

　　但这并没有妨碍他时起"偶然"的兴趣，更没有妨碍他对收藏的

30　何怀硕：《拾穗杂谈》，载台北历史博物馆编辑委员会编辑《沧海一粟：古今书画拾穗》，台北历史博物馆出版，2008，第 10 页。
31　同上。

功能，尤其是收藏对于画家意义的理性认知：

　　我喜爱书画，初衷不是为了"提升品位，增加雅趣"，也不为"收集古董"，更不为了"投资理财"。因为我自己是画家，需要不断学习、研究。我所喜爱的书画，主要是因为那些书画家是我所敬佩、景仰的艺术家（其他赫赫有大名气的书画家，若不合我的品位，我都不会动念）。因为我对这些艺术家的了解、欣赏、研究最深邃，最热切，偶有机缘能拥有他们尺幅寸楮的真迹，莫不欣喜若狂。更重要的是，与真迹朝夕面对，较之在展览馆短暂的观赏，或从印刷品上阅览，当然完全不能相比。这是我找到能够不断自我进修的凭借。

　　因为有此爱好，使我有更多机会认识而且接触许多收藏家前辈与同道。不但有多看名作的眼福，而且与前辈请益、讨论，获益良多，这不是美术系上课所能得到的。回想过去数十年中，我所认识中国书画大小收藏家、鉴赏家、学者、师长、同道友朋真不少，信手列出有如：王壮为、王己千、王方宇、张隆延、何惠鉴、傅申、曹仲英、宋汉西、张洪、黄君实、杨思胜、翁万戈、李叶霜、黄天才、李霖灿、江兆申、吴平、王霭云、曾绍杰、徐邦达、刘作筹、王良福、黄仲芳、郭文基……此外，许多画店、画廊、裱店的老板，有人天赋特佳，在长期濡染中别具眼力，我都甚为钦佩，与之成为朋友。同这些师友交往，给我大开眼界的机会，而时得请教切磋之益，使我经验与眼力都大有增进，这当然对我的艺术修养与技能的提升也大有助益。

　　偶涉收藏，还有一大好处，那是提升鉴别真伪能力的绝佳途径。因为你若不曾认真研究，多次试过眼力，不睁大眼睛视察"猎物"，没有十足把握，你不会大胆出手。若看走眼，你便白白交了学费；不过眼力却因之有跳跃式的提升。若无意掏钱买，不论说得多"内行"，都只是纸上谈兵。敢掏腰包方能习得真本领，原因在此。我所熟悉的许多有名画家、美术系教授、理论家或美术史家，非常缺乏鉴别能力，不辨真伪者大有人在，即因缺乏"实战"经验之故。只靠画自己的画、读史论、熟悉画史与画家，但没有长期大量接触名作真迹以及古今各式伪品，没有在收藏实践中训练眼力，没有从许多收藏家、鉴定家那里修习学院与画室所不可能有的功课，便不可能有鉴识杰作的眼光。把赝品当真迹，能学好书画吗？许多画家与学者忽视这门"功课"，实在是很大的疏漏与遗憾。[32]

　　数十年间似反掌，"偶涉"已成塔，仅展示在《沧海一粟》中的他的收藏，书法作者，涵括笪重光、金农、伊秉绶、陈鸿寿、何绍基、杨岘、翁同龢、苏六朋、吴昌硕、张祖翼、蒲华、沈曾植、康有为、曾熙、李瑞清、梁启超、于右任、周作人、胡适、郭沫若、张大千、罗振玉、台静农、梁实秋、来楚生、叶公超等，不仅有许多清代、民国的书法大家，更多五四以来的文化名人，书体也是篆隶行草，风采各具，粗看之下，似乎芜杂，但这些作者唯一共同的特征是个性鲜明。
　　至于画作的收藏，则基本是水墨写意一类。这些作者，包括晚清民国以降的费晓楼、任薰、任伯年、吴昌硕、倪田、胡公寿、陆恢、林纾、高剑父、黄宾虹、吕凤子、林风眠、傅抱石、李可染、林玉山、余承尧，以及当代的程十发、卢沉、周思聪、韩羽、王明明等。其中，黄宾虹、傅抱石、林风眠和李可染画作，允称点睛：几件黄宾虹山水，不仅包括"白宾虹"与"黑宾虹"，且涵盖其枯笔水墨、水墨设色、积墨积色等典型样式；傅抱石的《秋山登临图轴》《屈原》《赤壁赋图》等，大都作于乙酉（1945）、丁亥（1947），呈精力弥漫的盛年气象，

---

32 何怀硕：《拾穗杂谈》，第10—11页。文中两处标点符号，因两地习惯不同，按大陆用法，已做改正。

吴昌硕
赠坤山篆书七言联
179 cm×47 cm×2
纸本水墨
1919 年
何怀硕收藏

文人气十足，几可与此一时期的傅抱石文人画研究相佐证；林风眠的《雪景》《西湖》《琵琶仕女》《芦雁》《荷塘》《渔父》等，几乎将其一生创作母题网罗无遗；李可染的《东山携妓图轴》《羲之笼鹅图轴》为其早期的简笔高古人物，《榕湖一瞥夕阳中》与《黄海烟云》则是其"采一炼十"时期的精凝之作，尤其《榕湖一瞥夕照中》，代表了李氏"逆光"山水的高度。

何怀硕收藏中的几件特出佳作，尤使他感到得意：何绍基《隶书南阳太守四屏》高十尺，为书家平生最大之作；傅抱石《袖珍虎溪三笑图》比巴掌还小，是傅氏画作中的第一袖珍；康有为《避岛》是其戊戌变法失败后，避难日本时书房自书横额，弥足珍贵……[33] 不仅显示出他独到的眼光，以此质诸其创作思路的别求一格，其间不无相通之处。更重要的是，点点滴滴进入他收藏的这些作品，也涵育和提升着他的艺术品位与技能。

33　何怀硕：《跋》，见台北历史博物馆编辑委员会编《沧海一粟：古今书画拾穗》，第207页。

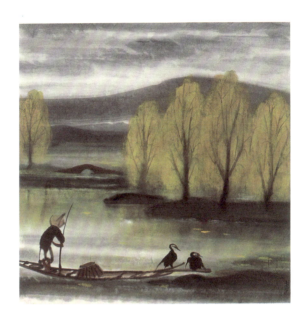

林风眠 / 渔父 / 65 cm×66 cm / 纸本水墨设色 / 无年款 / 何怀硕收藏

林风眠 / 西湖 / 65 cm×66 cm / 纸本水墨设色 / 无年款 / 何怀硕收藏

艺术家的襟怀

人生应该把握的，是不迷信生而知之、不学而能的神话，而只管以热诚、毅力与不求功利之心去追求而已。

创作记录：进入历史

何怀硕大三时，有幸认识美籍华裔学生宋汉西，宋汉西是斯坦福大学中国美术史研究生，20世纪60年代到台湾学中文，并收集有关中文资料，后来获得博士学位。宋氏是最早赏识、鼓励何怀硕的同道友人。他建议何怀硕为每件创作做记录，对于朋友的善意，何怀硕欣然接受。数十年后，他谈到这件事的缘由：

宋汉西是ABC（American Born Chinese）。他见近代洋画家作品有详细记录，所以告诉我也应有记录。其实我自始都留照片。他的建议我采纳了，因为尺寸、题什么字、印章，甚至纸张等非照片所能记述清楚。至于（对）创作过程连续拍摄是因为，我作画不似别人，用技术，用固定程式作画，而是每幅画依特殊需要决定步骤与方法。常常我自己观看过去作品，忘了该画是怎样画出来的？因为时过境迁，无法记忆其过程，所以便在作画过程多留些照片（我这种记录照片有数十本），好做日后检讨的资料。所以我的画，多有"草稿—木炭定位—动笔—过程—完成以及文字记录"。[1]

---

[1] 何怀硕2014年12月14日给笔者的电子邮件。之所以谈得如此详细具体，是因为此前我就何氏《印度之旅》创作中的一些问题请教于他，他遂将创作此画的连续记录复印件寄我。我早知他每一创作皆有详细记录，但记录过程如此详尽，仍出人意表。尤可注意的是，画作完成后，还有"画后记录手稿"。

自古以来，中国画家都忽略自我创作的记录，常使后世对往昔的研究、了解出现许多难以想象的问题。之所以如此，是因为许多随意的应酬、卖钱之作敷衍了事，自然不愿也不值得自留记录。即便经意之作，也常多雷同或重复，从中国绘画史中专画马、牛、虎、老鹰、麻雀、牡丹等画家之多，或"秋山论道""松下高士""柳荫美人"等画之习见，便可窥见"复制"状况之普遍。何怀硕自信，千载之下，中国有完整记录的画家，大概不做第二人想。[2]因此，他对老友宋汉西始终心怀感念。

何怀硕建议，那些对自己的作品负责、严肃认真的画家，都应做记录。这种记录，包括作品的"编号、画题、尺寸、年月日、题款、印章、存档照片、备注"等内容。之所以艺术家应建立自己创作的完整记录，固然是为后来人的研究、鉴定提供珍贵的第一手资料，有助于未来者对往昔历史与人物的了解，但更重要的是便于艺术家深入认识自己的作品，在对自己艺术轨迹的回顾中，"鉴往以知来"，不断地自我检讨、批评与提升。

在这种"技术性"的记录之外，何怀硕主张艺术家还应有"创作笔记""绘画随笔"之类的记录。对于某些内容、构思、技法等方面有特别价值的作品，在创作前后，随手记录各种发现、心得、体会、困惑与经验，同样很有意义。历史上的艺术家、文学家，不乏这类文字。他相信，这些文字不是全为了成名后供人研读而写，事实上，时常翻阅自己的笔记，对创作的思考，对创作中存在的问题谋求解决之道，大有裨益。艺术家要深化构思，只凭一时的灵感，远远不够，而笔记

2　2012年9月，何怀硕参加潘公凯"中国美术现代之路"在中国美术馆举办的学术研讨会。24日晚，拜访老友郎绍君，在郎绍君家中，说及此事，郎绍君说，前辈画家中，陶冷月作画，作品亦有相对完整的记录，不过，囿于时代与客观条件，无法做到何怀硕这般详尽。同样，白石老人的《寄园日记》亦有此功能。

正是深化思考的有效方式。像日本的东山魁夷，既是风景画家，也是散文家，他的《和风景的对话》等，便可视为风景画创作之余的笔记。俄国文豪契诃夫的《契诃夫札记》，是他创作的素材集，里面有许多他后来写成和未写成作品的吉光片羽。何怀硕相信，艺术创作若只凭兴之所至、逸笔草草，便只会有灵光一闪的成果，不可能产生深沉厚重、呕心沥血之作。[3] 若想要有非凡之作，便要下非凡之工。

在画家所下的功夫中，离不开参考资料的积累。虽然不像学者写文章要大量查阅资料，但画家的成长过程中，同样要从前人的成果中汲取营养，同样需要大量的参考资料：各种画册、图片，相关的传记、评介、画家自述、美术史、流派的分析与论述等，只不过是偏重图像

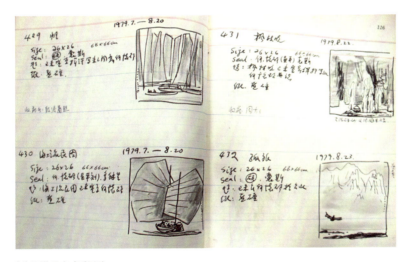

何怀硕作品完成后记录

　　这种记录包括作品的编号、画题、尺寸、年月日、题款、印章、存档照片、备注等内容。

3　何怀硕：《给未来的艺术家》，第195—198页。

资料而已。对艺术家来说，丰富的资料不是一时可以得到的，只有平时多用心，勤于收集，才能慢慢建立起一座经自己发现、收集、购藏而建立起的资料库——这是自己的导师、顾问、后勤补给的朋友，甚至会成为自己的"圣经"。一个画家若没有许多珍贵资料，其不可思议，无异于一个士兵没有枪械弹药，一个读书人没有许多藏书。

　　生活在尘俗中，甫才成名，又无稳定收入的何怀硕，不免于日常的困窘。他自言，自己年轻时，画册不多，价格又高昂，参考书与图片资料不易获得，因此珍惜从各种途径收集到的资料：有的从画报、杂志、报纸上剪下来，有的是月历、请柬、明信片，有的是画作的黑白照片，有的甚至是因为没办法拍照片存档，只好自己临摹……贴在本子上，成为自己珍贵的"画册"。身怀远志的他，坚信"天才可能不是某些生理上的素质，而是一种性格，或者一种人格特质……这种性格除了专注，还有无私——不为自己的利益，甚至于无利益之想；所追求的即为目的，不是用来满足欲望，追求功利"[4]。虽然比起今天图像资料的丰富易得，这种"画册"看似寒寒，但在其艺术成长过程中，弥补了时代的匮乏，远离了孤陋寡闻。而且，这种费尽心思搜罗的过程，其刻骨铭心，有唾手可得所无法比拟者。所以他觉得，在资讯异常发达的今天，如果不大量收集各种资料、书册，实是有负时代之赐：尽可能地观赏大师原作固然更重要，但苦于时间、财力等客观条件，没有人能阅尽世间名作，而印刷品、图片却可以天天陪伴身边，随时取阅，自有其不可替代的功用与意义。[5]何怀硕的许多作品，画上题识，常有"怀硕造境"，"心中浮起之心象风景"（《心象风景——残云》）、

4　何怀硕：《狂热与灵感》，载《煮石集》，（台北）圆神出版社，1986，第223—226页，原载1985年12月26日台湾《联合报》。
5　何怀硕：《给未来的艺术家》，第199—200页。

"丁丑白露何怀硕心象"（《心象风景——伤逝》）等语，但这些"造境""心象"，细细揣摩，其构图、造型，不乏古今中外许多名作的影子，可知日积月累之功，会逐渐内化为"自我"。

对于许多人强调的艺术创作需要很高的天分，天才对艺术到底重要不重要这类莫衷一是的问题，何怀硕抱定一种积极的态度："天才与聪明人最明显的区别在于，聪明人是识时务的俊杰，他一切的努力都另有功利的目的；他努力的对象与方式因时空条件的变易，时时调整，时时改变，因而不能有持久的专注力。聪明人耳聪目明，目观四面，耳闻八方；而天才常常因专注于一点而忘了现实世界，近乎痴呆。因而，天才的直觉力与想象力特别强，常为灵感所充盈。他活在自己特殊的世界里，孤立于人群之外；持久的狂热，使他容易获得较大的成功——他也可能因此失去聪明人在现实世界中所获得的许多甜美与利益。"[6]人既然无法知道自己是否是天才，但是否有追求艺术的"专注"与"狂热"，是否有不以功利为目的的诚心，是否愿意不断自我修炼与完善，却是自己能够把握的。天才有早熟，亦有晚成。人生应该把握的，是不迷信生而知之、不学而能的神话，而只管以热诚、毅力与不求功利之心去追求而已，古语"只管耕耘，莫问收获"，实为不易之论。只要有此性格特质，便可能是天才。与此同时，在追求路途中所获得的愉悦与慰藉，更足以超越俗世人生的汲汲营营[7]，一步步建构起自我的超越性人格。

6　何怀硕：《孤独的滋味》，（台北）立绪文化事业有限公司，1998，第 130 页。
7　何怀硕：《给未来的艺术家》，第 30—31 页。

朋辈嗤然讥傲物

在 1964 年摄于台湾野柳海滨的一帧照片上，何怀硕题曰："朋辈嗤然讥傲物，高丘无女信清芬。怀硕影于西太平洋之滨。甲辰的秋天，以新作摘句自题于去年照片。"恃才傲物之态，跃然而出。戴叔伦《游清溪兰若（兼隐者旧居）》"西看叠嶂几千重，秀色孤标此一峰"的气象，庶近乎孔子追求的"不怨天，不尤人，下学而上达，知我者其天乎"，是一切真正创造者应有的襟怀，但也是不得不面对的孤独。就像罗素说过的那样，不要为自己的独特看法感到害怕，因为我们现在所持有的常识都曾是独特看法。正是在孤独中，才会以孤独的爆发力，印证个体生命独特的存在感。

一位投身艺术的年轻人，大学毕业，进入社会，如何面对生活的压力选择自己的艺术道路，是很现实的问题。特别是 20 世纪 60 年代后的西方艺术，进入后现代主义时期，不只"艺术"的内涵今非昔比，而且"艺术"与"非艺术"的鸿沟已被铲平。越是艺术价值观模糊的时代，越是需要个人独特的判断，需要个人不随波逐流的勇气。何怀硕强调，艺术家不同于理论家，不必奢望一个世所公认、放之四海而皆准的艺术定义，而是认定自己对艺术的基本信念：不必求得他人赞同，但却符合自己理想的内涵与形式独特的艺术。尽管从事艺术需要多看多读，多思考，多与人讨论，但最后做决定的仍是艺术家本人。近四十年后，他在《给未来的艺术家》里，总结自己的艺术观：

> 我相信艺术应该是人的心智情思最超越的创造，是人类精神性的追求，为的是表现创作者对人生、宇宙的感受、体验、理解、想象、感动、感激与赞颂、感慨，表现对人生宇宙真相与价值的发现与发掘。艺术必要通过高超的技巧，展示一个卓越的、高明的、有个人独特性的美的感性形式。具备这样的观念与形式的创造，才是我心目中的艺术。[1]

此虽后话，却是贯穿他一生的艺术宗旨与信念。

1965 年夏，何怀硕从台师大毕业，数月后，9 月 29 日，他素所景仰的傅抱石在南京猝然去世。这则噩耗，通过大陆的新闻，经香港友人辗转为他所知时，令他心中悲恸不已，而周围的师友同学，囿于两岸消息的闭锁，对大陆的艺术状况与探索几乎一无所知，少有人听过傅抱石的名字，更不必说了解其艺术——反差愈强烈，愈让他感到先行者的孤寂，也愈发激起他的踔厉奋发之心：

> 我很了解美术科系的毕业生，在毕业展前，求表现，争荣誉，那种刻苦奋发，真是"千岩竞秀，万壑争流"。如果毕业后不再抱持在艺术上不懈追求下去的壮志，稍一松弛，百分之九十的人，一生中最好的一幅画，就是毕业展中那一幅。因为一失去群侪竞逐，没有荣誉竞争上的"假想敌"，一般人便失去专注的热诚与奋张的意志。
>
> 但艺术创造上的努力，是要有熬得住比"十年寒窗"更寂寞的强毅的。[2]

1　何怀硕：《给未来的艺术家》，第 94—97 页。
2　何怀硕：《从传统、再出发——评李义弘画展》，载《风格的诞生》，（台北）大地出版社，1987，第 198 页。

大学毕业后，何怀硕服兵役一年，退役后教书为生，月薪只有八百元，买书、买笔墨颜料之余，到了月底，每每捉襟见肘，便只能和同事待在学校的教职员宿舍，一块烧饼、一根香蕉，喝点水，便算是一餐。《白屋》的成功，并没有给他的生活带来立竿见影的直接益处，原因在于：

> 我遇到的老师都在打压我、排斥我，为什么这么不幸呢？这是因为我在观念上反对传统的艺术门派香火传递的陋习。我不赞成依附一位大师，所以被视为不忠师门，而受到排斥或孤立。台湾学画者绝大多数是跟着老师，老师提拔他，教他传香火，学生有老师依附，站稳了门户，或为仆为奴，成为老师忠心的门人，然后就可卖画，又可设帐授徒，成为新教主。[3]

台湾艺术界这种"既腐败且荒谬，非常讲究门派"的风气，与他提倡"自我完成"、个人风格独立的主张南辕北辙。所以，他多年以后谈"大学的滋味"时，感慨是从"看来、听来、嗅来、从书上读来以及在想象与体悟中综合得来"的，"始终是心灵中幻美的海市蜃楼"：知识不局限于课堂和图书馆，而是流淌在日常生活之中，无孔不入，是另一种无远弗届的"日光、空气和水"，没有统一指定的"标准"，有的是超然独立的权利，自由的交流与探讨，心灵智慧的交汇……正是在这种"神话中的乐园"，孕育着世界性的历史人物，推动人类文明的进步。在他看来，大学若不论道，不仅失去了西方现代大学的精髓，也与中国古代薪火相传的书院精神，如朱熹倡导的"博学、审问、慎思、明辨、笃行"相去日远，甚至不如过去的岩穴野叟。[4] 结果，他"尊敬

3　《一个独立的行者·何怀硕》，载《我的学思历程》，第146—195页。
4　何怀硕：《大学的滋味》，载《煮石集》，第9—12页，原载1986年1月25日台湾《联合报》。

老师，但不是老师的附庸"的理想主义，在现实面前，碰得头破血流：
在较少利益纠缠的学生时代，才华横溢，很容易受到赏识，一旦进入
社会，就不那么容易得到理解和支持。有才华的人，难免臧否人物的
狂态，"默存"不易，往往有意无意间得罪人而不自知，更易遭人妒忌。[5]
何怀硕从台师大毕业时，"想申请担任助教，十年、二十年就是不准"，
即便当时推荐他的叶公超和梁实秋在台湾极有声望，但因退休已久，
遂告无效。

　　在现实中，何怀硕看到许多人过中年的名家，颇多不如新人者。
可悲的是，他们也曾是气冲斗牛的年轻人，但在岁月的打磨与销蚀下，
渐渐散淡、忘却乃至放弃，或在险阻、打击或世利的诱惑下，渐渐妥协、
变质乃至丧失，便时时反躬自省："年轻时候的才华与锋锐，初露头
角时的气势，固可欣慰，但不足恃；艺术家最重要的要看以后十年、
二十年甚至一生有没有恒心毅力永远保持年轻时代的抱负，抱持对艺
术热烈、勤奋、真挚、纯洁的诚心。"[6]

　　面对"台湾的老师只是将艺术当成职业，以及获得名利的工具"，
视"艺术的价值在于独创"的何怀硕，几十年来，始终承受着来自两
面的压力，一是传统派，因为他直言中国传统的某些痼疾，倡言改革
与创新，由此为传统派所不满；一是崇洋的西化派，他坚持批判他们
对美国的盲目趋奉，由此为西化派所不满。他戏称，台湾艺术界一直
是"西瓜靠大边"：日据时代，都到东京学画；国民党到了台湾，水
墨画地位跃升，许多画家便学中国画；全球化时代了，便唯美国马首

5　张文江：《钱锺书传：营造巴比塔的智者》，上海人民出版社，2016，第50页。
6　何怀硕：《坐看云起时》，载《风格的诞生》，第207页。

是瞻……始终不能建立起台湾特色。[7]他并不反对艺术上的偏见，认为，艺术上的观念若为主观的偏见，无碍于独特风格的创建，甚或会成为风格诞生的要素：某种"偏见"造成某种风格，自我风格则需要自我的"偏见"——艺术的"偏见"实为独特的"主见"。但问题在于，他人的主见并不能成为我的主见。[8]

在这腹背受敌的夹缝中，他益发感到势单力孤，却也更激起他的傲岸不屈：生逢乱世，少年时远离父母异地求学，尤其是赴台读书后，直至1970年11月，才有机会回香港探望父母，那是他到台八年后第一次返家……故国难归的痛楚渐渐积淀为他内心挥之不去的深沉孤独：

在人生烦闷空虚、心绪不安宁时读哈代，使人不忘人间普遍的艰辛悲苦，而生同情共感，而洗涤个人的卑陋。因为伟大作家的心灵告诉我那是人共同的命运，使我们不感到孤单与无告。[9]

其勤勉、自励、力争上游，使他自觉不断地与环境抗争。酷爱读书，并愿将之化作笔底文字的何怀硕，非止为解己之惑，广识博见，亦是为了表达自己对社会文化的关怀，践行知识分子的责任。[10]内心的孤高，

7　何怀硕尤其强调，他与两派的对立，自青年时代至今，历数十年而不变，并不是"在利益上与他们争夺，而是在观念上有所对立冲突"：若只是为争夺利益，两条坦途，哪一条都比现在的路更易走，更便捷而轻松。

8　何怀硕：《论抽象》，载《怀硕三论：艺术论（上卷）·创造的狂狷》，（台北）立绪文化事业有限公司，1998，第111—153页。

9　何怀硕1999年6月11日给笔者的信。

10　多年以后，他这样总结自己的艺术取向与时代的关系："世变的敏感与个人生存的时代背景有关。我生于珍珠港事变那一年，成长于战后。自少生活的动荡与艰苦，使我感到个人与人类的未来处境有隐忧。我心坎深处对时代惶惑的直觉，流露于言行，常被师友视为悲观主义者。但我在行动上，反而更积极努力，以优异的成绩从美术系毕业。我留心观察世变，读书、思考，亟欲知其来龙去脉。"何怀硕：《全球性的大"文革"》（上），《东方早报·艺术评论》2014年5月28日。

上：何怀硕 / 孤旅 / 69 cm×108 cm / 纸本水墨设色 / 1971 年

下：安德鲁·怀斯 / 翱翔 / 122 cm×221 cm / 板上蛋彩 / 1942—1950 年

　　其鸟瞰视野，回响于何怀硕《孤旅》、《关山在望》（1975）等作。

现实的冰冷，二者间强烈的落差，使他宁可居于边缘，也不愿轻易妥协，表现在艺术的价值取向上，便是偏重孤独、苦涩一路。1971 年的《孤旅》中，一只张开双翼翱翔在沙漠上空的雄鹰，与沙漠中孑然挺立的枯树上一块迎风飘飞的白布，遥遥呼应，也呼应着他写于同年的《安德鲁·怀斯评介》一文对怀斯的赞美：“世界在沸腾，而安德鲁·怀斯有如翱翔在狂澜上的鹰。”飘然孤飞的雄鹰，投射着画家既渴望交流但又决不妥协的孤傲心绪。

　　“狮子和虎，在猎食的时候，都是独来独往；狐狸和犬，则往往成群结队。”我不知道狐狸与犬有没有厌倦于成群结队，向往孤独的时候，但我想狮子与虎是要付出孤独的代价的，那便是忍受凄凉。
　　……
　　最凶猛的兽王平时却总显出最颓丧而慵惰的样子，但仍令人生畏。即使轻轻嘘气，都有无限威严，竟毫无幽默感。故沦为孤独者的另一半原因，竟是严肃。[11]

　　这段写于 1971 年岁末的《孤独》，与《孤旅》一画相印证，直见他的心境与志向。
　　自 1964 年以来，少年老成而笔力劲锐的何怀硕，通过报章杂志上发表的文字，在社会上获得了相当的声名，也使他与两位文化界老前辈叶公超和梁实秋结为忘年之交。
　　叶公超是“新月派”元老之一，时人誉为“文学天才，外交奇才”，但晚年失意，以书画自遣。何怀硕与之结识，颇为偶然。大四时，美方官员李迪要在台北阳明山官邸为何怀硕办一个展览，因每幅画的标

11　何怀硕：《杂文三题》之“一、孤独”，载《十年灯》，第 155—156 页。该文“一九七一年耶诞夜初稿，一九七四年六月廿夜定稿”。

题须中英文对照，何怀硕便请自己的英文老师刘长兰教授帮忙英译。刘长兰认为，叶公超一定愿意认识何怀硕这位才华卓异胸怀远志的晚辈，而叶公超不仅中英文造诣迥出时伦，亦是书画高手，请他翻译，一定最好不过。于是代为出面，几天后，刘长兰告诉何怀硕，叶公超要何怀硕去见他，看看他的画，因为不看画而仅凭画题，有的无法翻译。满怀感激又诚惶诚恐的何怀硕，便带了几幅画和自刻的印章，上门求见，一见之下，叶公超大为夸赞，便邀何怀硕常来。此后的十多年间：

> 公超老师的住所由松江路而天母而水晶大厦，我虽不能说是多么常常去，但亲炙受益的机会实在不少。尤其令人感动难忘的是公超老师把晚辈如我当朋友看待，使你在光风霁月中与天光云影共徘徊，慢慢忘却由敬谨而生的拘束。老师是卿相犹是布衣；是饱经沧桑的老人犹是赤子……他使人自然领略到平等自由的人的尊严，因为在他心目中，王侯与寒士无所轩轾……
>
> 老师知道我身世清寒，在我大学毕业前后那几年，我每次骑一辆破旧不堪的脚踏车到松江路去见老师，他总要送我中国画的笔和纸。他把友人送他的许多从香港来的新毛笔，任我挑选取用……他住在天母山上，开始时自己驾车。山道弯曲狭窄，尤其快到家门那一段为甚。有一回我坐在他旁边，看他开足马力冲上去，还一边解析应付这一段路的技术，面露得意之色。
>
> ……
>
> 我知道老师在世时，不但受友人之累，而且常受利用。走老师门路的人极多。老师是没有心机的人，又豁达大度。他亦乐于超度有求的人士。我从不向老师要求什么，但他觉得我教书太清苦，又无宿舍，多次要推我到故宫。很奇怪，经他推荐到故宫的人不是没有，独推荐我不得成功。后来他知道有人造谣中伤我（说我……反传统，思想

有问题），特为我做了一次调查，为我讨回公道。他为此事曾大发脾气，我平生在老师面前掉眼泪也是那一次。我告诉他其实我宁愿教书，根本不想去故宫。因为我是立志从事创作的人，故宫不适合我。尤其我不愿上班点卯之事，因为我一向是夜里工作的人，最怕早朝。况去变成一个小古人，岂是我的志向所在……老师鼓励我创作，当一个优秀的画家。我此后更加立志走艺术家独立之路。老师在世时，是多个基金会的主任委员，我不曾得过任何奖金，于今想来，甚堪告慰。我从老师身上所得到的是人格精神上独立不移的志气。[12]

叶公超以一贯率真的名士风范，对何怀硕知无不言，而真诚的赏识，也激励着何怀硕创作上的锐意精进。1973 年，何怀硕出版生平第一本画册，他为之写英文序（由弟子刘长兰中译为《序》），激扬其艺术，文字不长，是最早对何怀硕的期许：

对于台北爱好艺术的人士来说，何怀硕君是无须介绍的了。在这里有人买过他的画，也有人家里正挂着他的画。虽然他并非一个普遍为人欣赏的画家——他的画缺少中国画所常有的明艳或雅丽的色调，而且也缺少装饰性。他显然不是一个好的"客厅画家"——但是，他的作品却往往能激发深思，令人回味无穷。

笼罩在他的作品上，有一种阴暗的沉郁气氛，那主要是由于他喜用黑白两色做强烈的对比，同时每每将物体之雄伟与纤弱给予强调以相衬托所致。当他从一种诗的情操移向另一诗的情操时，在韵律和节拍上并不见其改变，以致使人有时或不免感觉单调沉闷。这其实是因为他太全神贯注的（地）潜心于表现某一情操的缘故。在所有他的作

12　何怀硕：《千秋风骨悼斯人——悼念叶公超老师》，载《艺术与关怀》，（台北）联经出版事业公司，1987，第 223—230 页。括号中的"说我……反传统，思想有问题"，是他 2018 年 12 月 24 日给我的修改中做的补充说明。

品里弥漫着一种孤冷和荒寒之感，这一点，不可否认的，确是他的成就。

人们常将他与傅抱石相比。他之受有傅的影响是不错的，但是与傅相较，何更具深度，笔触亦更为精妙。此后，我们所愿寄望于何的是他能在主题上努力寻求变化，在处理的方法上则宜乎采取更明亮的亮度。当然，这只是对于一个画家非常主观的期望而已。[13]

后来，1981 年新春，叶公超将一帧自己扶杖小憩的照片赠予何怀硕。背面题："怀硕老弟。公超。辛酉新春。时同客台湾。"旁边何怀硕注："1981.2.26.同往观长兰师演出。"农历辛酉年为公历 1981 年，这一年春节为 2 月 5 日。叶公超的照片显然是春节不久后，在同观"长兰师演出"时持赠何怀硕的。这年深秋，叶公超便去世了。何怀硕在台湾《中国时报》上撰文《千秋风骨悼斯人》以为悼念。[14]

梁实秋虽曾被鲁迅讥讽为"丧家的""资本家的乏走狗"，为人则平和而有幽默感。他与何怀硕的相识，源于友人将何怀硕的文章介绍给梁实秋，为梁所激赏，而当梁实秋看到何怀硕的画作后，更表赞许。

13　近半个世纪后，2018 年 12 月 4 日何怀硕在给笔者的电子邮件中，谈及叶公超对自己的揄扬，有理性的认识："尤其叶公超说，与傅相较，'何更具深度，笔墨更精妙'等语，我有点不敢当，尤其当时我才三十二岁，也才初露啼声。但傅抱石比我多传统的'陈腔滥调'，如题材上'虎溪三笑''东山携妓'等，皴法、构图师石涛、梅清等，而我多了西画的修养。在学问、知识方面，我是后人，多了更广阔的天地。我对西方文学、哲学、电影等的修养，比傅有另一番境界，是我后生者的优势，与才气无关。这也是叶公超认为我胜过傅抱石的原因。也是他的偏爱。"

14　何怀硕：《千秋风骨悼斯人——悼念叶公超老师》。该文写于 1981 年 11 月 19 日凌晨 2 时至 20 日午后，距离何怀硕当年在台北春之艺廊的"怀硕造境"展，不过两月。据何怀硕回忆，当时叶公超参观展览，他印象最深的，不是叶公超对着他的画频频说好，而是难过于叶公超老得太快："不但步履维艰，而且记忆衰退，精神有些恍惚。我陪着他在画廊里边走边看，许多时候他茫然的目光并不朝向墙上的画，好似望着遥远的什么地方，一步步走过去。"

何怀硕说，虽然年轻时与叶公超交往颇多，但随着自己"逐渐老大，事务繁杂，尤其中间做客纽约四年"，彼此疏远，只是偶往拜晤。叶公超住进退伍军人医院，何怀硕也是很晚才知道，本想前去探望，却不料竟没有机会见最后一面。他在 19 日凌晨开始写此文时，正是叶公超弥留之际，20 日午后，得知叶公超于当日凌晨去世，"算是我陪伴着老师最后一夜"。桌子上放着的正是叶公超这年早春时节送他的照片。

何怀硕因之常去拜访，畅叙文学、艺术、历史、人生，以及五四以来的改革精神。

当时，两位老人都已退休，不复显要，某种意义上，已渐渐淡出历史舞台。尤其叶公超，心情极为抑郁，梁实秋曾形容叶晚年"情况相当落寞"。同为大陆赴台人士，与何怀硕的交往中，不乏惺惺相惜之情。

何怀硕的文名画才，不仅使他得识文坛前辈，也带来一份意外之喜。1969 年，坐落于台北阳明山的中国文化大学的创始人、校长张其昀，破格录用何怀硕为美术系专任讲师，教授三年级的中国画和美学。努力备课之外，他充分利用住在阳明山"华冈新村"宿舍的安定环境，创作了不少得意之作，如"何怀硕于华冈"的《澄江如练》（1969），"一九六九年何怀硕写于华冈秋暮隐者居"的《隐居者》；他早期一些关于中国艺术精神、价值取向的论文，也大致完成于这一年。但幸运来得快，去得也快。一年后，新系主任走马上任，立刻终止了对他的聘任。本已步入正轨的工作生活，瞬间陷入困境，他只好与同班同学在台北丽水街开了一间"激流画室"，聊以谋生。

也是在 1969 年，何怀硕在台北举办自己的首次正式个展，其独树一帜的画风，颇受好评而声名鹊起。此后，他的参展、个展不断，比较重要的，有 1969 年西班牙马德里、新西兰，以及中国台湾耕莘文教院、台北历史博物馆举办的展览；1970 年，在中国台北凌云画廊举办的个展，以及在美国堪萨斯大学、中国台湾参加耕莘文教院举办的画展；1971 年参加台北历史博物馆举办的展览；1972 年参加于美国加州大学、中国台北中华博物馆举办的展览，并在这一年担任中国台湾艺术家代表团领队，赴日韩展览、旅行和考察；1973 年，在（台湾）省立博物馆举办个展，并参加于巴黎、中国台北中山纪念堂举办的展览……逐步建立起他在画坛的地位。

　　后来，更是因缘际会，对中国画怀有浓厚兴趣的英国犹太人莫士扬，拜何怀硕为师，拿起毛笔学水墨画。这位与何怀硕年岁相当的洋弟子，当时已是行内一位颇有地位与影响的古董商，不仅素质可染，日后更成为何怀硕艺术道路上的重要人物。

　　莫士扬是伦敦著名古董商希尼·莫斯最小的儿子，承续家族传统，从对中国鼻烟壶的兴趣开始自己的收藏生涯。在从事古董买卖与收藏的过程中，得识华人古董收藏大家戴润斋、戴福保、仇焱之与张宗宪。他说，是张宗宪引导自己走向收藏之路，而仇焱之"无论是在艺术品的买卖或是收藏方面，我都从他身上获益良多"。后来，他从 W. W. 比利·温克华兹身上"学懂相信自己的判断和直觉，不顾他人反对的声音，甚至更糟糕的冷对"。[15] 在 20 世纪 80 年代苏富比开始把中国近现代绘画列入拍品之前，莫士扬敏锐地嗅到了其中的巨大商机。当时，他曾跟何怀硕说，经营中国古董瓷器，好东西越来越少，价钱却越来越高。瓷器打破一个便少一个；同时，若是藏家捐给博物馆，就再也回不到市场了。一件古瓷器卖几百万美元，几乎能买下齐白石、黄宾虹等一生的作品。为什么还收藏瓷器而不是近现代中国画？后来，由苏富比开始的拍卖公司开拍近现代中国书画，实则是受到莫士扬等先知先觉者的影响。[16] 由是之故，莫士扬遍读有关中国画的英文著作，同时，业界同道亨利·R. N. 诺顿让他了解到，"如果能或多或少从学者角度研

15　水松石山房主人这一写于 2009 年 7 月的收藏自述，见 http://bbs.a9188.com/thread—220132—1—1.html［2016 年 4 月 19 日登录］。有关这些藏家的为人与事迹，可参见［英］埃斯卡纳齐著，［英］薛好佩整理，汪涛审定《中国艺术品经眼录：埃斯卡纳齐的回忆》，刘昊、欧阳碧晴、战蓓蓓译，上海书画出版社，2015。希尼·莫斯之诚恳，见第 20 页；戴润斋，见第 58、65 页等；仇焱之的起家，以及他的收藏三原则：物件的稀有性、装饰性和品相，见第 82、83 页，著名的"玫茵堂"收藏的建立，早在 20 世纪六七十年代，便依赖仇焱之的指导。

16　何怀硕：《八大家何以不列张大千》，见 http://www.peoplearts.cn/News/News_48407_3.html［2016 年 4 月 19 日登录］。

究我所喜爱的艺术品，我可能会对一些深涩难懂的中国艺术比客人懂得更多，并发现一些人们未知的意义和价值"，有感于文人画因"人"而异，各具风貌，想要深入地理解和体悟，应在实践中理解笔墨之道。他于是到台湾，拜何怀硕为师，学习水墨画，不仅摹古可观，创作亦具水准。他从 20 世纪 80 年代初期开始，收藏"较容易调查作品的真伪"的 20 世纪中期或当代绘画[17]，不久便以其高品质的近现代中国书画收藏，广为世人所知。

这种价值判断与眼光，显露出莫士撝不凡的识见与棋先一着的睿智，熟悉莫士撝的何怀硕因此感慨，在中国 20 世纪中期乃至当代书画市场的形成过程中及繁荣背后，多少功劳应归功于这些别具眼光而又认真的外国人：1949 年后的大陆，数十年内没有收藏活动与艺术市场，而海外及港台大藏家所带动的市场，也只到清中期。鸦片战争后百余年的中国，积贫积弱，画家的成就与地位，尚无定评。教育未得普及，艺术与审美教育，更是缺乏，对艺术的爱好与品位，太过功利粗浅，常满足于装饰美化。一般人的审美能力，大不如"洋"人。像凡·高《乌鸦飞过麦田》这样"不吉"的题材，洋人会抢购，华人则绝无兴趣收藏。之所以港台最大的藏家都以器物古董为主，源于贫弱的中国，无法支撑国宝级艺术品的高价。一些国外藏家，以欧美与日本人为主，眼光精审独到而又多金，因此主导了中国古董的市场与价格。可悲的是，因为有"世界价格"做"靠山"，港台藏家的"投资"才有那般的胆量！同样，对于近现代中国书画，彼时还未出现真正的华人大藏家。所以，他很惭愧地说，不能不承认，别开新路的是外国人：日本人与

17　水松石山房主人这一写于 2009 年 7 月的收藏自述，见 http://bbs.a9188.com/thread—220132—1—1.html［2016 年 4 月 19 日登录］。诺顿的小店，位于大英博物馆对面，其收藏，见［英］埃斯卡纳齐：《中国艺术品经眼录：埃斯卡纳齐的回忆》，第 30 页。

何怀硕
水松石山房
117 cm×40 cm
纸本水墨设色
1982 年

何怀硕 / 水松石山房主人小像 / 46 cm×53 cm / 纸本水墨设色 / 1988 年

欧美人士，很早便开始收藏 20 世纪早期名家画作。收藏之外，他们研究也很用心，各项专家多比国人谨严。在 20 世纪中后期中国古代瓷器价格已达天文数字后，这些人发现，"积弱又贫穷"的中国人，只会与洋人追逐古董，并未认识到，近现代中国书画也将是国宝级的新珍宝。等到莫士挹这些"老外"开始收藏，并蔚然成风后，我们的藏家才像瓷器古董商一样从"老外"那里得到"认识自己"的"胆量"。[18] 当代中国艺术的"繁荣"，让他们赚得盆满钵满之外，反衬出我们文化自

18　何怀硕：《八大家何以不列张大千》，见 http://www.peoplearts.cn/News/News_48407_3.html［2016 年 4 月 19 日登录］。

信的"心虚"与独立审美价值判断的缺失，才更需我们反躬自省。

　　莫士挬不只属意书画，对多种中国古代艺术形式都怀有兴趣，包括文玩、瓷器、青铜器等，皆能斐然成家。他1976年出版的《御制》一书，是珐琅彩研究领域的定鼎之作。而他最早投入情感的鼻烟壶，始终是其钟情之物，独特的慧眼与投入，使他成为当今全球顶级的鼻烟壶藏家。

　　后来，莫士挬偶然得到一块吴昌硕题写的"水松石山房"匾，遂以之为斋号，"水松石山房"遂成现代中国绘画的收藏重镇。莫士挬在香港、纽约、伦敦等地，为何怀硕举办过几次精彩个展，先后出版《何怀硕庚午画集》《水松石山房主人藏何怀硕四季山水图卷》和 *The Paintings of Ho Huai-Shuo*（《何怀硕画集》，1999）等画册，奠定起何怀硕的国际声誉，并且，因莫士挬的全球经营[19]，很大程度上也奠定了何怀硕的画价。何怀硕曾以不同笔法与形制，意造水松石山房，并在1988年《水松石山房图》题记中，略述因由："友人莫士挬得苦铁水松石山房五字，以为斋名。余数次以此造境，藉（借）发思古幽情耳！"

　　在何怀硕刻画的数幅莫士挬像中，以《水松石山房主人小像》（1988）最为传神：位于画面右半部的莫士挬，络腮胡、约翰·列侬齐颈发式，侧身向左，背对枯澹的苍岩，身着白衣，意态虚和，一派中国传统文士气息，随意地坐在地上，左手叩向地面，萧索地望向眼前的一片空茫，左下方水岸边的片片碎石，与他的目光一道，将空间引向画外……虽身处山水之间，却非云山万重地远离尘嚣；既似心事重重地筹谋计算，亦如了无牵挂，也许正是何怀硕心目中的莫士挬形象。

　　可以说，莫士挬"他人住处我不住，他人行处我不行"的行事风

19　徐小虎：《何怀硕与中国画》，载何怀硕：《绘画独白》"附录一"，严以恕、任秀姗译，第231—245页。原载1986年2月号《艺术家》。

吴昌硕 / 水松石山房 / 水墨纸本

莫士扬收藏吴昌硕题匾"水松石山房"后，遂以之为斋号。

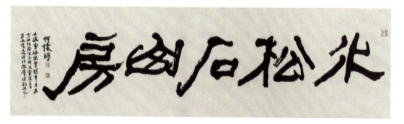

何怀硕 / 水松石山房 / 49 cm×90 cm / 纸本水墨 / 1999 年

何怀硕为莫士扬题匾"水松石山房"，跋曰："士扬、雪梅俪赏。越半月，为廿一世纪。岁次己卯大雪后三日，老友怀远，时于涩盦独酌并记。"

格，也折射出何怀硕性格的某个侧面。艺术家的艺术成就与现世的地位名声，有时是统一的，但时常是错位的，甚至完全背离，长远来看，真正确立其艺术史地位的，更多取决于艺术成就，而非现世的地位名声。自我奋斗的孤傲造就的何怀硕，当然明了"布满鲜花的荆棘路"与终南捷径各自面对的是什么，"艺术家有两条路：一条是求现世的'酬报'，要无所不能，也要无所不为；另一条是追求实质的大成就，有一种时代使命感，则可能不易为世人所赏识。古人所谓藏诸名山，传诸后世，

何怀硕 / 莫士扬六一小像 / 53 cm×45.5 cm / 纸本水墨设色 / 2004 年

何怀硕不止一次画过莫士扬，这是甲申年（2004）所绘。

其寂寞苍凉，为现代人所不可想象"[20]。何怀硕并不介意与现实的不妥协，甚至对抗，"万树梅花三里路，断人行处一人行"，而致力于创造一个比现实更富想象力的艺术世界：

> 在我看，甜美的自然世界早已从梦境中破碎，我们无法再进入酣梦去捡拾已破碎的美梦。我企图将那个自然世界塑造成一个象征虚寂而怪诞的天地，在它里面表露了深重的孤寂与苍郁、荒凉与凄楚，表现对如同唤不回童年那样的伤痛。我总是向往苦涩的美感。[21]

这里，崩塌的不只是自然界，更是"唤不回童年"般的伤痛，它宣告着现实的人生已无美梦，而幻想里也无非孤独、痛苦和忧伤。虽然现实与幻想布满痛苦，却不意味着他对世界抱着冰冷无情的心，恰恰相反，正是理想的炽热，才映照出现实的卑琐。这一点上，他所延续的正是展现在鲁迅身上的五四时期知识分子热情与幻灭的精神：

> 鲁迅的心情或内心世界是无比的复杂。一方面有强烈的救国思想，一方面又对中国深沉的失望悲观；一方面对中国文化有相当深入的认识，一方面又接受了西方文化尤其是十九世纪批判思潮的影响。尼采是鲁迅最受其影响的思想家。他的批判精神，反对奴隶道德，主张一切价值重估，他的人道主义与苦行哲学，使"超人"成为孤独的精神

20　何怀硕：《千岩竞秀——欢迎海外中国画家王己千先生》，载《绘画独白》，第303—312页。原载1983年6月12日至14日台湾《中国时报》。何怀硕谈艺术家的两条路，载《绘画独白》，第311页。

21　何怀硕：《苦涩的美感》，写于1969年1月22日，载《苦涩的美感》，第77—83页，这段话见第81页。后来，何怀硕对此加以修改，更精确地阐述他的绘画观。载《怀硕三论·艺术论（下卷）·苦涩的美感》，第143页。

　　2015年，何怀硕在《悲欣同一》中，谈到苦涩与品位的关系："凡上等之物，多带苦涩之味。烈酒、苦茶、咖啡、巧克力、苦瓜、橄榄、雪茄等是。蚌蛤有疾而生珍贵的珍珠；巨木长瘤而得稀有的瘿木。"载《珍贵与卑贱：未之闻斋散文·随笔》，第439—441页。

上：何怀硕 / 古城 / 71 cm×98 cm / 纸本水墨设色 / 1967 年

下：何怀硕 / 海边夜色 / 69 cm×109 cm / 纸本水墨设色 / 1972 年

战士。鲁迅深受他的影响，遂对中国文化、社会与人，进行了无情地鞭笞。[22]

对中国和传统文化爱恨交织的情感，在中国和西方之间不断地游移、摇摆、挣扎，其实也正是何怀硕的自我写照——正是在思考与探索的痛苦中，才能为中国文化传统创造出新生命，这不仅是知识分子责无旁贷的任务，更是荣誉与气节：

> 我很重视知识分子的气节，这气节并非指古老的为国家牺牲成仁……（而是）在文化上我们要永远努力使我们的文化有新的生命。这种精神是全世界的人共同有的这种心。……我们本乡本土的文化应该与世界上最好的文化平起平坐，这是我们的责任、光荣。……若非如此，就表示我们在人类的文化竞赛中落败。[23]

怀抱"嘤其鸣兮，求其友声"的期待，不惮于勤苦的创作写作——在这荒凉的时代与人生，在美梦不存的夜晚，图写不羁的心绪，《孤帆》（1966）、《隐居者》（1969）、《比翼》（1971）、《孤旅》（1971）、《荒原》（1972）、《江入大荒图》（1973）……独特意象的流淌，使他逐步摆脱了前贤的影子，个人面目日渐清晰起来。

同时，写作热情也无时稍减，他最重要的一些文章，如《苦涩的美感——1969年第一次个展自序》（1969）、《怀斯的世界》（1971）、《形上符号与绘画符号》（1971）、《从文化性格看中西绘画》（1971）、《艺术价值之反省》（1972）、《传统、现代与现代艺术》（1972）、

22　何怀硕：《我对鲁迅与阿Q的看法》，载《变》，（台北）林白出版社有限公司，1990，第370—374页。该引文见第373页。原文发表于1988年第五卷第二期《联合文学》。

23　颜娟英1998年11月28日对何怀硕的采访稿。转引自颜娟英：《台湾美术评论全集·何怀硕卷》，第80页。

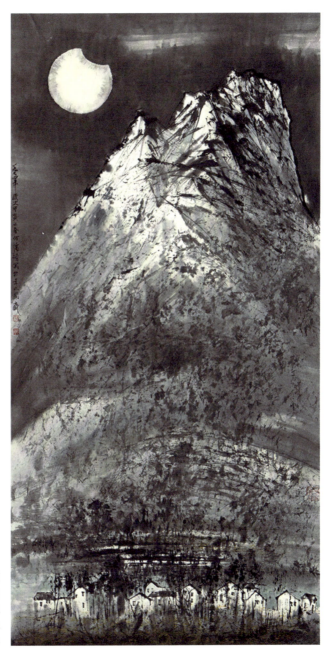

何怀硕
冷月
纸本水墨设色
134 cm×67 cm
1974 年

《论艺术的民族性》（1973）、《传统—现代；民族—世界》（1973）、《中国之自然观与山水传统》（1973）等所论及的问题，作为"原型"，几乎涵盖了他此后几十年间再三再四思考的主题，无论为文为画，"苦涩的美感"，几成其艺术"符号"，而借《怀斯的世界》探讨的美国艺术家安德鲁·怀斯之名的"怀斯"二字所刻的朱文印，日后他也常钤画上。

发现怀斯：超验的世界

在何怀硕看来，与现代世界物质扩张相伴而行的是精神的萎靡，表现为对人类精神永恒的彻底怀疑，因为"永恒本是一个'精神价值'，一种信念，它是不能以科学的度量来检定的，一旦精神价值遭到怀疑与否定，便引发了美德的动摇，至善却亦是至愚"。知识的发达，造就机械时代的来临，对于是否能得善，人们是缺乏信心的。尤其两次世界大战的残酷阴影，足以表明，人类的长期努力，并没有带来一个更美好合理的社会，人既生活在无目的、无永恒价值的宇宙中，自然便失去了对永恒的追求，达达主义的勃兴，便是以爆发式的自暴自弃，一种反文明的虚无主义，宣泄对于人间世的嘲讽与愤懑。何怀硕并不否认现代艺术创造出一个新的视觉世界，为艺术开拓了无限的新可能性，但始终坚持，"艺术，不管用什么样式来表现，它都应该是人类精神的宣誓。人类精神中有许多还是永久存在的，不可磨灭的，这正是在生命的局限中人类聊以自慰之处"[1]。出于这种价值判断，安德鲁·怀

---

[1] 何怀硕：《安德鲁·怀斯评介——一位现代隐士的启示》，载《苦涩的美感》，第327—352页，尤见第327—328页。此文写于1971年9月4日黎明。在2019年出版的《矫情的武陵人》重刊此文的"后记"中，何怀硕谈到这篇文章对于自己的意义："这是我最早一篇用心的批评文字。虽然是评价一位画家，实则我对艺术的基本观念在这篇文字中有清楚的表达。"

写完《安德鲁·怀斯评介》几天后的"一九七一年九月十三（日）深夜"，他又乘余兴，写短文《怀斯的世界》，强调怀斯的意义，在于启示我们"功利主义与机械文明并没有灭杀心灵的憧憬；如果人类世界尚有什么可称为'永恒'的，我想只有这些"。载《十年灯》，第179页。

斯所创造的"独特的天地",才激发起他精神上的共鸣。

1971年9月,何怀硕写长文《安德鲁·怀斯评介——一位现代隐士的启示》,在文末的"附记"中,大略说明写作的因由:几年前在中外杂志上看到怀斯的画,深受"吸引与感动"。之前两年,台湾报刊"偶有两三回介绍,但简单之至,且有一些舛误"。他感到,"怀斯的画深得吾心,他可说是我心目中一个画家的典范(虽然我对他有一些批评)",他的艺术对中国艺术家有"可贵的启示性,应该做详尽的介绍",于是多方搜罗资料,并托友人从美国购来画册,"熬了几个不眠的夜"写作而成。

在何怀硕眼中,怀斯钟情的,"是一种乡土的有机物的特质……要能找到一些东西以象征方式表达出来,而不只是彩虹余晖或风暴将来时的美丽乡村景色……所要实现的是那象征表现"。与怀斯生命血脉相连的乡土,虽然地域狭小而有限,但在其有情目光的审视下,却蕴藏着无尽的意义:

> 他怀着安宁的心满足于他家乡的生活,在他熟悉的土地上,他是个永不疲倦、意气昂扬的漫游者。他兴奋于破云射出的阳光,蓊翳的林木,如茵的碧草;他热爱他的乡土中的一切人和他们的居屋,他们劳作的工具。这一切与他的生命放在一起的,都值得他长久凝视,而引起他的欢愉、感动、震惊与酷爱。古老的石屋、农具、一个蜂巢、一丛干草、一只死了的鹿、沉默的老人、妇孺与残弱的邻人,甚至对于砂石、小贝壳……凡造物者所创造的,在他的生活中出现的,他都怀着无比的虔敬、尊重的心情与无比的关爱。在他的画中,他把这份心情表现了出来。[2]

2　何怀硕:《安德鲁·怀斯评介——一位现代隐士的启示》,载《苦涩的美感》,第333页。

　　怀斯的这种选择，何怀硕相信，既与其自身独特的体验和经验有关，也与其所生活的新英格兰地区以爱默生为旗手的超验论传统有关：斥经验而重直觉，真正的智慧超越感觉，是源于心灵的直觉。人与世界之间形成了一种完美的和谐，可以从自然与人类经验的每一个事实中寻找到证明。当人类的心灵做直觉的探求时，应摒弃过去的陈旧思想，人类的唯一责任就是忠实于自我；像爱默生说的那样，"世界将其自身缩小成为一滴露水"，要"相信你自己"，而以全新的目光看待自然。而且，怀斯也受到爱默生哲学笼罩下的梭罗、惠特曼和弗罗斯特等人诗文的熏染，"怀斯只是偶尔接触爱默生的名著，但深深熏染于上一世纪的大文豪与一度作为隐士的梭罗及爱默生的追随者迪金逊的诗，以及他对弗罗斯特的惺惺相惜与钦慕"。至于行为方式，怀斯自少年时代便钟爱荒野漫游，恍如梭罗灵魂附体。这种超验论传统的精神实质，是"一种自由不羁的，不属于集团而是个人独立思考的方式"。[3]

　　何怀硕拈出爱默生的一段话，堪称怀斯艺术真谛的完美诠释："艺术的真价，就在他能把一件东西从混沌繁杂的种类中分离出来。除非一件东西能迈出那混沌的群体，便不会有愉快之享受，不会有熟思，不会有思想……某些心灵有一种习惯，就是把整个心灵交付给他们所发现的一个思想或一个字上，在那段时期，他们把思想和这个字当作宇宙的代表者。这些人就是艺术家……这种能力实源于艺术家对其静观之物体所具有之洞悉力。因为每一件物体都生根于一个中心的自然，当然，在我们看来，它所表现的就代表着这个世界……从这一连串的卓越物体中，我们知道了世界的广袤无涯，知道了人生的丰饶，

3　何怀硕：《安德鲁·怀斯评介——一位现代隐士的启示》，载《苦涩的美感》，第335—336页。文中的"上一世纪"指19世纪，因写作此文时，尚在20世纪下半叶。

人性可以从任何方向流入无穷中。"[4] 他特别选择怀斯的《室内的鹦鹉螺》（*Chambered Nautilus*）、《克里斯蒂娜的世界》（*Christina's World*）[5]、《海风》（*Wind from the Sea*）、《河湾》（*River Cove*）等作，做细致的分析。

何怀硕指出，怀斯的这几幅画中，鹦鹉螺壳、爬过田野的患小儿麻痹症的少女背影、海风吹拂的窗帘、河湾沙洲上的贝壳等，无不充满象征意蕴，尤其是那位孤独而倔强的邻居少女克里斯蒂娜，被怀斯从阁楼画室不意间看到，"她那粉红色神异的身影看起来好像新英格兰海滩上干瘪了的龙虾"，从而感慨"我觉得那个身影的孤独感——或许就是我们做小孩时所感到的那种孤独，这不但是她的经验，亦是我的经验"（怀斯自述）。这个充满遗忘的世界，遗忘了她，就像人们长大后遗忘了儿时曾经的孤独。怀斯在画中所传递与暗示的，是逝去的时间与曾经的感动，让观者回想起童年的纯真和对自然的悦爱——"一切心灵欢愉安慰与健康活泼的源头"。怀斯笔下，克里斯蒂娜的世界是孤寂的，"充满无可挽救的悲凉"，他之所以选择描绘她孤独的身影而非痛苦的面部表情，意在凸显她的安然、忍耐和倔强，令观者心中充满同情与尊重，但无须怜悯。所以，怀斯在何怀硕的眼中，"伟大的人道主义精神与民胞物与的心胸，使他像所有的杰出人物一样，他在创立他自己的业绩，同时对人类有不平凡的贡献"。[6] 即使我们更热爱生命，忍受孤苦与困顿，对生命的赐予怀有深深的感激，同时也能对苦难者怀有诚挚的同情。

4　何怀硕：《安德鲁·怀斯评介——一位现代隐士的启示》，载《苦涩的美感》，第 337 页。

5　何怀硕原文译作《克里斯汀娜的世界》，大陆一般译作《克里斯蒂娜的世界》，地域不同，文化习尚不同，译法亦不同，为叙述方便，文中采用大陆译法。

6　何怀硕：《安德鲁·怀斯评介——一位现代隐士的启示》，载《苦涩的美感》，第 334—335 页。

安德鲁·怀斯 / 克里斯蒂娜的世界 / 82 cm×121 cm / 板上蛋彩 / 1948 年

　　充满象征意蕴，独特的反向视角，即画中观看的双向性，为看似单调的画面带来趣味：固然画中背身的克里斯蒂娜和画外的观者正看着远处山坡上的房子，但可以想见，远方阁楼上的画家同时也正看着克里斯蒂娜和观者。

　　怀斯的创作是生活里自然的收成，他从不作虚构的作品。他的画好像他用绘画表现出来的"日记"或"自传"。灵感在他是意外的捕获，他从不刻意安排或制造。但是，人们推崇他关于气氛（mood）的创造，觉得他的作品有忧郁、恐怖和寂寞的气氛，而且是严肃的。他说："我相信人们之所以认为我的作品是哀伤的，是因为他们害怕独居以及静默，我则喜欢抒发本性。"他并非刻意制造。他的画表现他的艺术观与人生观有血肉的关联。一九六一年冬天，他沉醉在一幅叫《佃农》（Tenant Farmer）的创作中，因而谢绝了华府邀请他参加甘乃迪（肯尼迪）总统的就职大典；他为此画所作的素描数以百计，这种严肃与辛勤只有在古典大师中才能找到例子，亦正是近世画家所缺少的态度。[7]

　　何怀硕对美国现代艺术中非主流的怀斯的深切认同，并非他对美国艺术无知，而是深知：美国工业社会的发达，激发物质环境日新月异的变化，自然刺激了美国艺术绝无不可动摇的固定模式和定于一尊的风格。历史短暂的美国文化，因为没有真正属于自身的"传统文化"可循，因而产生最大的活力，崇新尚奇，演变急遽不息，"有如滚动中的石头无法生长苔藓，或如急流中难以立基柱"，因此无法确立一种具体而深沉、持久的精神与形式上的特色。所以，尽管普通观众惑于怀斯画面形式的写实而无力发掘表象之下深沉的内涵，即便被视为"过时人物"，怀斯仍有自己的坚持："一旦你远离自然，墨守主义就会得势。"何怀硕以"他者"的眼光审视美国艺术，"变"之迅捷，固然充满视觉花样翻新的新异，但也令艺术得不到朝向深刻锤炼的裕如，"必然走上肤浅、盲目、庸俗的形式主义的歧途"。何怀硕并不否认："这些新艺术拓展了视觉的世界，丰富了视官的经验，或对环境设计、建筑与实用美术有了不起的贡献，但立足于人的灵性的深度来看，如此的绘画已丧失了它的崇高与深刻的品性。……那些把艺术的创造性歪曲为形式上寻求新奇怪异的作风，实质上是把艺术降为官能的玩具。"[8]抛开"歧途"这种价值判断不论，揭橥美国艺术"主体性"大旗的"抽象表现主义"，以及后来的欧普艺术、硬边艺术、波普艺术等，确是

7　何怀硕：《安德鲁·怀斯评介——一位现代隐士的启示》，载《苦涩的美感》，第334—335、338—340页。

8　何怀硕：《安德鲁·怀斯评介——一位现代隐士的启示》，载《苦涩的美感》，第343—346页。怀斯所说的"墨守主义"，大致近于"教条主义"。因为有纽约画派画家对怀斯说："我非常欣赏你的作品，在某一种距离里我很喜欢它，可是我一走近，我总是很失望地看到上面有物体（objects）。"虽然纽约画派的抽象表现被目为前卫，但其一味墨守固定形式效果的心态，却是保守主义的。由此，何怀硕感慨，不知到底是怀斯过时还是这个时代过于偏执。

以形式主义为圭臬的。

　　传统绘画并不追求作品背后的观念随时而变，但浪漫主义则认为，作品的伟大必定意味着主题的不断创新。青年时代的何怀硕，对怀斯的发现，更是对自我的发现，因为怀斯的"思想不是向世界的横的空间延伸，而是向纵深去探索。他不向往孤立的现象所呈现的美，而感动于与他的生命发生有机关联的事物与人物在他的生命历程中深邃神秘的意蕴"。怀斯通过深入细致刻画自然物象，传递"具有普遍性的无限与永恒"抽象观念的象征手段，"不愿做一个世界的走马看花者，而甘愿做一个深入观察者"的人生与艺术理念[9]，真正扎根在何怀硕的心中："怀斯的画原作更精细，质感表现极逼真。他我没见过，只到过他家乡，有一个小美术馆展他的画"。[10]

　　后来，他阐发自己艺术思想的《绘画独白》，追求"以一条河，一间房子，或几棵树木为题材，企图在极简单的题材中，表现'丰富'……要以独特的造型与结构自身强有力的表现来蕴含'意义'"[11]。便可窥见怀斯观念，以及怀斯背后爱默生传统的身影。

　　更深刻影响何怀硕的，是怀斯内心对自我艺术道路上的坚持，"一个艺术家不必迎合集团思潮，即使有一个新思潮是很好的，它也不一定完全合于某个个人。我们看到创造潮流者后面有太多是盲目附骥者，那才叫'自我的丧失'。潮流绝非艺术第一要义，个人的'真实创造'才是"[12]。某种意义上，对身为艺术家的何怀硕来说，爱默生、梭罗的主张及其对怀斯的影响如何，或许并没那么重要，重要的是他通过怀斯，

9　何怀硕：《安德鲁·怀斯评介——一位现代隐士的启示》，载《苦涩的美感》，第334、341、346页。

10　何怀硕1999年12月22日给笔者的信。

11　何怀硕：《绘画独白》，第11—12页。

12　何怀硕：《安德鲁·怀斯评介——一位现代隐士的启示》，载《苦涩的美感》，第346页。

看到的一种新目光，而他又如何看待这种目光——艺术家的哲学，不同
于哲学史中的哲学，更多是存乎一心之"念"。

在认同怀斯理念的同时，何怀硕并没沦入亦步亦趋的泥淖，"须
教自我胸中出，切忌随人脚后行"，始终秉持自己的思考与批判：在
艺术理念上，怀斯"对逝去或即将逝去的旧日生活过于沉迷，对现代
的逃避，使他如同隐士，但亦使他的思想过于保守；像他过于浓烈的
乡土情感一样，他所热爱的保守在一定的范围内，心怀深邃而不够敞开，
不够博大。自囿于往日对故土偏执的热爱，对整个世界与人类，多少
有点隔膜"[13]。在技术上，"实在说，怀斯过分拘谨的描写技巧，削弱
了他作品的感染力，在造型的创造性上来说，他没有很独特的表现，
自然形象成为表现心灵想象力的阻碍"。[14]因此，"造型"上丧失了主
观的建构，"只能运用构图、画面结构、题材选择、色调控制等构思
与技法，未免狭窄与单调"。毕竟，"艺术题材固然必须是艺术最深
刻感受的对象，但不必局限于生活中所接触的事物上，直接经验之外，
间接经验一样可以产生伟大的杰作。这也是怀斯过分偏执之点。虚拟
是创作艺术的重要方式，完美壮丽的艺术大都由此生出。虚拟是经验

13　何怀硕：《安德鲁·怀斯评介——一位现代隐士的启示》，载《苦涩的美感》，第350页。
14　何怀硕：《怀斯的世界》，载《十年灯》，第175—179页。该文写于"一九七一年九月十三（日）
深夜"。时在万字长文《安德鲁·怀斯评介——一位现代隐士的启示》之后不到十天，显有反思
意味。2009年1月16日，怀斯去世后（大约因为民国纪年与公元纪年转化等原因，文中将怀斯
去世日期误作2008年1月18日），何怀硕写《甘当应声虫？》一文，反思怀斯在台湾，其实是
在美国的遇冷：20世纪中叶，美国以抽象表现主义、波普、偶发、概念等反传统、反文化、反绘
画的"前卫艺术"，作为美国的"国画"推广至全球，谋取全球艺术与时尚领域的话语权与领导权。
怀斯的画，源自欧洲的传统，不堪为美国独创的"品牌"，无法建立起美国艺坛霸主的地位，因
之只能靠边站。台湾唯美国马首是瞻，缺乏自己的独立判断，只是美国的应声虫，"既不辨优劣，
又丧自尊，何等可悲"。载《批判西潮五十年：未之闻斋中西艺术思辨》，（新北市）立绪文化
事业有限公司，2019，第549—551页。

的综合与想象的高度发挥"。他的艺术缺乏中国诗中"兴"的手法。[15]
所以，日后何怀硕的创作，忠于自我心灵的同时，并没有画地为牢，
而是不断地旅行、观摩、思考，就像安东尼奥尼的电影《红色沙漠》
（1964）里的男主人公科莱多说的那样，我总是感到自己没有到达自
己应该到达的地方，所以我不断远行。不断远行的何怀硕，始终坚持"造
境""心象"，便不无广博襟怀、矫正其弊之意。

15　何怀硕：《安德鲁·怀斯评介——一位现代隐士的启示》，载《苦涩的美感》，第 350 页。

《涩园读书图》： 闭户即是深山

　　周作人《夜读抄》后记里的一句话："目下在想取而不想给"，说出了许多读书人的心声，或者说，渴望一生都能成为英国作家伍尔芙笔下的那种"普通读者"："他／她读书是为了消遣，而不是为了传授知识或纠正他人的看法。我觉得阅读是一种游历，就好像一个人去过全世界各个地方，阅读，使一个人的世界变得没有疆域。"

　　何怀硕位于台北新店碧潭家中的客厅，挂着他的手书对联："读书随处净土，闭户即是深山。"宽敞的家中到处都是书，书籍种类之芜杂，非一般画家甚至读书人可比。像他喜欢日本文学，便多方搜罗，不只有台湾出版的，更多是大陆出版的。比如，他1998年偶然得到两本书，一是谷崎润一郎的《荫翳礼赞——日本和西洋文化随笔》（生活·读书·新知三联书店，1996），一是《永井荷风散文选》（百花文艺出版社，1997），为台湾所未见，欢忭不已：

　　其实我自来喜欢日本文学，尤其十九世纪至廿世纪上半（廿世纪下半尤其近二十年太商业化）。我也有一些日本小说集，不过，现在台北书店极少日本文学译本，若有也是现在日本的流行小说，我不大喜欢。

　　……

何怀硕在台北新店家中

寓所的外面，有条著名的新店溪，就是吴念真、罗大佑《一样的月光》歌词中唱到的"一样的月光，一样地照着新店溪"，溪上因人工筑坝而有一潭碧水，他因此画中时题"新店碧潭"。

其他十九世纪前后日本的小说、散文，大陆各出版社必不少……不过，川端康成与三岛由纪夫我多有。

日本近代至现代文学史、近代作家介绍、评介或传记。又如，日本近代作家：菊池宽、志贺直哉、安部公房、太宰治、森鸥外、横光利一、芥川龙之介等人的小说集，我都有兴趣……

我对书有无限心爱，孤寂时读小说、散文，把别人的悲苦来冲淡自己的悲苦，很有效益，也品味文化与人生之深曲。

许多好小说、好电影使我在紧闭自己、在孤寂中得到鼓舞与同情、共鸣，而觉得人生尚值得一活的原因。我的书很多，都视为至宝。[1]

他尤其慨叹：

永井荷风与谷崎润一郎都是不满现实而逃避之，因而耽溺于古风的情趣与肉感的享乐中。人生之有限，客观世界之浊恶，他们的人生观在无奈中逍遥，在痛苦中酣醉，也是缺陷人生的一条凄美之路。[2]

他说："我爱读万卷书，读书救了我。"[3]

老实说，像我这种出身背景的人，在平凡的家庭生长，小时候还很穷苦，也没有靠山，若不读书得智慧，实在不易提升——亦即超越。历史上许多第一流的人才，他们的家乡可能又小、又穷，但是读书是"超越"最重要的途径！我自身因为读书而得救，若不喜欢读书的话，一定会走错许多路，并且在判断与选择时感到束手无策。[4]

他对书的爱，也见于对书的爱护、爱惜：

弄脏的书……我曾见书店员工用砂纸摩擦，比用刀片快而且效果更佳。

书有点破损或脏，我总不介意，可看才重要。[5]

1　何怀硕 1999 年 9 月 7 日给笔者的信。信中谈及他得书的欢喜，并托笔者代为搜罗一些书籍。当时，并无网络，有些冷僻作者，全靠淘书时的运气，不过，结果总是"有心人，天不负"。
2　何怀硕 2002 年 10 月 21 日给笔者的信。
3　《何怀硕：艺术有震撼心灵的力量》，载李怀宇：《知识人：台湾文化十六家》，第 169—185 页，尤见第 171 页。
4　《一个独立的行者·何怀硕》，载《我的学思历程》，第 146—195 页。
5　何怀硕 1999 年 11 月 10 日给笔者的信。当时，在我代他搜罗的书中，时有库存书或二手书，个别污损处，我以刀片剗蹭，以求明洁，他在回信中，告知此法。

　　这种对读书的沉迷，是他当初离开大陆之因，也是他一生不变的兴趣。梁实秋 1986 年为他的《煮石集》写序，便称赞："于绘画之余他也写一些有关艺术的评论，既不因袭旧说，亦不阿俗媚世，卓然成一家言……艺术家是敏感的，目睹了当今社会许多怪现状，焉能没有感慨？到处看到有那么多薛蟠型的人物在活跃，焉能不矍然以惊？这些批评感慨，画笔是不大容易表现出来的，必须使用文字才能表现得痛快淋漓。"[6]

　　朱光潜的《诗论·陶渊明》特别有感于陶诗里的超越音律的人格、胸襟与情趣，"大诗人先在生活中把自己的人格涵养成一首完美的诗，充实而有光辉，写下来的诗是人格的焕发"。他一再强调陶渊明人格与诗的一致性，认为，陶渊明作为一位近人情而富于热情的人，其人品的高妙处在于其深广的同情心，虽一生困顿，与普通人的生活一样充满矛盾和冲突，但经历情感的极端苦闷后，臻于和谐肃穆之境，正因其为人的淳朴、真挚而不简单，才将许多不同的性质调和在一起，才形成他亦平亦奇、亦枯亦腴、亦质亦绮的风格。[7]像陶渊明这般伟大的艺术家，不只是有好的艺术形式，更根本的是有种自由审美的人格和心灵，才成就出真正伟大的艺术。

　　因此，身为画家的何怀硕，最多的时间却是花在读书上，不是他轻忽艺术本体的重要性，而是对自我有更高的期许："我们生来都很愚昧，多读书，可减少愚昧。这个世界太危险了……我是什么书都读，非常好奇，我对知识的兴趣很广……"只有通过读书、思考，才能从根本上提升艺术家的境界："艺术要有震撼心灵的力量，那是思想的

6　梁实秋：《序》，载何怀硕《煮石集》，第 2 页。
7　朱光潜《诗论》指出，情趣与音律、诗人的人格如同鼎的三足，共同支撑起诗的世界，缺少任何一足，都会使诗的世界坍塌。在"陶渊明"一章，则是特别强调诗人的人格陶冶。

何怀硕

隶书读书闭户联

190 cm×34 cm×2

纸本水墨

2002 年

　　这是何怀硕喜书的一副对联，不仅自用，也给莫士扨、古剑等老友写过，此为莫士扨所藏。

力量。想在艺术创作上有独特的内容，就要把自己当成一个世界人，一个普通人，一个追求知识的人。艺术要有很广的来源去支援，才有内容，不然就只是一种感官的娱乐而已。"[8] 读书塑造了他的世界观、人生观，也塑造了他的文化观、艺术观、批评观，使他不惮于表达自己对世间万象的独特省思，不惮于特立独行。

正由于这种认知与追求，使何怀硕"兼有古代知识分子的怀抱与现代革命家的历史使命感。他对传统自认有承继的任务，革除传统的积弊，另创中国艺术的新机是他不能舍弃的责任。凡是传统不良的积习，如裹小脚，不论有多少特色都应该抛弃"。汉宝德相信，何怀硕的这种价值取向，根源于艺术家的自我定位。[9]

"艺术的技巧固然是不可或缺的能力，但能力只是表现的手段，表现的内容才是目的。内容的广、深，就必要有专业技巧以外的见识与修养。因为艺术应来自一个极丰富的心灵。"如果以某项艺术的"专"为圆心，那它的"博"就会有两个同心圆：小者，与"专"相邻的许多其他艺术；大者，艺术以外的知识、文化乃至自然与人生的认识与感应。艺术家根本上应是一个对人与宇宙怀有高度热情的人。这种说法，难免有"高调"之讥，但何怀硕坚信，正因对"高调"的拒绝，许多从艺者虽勤勉刻苦，也只能表达层次不高、内涵平庸，甚至空洞的"低调"，永远只是艺术的门外汉。[10]

由此延伸开来，他对人们常挂口头的"专业画家"与"业余画家"之分，不以为然：似乎水平高的便是"专业"，水平不高的便"自谦"为"业余"。实则不然。随着社会分工的发展，艺术有时能成为一种职业，

8　《何怀硕：艺术有震撼心灵的力量》，载李怀宇：《知识人：台湾文化十六家》，第 174 页。

9　汉宝德：《艺术家是不会孤独的》，载何怀硕：《心象风景：何怀硕九九年画集》，台北历史博物馆，1999，第 10—15 页。

10　何怀硕：《给未来的艺术家》，第 152 页。

何怀硕 / 陶诗造境 / 66 cm×66 cm / 纸本水墨设色 / 1983 年

但那些以某种艺术形式为谋生手段的人，如果成"家"，譬如画家，其实更应称为"职业画家"，而不是"专业画家"。所谓"业余画家"，其实是指在谋生职业之外追求绘画艺术者，就像诗人没有"专业诗人"与"业余诗人"之分一样，只有那些不为功利或他人所需，在谋生的行业之外，追求更高、更纯粹的内心需求的艺术创作者，才是真正的艺术家。有些艺术家，早期真诚地追求艺术，一旦成名，便为了市场而大量"生产"，就画家而言，便是从艺术家而沦为职业甚至商品画家了。优秀的画家也售画，但永不大量制作，更不会为满足买家的需求而制作——他追求的是自己的艺术目标，而不是一味地将艺术当作赚钱的行当。这种高标，是绝大多数从艺者难以做到的，世上的真艺术家永远是极少数，理固宜然。[11]

中国文人画兴起后，艺术家与文人常难以分开，而文人具有的同质性，使得他们之间惯于互相标榜，诗画酬酢；而文人性格中的游戏心情，常使他们以书画为消遣，信笔涂抹，排遣心中的郁闷，用来赠送友人，传递心绪，邀得同情或共鸣，或博得会心一笑……导致艺术家本质上不重视独特性，除极少数之外，大量作品只是对共同价值的迎合。但时至今日，社会组织的改变，传统文人已不复存在，中国传统绘画的社会意义却并没有因此而被彻底放弃。所谓"意在笔先"的"意"，依然是众意之意，是大众化品位之意。[12]一向厌恶旧文人习气、厌恶哗众取宠的何怀硕，因之毫不犹豫地认同西方现代艺术中视艺术主要为表达自我的观念。

观念上的开放，也表现在他对待中国传统与异域文化的关系上，《给未来的艺术家》中，他以晚唐的一尊佛头为例，说明非常中国化的佛像，传统却源自印度，再上溯希腊——希腊是印度犍陀罗艺术的来源，印度使其本土化。由印度传入中土，因中土化而成中国风格。所谓"传统"，并非死水，而是一条不断吸收、增生、变迁的大河。"艺术的'创造'，从来不是百分之百一个人的创造。由传承再发扬光大，是人类演进的必经之路。"[13]

处在特定时空中的人，只有深入认识传统与潮流，才能避免成为

11　何怀硕：《给未来的艺术家》，第153—154页。

12　汉宝德：《艺术家是不会孤独的》，载何怀硕：《心象风景：何怀硕九九年画集》，第10—15页。

13　何怀硕：《给未来的艺术家》，第12—13、24页。

传统的奴隶与潮流中的浮沤。尤其在今日这个信息、知识爆炸的时代，网络之发达，交通之便利，使人的视野空前广阔，可免坐井观天之鄙陋，但若缺乏定见与识见，便很容易迷失自我，赵孟頫"昔人得古刻数行，专心而学之，便可名世"的心境，今人几乎不会再有。传统与潮流，任何人都无法避免与背弃，所以，读书与思考之于何怀硕，赋予其不盲从与"批判"的理性态度。即便对于仰慕的前辈，依然秉持"允中守直"的学术精神，哪怕看似"过执"，他依然相信这才是真正的尊重。像他为自藏的傅抱石《虎溪三笑图》题跋，便是如此：

> 苏东坡有《三笑像赞》，而《三笑图》何人所作，早已失传。虎溪在江西庐山下，传晋释惠远居庐山东林寺，送客不过溪，一日与诗人陶潜、道士陆静修共话，不觉逾此，虎辄骤鸣，三人大笑而别。事见陈舜俞《庐山记》。然陆静修于南朝宋元嘉末年到庐山，已是惠远殁后卅余年，陶潜也已死廿多年。"虎溪故事"显为后人附会之谈。见楼钥《又跋东坡三笑图赞》。傅抱石先生人物，散逸放达，所谓晋人风韵，有其胸臆，故能心往神会也。怀硕跋天下第一袖珍。

何怀硕对"虎溪三笑"这一传统题材的"知识考古"，纠正错讹，而非人云亦云，古人"尽信书不如无书"，便是此意。但作为一个绘画题材，虽"积非成是"，依然传递出某些文化信息：画家面对的是虚构的历史事实，但追求的是真实的历史趣味，只有"有其胸臆"，才能"心往神会"其间的"晋人风韵"，观照的重点是画家的自我修养。他的博学善思，于斯可窥豹斑。

不过，知识的永恒变动与推进，许多曾经被视为常识的知识，时过境迁，往往被考证为并非事实的"传奇"，没人能"全知全觉"。如，何怀硕1979年《数千年中国绘画一夕谈》中，作为"我们的第一张画"

列举的长沙陈家大山战国楚墓 1949 年出土的《人物龙凤帛画》，他认
可郭沫若的解释，天上的一夔一凤，夔代表恶，凤代表善，善恶相斗，
下方的仕女正祈祷善战胜恶。[14] 虽然年代久远，相关资料匮乏，人们对
画义的理解存在分歧，但从彼时楚国的神话、风俗与作品的功能分析，
现在人们大都接受，带有明显阶级斗争色彩的"善恶相斗说"不太合理，
画面更可能反映的是祈祷龙凤引导死者灵魂升天。在同一篇文中，他
引用刘曦林的观点，认为蒋兆和《流民图》"记述中国人受日军侵略
的深重苦难"。相信"伟大的画家目睹广大人民的苦难都不能无动于
衷。所以，在艺术上言，《流民图》与（丸木位里、赤松俊子夫妇）《原
爆の図》都是不朽的巨构"。[15] 对于《流民图》的艺术评价，世人皆无
异议，但对其创作缘起，新的研究指出，此作为汉奸殷同委托，意在
表现国统区人民的苦难……这些"时移世易"被"证伪"的事例说明，
在时代与知识的洪流中，坚持不懈地读书学习，与时俱进，对于"生
来都很愚昧"的生命个体，何等重要！

　　就像何怀硕的斋号"涩盦"或"涩园"，大约每个文人心里都有
一座园林梦，折射出自我理想的文人状态。1980 年的《秋云》，题曰：

　　岁次庚申冬月何怀硕造境并记于涩盦。

14　何怀硕：《数千年中国绘画一夕谈》，载《绘画独白》，第 93—123 页。他对该画的引征，
见第 93—94 页。一九八六年十月《当代》第六期。宗白华：《中国美学史中重要问题的初步探索》，
载《美学散步》，上海人民出版社，1997，第 50—51 页。郭沫若对此画的解释是："的确，这是
善灵战胜了恶灵，生命战胜了死亡，和平战胜了灾难。这是生命胜利的歌颂，和平胜利的歌颂。"
对于这种解释，宗白华称："郭沫若做了这样极有诗意的解释"。宗白华此文发表于《文艺论丛》
1979 年第 6 辑，有着鲜明的时代印记。
15　何怀硕：《数千年中国绘画一夕谈》，载《绘画独白》，第 121—122 页。对这一作品的争论，
有兴趣者，可参见陈传席、林木与刘曦林的相关文章。当然，若抛开委托动机不论，画家以极大
的同情心表现普通百姓的痛苦，殆无可疑。

何怀硕 / 涩盦未之闻斋图 / 66 cm×66 cm / 纸本水墨设色 / 1981 年

　　在何怀硕的作品中，这件并不引人瞩目之作，却很有纪念性：这件编号 464 的画作，在其记录中，标注"第一次用涩盦"。"涩盦"一名，较之此前常用的"未之闻斋"，巧妙嵌入了"苦涩的美感"之"涩"，而"盦"的沉郁庄严，迥非"斋"可比拟。"涩盦"的深沉凝重，意象上远胜"未之闻斋"的浅白直截。此后，"涩盦"比"未之闻斋"更多出现在他的落款中。时或二者并用，如不久后的《出峡图》（1980），即题："出峡图。庚申岁暮写此，涩盦何怀硕于未之闻斋。"

何怀硕 / 涩园读书图 / 66 cm×66 cm / 纸本水墨设色 / 1982 年

　　《涩园读书图》（1982）中，迎面古朴的书房内，居中一位老僧，正席地凭几读书，除前侧方摆放的两匣古书外，了无余物；房屋两侧，青松苍郁；屋后一座小园，竹影扶疏，三三两两的块石，错落竹林间；不远处，院门与栅栏分隔出小园内外两重空间，园内，淡淡爬满绿苔的地面上，几乎不见行人踏出的小径，敞开的院门，则将内外的世界连接起来。"涩园"的荒冷，可知园中读书人内心的沉静。

　　现实世界的何怀硕，并无私人园林，但以笔墨建构起的"涩园"，无疑是理想化的，可以窥见他对园林人工美与自然美关系的认识：园中松竹石的安排，并不规整，带有一定的随意性，显然也没有经过人工修剪。大致可以推知，他的园林美学是"虽为人工，宛若天成"。其中的松石，几乎是自然状态，园中的石头，并非宋代私家文人花园迷恋的太湖石，只是见棱见角的普通块石，却像北宋郭若虚《图画见闻志》中对张璪的评论那样，有种桀骜不驯的道德象征性：

> 唐张璪员外画山水松石名重于世。尤于画松，特出意象，能手握双管，一时齐下，一为生枝，一为枯干。势凌风雨，气傲烟霞。

带有道德象征性的，或不只小园中的松石，更有园中的修竹。苏轼在《墨君堂记》中，以天下人对公卿进退的不同态度，对比王子猷称竹为"君"而天下人了无异议，"虽公卿之贵，天下貌畏而心不服，则进而君、公，退而尔、汝者多矣。独王子猷谓竹君，天下从而君之无异辞"。凸显竹之美德，也是君子的品德，"得志遂茂而不骄，不得志瘁瘠而不辱。群居不倚，独立不惧"。传为乔仲常的《后赤壁赋》中描绘的苏轼形象，寄托了文人的理想：有一座自己的小园，即便简朴得像普通的农家院落，但园中的修竹与苍松，将文人小园与农家院落自然区隔开来。[16] "其实每一个时代的文人，大多都念念不忘在他以前的、已经成为过去的时代。如果后起的时代同时又牵涉在对更早时代的回忆中，面向遗物古迹，两者同条共贯，那么就会出现有趣的叠影。正是对来自过去的典籍和遗物，进行反思的、后起时代的回忆者，会在其中发现自己潜意识中未能成为的影子。这其实是一条回忆的链锁，把此时此刻同彼时、更遥远的过去连接在了一起。当我们发现和纪念

16　［美］包华石：《中国园林中的政治几何学》，赵彩君译，载吴欣主编《山水之境：中国文化中的风景园林》，三联书店，2015，第114—130页。

生活在过去的回忆者时，不难得出这样的结论：通过回忆，我们自己也成了回忆的对象，成了值得后人记起的对象。”[17] 何怀硕的《涩园读书图》，几乎像是将《后赤壁赋》中山脚下的小园逆时针旋转 90°，不难想见其中的园林怀想与人文寄托。

不同于《涩园读书图》传递的只是一位当代画家的园林想象，《师林图》（1988）是直接描绘苏州名园狮子林，画中题曰：

南田翁《画鉴》谓，《师林图》为迂翁最奇逸高渺之作，予未得见也。顾鹤逸亦未之见而作之，谓光绪初年，于吴阊获游其地，嵌空玲珑，回环上下，皆出人意表，洵非俗工所能位置。其时当兵燹之后，而能巍然独全，殆亦神灵呵护所致者耶！近闻为有力人士分运其石，各为己有，非复昔时畦径矣。嗟乎！此数百年高人逸士精力所经营，为后世之奇观，乃不毁于鬃逆，而毁于承平有力人士乎？山谷云，生子可百不为，惟不可俗，以视斯人，为如何耶？！一九八八年，岁在戊辰。何怀硕造。

题记中所说的“南田翁”，为清初“四王恽吴”中的恽寿平（1633—1690），名格，字惟大，后改字寿平，以字行，号南田。所引“《师林图》为迂翁最奇逸高渺之作，予未得见也”，句出《南田画跋》（《画鉴》或为笔误，或出自不同版本，因恽寿平曾批注过笪重光《画鉴》）。其中所说的“迂翁”《师林图》，即“迂翁”倪瓒与赵原合作完成的《狮子林图》（1373，故宫博物院藏）。

坐落于苏州城内东北角的狮子林，是元至正二年（1342）信徒们为延请天如禅师来苏州而建。“狮子”“林”皆与佛教有关：佛祖被

17　从传统来看，中国文人追忆往事，其在精神层面的追求，时见于古典文学作品。见［美］宇文所安：《追忆：中国古典文学中的往事再现》，郑学勤译，三联书店，2004，第 21 页。

称为"人中狮子",寺庙常被称作"禅林";天如禅师曾在浙江天目山狮子岩追随中峰明本禅师,园中最重要的一块奇石也以形似狮子而著称,"林"有种类众多之意,同样适合用来形容遍布园内的树木、竹子与奇石……狮子林之名,充满禅宗的机锋。绘制《狮子林图》时,倪瓒已七十三岁,狮子林也从天如传给卓峰再传给如海,此图正是应如海之请而作。

　　对中国绘画史和园林史来说,倪瓒此作皆非常重要。倪瓒画中极少出现人物,但《狮子林图》中却有两个人物,一为屋中古佛,一为画面左边问梅阁檐下的和尚,且此和尚应为委托人如海无疑;倪瓒作品多写江南山水,此图的山石屋舍,却有北方山水的苍古气象(高居翰推测,这很可能得益于"山水雄丽"的合作者赵原);倪瓒作品,几乎从不画特定的实景,但此图却相当忠实于园景。在绘画史上,最早描绘狮子林的,是元人朱德润的《狮子林图》(1363),但朱德润作品已佚,倪瓒此作便成为存世最早的一幅。后来,狮子林屡经沦没、修复,最终在后世得以保全恢复,原因在于乾隆帝见到传入宫廷的倪瓒《狮子林图》,对其推崇备至,知其竟尚存人间,在1757年第二次南巡时,乃携倪瓒此图至苏州实地寻访,并下旨重修此园,感慨:"故址虽存,已屡易为黄氏涉园,今尚能指为狮子林者,独赖有斯图耳。翰墨精灵,林泉借以不朽,地以人传,正此谓耶。"现实中的狮子林,端赖《狮子林图》得以幸存而不朽。[18]这正是何怀硕题识中感慨其"殆亦神灵呵护所致"的因由。

　　与倪瓒作品的写实不同,何怀硕的《师林图》,只意写狮子林中声名最著的太湖石。明僧真可《过石钟寺》中有句云:"长江水不浅,

---

18　高居翰、黄晓、刘珊珊:《不朽的林泉:中国古代园林绘画》,三联书店,2012,关于狮子林与《狮子林图》的相关讨论,见第103—114页。狮子林,亦名师子林。

何怀硕 / 师林图 / 63 cm×92 cm / 纸本水墨设色 / 1988 年

湖口山不深。云石多奇巧，疑生丹青心。"何怀硕此作，大略保留太湖石玲珑通透的外观特征，而将湖石抽象为连绵的线与细碎的点的关系，以细劲缠绵的线条勾画出连缀如巨嶂的太湖石，覆于其上，洒下繁星般的细碎水墨苔点，间或缀以醒目的朱砂点。从画面左上方湖石间缥缈着横向画中的云气，与上方他该时期习用的"胶水法"冲染出的氤氲背景，以及下方淡墨绿色的地面，虚实相应，点线面交响的画面，弥漫着一片迷离忧伤气息。

画中题识，更在描绘外，寄怀感慨："近闻为有力人士分运其石，各为己有，非复昔时畦径矣。嗟乎！此数百年高人逸士精力所经营，为后世之奇观，乃不毁于鬃逆，而毁于承平有力人士乎？山谷云，生子可百不为，惟不可俗，以视斯人，为如何耶？！"益增对往昔的哀悼与追忆。

内心这种历史感，使他对有创造性但并不为世人熟知的诗人黄仲则（1749—1783）怀有深深的同情。黄仲则的诗中，有莫名的孤独感，"悄立市桥人不识，一星如月看多时"（《癸巳除夕偶成》）；有深挚的情感，"似此星辰非昨夜，为谁风露立中宵"（《绮怀》之十五）；有老母不能奉养的愧疚，"搴帷拜母河梁去，白发愁看泪眼枯。惨惨柴门风雪夜，此时有子不如无"（《别老母》）；有生活窘迫的无奈，"全家都在秋风里，九月衣裳未剪裁"（《都门秋思》）……何怀硕说，每读到黄仲则的诗，想到他的辛酸，想到自己早年的贫困，都禁不住对他一掬同情之泪。[19]

读书之于何怀硕，广博识、抒发怀古幽情之外，更重在化育自己的精神世界，培养自己独特的世界观与审美价值观。

对独特性的强调，在何怀硕论岭南派绘画与广东地理环境的关系时，清晰地展示出来："广东相对于中原，是为中国文化之边陲[20]……

---

19 民国时，黄仲则崇拜者甚多，郁达夫称："要想在乾、嘉两代的诗人之中，求一些语语沉痛、字字辛酸的真正具有诗人气质的诗，自然非黄仲则莫属了。"郭沫若说，郁达夫不仅喜欢黄仲则的诗，而且同情他的生活，似乎有意在学黄："他的短篇小说《采石矶》，便是以黄仲则为主人公的，而其实是在'夫子自道'。"但时代流转，黄仲则似乎又成了陌生人，尽管其名句"百无一用是书生"四海流传。中国人民大学出版社 2006 年出版的钱定平所著《喂饱你的眼睛》中，《为谁风露立中宵——清朝天才诗人黄仲则》一文，以抒情的笔调，概括黄仲则短暂而狂傲的一生，是"文革"后较早介绍黄仲则的文章。后来，浙江文艺出版社 2014 年出版了安意如的《聊将锦瑟记流年：黄仲则诗传》，黄仲则忽然流行开来。何怀硕的这番感慨，是他 2012 年 9 月来京，我陪他逛三联书店时，偶然买到《黄景仁诗选》时的有感而发。他说，自己早年曾读过黄仲则的诗，很有感触，后来，几乎忘记了。现在买他的诗集，即便未必常看，也算是怀念。

20 广东之为中国文化的边陲，表现在艺术上，是广东绘画史上第一个有画迹传世的颜宗，已到了明代。朱万章认为，目前可以确定为其真迹的，仅广东省博物馆藏《湖山平远图》一件。

艺术的地方性独特风格，固然受民族主流文化的沾溉而茁长，而本土的特质，那些地理与人文的特殊风味，如果不能激发起独特的创造，艺术还只是中原主流文化的延展，甚或成为逾淮之枳。清末海通以来，知识之士，前往东洋日本留学，成为欲向旧中国以外广阔的世界攫取新信息最理想、最便捷的途径……所以清末民初到日本留学的中国知识分子，回国之后皆为得时代风气之先之俊杰。"[21] 这也是他的自况，表明在其艺术观中，文化独特性的确立，时间上离不开传统的熏染，空间上离不开异质文化的冲撞，地理上则离不开本土特质的凸显。

但画家个人风格的形成，同时也是个人性格、禀赋、经验等复杂因素所铸就的审美取向选择的结果。作为兼擅绘事与写作的画家，他很坦率地表示："似乎我最强烈的愿望并不是专门做一个画家或作家，而是做一个遨游于四方上下，往古来今（这在中国称为'宇宙'）的能歌能哭的人。""艺术家最高的目标在于表现他对人间宇宙的感应，发掘最动人的情趣，在存在之上构建他的意象世界，并不志在描绘悦目的景色，提供他人最风雅的装饰品。"[22] 并说，"我最喜欢终身追求智慧的人，且希望成为这种人"。[23]

比如，说起国民党在台湾的当权，以及商业与文学艺术的关系，何怀硕不屑于人云亦云，在他看来：

> 20 世纪中前期，日本是反动的帝国主义侵略者，韩国、菲律宾、越南都是独裁专制。那时候亚洲还没有民主国家，（国民党的表现，虽不好，但）很多事情因为有政治斗争而被扭曲了……为什么那时候

21　何怀硕：《岭南绘画与杨善深》，载《荣宝斋画谱（三十九）·杨善深》"前言"，荣宝斋，1990。

22　何怀硕：《绘画独白》，第 2、3 页。

23　《一个独立的行者·何怀硕》，载《我的学思历程》，第 146—195 页。

文学艺术那么发达？是因为那时候商业不发达，现在文学艺术好像商品，讲"卖相"。现在没有政治干预，经济利益无形之中扼杀了心灵崇高的追求，反而比干预更过之。[24]

　　对他来说，"读书人忧国忧民，这是自然而然的感情流露"，看到现实中的某些盲从与非理性，难免会难过，感到忧心。一个典型的例子，就是 21 世纪初两岸兴起的"胡兰成热"，很多年轻学者大力赞美抗日战争期间任汪伪政权宣传部副部长的胡兰成，何怀硕从中看到"中国文化与社会确有非理性的成分"。在他看来，"因为对张爱玲的评价过高，连带胡兰成的评价也高起来了。中国文化有一些坏的基因，价值虚无化，要不得"。[25]这种过高的评价，很大程度上因于夏志清 1961 年出版的《中国现代文学史》，其中对张爱玲的高度评价，奠定了"张学"的基石，所谓"I made her a great writer, and she was a great writer（我使她成为一个伟大的作家，而她也确实是一个伟大的作家）"。[26]夏志清与何怀硕虽"平生风义兼师友"，但对夏志清的张爱玲观，他是"君子和而不同"，不予苟同。但对于社会大众与某些学者的盲目赞美胡兰成，他认为，这不仅是无视胡兰成的汉奸史，也是罔顾文学本身艺

24　《何怀硕：艺术有震撼心灵的力量》，载李怀宇：《知识人：台湾文化十六家》，第 169—185 页，尤见第 178 页。在他 2018 年 4 月给笔者的修改稿中，文字略有改动，增加了"（国民党的表现，虽不好，但）"一句，并将书中的"反而等于干预了一切"改为"反而比干预更过之"，可知他对商业化戕害痛恨之一斑。

25　同上。抛开人生经历不论，对于张爱玲文学的价值高低，至今仍充满争议。木心：《飘零的隐士——张爱玲》，允称识见高人一筹："她是乱世的佳人，世不乱了，人也不佳了——世一直是乱的，只不过她独钟她那时候的那种乱，例如'孤岛'的上海，纵有千般不是，于她亲，便样样入眼。"在木心看来，张爱玲之所以成为"佳人"，便是巧在生逢日本侵略中国的"乱世"：假设是在五四时期发表她的作品，星多月不明，未必会那么受瞩目、受欢迎；假设她到 1949 年后写出那样的散文和小说，自不会有那般风光，或者被埋没被废掉，也未可知！当然，这只是假设，因为社会条件变迁，产生文字的土壤也就变矣。

26　其实，对于胡兰成，夏志清便有"生活品格比政治品格更低下"的评价。对于胡兰成，何怀硕大致持"其人可废，其文不可废"的态度，他不认同的是那种毫无批判性的"大跃进"式认同。

何怀硕题夏志清编注
《张爱玲给我的信件》
（联合文学）

术标准的非理性追捧，应理直气壮地予以批判。

　　早在大陆的"胡兰成热"之前，20 世纪 70 年代中期胡兰成活跃于台湾时，何怀硕便有批评与刺讽。1974 年 5 月，胡兰成赴台湾，在文化学院任教授。12 月，华冈出版社推出其《华学科学与哲学》。第二年，即 1975 年 5 月，远景出版社推出其《山河岁月》。是月下旬，余光中在《书评书目》杂志发表《山河岁月话渔樵》。9 月，胡秋原用笔名"周同"在《中华杂志》发表《汉奸胡兰成速回日本去！》一文，指出《山河岁月》中《抗战岁月》篇侮辱中华民族的抗战，引起媒体一片讨伐之声，台湾有关当局于是查禁该书，中国文化学院亦于 10 月停止胡兰成的课程，1976 年 1 月底，胡兰成回日本，4 月下旬，复返台，30 日，从文化学院搬至小说家朱西宁家隔壁。7月，远行出版社出版《今生今世》删节本，台北学界许多人痛感忧愤，有"道高一尺，魔高一丈"的无奈！

余光中在《山河岁月话渔樵》中，直言"因为张爱玲，于是好奇该男人"，写到胡兰成的出生地："江浙一带，盖因山清水秀，风调雨顺，因此生活相对富足，于是世俗和雅致都分外热闹。于是有那么多白娘子蟹和尚的传说，有那么多文人骚客和大学问家。而此地的文人不是离世和愤世的，而是贪恋红尘中美好形色，又爱着世俗中的本分和庸常。"从张、胡二人的纠葛间，谓这"专取人心"的荡子，"说到底，大凡情圣，最爱的，还是他自己。他只爱他自己，一切行为都有理由和借口。只有在那些不同的女人身上，才可能真正地找到他自己"。坦言，"世俗的幸福对他们都是可望而不可即的。活着，或许本身就是种苦难。他们所能做的，无非也是在这个冰冷的都市中锻造出一段传奇而已"。笔下留情，并没有直指胡兰成最不堪的"汉奸"历史。

不过，胡兰成的文字，在余光中看来，大约"平淡也是功力，更难的是把鸡零狗碎做得从容"。如其所言，"如果不是张爱玲，我想很多人都不会有兴趣来捧读这本书"。在 1975 年 11 月 10 日给当时正留学美国的何怀硕的信中，颇为欣慰"胡兰成在我们猛轰之下，已离开了文化学院。至于是否尚在台湾，则不得而知。总之，这是值得我们高兴的事"[27]。对于彼时不在庐山中的何怀硕，大可置身事外，但面对大是大非，实让他有不吐不快的愤懑。

胡兰成号称"博洽中西的饱学之士"，笔下的《山河岁月》和《今生今世》，其谬不在辞章，恰巧是以"彩色书法"的华美，抹去了"历

27　何怀硕：《关于〈今生今世〉》，该文"一九七六年九月十六日凌晨五时写于纽约客次"。载《域外邮稿》，（台北）大地出版社，1977，第167—172 页。文中转述余光中的信，见第167 页。

史中斑斑的血泪"，如说书一般，"连考证也不必考证"，在暧昧玄博间，偷偷施放毒素。何怀硕在《秋夜杂记》中，引征胡兰成的文字，呈示、剖析其"吴侬软语"，如何包藏毫无忏悔羞耻的狡诈：

> 胡兰成说："五四运动原为反对廿一条（按：廿一条即'二十一条'）而起，那时的青年随即却说政治经济是浊物，连对日本亦不恨了，因为是这样的美景良辰，人世正有许多好事情要做。"此说不可惊异吗？廿一条是什么？日本帝国主义血腥之手伸向中国，胁迫中国签订之廿一条约。五四的近因由之而起，中国青年却"连对日本亦不恨了"？我想，只有汉奸有此"心胸"！从清末的维新运动到五四运动，知识分子过问并参与国是，正表现了顾炎武所说的"天下兴亡，匹夫有责"的志节，胡兰成说"那时的青年随即却说政治经济是浊物"，信口开河，诬曲历史，真把近代史当作洪荒时代的混沌来自编自唱，欺世盗名，这是巫蛊之言！
>
> ……
>
> "……其实抗战的战术战略便是礼乐。老打败仗，又将时间拖长，以为中国民心厌战了，这完全不是的。以为中国人咬牙切齿与日本赌存亡，也不是。……"
>
> "彼时是国民政府军队也很好……他们打仗不像打仗，而只是与民间一同在过迢迢的光阴。"
>
> ……
>
> "战时沿途特别好风景。"

　　胡兰成这种俨然"平淡"的文字，将近代中国史的苦难、血泪、忠奸，尽皆暧昧模糊，在"平和与恬静"的表象下，为自己的大节之亏障目。因此，何怀硕说："这种巧言令色的说书，于学问是欺诈，于诗则为丑恶了。"[28] 至于其人品，"隐去他'干政治'，当汉奸的故事，只写他一生与几个汉和女人深情密契，杯'水'交欢的往事。虽然隐瞒过去丑行，毫无忏悔之心，其为人间败类，自然永不获民族之赦谅；而且把自己扮成'众香国'里的翩翩公子，软玉温香里的风流名士，更为人所不齿"。于是，何怀硕戏仿"胡氏说书体"，刺讽这一文坛怪现状：

> 其实台北的禁书制度便真是礼乐。……以为中国人今日还咬牙切齿痛恨汉奸，也不是。此时是小说家与汉奸照样往来，明明是仇敌，亦恩仇之外还有人与人的相见，对方但凡有一分慧黠，这边必还他一分敬慕……[29]

暗讽当时崇拜胡、与之往来密切的小说家朱西宁。

正是基于这种理性的思辨态度和对民族文化本体性的坚持，这种中国传统士人所标举的"天下之心"，历史、理性成为他看待世间万物的基本态度。他既以此看待历史，复以此看待现实与未来，看待艺术的创造与价值。

在审视中国现代与当代艺术时，他始终拒绝随人俯仰，而高扬中国文化的主体性。尤其是如何看待近代以来出国留学的艺术家，令这立场愈加充分地凸显出来。他始终认为，徐悲鸿、林风眠那一代艺术家，留学是为了取经，是为了防止中国本土文化的老化而引入新的基因，尽管徐、林二人吸收各有不同，对中国文化的贡献不同，但他们的相

28　何怀硕：《秋夜杂记》，该文 1975 年 9 月 8 日 "寄自美国纽约"，载《域外邮稿》，第 162 页。
29　何怀硕：《关于〈今生今世〉》，载《域外邮稿》，第 167—172 页，尤见第 168—169 页。"胡氏说书体"是我借何怀硕说法所造。"过时背德"的胡兰成，到老依然拿张爱玲的名头自抬身价，其人品卑下可见。对于汪伪政权喉舌胡兰成的被打败，何怀硕斩钉截铁地说："无可怜悯！因为他的本领只是卖国。"

同处是始终站在中国文化的主体立场，去吸收异质的滋养。他们的理想是回国通过自己的艺术活动，培养新一代。

与之形成对照的，是赵无极、朱德群这些留法并成为法国人的艺术家，尤以赵无极为代表，何怀硕将其比作清朝时来华的意大利人郎世宁——不能否认郎世宁特殊的历史意义，但没人会说郎世宁让意大利的艺术有新创造。同样，赵无极在巴黎抽象派中有其地位，但说他是中国的艺术家，则可谓荒唐。何怀硕相信，如果郎世宁回到意大利，没人会视其成就为意大利的光荣，而在我们中国，赵无极回国时，大家却视其为华人的光荣。有人认为赵无极的艺术中有中国山水画的意境，何怀硕认为那纯属附会，就像凡·高临摹日本浮世绘，不能说他贯通东西一样。此一时，彼一时，其中真正折射的是我们崇洋媚外的弱者心态。

在他看来，比较而言，徐悲鸿、林风眠是将异质文化拿来滋养中国本土的文化，变成一个新生命，这是一个极艰苦的创造过程。处在两位前贤和赵无极之间的，是吴冠中的"第三条道路"。吴冠中没有像赵无极那样变成一位法国画家，但他的画是将西方的现代形式主义硬塞入中国画，是非常粗暴的生吞活剥。吴冠中对艺术满怀热诚，为人很真，但并不能因此而否认这种移植的肤浅性。[30]"生年不满百，常怀千岁忧"，何怀硕始终以一种批判的精神，审视历史、政治、文学、艺术等诸多领域，更让他对一个科技宰制下的消费社会满怀忧虑。

科学技术的发展，带来生产力的几何式增长，满足大众基本物质需求的同时，催生出对物质的无限消费欲望，在怀抱文化精英主义的何怀硕看来，尽管福山"历史的终结"说不可能成真，但苏联解体、东欧剧变，中国的转型，却殆无疑义。作为美国向世界文化输出两大

30　《何怀硕：艺术有震撼心灵的力量》，载李怀宇：《知识人：台湾文化十六家》，第183—184页。

"法宝"——自由市场与民主政治，其不加节制地发展，物极必反，却也造成人文价值的庸俗化与沉沦。其集中表现，是在自由的名目之下，鼓励消费的商业化的风靡全球：

　　商业化更大的恶是鼓励消费，制造流行文化，以"名牌"商品吸金，激发虚荣心理，使贫穷者为了虚荣心的满足付出不合理的代价（少女为得名牌商品不惜卖身的新闻并不少见）；使富者穷奢极欲，两者都使人的品质与尊严下坠。制造大量魅力超过旧时代鸦片的新商品：如打斗、杀人、科技神话与色情的电影，连续剧与娱乐节目，电动游戏机……电脑与手机上的各种信息与社群网站，不但虚耗生命，而且培育了依附潮流，缺少独立思想的大众，并且伤害我们的新世代。对于一切人，美式文化通过无休止的、多样而令人喜爱的娱乐商品，灌输资本主义的价值观，塑造统一的流行思想、品位、信仰与生活习惯。尼尔·波兹曼（Neil Postman，1931—2003）在《娱乐至死》一书中给当代人类发出最令人惊心动魄的警告："在《一九八四年》中，人们受制于痛苦。而在《美丽新世界》中，人们由于享乐失去了自由。简而言之，奥威尔担心我们所憎恨的东西会毁掉我们，而赫胥黎担心的是，我们将毁于我们所热爱的东西。"[31]

　　由此诞生的无数现代科技产品，用过即弃，奢侈浪费，锈蚀了俭朴、惜物、节制欲望等美德；糟蹋资源也造成生存环境的大破坏。因此催生的"我们将毁于我们所热爱的东西"这一变局，更是当代世界最令人悚栗之事。索尔·贝娄曾说过：人活着的时候，金钱压在你的周围，就像死了的时候，大地压在你的周围。拜金主义的风行，成为人生哲

31　何怀硕：《全球性的大"文革"》（下），《东方早报·艺术评论》2014年6月4日。

学的主流，从而造就出人类史上不曾有过的时代：

> 所有的人都时刻在思考如何竞争，如何谋利，然后是如何得到最
> 大化的官能享受与娱乐。所有过去人类社会所崇敬、赞赏、仰慕的一切，
> 如果不能产生实利，变成金钱，便因为不合时宜，都遭受讪笑、冷落
> 与抛弃。渐渐地，最有理想，最有学问，品格最高尚的人因不识时务，
> 过于迂阔而自惭形秽，也感受到一股庞大而无形的压力，因而被动或
> 主动地边缘化。世界各领域的卓越人才不断由最能适应商业化时代的，
> 功利的新式人才所替换。于是，世界性的"文革"经由商业化获得了
> 翻转历史巨轮的惊人动力，而得天下。[32]

　　世风之下，造成的文化浅薄与庸俗化倾向，直接导致人的质量下
降，全球化文化与人才的普遍劣质化，是当今不争的事实。这个看似
自由的商业化时代，其实压缩了很多有独立思考能力的知识分子的言
论空间，不免导致许多反智思想大行其道，最为恶劣的就是民粹主义。
他认为，就台湾而言，就变成了少数人操纵整个社会。这"少数人"
是一群权力欲旺盛、道德意识薄弱、能言善斗的人，其中政客与投机
分子居多，政治家则属凤毛麟角。有操守、有思想、有远见，真心为
民者很难从政，也多不会从政，而政客与投机分子则善以蛊惑、媚俗
和欺骗来挣选票，政治品质愈发易降难升。[33]对于艺术的直接影响，便是：

> 今天很少人愿意谈论"什么是艺术"。因为自从全球性大"文革"
> 以来，一切传统都被颠覆推翻，一切规范都被捣毁，原来的艺术已被

32　何怀硕：《全球性的大"文革"》（下），《东方早报·艺术评论》2014年6月4日。
33　《何怀硕：艺术有震撼心灵的力量》，载李怀宇：《知识人：台湾文化十六家》，第179—
80页。对于民粹政治，何怀硕既痛心疾首，亦无可奈何，在2014年11月14日给笔者的信中，
谓"明天台北选新市长，谁选上都一样……好人不会参加。很糟！"

整得面目全非了。当杰克逊·波洛克用各色油漆滴洒在平铺地上的画布，成为"抽象画"，在美术馆中与达·芬奇的油画平起平坐，同称"艺术"；当刘国松把沾墨的刷子在粗麻纸上涂刷，再撕去纸筋；或在浴缸水中滴墨、色，做"水拓"，与黄公望的《富春山居图》都称为中国水墨画时，云泥已然无别，便知道评判什么是艺术的基准已被毁坏殆尽了。[34]

在何怀硕看来，现在的艺术家，其为所欲为，大有一派"造反有理"的劲头，而"一切皆可"的当代艺术，虽然"多元"，却避谈"价值"，这才是问题所在：世上可以有多元的价值，但并非多元皆为价值！过去时代太过执迷于权威的一元化，固属褊狭，而当代一味强调多元，漠视价值，同样为祸不浅——在这个大众化的时代，众声喧哗，不免对精英、天才不以为意。美国之所以勇于颠覆传统，是因为美国本身没有深厚的传统，因此其大肆宣扬的"民粹艺术"，便正迎合讨好了占绝大多数的庸众——古今中外，任何时代，优秀的艺术家不可能每一世代都有一大群，精华总是凤毛麟角，平庸才是恒河沙数。[35]

他这种看待艺术的历史主义方式，早在20世纪70年代评介安德鲁·怀斯艺术时，便已见端倪：如何评价他属意的迥立于时代风潮之外的怀斯的价值，其实也关乎他的自我定位。那就是，艺术家个体的创作，是应紧跟时代潮流，还是独立于这种进程趋势之外，仍有其价值？他的思考结果是：

我觉得美术史到底是人创造的，那些独辟蹊径的，一时的孤立，未尝不能成为后来主流的开路者，故风潮一时的现象，实未足为最后评判的标准。况且有些是技巧上有贡献；有些在艺术思想上有贡献。

34　何怀硕：《全球性的大"文革"》（下），《东方早报·艺术评论》2014年6月4日。
35　同上。

而后者有时不止于在艺术的范围内，更可推广到人文的其他方面。怀斯应是属于后者。他的作品不只是一种审美或绘画理论的提供，同时表现了艺术中的人文主义精神之再发扬。我们应从他的作品以及所反映的人格互相认同的重大意义上来认识怀斯，给他一个超越的地位。不应从狭义的新与旧、抽象与写实、现代与古典等相对概念上来着眼。[36]

　　一以贯之的读书、思考习惯，赋予他独立思考精神，而不只是知识本身，使他建构起一种宏大的文化眼光，引导他走上一条孤独探索与内省的艺术之路。

36　何怀硕：《安德鲁·怀斯评介——一位现代隐士的启示》，载《苦涩的美感》，第348—349页。

博观约取，乃以瓦注——书法篆刻与格调

对于中国书法的重要性，熊秉明有种极致的表述，称"书法是中国文化核心的核心"。何怀硕同样从文化和民族精神的角度来认识书法："民族精神表现在一切文化乃至无微不至的生活中。中国书法这一项伟大的传统遗产，不但在生活中实用，而且美化了生活；不但表现了民族智慧之艺术创造，而且包含了中国文化哲学的原道。"[1]

曾游历日本的何怀硕，很感慨这个邻邦对于书法的热情，以及因此陶熔出的历史感："日本京都古风盎然的街道上，许多店铺招牌都是名家手迹，精刻于木版（板）之上。历经常年风吹雨沐，日晒气蒸，以及霜雪飞袭，依然笔走龙蛇，而且更增添了一番古朴苍厚的况味。那是岁月的酬答，是历史的美意延年。"即便不像京都那般古朴的东京，"每个月出版大量的书册、杂志、传单、海报之属，他们把第一流的书法配合现代设计的原则，把毛笔字的美通过机器印刷，发扬东

1　何怀硕：《书法摭谈》，载《艺术与关怀》，第56—64页。该文写于1981年2月7日，彼时电脑出现未久，尚未普及，文中倡言，给予书法更多的实用空间。但科技发展之迅捷，非人力可逆料，电脑的普及，几十年间，势已燎原。书法的实用空间，挤压欲无。但反而观之，电脑中各种字体的设计，如"启功体""刘炳森体""胡问遂体""徐静蕾体"等，皆出自手书，亦是书法普及之一种。同时，对于失却了部分实用性功能的书法，正因"可辨识性"要求的降低，其对笔情墨趣、抒情性或抽象化的追求，才有更大的发挥空间。在本书《书法的风格》（写于1982年11月5日）一文中，何怀硕谓："书法的美在线条。用笔的正侧顺逆，轻重缓急，浓淡干润，肥瘦方圆，粗细刚柔……种种不同特色，交织成无穷变化，形成百花争妍的万千风格。能以表达性情，反映人格。"与此有内在的一致性。

方文化的特色"。而这种盛况能够存在，得益于雄厚的群众基础："从每年一度的日本全国青年书展的作品之丰美，我们当知要有多少年轻人在书道上努力，才有那样的成绩。他们写篆隶行草、写黄山谷、米元章，写怀素、王铎……写的内容极喜欢用中国的唐诗。日本二玄社等出版中国碑帖，从甲骨金文到清朝何子贞、吴昌硕，其规模之整齐，印刷之精美，为中国所未之曾有"。相比之下，作为书法源头的中国，现状却令人惭愧："我们古旧的木刻店铺招牌、竹刻对联，乃至名家手迹，在旧货摊与古董店中尘埃满布，残缺破损，乏人问津。要不是近几年外国人发'中国热'，价钱不可能如此'飞涨'。于是又遭一劫：许多古文物捎客，代为搜刮，以换取美钞。"曾经中国的方块汉字被视为现代化的障碍，但事实是"日本不因宝爱东方文化而无法现代化，我们也不因抛弃了而较之为先进"。因此，他说我们"书法的式微，实在值得检讨"。[2]

但如何操作？其实就是普及和提高的关系。何怀硕建议，首先，需官方和民间观念上的重视和珍护，在尽可能多的场合，像会场的标题、标语、书籍杂志封面、广告海报等，尽量采用书法，只有有了用武之地，才能出现人杰；其次，假如有了这种机会，则要尽量避免为"国之大佬"和少数名家"承包"的局面，只有这样，才可能奖饰长才、提拔新进；再次，对于普通民众，需有观念上的转变，要尊重、呵护书法，使之可以成为一种专业，而书家能以书法的真正造诣立足社会，取得合理的报酬，凡索书、求书，必得付酬，不可动辄以"几分钟工夫写成，哪得这么贵"为由，刻薄待遇——没有一二十年的苦功，何来有人上门索书，简而言之，只有彻底摒弃"求墨宝"的陋习，尊重艺术家的心血，书法才能像绘画一样，在现代社会成为一个可谋生的行业；最后，

---

2 何怀硕：《书法摭谈》，载《艺术与关怀》，第56—57页。

应多举办各种书法展览与比赛，评审力求公正，才能真正鼓舞士气。

如果解决了上述制度与观念问题，剩下的便是如何提高书法水平的技术层面问题，他的建议，也是他的个人经验：先要选好某一碑帖，以之上手，切忌见异思迁，道理类似朱熹所说的"泛观博取，不若熟读而精思"；同时，这一阶段，最忌拜定一人为师，因为时人教书法者，常以己法授之于人，这种"嚼饭哺人"的方法，既不"卫生"，又容易先入为主地沾染某些习气，日后难以摆脱。不过，为艺之道，虽不可见异思迁，但到了一定阶段，又要广所取法，不宜一生只拘囿于一二家法，蔡元培倡言"闳约深美"，正是此理。对于习书之人，古代碑帖与名作，浩如烟海，人生苦短，无法遍学，但应多看多研究，即古人说的"读帖"，对于书法史与理论研究，也要多读，转益多师，时时求教高明之徒，不断提升见识与理解力，多见、多闻、多思，才能术道并进，期之有成。[3]

书法之可贵，贵在性情，所以何怀硕说："书家最忌下笔而有'标准体'。"[4]最典型的书写标准体，非于右任的标准草书莫属。但艺术家中的标准体，他以为，"如张大千的书法，各字写法都标准化"。张大千书法与于右任的不同在于，标准草书体固然以"易识、易写、标准、美丽"为标准，但"于右任提倡标准体，原为大众手写体，故要标准化，不是于不懂书法……张大千的书法才犯了'标准化'的病。……于右任是我敬重的书家，我不会曲解他提倡标准草书的用心"。[5]

将"每个字练成某一种标准写法，'功力'或无可怀疑，但缺乏活泼变化之生命力，那只手腕形同自动打字机，去艺术不免稍远矣。

3　何怀硕：《书法摭谈》，载《艺术与关怀》，第 56—64 页。
4　何怀硕：《书法的风格》，载《艺术与关怀》，第 65—67 页。该文写于 1982 年 11 月 5 日。他对书法独特风格的重视，从文章名称，可一目了然，而非"标准"书法的日常应用。
5　这是何怀硕 2018 年 4 月给笔者的修改稿中的话。

这样的书家，不论你请他写苏东坡的大江东去，还是玉谿生的春蚕到死丝方尽，他都以其'标准体'逐字照抄，'立等可取'"。这种"标准化"毛笔书写方式，显非何怀硕眼中的书法之道。真正的书法艺术，应是针对书写内容，斟酌书体，选择恰当的毛笔，"再三试炼，直至满意为止，已经写了百数十遍，才大功告成。真的书家必然要做到所写的内容与形式和谐；各个字之配合形成一个有机的结构；而且当下的情感充溢于笔端。这样的书法作品，才有生命，才称得上是艺术，也才可能有风格可言"，才能有其"唯我独尊"的光辉。⁶正如他对陆维钊的看法：

陆维钊是极有修养、又有自我风格的大书家。来楚生、孙奇峰（也很）不错，但与陆相较便不如陆强烈的风格。陆字桀骜、郁勃、奇崛，有不可一世的气概，但不是张牙舞爪的那种，却极内敛，因为他的"古意"，他的金石气，使他沉稳苍古，不同流滑者。⁷

书法作为中国书画的核心，其重要性，不在于写字，而在于其笔法是书法与水墨画的共同基础。对画家来说，如何判断书法价值的高低，关乎自身"知行合一"的笔法及趣味选择。何怀硕的观点，不落窠臼，看似惊人，实则慧眼别具，言之成理：

清朝以碑学来扭转书法的方向。因为帖学经王羲之及唐朝的颜真卿、褚遂良，到宋朝的苏东坡、黄山谷，明朝的唐伯虎、文徵明（董其昌）等大家之后，走帖学这条路都是文人，秀丽精致，但是越写越滑，陈腔滥调。清朝的书家从民间刻在石碑与钟鼎上有很多不同的风格得

6　何怀硕：《书法的风格》，载《艺术与关怀》，第65—67页。
7　何怀硕2001年11月15日给笔者的信。"来楚生、孙奇峰（也很）不错"一句，是他2018年4月给我的修改稿中，加了"也很"两字，可见他对来楚生、孙奇（其）峰的看法。

陆维钊
篆书毛主席词句
69cm×26.5cm
纸本水墨
无年 款

到启发，发展出表现金石美学的书风，雄强刚健，拙厚苍古，如吴昌硕、何绍基、赵之谦、康有为等大家，前无古人。我常常说很多人都是传统的奴隶，认为书法的最高潮是晋朝与唐朝，其实我认为最高潮是清朝，两千年来写得最好的是清朝人（因为清人汲尽历代精华，格局更大也。）近百年来，都是继承清末的遗绪。[8]

　　碑学中凝聚的时间的力量，也是经历坎坷的美学家高尔泰所推重的——他曾将集壁画、建筑和雕塑为一体的莫高窟艺术比作青铜器，历史和自然都参与了创造的过程：它们沉淀着岁月递嬗的痕印，或深或浅都有些黄调子，加之部分变色、褪色，斑驳剥落，隐显之间，反而愈加丰富奇幻，其沉郁浑厚，光怪陆离，出乎意表处，非人力所能及。就像青铜器，刚制作完成时，作为祭器，光灿耀眼，充满俗世的趣味，但在时间的冲刷下，变成绿锈斑驳的青铜文物，古朴凝重而深沉，大自然的破坏力，在此却转为创造的力量。[9]王德威同样认为，与"帖学"不同，各种石刻碑铭，尤其汉代甚至汉代以前的碑刻，无论是尘封多个世纪后重新被发掘，还是地上碑刻，时间这位最大的魔术师，都用残缺的碑铭、模糊的字迹提醒我们，它对文字这种人工符号的打磨。"帖学"与"碑学"两种书法，是以不同的方式见证时间的力量，或摧枯拉朽，或水滴石穿，一切人工制品终将无法幸免。[10]

　　2014年秋，何怀硕与傅申、李德斌、张天健在台北师大画廊举办展览，自长及幼，从四人名字中各取一字，敷成"申怀斌健"，以四人之名的书画印联展。展览起因，傅申直告于《"申怀斌健"展独白》：

8　《何怀硕：艺术有震撼心灵的力量》，载李怀宇：《知识人：台湾文化十六家》，第173页。括号中的文字，是他2018年4月给笔者的修改稿中新添加者。

9　高尔泰：《敦煌莫高窟》，载《寻找家园》，花城出版社，2004，第172—173页。

10　王德威：《国家不幸书家幸——台静农的书法与文学》，载吴盛青、高嘉谦主编《抒情传统与维新时代》，上海文艺出版社，2012，第115—151页。

"此次联展,乃至友怀硕兄于其扬名海内外之水墨创作之外,亦钟情于书法创作,为要鼓励我们两人于教学所得之青年才俊李德斌与张天健二君,使其孜孜日上,期于有成,遂有此师生展之提议。"[11]

在印行的图录《申怀斌健——书画印小册》(以下简称《小册》)中,何怀硕借《书画印凑趣小展纪实》,相对全面地概述自己数十年艺术生涯中谈论不多的书法、小品画与篆刻上的求索:

从小写毛笔字,但未曾有过书法展览。数十年来应邀参加联展无数,不过每次从未超过二件。这次师生四人联展,书、画、印一起展出,平生首次。

似乎画家老去,兴致转向书道[12]者不在少。若问为什么?可能因为情思寄泄于书,较诸画,更为幽曲而有余味;也可能是江郎才尽罢。但这样说,便好像认定写字不必有才,那也不是事实。其实写字要能看,比画画难得多。书道中尽有可沉酣的韵致,因为世界上没有像中国这种孳衍数千年有"意"又有"象"的文字书写艺术。从甲骨、金石文字到现在,有味的书写已为原子笔与电脑所斫伤。其实也不尽为坏事,因为从此,不为实用的书道,成为有此天赋的人所专攻的志业。比方小孩皆喜书画,但不必期望一堆人都要做画家,由少数有才有志者去追求才对。有天分的人去写字,写字便提升为艺术的经营;原子笔与打字,尽管方便,但不会是艺术。

书法是中国独特的艺术,它与京戏、歌仔戏、歌剧(Opera)、能剧、

---

11 傅申:《"申怀斌健"展独白》,载野草堂编《申怀斌健——书画印小册》,(新北市)野草堂,2014,第4页。

12 "书道"一说,何怀硕在《依傍与创造——对于书艺的一些浅见》(2005)中,赞同张彦延不用"书法"而讲"书道"的高见。张隆延说,从唐代张彦远到清朝包世臣,许多古人都称"书道"。"书道"并不是日本人新创的名称,而是借自中国。何怀硕认为,应称"书法"为"书道","书法"一词只是指书道的方法,"书艺"则是书道艺术的简称。载《什么是幸福:未之闻斋人文艺术论集》,第486—487页。

歌舞伎等古艺相似，不能以追求不断的创新为目标。西方从现代主义以来，一味标新立异，追求视觉形式，不惜践踏人文价值。这个现代风潮鼓励并助长了美式"现代艺术"的独大，彻底颠覆了原来艺术的本质，以至造成艺术的死亡。我认为书法不可背离传统的轨道求独创。事实上，略知书法的人都知道中国书道源头与风格流派、美学趣味之深广，丰富多元，可谓没有涯涘。要追求个人风格，不应仿效"当代艺术"的粗浅与错乱，不应有心存搞"当代书法"的妄念，而应堂堂正正，诚诚恳恳从中国传统书道的脉络中稳步向前。不过，写字若只在模仿古人，那不是保守，不是尊重传统，那是抄袭；若把书法的书写当涂鸦，而标榜自由挥洒或以"抽象画"作依附，那是夏虫语冰。

明清的书艺，集传统之大成。我极推崇明清一大群个性鲜明的大书家的成就，尤其是汲古派的金石书风，婀娜、浑朴，足与晋唐的典丽相颉颃。中国书道的魅力使千百代中国读书人酣醉痴绝，写到人书俱老，兴会淋漓，藉（借）翰墨寄托一生的情怀，这是中国独特的人文景象与艺术人生。前人说"欲得饮中趣，勿与醒者言"。我近二十年爱书胜酒，在写字中深有此感。学无止境，我的书法还在学习中求长进。书道无涯，当老学生实在是中国读书人的一种福分。

画方面，这次展出的都是从未在我的画展出现过的。这些画，原本无意示人。有人称为"私房画"，其实是杂碎。这是一时灵感，或一时技痒，或为练习，或为剩墨余纸试笔之所作，多是无所为而为（不为展览，也不为卖钱）。有的已摆在箧中很久了。这回让它们凑凑趣吧。

第三项是印章。我高中时候，因缘际会，热爱起篆刻，一时废寝忘食。最近收集了我现在找得到的少许，极少数是在手边的原作，其他都只是拓片，有的是当年盖在某书扉页，无奈从旧书中剪下来，那是仅存的鸿爪，许多为别人刻的当然极少有拓本留到今天。全部只得到五十多个。我只挑选一小部分，天健弟为我扫描，聊作纪念。为此我特别写《我的篆刻小史》小文一篇，用以自疚，也以博君一笑。

写于涩盦　二〇一四年八月二十二日 [13]

集中的何怀硕书作，隶、行为主，篆书只有"吾庐独破"一件，无楷书，以隶书风格为多变。

这些隶书作品，或抄录前贤诗句，如郁达夫的"曾因酒醉鞭名马，只恐情多累美人"（1972）、杜少陵的"白摧朽骨龙虎死，黑入太阴雷雨垂"（2003）、《隶书欲得饮中趣》（1999）等，近何绍基、台静农一路；杜少陵的"怅望千秋一洒泪，萧条异代不同时"（2001）、王摩诘的"行到水穷处，坐看云起时"（2005）等则带汉简笔意；或题匾，如"广兴纸寮"（2014），介乎二者之间，自出己意；或临摹碑铭，如《隶书西汉五凤刻石》（2014），见苍茫之气。这几类书作，大致涵盖了他隶书的不同面貌。

他的隶书，并不是直接从汉隶入手，而是"从小写毛笔字"：

我（1999年）十二月十日为英国老友（莫士拙）写他的书斋额"水松石山房"大字，他高兴万分，原来他买到一幅同字吴昌硕篆书，所以将其作斋名。我以隶书为他写。

我五十以后写不少隶书，多应人所求，自觉忽然有进境（我十多岁即开始写隶碑），大概是领悟而有进境。我并不用功书法，曾有好

何怀硕
篆书杜少陵句
100 cm×35 cm
纸本水墨
2007 年

几次使友人惊赞，因我不太出示书法。而书法中，除题画之外，我只钟爱隶书。功力不够，但眼界不低。我以为清朝书家所达到的水平为历史之最高，尤以我所景仰的几家（何绍基、伊秉绶、邓石如、陈曼生，其次者为张祖翼、杨岘、桂馥等）。[14]

　　从他早期画作的隶书题字看，大抵是何绍基和伊秉绶一路，偶或取法张祖翼、陈曼生，并且，他有意识地收藏这几位书家的作品，以期更多的领悟。其后，渐次将几家笔法融入《张迁碑》《曹全碑》等汉碑面目中。大概而言，这些题字，规整平正，近《曹全碑》，而用笔方折顿挫，则是《张迁碑》间糅入何绍基，兼取台静农笔意的结果。

何怀硕 / 隶书郁达夫句 / 47 cm×67 cm / 纸本水墨 / 1972 年

14　何怀硕 2000 年 1 月 12 日给笔者的信。

　　台静农 20 世纪 20 年代初入文坛，以写实主义小说闻名，即出版于 1928 年的《地之子》和 1930 年的《建塔者》两本短篇小说集。前者刻画安土重迁的中国农民深陷苦难与惰性的循环，无法自拔；后者则彰显革命青年力图建立起高塔般的使命，舍身蹈火，在所不惜。在《地之子》中，与启蒙作家将落后的农村作为"礼教吃人"的样板不同，台静农有种独特的看法：无论多么卑微无知者，同样拥有追求梦想、实践自身思考逻辑的能力。因之他的作品，并不志在书写革命或反革命的决定论，而是见证人之所以为人的渴求与创造力。故而有论者指出，台静农的故事有"悲心"：承认人世的不圆满，但包容众生。而在《建塔者》中，这种"悲心"则因青年的饱受迫害与折磨而转变为"愤心"。[15]

　　由"悲心"向"愤心"的转变，王德威相信与台静农 1928 年因散布左翼思想而银铛入狱的经历有关。之后，台静农分别于 1932 年、1934 年因类似的罪名入狱，三次牢狱之灾的沉痛经验，王德威认为是台静农文学、书画作品中隐秘晦涩的核心——身为现实主义小说家，却在国家危亡的抗战时期开始寄情书法，其情之诡异，晚年的台静农如此自释：

　　抗战军兴，避地入蜀，居江津白沙镇，独无聊赖……顾时方颠沛，未之能学。战后来台北，教学读书之余，每感郁结，意不能静，惟弄毫墨以自派遣。

　　在王德威看来，作为曾经的反传统主义者，台静农对书法的重新发现，当然不止于"以自派遣"，而是以一种意外的方式介入历史。扬雄有云："言，心声也；书，心画也。"书法其实是透视了书写者

15　王德威：《国家不幸书家幸——台静农的书法与文学》。王德威在文中谈到，这是乐蘅军《悲心与愤心》一文中提出的观点，载吴盛青、高嘉谦主编《抒情传统与维新时代》，第 115—151 页。

的本心与世界相互映照的形象。书法的形成，虽然源头可以追溯到远古，但只有到了永嘉之乱、北方文人士族大举南迁时，透过南渡文人之手，才最终成为我们今天所认知的形态——一种以笔墨纸砚创生的艺术形态。日寇侵华的大浩劫对中华文化的戕残与刺激，无异于南北朝的大动乱对中原人士造成的灵魂震撼，或许可以解释书法内在结构对台静农的呼唤。而之所以选择倪元璐书风，不仅因为其书重"生"弃"熟"、落笔欹侧凌厉、充满戏剧性张力，也是因为倪氏作为明亡死节之臣，其忠烈令愤然于社会昏聩的台静农心有戚戚，书法的"字体特质"遂成书者本身"人格特质"的反映，台静农的选择，见证着政治风骨与艺术格调的关联。[16]

　　偶然赴台，本想短暂停留，只为"歇脚盦"的台静农，不料却在这燠热潮湿的海岛上，度过了生命的后半时光。[17]对书法的倾情投入，令其顿挫沉郁的书风，在晚年达到高峰，蔚然宗师。王德威认为，从文学到书法，台静农展现出一种独特的"书写"政治学与美学：早年的文学，探索人生表层下的真相，呈现的是他的文字"深度"；晚年寄情笔墨线条，专注的则是文字"表面"。但这种表面，用笔提按分明、笔势沉郁凝重，是国仇家恨的具象化呈示。[18]在何怀硕的收藏中，便有台静农的《临石门摩崖赠怀硕隶书轴》《赠怀硕隶书五言联》《赠

16　王德威：《国家不幸书家幸——台静农的书法与文学》。王德威在文中谈到，这是乐蘅军《悲心与愤心》一文中提出的观点，载吴盛青、高嘉谦主编《抒情传统与维新时代》，第115—151页。
17　台静农生于1903年，1990年去世，1946年到台湾，这年几乎就像一条中分线，将其生命一分为二——半在大陆半在台湾。
18　王德威：《国家不幸书家幸——台静农的书法与文学》，载吴盛青、高嘉谦主编《抒情传统与维新时代》，第115—151页。台静农书法研究者卢廷清在《沉郁，劲拔，台静农》中指出，台静农是1942年夏初遇见倪元璐书法。王德威指出，虽然这种看法不无作者的生平联想与观念先行的谬误，但书家风格与性格之间的相互影响，则不是"谬误"一词可以概括的。当时，台静农是先以王铎为模范，但台的老师沈尹默认为王铎书风"烂熟伤雅"，建议台静农临摹他人。其实，王铎书风，笔力大气磅礴，并不烂熟。因此，论者指出，沈尹默的负面评价大约与王铎明亡之际变节降清有关。

台静农 / 行书东坡诗 / 纸本水墨 /1983 年

沉郁顿挫，得生涩之趣。

怀硕隶书老子句》《杜甫诗行书轴》等作，其中《杜甫诗行书轴》等，更是在何怀硕"涩庵"所书。虽然何怀硕说："台先生给我写几次书法，我有时去看望他，但我并不曾与他有深入交往，他与张大千交好，我觉得可疑，因为他本是鲁迅的弟子，怎么老了与大千为知交？关于台先生，他与我很客气来往，我喜欢他的隶书，如此而已，没太多渊源，大不如梁、叶与我。"[19] 叶公超、梁实秋等在人格精神层面或许对他影响更深，但在书法层面，台静农的沉郁"苦"味，与他对"苦涩的美感"追求，默然相契，其笔法趣味的启迪，在他书画线条由早年相对平直渐趋屈曲盘郁的变化中，隐然可见。

何怀硕写隶书，并不在意成法，而更着意于趣，正如他看待书法的眼光，不类凡俗。世人论书，张口闭口不离"高古""法度"与"魏晋"，他却"推崇明清一大群个性鲜明的大书家的成就，尤其是汲古派的金石书风，婀娜、浑朴，足与晋唐的典丽相颉颃"。《小册》中的"行

19　2018 年 4 月 7 日何怀硕给笔者修改稿上的话。

何怀硕
隶书行到坐看联
138 cm×35 cm×2
纸本水墨
2005 年

到水穷处，坐看云起时"，便是以陈曼生等汲古派对趣味的凸显为旨归，写汉简体，字的结体，取扁势而略加飞动，笔法则一变汉简的流动而为沉凝，不古不今，常有出人意表之处，便是明证。

作为画家的何怀硕，与相对偏重法度的书家不同，其笔法是由画法笔意统驭的。不仅表现在用笔韵致对沉郁顿挫的追求上，有时更直接表现在书法形式本身的画意处理上。现存最早的一幅隶书"曾因酒醉鞭名马，只恐情多累美人"，便将字迹部分留白，而以淡墨、淡赭色将纸面空白处做皴染处理，整幅作品看起来，宛然一册展开的汉简。杜甫的"怅望千秋一洒泪，萧条异代不同时"，则直接以淡墨扫出底子，恍如怅望千秋洒下的滂沱泪雨。临摹的西汉五凤刻石，阮元在《山左金石志》中谓之"山左两汉石刻此为最古，笔意简朴，非汉安以后所能及也"。何怀硕的临作，弱化了原作方笔而带简牍趣味的简朴，又增加了灵动感，并在题记中阐发自己的金石观与追求："五凤刻石，西汉五凤二年，乙丑，纪元前五十六年。汉字书写，千年来由帖派独秀，至十八世纪阮芸台倡碑派，登台抗礼，盖帖外书法，原由书家所写，刻工镂凿，复经风描雨刻，日炙水侵，数千年天工剥蚀，清人石破天惊，发现金石美感，拙古朴茂，峻拔恣肆，一洗柔媚，予心向往之。"此作所钤"博观约取乃以瓦注"一印，直见他的书法观。

"博观约取乃以瓦注"，"博观约取"，其义无须赘言，而"瓦注"语出《庄子·达生》："以瓦注者巧，以钩注者惮，以黄金注者殙。其巧一也，而有所矜，则重外也，凡重外者内拙"。同样的赌博，因为赌注分别是瓦、钩和黄金，"外者"之物的价值差异，财利得失之心，导致赌者的心态发生变化而乱了方寸，无法聚精会神专注于赌博本身。庄子意在告诫世人，凡事不应因物心而掩本心，一切顺乎自然而已。

何怀硕隶书，一个比较典型的特征，是以篆入隶，有时甚至隶篆

何怀硕
隶书西汉五凤刻石
70 cm×45 cm
纸本水墨
2014 年

何怀硕
隶书杜少陵句
135 cm×26 cm
纸本水墨
2005 年

难分，像《白摧朽骨》一作，"雷"字下半部两个"田"的写法，本身即为篆书，"垂"字的写法，也更近于篆，之所以在全作中不显突兀，是因为笔势统一在一种韵致里。同样，他的篆书，也难言标准的篆法，因为其中同样融入隶书笔意。像《吾庐独破》（2007），借鉴伊秉绶的隶书结构，在篆书圆浑的笔致中，复参以何绍基颤笔，而且，为表达老杜《茅屋为秋风所破歌》中"雨脚如麻未断绝"的萧瑟感，"吾庐独破"四字，是先以极枯澹的干笔，在白纸上皴擦，再用淡墨写出，遂令纸面寒意顿生，并与落款中提及的制书时间"丁亥正月初三雨水后一日"相呼应。

当然，何怀硕书写更多、更为世人所知的还是他的行书，可以说，贯穿他全部书作的运笔习惯，根本是来自行书。他的行书，同样得益于个性张扬的明末清初书家，如倪元璐、王铎等。他对台静农师友行书的看法，大致代表他的行书观：

> 台静农行书全学倪元璐，但太做作，太媚，没倪的刚直之气。沈尹默行书太甜熟而平庸，功力不及沈尹默的台静农，文学修养过之，所以台先生的行书比沈有个人风格，比较不平庸。启功现在大名鼎鼎，其实他的字大不及沈尹默，启功的字，白直无趣，不只平庸，而且千篇一味，单调之至。[20]

与书家讲求书法中的笔法变化不同，他的行书，因作画为主的缘故，线条本身变化不大，笔法亦变化不多，以一种不疾不徐的节奏行进，凸显自我对章法与字体空间结构的体认，以韵律和情绪之美，成一家之法。

20　2018 年 4 月 7 日何怀硕给笔者修改稿上的话。

　　《行书金圣叹句》（2003）所录"雨入花心，自成甘苦"八个大字，笔墨浓淡，变化随心，饶有画趣，便是他书风的典型意态。而以枯澹的焦墨，错落题写在八个大字之间的行书小字，恍然一片甲骨上的时光斑痕，与右上方引首的方形朱文小印"阿闻"、左下方的圆形朱文款印"何"及压角的朱文大印"苦涩滋味"，既成黑、白、灰、红的关系呼应，更有人生态度的共鸣：

　　清朝文坛怪杰金圣叹，历来褒贬悬殊。李渔称"能令千古才人心死"；廖燕谓"圣叹所评诸书，领异标新，迥出意表"；徐珂赞其"笔端有刺，舌底翻澜"；胡适也说他"有眼光，有胆气，有革命精神，在古人中很不可多得"。归玄恭则斥其"贪戾放僻，不知礼义廉耻，倡乱诲淫，惑人心怀、风俗，罪不可胜诛矣"；董含谓"圣叹恣一己之私见，本无所解，自谓别出手眼，寻章摘句，琐屑割裂，忽而吴语，忽而经典，什乱不伦，可谓迂而愚矣！其终以笔舌贾祸也，宜哉！""雨入花心，自成甘苦；火归器内，各呈方圆"，为金圣叹自题联语。予想及古人，每忆少陵名句"怅望千秋一洒泪，萧条异代不同时"。世无完人，而伤心人别有怀抱，有功过自有是非，有追求必有甘苦也！

　　何怀硕书法，喜用枯笔，无论墨色浓淡，线条少有流利一笔到底者，多一波三折，以求苍拙古意。在他看来，中国艺术之美的范畴中，"拙"美是一种独特的审美趣味，尤其是元代以降的中国艺术，如果不了解"拙"字，无异于只坐廊庑，难入堂奥。艺术的发展，与人学习艺术的进阶大略相似：由稚拙而熟练而熟能生巧，乃至炉火纯青，入于绚烂，至此而"巧"极。"巧"极而生流弊，即堕"甜熟"。欲脱此弊，便是由绚烂而复归平淡，平淡中再无纤巧，即可反入于"拙"。此"拙"，遂迥异于"稚拙"，而是"老拙""古拙""朴拙"等超越境界。中国艺术中

何怀硕
行书金圣叹句
63 cm×35 cm
纸本水墨
2003 年

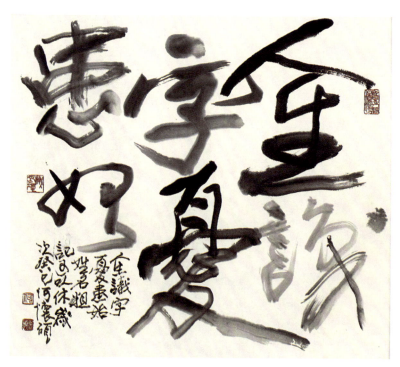

何怀硕 / 行书苏轼句 / 59 cm×68 cm / 纸本水墨 / 2013 年

的这种"拙"境，是历经匠心工巧之后复归平淡的"老大意转拙"，是"对人生宇宙极幽邃的透辟力与艺术技巧极沉奥的修养的结晶。'拙'或许就是历史的富厚所孕育的。中国艺术没有像西方那样各时期各种主义派别的竞斗兴替的变动，所以能在久远的静定中使艺术有从容修炼的机会，而有极丰沛的蕴蓄"。"拙"的概念，出自《老子》的"大巧若拙，大辩若讷"。像钟鼎彝器、碑碣瓦甓等古物的斑驳陆离，是历史之美与时间之美的大发见，启迪了中国艺术心灵对朴茂、残缺、遒劲、浑厚、古拙、沉雄、苍老等美的趣味的勃兴与癖嗜，而使"拙美"在中国艺术美中占据着独特而崇高的地位。中国书画中所谓的"金石味"，实则就是苍老古拙之趣。三代秦汉之美，经过三四千年时光的淘洗琢磨，从而孕育出独特的古老苍拙的境界。"拙"包含着苍老、古朴、质实与沉劲，但皆出之于"平淡"，而平淡不是贫乏简陋，是在"拙"中见妩媚纤巧，却不露经营痕迹，如大匠运斤，了无斧凿之痕。中国文艺，以艳媚秾丽为下品，却推重寓刚健于婀娜，就像苏东坡赞美陶渊明的平淡是"质而实绮，癯而实腴"。拙美的至境，便是对诸多矛盾的超越，是两千多年中国艺术发展在近代的完成。[21] 对何怀硕来说，"拙"的趣味与境界，以及为获得这种趣味而采取的手段，不仅影响着他的取径，也奠定了他书法与篆刻的基本趣味。

何怀硕对篆刻涉猎甚深，曾颇为投入，只是嫌其太耗时光，没时间多刻，热恋十多年后便封刀，动手刻印的历史太短。他在《书画印凑趣小展纪实》中言及《我的篆刻小史》，语短而情深：

我本人的篆刻小史，说来话短。十五岁到武汉艺师附中，受业于曹立庵先生，由摹印始，当时书册印谱极短缺，幸有香港《大公报》每周末《艺林》专刊，由马国权及智龛两先生长期介绍名印人及名印，不知道天下多少热爱此道之少年受惠于《艺林》，但知我正是仰承《艺林》开眼启蒙者。我父每周为我剪存，并装订成册寄下。至今我犹珍存，念老父对儿子的爱心与尽心如此者，世间少有也。我于《艺林》中尝见苦铁"太和元气"四寸大印、简琴斋闲章"意到幽深"，顿开我茅塞，而领悟篆刻之神髓，至今数十载，犹在心目中。从一九五六至六十年代末，为人为己所刻，或不下一二百之数。其后，因废寝忘食于主业，印艺之追求，遂戛然而止。数十年来，所用之印章，自刻者为少数，

21　何怀硕：《"拙"美浅释——明末四僧书画展随笔》，载《艺术·文学·人生》，（台北）大地出版社，1986，第33—39页。本文写于"一九七八年·戊午正月"，当时台北历史博物馆举办"明末四僧书画展"，此文便为其而作。

何怀硕 / 行书《我的篆刻小史》/ 34 cm×49 cm / 纸本水墨 / 2014 年

多赖诸师友乃至生所刻赠。近忽怀旧，数日间钤拙作原石，并搜罗幸存零星少作拓片，全部仅得五十二枚。自用者原石在手，除姓名印之外，自认只有"怀斯"及"多余生"二印稍可，余皆学童习作而已，尚未能登堂也。盖印章者，方寸小道，却为大业，宜终生相守不渝，恨我与之初恋未久，竟为其他业缘所掳，挥泪而别数十年，已无法回头，于今寻得当年所留红豆粒粒，正如相思血泪，薄幸之人，不胜愧疚，书此自罪，亦为涩盦个人之篆刻小史。岁次甲午夏，怀硕。[22]

吴昌硕曾在《刻印偶成》诗中自言："不知何者为正变，自我作古空群雄。"不被冲刀、切刀所囿，"印从书出"，以"钝刀硬入"表达

---

22   何怀硕：《行书我的篆刻小史》，载野草堂编《申怀斌健——书画印小册》，第 70 页。

笔意为指归。在印面的经营上，为了审美需要，将篆刻刀法横向扩展，刻之外，大胆采用敲、击、凿、磨等手法，探索残缺之美，令篆刻美的境界为之丕变。简琴斋治印，初喜汉凿印一路，章法谨严，冲刀驰骋间杂以残连，后拟古玺，更以甲骨文入印，布白错落有致，运刀率朴瘦硬，有别开生面之趣。何怀硕所言的简琴斋"意到幽深"印章法，余绪可见于《小册》中他的"只身天涯"一印。而吴昌硕"钝刀硬入"的意致与为审美而敲、击、凿、磨等不择手段之法，不仅体现在"苍岩"（吴昌硕曾有"苍石"一印，二者章法、刀法的传承性，焕然可见）等印上，更体现在对何怀硕篆刻精神的笼罩上。

　　在《我的篆刻小史》中，何怀硕说："自用者原石在手，除姓名印之外，自认只有'怀斯'及'多余生'二印稍可，余皆学童习作而已，尚未能登堂也。"其实，就章法、篆法、刀法等而言，"未闻""只身天涯""衍之""吞声""我见人间但伤悲""曾经三千世界""苍岩"等印，亦各有可观处，但他自认唯"怀斯"与"多余生"二印稍可，

何怀硕 / 多余生 / 3 cm×3 cm /
20 世纪 60 年代末

何怀硕 / 怀斯 / 3.5 cm×1.2 cm /
20 世纪 70 年代初

原因何在？细察之下，便会发现，这些作品之中，"未闻""吞声""苍岩"等，取圆势，近吴昌硕一路，"只身天涯""曾经三千世界"等，取方势，近简琴斋一路。只有"怀斯""多余生"（或放宽标准，"我见人间但伤悲"）等，不拘条框，方圆随势而生，一扫前贤痕迹，因此，在一贯强调"艺术的价值在于独创"的何怀硕看来，只此"二印稍可"，余者"习作而已"。

形式之外，或许因此二印背后的情怀："怀斯"指向他曾感佩的美国艺术家安德鲁·怀斯，"多余生"则指向他曾熟悉的俄罗斯文学，尤其是屠格涅夫小说《罗亭》等所塑造的典型形象"多余的人"。其中有他的自我投射：异于常人的聪明、敏感，面对现实的野蛮，痛苦常分外深切[23]，"多余生"因此也包含有他的几许自嘲与虚无心绪。

现代绘画教育兴起后，作为传统文人画家基本修养的书法篆刻，对很多画家来说，几成渐渐远去的传统。在这两个领域，何怀硕投入的精力相对较少，但即便如此，他也不满足于"只在模仿古人"的抄袭，或"标榜自由挥洒或以'抽象画'作依附"的涂鸦，而是追求"有味的"书写和篆刻，这种坚持与探索，不只是培养出他全面而深湛的艺术素养，令其画面在诗书画印[24]层面达到高度的统一，也不只是磨砺了他的艺术敏感力——书、画、印三者虽呈现方式不同，但相通于"点、线、面三元素所激化的各种可能"[25]，使他在选择"师友乃至生所刻赠"印章时，总能与自己的书画创作相得益彰；更是对笔墨品质的锤炼和内心境界的提升，而这或许才是他始终不懈修习书法篆刻的至深获益。

23　唐诺：《多余的人——读屠格涅夫〈罗亭〉》，载《读者时代》，（台北）时报文化，2003，第144—162页。

24　诗书画印体现在他的画面上，有时是直接四者结合，有时诗表现为题记，但即便偶为穷款，全面的才能，在需要时，足以让其游刃有余，而不致生"黔驴技穷"之恨。

25　李德斌：《相为心声》，载野草堂编《申怀斌健——书画印小册》，第74页。

《近代中国美术论集》与《傅抱石画论》

正是读书与思考赋予何怀硕的襟怀与抱负，使其在客居美国期间，亦做有心之人。当时，痛感于台湾美术界对中国近代美术的无知、漠视与缺乏认同感，而他自己"直接、间接相识这些画家"，"过去时代的流风余韵尚依稀可感"，加之留美期间，夏志清鼓励他成为英国罗斯金式的美学家[1]，于是利用美国图书馆的丰富庋藏与人性化服务，"花费相当精力与时光"，影印了一批"出自许多著名中国画家与学者"的文章，作为"研究中国近代美术重要的文献……了解个别画家的艺术见解与其创作信念的宝贵资料"，以期"美术界与文化界重视民国以来到迁台之前这一段时期中行将散失或湮没的历史，重视这一段历史中上一代的史迹与成就"。他感慨："假如我早一点能读到三十年代前后、上一代人的著述，吸收他们的智慧，便可能有更好的成绩。"推己及人，他"更希望有志为中国美术发展而努力的年轻一代，好好研读前人的文章，继承前人的事业，为未来的中国美术创造更富于时代精神与民族特色的伟大成就"[2]。

不过，这项"使这些大部分早已为国人忘却的历史文献，重见天日，

1　颜娟英：《台湾美术评论全集·何怀硕卷》，第87页。

2　何怀硕：《弁言》，载何怀硕主编《近代中国美术论集》，（台北）艺术家出版社，1991，第1—2页。

为近数十年的文化断层稍为做一点弥补的工作", 在他 1979 年回台后, 并没能尽快达成心愿。原因很多, 忙碌之外, 最根本的是台湾未解严时"管制十分严苛"……1987 年, 蒋经国宣布解除台湾地区长达三十八年的"紧急戒严令", 对基本民权的限制有所放松, 允许民众经其他国家和地区赴大陆探亲, 各种禁令等随之结束, 1988 年 1 月 13 日蒋经国的去世, 则宣告了蒋家王朝在台执政的彻底落幕。在此政治"解严"背景下, 何怀硕才终得将这些搁浅十余年的"已经发黄的东西", 整理编排, 编为七册, 于 1991 年由台北艺术家出版社发行, 即《近代中国美术论集》(六册) 和《傅抱石画论》(一册)。

何怀硕按主题对《近代中国美术论集》进行分类: 第一集为"特质·画论", 第二集为"诗画·画史·画家论·丛论", 第三集为"山水画·南北宗", 第四集为"中西交流·艺术论", 第五集为"革新·人物画·书法", 第六集为"论著四种"。其中既有丰子恺《中国画的特色》、潘天授(寿)《中国绘画史略》、钱锺书《中国诗与中国》、陈衡恪《文人画的价值》、傅抱石《中国山水画论》、启功《山水画南北宗说考》、宗白华《中西画法所表现之空间意识》、林风眠《东西艺术之前途(一九二六)》、徐悲鸿《中国画改良论》、沙孟海《近三百年的书学》、滕固《中国美术小史》、黄宾虹《画法要旨》等名文, 也涵括了一些虽稍显冷僻, 却眼光别具, 卓有识见的文章, 如唐兰《中国古代美术与铜器》、王逊《玉在中国文化上的价值》、向达《明清之际中国美术所受西洋之影响》、董作宾《殷人之书与契》等, 对艺术史视野大有拓展, 亦见其选编苦心。

《傅抱石画论》由傅抱石弟子伍霖生汇编而成, 何怀硕对其加以校订。一本三十二开薄薄的小册子, 一百一十多页, 其中傅氏画作四十多页, 囊括了《竹林七贤》《平沙落雁》《井冈山》等名作。近

台北艺术家出版社发行的《近代中国美术论集》（六册）和《傅抱石画论》（一册）

代大画家中，何怀硕单将傅抱石别为一册，艺术史成就之外，足证他对傅氏倾心之深。

在近代中国汗牛充栋的美术资料中，何怀硕自认他搜集的这些文献，"也许只是千百分之一而已"，寄望更多有心人，尤其是"更有能力与条件为历史的断层做修葺弥缝的工作"的大陆与海外学者，将这项工作继续下去。数年后，他的呼吁有了回响：1998年，顾森、李树声主编《百年中国美术经典文库》（五卷本）由海天出版社发行；1999年，郎绍君、水天中编《二十世纪中国美术文选》（上、下卷）由上海书画出版社发行……

他传承中国文化的理想，不只体现在文献收集的开拓之功上，也体现在人生道路的选择上。当时，他之所以赴美，本是受邀到美国参加画展，不意一去经年，其间，于 1977 年获美国圣约翰大学艺术硕士学位。之后，他并没有选择多数人会选择的留居美国，"长居美国，一生小孩一买房子，基本上就不大可能回来了。所以我赶快回来了。台湾那时候比较苦闷，在美国比较自由，因此很多人都羡慕留洋的人。但是我不羡慕，我要做中国人，写中国文章，为中国文化尽心力"。[3]

3　《何怀硕：艺术有震撼心灵的力量》，载李怀宇：《知识人：台湾文化十六家》，第 172 页。

文化主体性的建构

本土性与国际性不仅不是矛盾，反而应共生共存：最优秀的本土性就是世界性，没有"唯我独尊"的世界性。

疏雨长流：东西方与抽象

对于艺术，灵感的涌现不可或缺。作家冯唐认为，往小里说，灵感至少让个体超越自己，创造出自己原来似乎没有的美好；往大里说，灵感让人类超越现存，创造出自然界原来没有的美好。灵感让个体在特定的领域里不停地超越自己、超越活人、超越古人，开宗立派。

何怀硕无意画纯粹的抽象画，但一再强调，任何画作，"大自结构，小至技巧，都必然包含有抽象的因素"。他"只是觉得抽象画不能真切引动共鸣，而且以为纯形式可以传达感情，未免过于粗疏，其人文精神因之甚为薄弱。因为视觉形象若不能唤起人生经验的联想，其感动只有情绪的表层，不能直达心灵深处"。[1]

他在《疏雨长流》题记中说："余以此法画草树藤蔓，始于一九七七年欧游所得灵感，而以癸亥夏所作《过客》一画最为淋漓尽致。一九八四年香港艺术中心有余之个展，有客曰：'此以波洛克之法变为水墨（线条），高明之至。'吾霍然有悟。但吾创此法，心中并无波氏耳！"作于癸亥（1983）的《过客》，图写草树藤蔓的笔致，几无直线，其折转缠绕之间，不辨起止，题识："过客。岁次癸亥夏，何怀硕造境并记"，笔法亦如藤蔓般缠绕。

1　何怀硕：《牛津与台北的对话——读徐小虎教授〈何怀硕与中国画〉之后》，一九八六年五月二月号《艺术家》，载《绘画独白》，第223—229页。引文部分见第226—227页。

何怀硕 / 过客 / 96 cm×66 cm / 水墨纸本设色 / 1983 年

何怀硕 / 疏雨长流 / 97 cm×65 cm / 纸本水墨设色 / 1988 年

《过客》之前，作于庚申年（1980）的《寒夜》，作于1982年的《藤庐》与《白屋之暮》，已熟练运用此技法，渲染月下、草庐、白屋周遭环境的迷离，可谓《过客》的预演。由于《过客》的成功经验，后来的《独立苍茫》（1986）、《疏雨长流》、《欲河》（1989）等，都充分发挥了这种书写般笔法的特长，营造介于现实与非现实之间的幻象气息。

显然，在何怀硕笔下，一切的手段，包括"抽象性"技法，都在为他的"具象"主题服务，而在理论上，他并不认可所谓"抽象"的存在。

"抽象"这一术语，在美术史中，大致可以理解为从自然里抽绎出来之物，但很难有一致性的认同。音乐被普遍认为是最抽象艺术，作为声音和时间的艺术，它记录的是人类思维瞬间闪烁的创意，不像视觉艺术那样直观、具象，即便是有形的记谱法，也无法真实记录音乐所发出的音响。

"抽象"作为外来语。在西方架上抽象艺术概念传入中国之前，中文记载里并无"抽象"二字，像"哲学""美学""美术"等外来语一样，"抽象"的汉字翻译也转自日本。

即便在西方，"抽象艺术"的概念也是聚讼纷纭。抽象主义的美学观念，最早见于德国哲学家威廉·沃林格的名作《抽象与移情》，该书成于1907年，是作者申请博士学位的学位论文，1908年正式出版。沃林格认为，在艺术创造中，除了情移的冲动，还有一种与之相反的冲动，即"抽象的趋势"。抽象的产生原因，是因为人与环境之间存在着冲突，人们感受到空间的广大与现象的紊乱，在心理上对空间怀有恐惧，并感到难以安身立命。人的心灵既然不能在变化无常的外界现象中求得宁静，则只有到艺术的形式里寻找慰藉，希冀将客观物象从变化无常的偶然性中解放出来，用抽象的形式使其具有永久的价值。

但在毕加索看来，抽象艺术并不存在，他认为，只不过有人强调风格，有人强调生活罢了。米歇尔·塞弗尔则是"把一切不带任何提醒，不带任何对于现实的回忆——不管这一现实是否是画家的出发点——的艺术，都叫作抽象艺术"。也就是说，将彻底摆脱了具体的形象和物象，没有任何我们视觉所熟悉的物体，纯粹由色彩、构成、符号、点线面、肌理构成的画面，通常便称之为"抽象画"。

对于这样一个被普遍认可的概念，何怀硕仍以一种堂吉诃德式的精神，质疑其合理性。他认为，无论是什么形式的绘画，只要是视觉能够辨认的，就有具体的形象，即为"具象"。因为真正"抽象"的东西，只能理解，不能诉诸感官。凡称为"画"者，必定是有形象的，即便不知所云的"形象"也是具体可见的"象"，而既然视觉可见，便不是"抽象"，因此并不存在名副其实的"抽象画"。[2]

何怀硕并非不了解西方美术史中抽象画的定义，只是不能忍受其逻辑上的舛误。同时，他进一步阐发了艺术创作中抽象性的重要功能：实践中，与客观对象一模一样的写实的具象画是根本不存在的。任何的手绘都会或多或少掺入艺术家主观的认识、经验、偏好与感受性等诸多因素。正是这些因素的存在，使得具象绘画有可能表现出艺术家的思想、感情与意念，才使具象绘画中的抽象性，成为个人风格的根源、绘画艺术的魅力所在。他强调的这种抽象性，其实是指艺术家面对客观物象，强化自己独特的主观诠释，将模拟与再现提升为饱含艺术家独特人格精神的创造与表现，从而表现出艺术家在作品中寄寓的思想感情。[3]

对艺术家来说，这种抽象性是一种在模仿、再现对象之上的更高

2　何怀硕：《给未来的艺术家》，第 246—247 页。
3　同上书，第 247 页。

何怀硕 / 藤庐 / 65.9 cm×66.4 cm / 纸本水墨设色 / 1982 年

要求。那什么是绘画中的抽象性？何怀硕认为，如果绘画中忠实模仿
物象的形象属于具象性的"再现"，那抽象性便是非模仿性的、主观
的艺术手法的"表现"——包括理性与感性的种种艺术加工。而且，正
是抽象性的艺术手法，才正是艺术家创造性表现的广阔天地。从亚里
士多德的"美的主要形式是秩序、均衡和明确"，到塞尚的"用圆柱
体、球体、锥体处理自然，要使一切都处于适当的透视之中，从而使

何怀硕 / 欲河 / 95 cm×169 cm / 纸本水墨设色 / 1989 年

一个物体或平面的每一个边都引向一个中心点"[4]，再到对物象的大胆取舍、夸张、增饰、变形等手段，乃至笔墨处理的轻重、疾徐、枯润、虚实、聚散等处理，无不表现出艺术家心灵对于万物生机的感悟与体验。而中国古代画论所谓"离形得似""得意忘形""神韵""不似之似"等境界，实则正是拜抽象性所赐——借抽象性的形式技法，传达出艺术家的风格与价值内涵。所以，他直言："我们不必陷入'抽象画'的迷思之中；但切不可不知'抽象性'的重要。"[5]

具体到水墨画，何怀硕更关注的是与他个人创作关系密切的宋元以降居于主流的水墨传统，在他看来，笔墨无疑代表着中国水墨画传统的抽象性。因此，以《"笔墨"与中国绘画的抽象性》来探讨这一问题（当然，文中所说的"中国绘画"是指中国传统绘画，尤其是水墨画）。他认为，笔墨可分为三个层次的解释：第一，是水墨画为主的中国绘画的工具材料的名称，即笔与墨；第二，是传统悠久的中国绘画表现技法（运笔用墨）的统称；第三，是指在过去的经验、传统精华基础上所发展、创造的更多元化的表现技法。正是笔墨，构成了中国绘画抽象性表现的最重要手段。因此，对于中国绘画笔墨的歧见，对于少数人建议废除毛笔，加入种种非"手绘"的自动性制作技术，甚至将水墨创新中扩大工具材料限制等主张，都远远超出了笔墨本身的存废绝续问题，而是中国绘画应往何处去，是否应维护、发扬自己的独特性，艺术的"世界性"的真正意义是什么等一系列更大的文化问题。既然中国的水墨画在历史中发展出笔墨这一传统，从而构建起自身的鲜明特色，如果抛弃了这一传统，那这种艺术也就丧失了其价

---

4 *Artists On Art*, Complied and edited by Robert Gold-water and Marco Treves, Pantheon Books Inc., New York, 1972. p.363.

5 何怀硕：《给未来的艺术家》，第247—249页。

值的独特性。工具材料与制作技术的变革，或可创生另一种绘画，但已不复为中国水墨画。所以，如果想要保持这一画种的独特性，笔墨便仍是中国绘画独特风格的支柱。[6]

为展现笔墨在中国绘画中的重要性，他以两件作品为例，进行说明。一是王季迁（己千）收藏的清四僧之一——石涛的一开《山水册页》。他认为，石涛画中以近乎抽象性的笔墨，处理客观的山石、岩屋，前瞻性远远超越了17世纪，堪称中国抽象性笔墨的经典。石涛的这开册页，出自其《为禹老道兄作山水册》，乔迅同样认为它代表了石涛"抽象风格的极致"，在阐发郭熙传统的轮廓线律动的同时，更展现出"抗拒权力秩序的意象"。[7]求学美国时与王季迁时相过从的何怀硕，无疑不止一次观摩过此作，感慨之余，同时深深打动了他，后来，他不止一次地临摹过这件作品。

另一件是黄宾虹20世纪40年代的《清水湾海岸村居》。黄宾虹的这件小品，虚实的对比、气的流布和笔墨的表现，不背离云山、屋宇等物象的同时，又不专为物象之形服务，而是协力建构整体的韵律与意境。这种形而上的笔墨技巧，是最高级的艺术技巧，令方寸之地有无穷的玩味。至于笔墨妨碍了创作的自由之说，虽不是无的放矢，但那更多是将笔墨狭隘化、定型化之弊，而非笔墨本身之过，因为笔墨是一种不断发展、增益的绘画语言。所以，中国的水墨画，不只是运用水、墨与手工纸作画而已，更重要的是有中国绘画的抽象性所寄，以及其独特风格的凭借——笔墨。[8]

1994年，何怀硕以长文《论抽象》，系统阐述他对抽象与抽象画

6　何怀硕：《给未来的艺术家》，第250—252页。
7　［美］乔迅：《石涛：清初中国的绘画与现代性》，邱士华、刘宇珍等译，三联书店，2010，第324—326页。
8　何怀硕：《给未来的艺术家》，第258—261页。

何怀硕 / 仿石涛册页（小品）/ 44 cm×49 cm / 纸本水墨设色 / 1988 年

的思考。他对这一问题的思考，起愿于 20 世纪 60 年代，80 年代动笔，1994 年才写成。因为，"少有人相信，中国艺术家可以怀疑、批判'抽象画'（甚至否定）"，因此他要以缜密的理论与思考，从实践与理论两方面来抽掉横行一时的抽象画，尤其是以波洛克为代表的美国抽象表现主义的根基。

在文中，他一开始就从概念上明确何为具体与抽象：凡人类感官能够认识的事物，便是具体的（concrete）；凡人类感官不能认识，需以理性思维来进行概念认识的，则不可能是具体的，才能称之为抽象

（abstract）。宇宙万汇，凡为人类感官能够辨识的存在，不论固体、液体与气体，皆为实存，因此皆为具体。天地之间，可称抽象者，唯有概念（concept，idea）而已。而作为现代艺术流派的抽象画，虽已约定成俗，但既已成画，便为具体，因此不可能同时又是抽象的。所以，抽象画是一个矛盾的概念。何怀硕固然了解所谓抽象画的抽象，是指画面上呈现的是不可名状的"图象"（亦作"图像"）。但他强调，图像的感觉属性，便是其诉诸视觉的"象"，这个"象"，固然可以是人物、风景等，然而也可以是不可名状的"象"。就理论而言，抽象画可以作为一个概念来理解，但实际上并没有一个可与此概念指称的内容相应的客观存在。实质上，它应和道、真理、无限、造物等概念一样，只能是思维，而并无实体。所以，他认为，抽象画是一个名不副实的名称。在指出了这一概念的虚妄实质后，他也认为，20世纪被称为抽象画的实体的存在，早已约定俗成，不容易也没有必要更改。但从学理上，必须要指出这一概念的误用，且这种误用，即便是以"非具象的"（non-figurative）或"非再现的"（non-representational）来替换"抽象的"，也并不得当。因为，所谓抽象画是以"抽象"相对于"具象"，自视为两种不同的绘画风格，以"抽象"为"具象"发展的最后形式，绘画演进的必然。[9]他的题中之义，是否认这种进步论的虚妄，同时，批判现代世界新即进步即价值的思维逻辑，认为这种现代风尚正引导人类走向虚无与险境，这不仅是现代艺术的危机，更是现代文化的危机。

　　他认同哲学家卡西尔《人论》（*An Essay On Man*）中"人是符号的动物"的说法，"命题语言（propositional language）与情绪语言（the language of the emotions）之间的区别，就是人类世界与动物世界真正的

9　何怀硕：《论抽象》，载《怀硕三论：艺术论（上卷）·创造的狂狷》，第111—153页。

何怀硕 / 岁月 / 77.5 cm×66 cm / 纸本水墨设色 / 1986 年

分界线"：有些动物，比如猩猩，其语言学的全部音阶是完全"主观的"，只能表达感情，而无法指示或描述任何对象，这种"语言"（包括发声、表情及身体动作）只能表达情绪，是信号（signs）；人类的语言有一部分也属于这个层次，但没有一种动物能像人一样，跨越从主观语言到客观语言，从情绪语言到命题语言这决定性的一步，人类这种有客观指称并蕴含意义的语言，是符号（symbols），只有人类能够创造符号，并用符号理解和思考。所以，"人是符号的动物"的说法，较之以往人是理性动物、政治动物、制造并使用工具的动物等界定，更为明确精警。何怀硕借卡西尔之论来探讨抽象画：以蒙德里安、克利等代表的几何抽象，或说冷抽象，其艺术语言具有客观的规律性与普遍性，因此不是信号，而是符号。但这种符号，在科学中，只是几何学最肤浅的示意图，根本不具备科学深刻的思想内涵。他们的抽象画标榜纯绘画，但最大的贡献却是设计、建筑、工业造型等领域的实用，为诸大师所始料未及。至于以波洛克为代表的抽象表现主义，宣称直接表现个人内在的情感，并以不受意识支配的自动性技法来宣泄情绪，那这种艺术语言明显属于情绪语言，而无法指示或描述任何对象，也不具有客观性，只能属于信号范畴，无法表达特定的深刻而复杂的情感。方之于真正的抽象艺术——音乐，抽象画只能是音乐中属于次级音乐的模拟音乐。尽管如此，他并没因此而轻视作为历史存在的抽象画的价值，仍尊重其抽象形式、结构观念与方法在现代建筑、工艺和设计等方面的革命性贡献。[10]

　　这种理性认知，促使他在创作中有意强化了笔墨的抽象性，像《疏雨长流》、《岁月》（1986）、《过客》等，将藤萝抽象化为线条，在对线条本身的书写间，发掘音乐般的抽象律动感。

10　何怀硕：《论抽象》，载《怀硕三论：艺术论（上卷）·创造的狂狷》，第111—153页。

素描的中国风格

中华人民共和国成立后，鉴于中苏的特殊政治关系，以俄国契斯恰科夫素描教学体系为基础的苏联美术教育体系，深深影响了中国20世纪50年代的美术教育。其实，不只是苏联的美术教育体系，早在1949年之前，接受西方艺术思想的现代美术教育中，素描思想几乎已差不多全盘西化：一谈到素描，人们便首先想到主要以铅笔、炭笔和素描纸为材料的西方素描。虽是这种美术教育思想的接受者，何怀硕并不满足于人云亦云，而希望从概念上正本清源，解构素描的西方主体性。

契斯恰科夫素描体系强调素描基础训练的程序性与系统性，借巴洛克艺术的明暗法，针对当时学院派以轮廓线条加明暗的素描方式，提出三度空间的透视造型法则。认为素描画的不是线，而是形——画的是线，见到的却是两条并行线之间所包含的体积，是从结构上理解这些体积之间的有机联系。1978年7月，何怀硕在《人间》副刊发表的《"素描"及其他》[1]中提出建立"中国式素描"的主张："不同的绘画系统必有其不同的基本训练方法与特质。中西两大画系的'素描'，在西方称为drawing或sketch……我们中国叫'白描'……我预估将来的素描若有改变，也断不是'石膏像'换了'妈祖像'的这种改变，

---

1 此文收入《艺术·文学·人生》，第57—63页。

而是'中国式的素描'的建立。"第二年，他在台北《中国时报》副刊发表《中国素描的探索》一文，1985 年在《联合报》副刊"煮石集"专栏[2]发表《素描的中国风格》一文，都表达了希望在西式素描之外，探索中国风格素描的强烈愿望。这些思考及反响，在《给未来的艺术家》中，集中表述为"素描的认知"。

他首先追索了"素描"的词义与来源，指出，并无一成不变的"素描"概念。西方"素描"一词，来自法文 dessin，与 dessein（设计）为同义词。英文 design（设计）一词来自拉丁文 disegno。意大利文艺复兴时期，也以此表示"素描"概念，多指作品准备阶段的练习稿或草图。近代以来，素描在英语中多用 drawing 一词表示，原来泛指一切的图画，现多用来特指素描。过去素描指使用铅笔、炭笔、钢笔等工具的单色画。素描若不是练习、搜集材料的图稿，便是创作前的草图。现代则不限于单色，也有用彩色的素描，不只被看作练习与草图，也可成为独立的作品。时代变迁，素描的形式与功能不尽相同，其定义自然随之改变。

中文将西方的 dessin 和 drawing 译为"素描"，可谓妙手偶得——没有彩色谓之"素"，图画亦称"描"，"素描"原本指单色的描画，正与西方素描的原义相合。相对于素描，有彩色的画，中国古代称为"绘"（通"缋"）。《论语》中的"绘事后素"，一般认为，是说彩绘之事要在素色的基础上进行。绘，现在称为"绘画"（painting），指正式的有色彩的画作。时代变迁，西方的素描后来可以包括有色彩的画法，而中国的"绘画"后来可以包括没有色彩的纯水墨画，但这种不设色的水墨画，却不能因其无彩色而称为"素描"（中国传统有"墨分五

2　关于这一专栏，何怀硕曾在给友人古剑的信（1985 年 2 月 23 日）中诉苦："我自一月签联副（指《联合报》副刊）专栏，每周四一篇刊出，即'煮石集'，为此我又增加了负担，一星期转眼即到，从来不曾有限时文章之累，此番既已答应，后悔之至。"见 2014 年 6 月 12 日《兰州晚报》刊登的古剑《"怪人"何怀硕》一文。

色”之谓），中西文化艺术的相通处及不同发展中的差异，于斯可见。何怀硕因此特别强调，素描不只是很多人所理解的使用某种工具、材料的图画形式，更是独特的文化观点所衍生的视觉世界观，体现出的是不同民族文化面对世界时，不同的视觉思维与表现方法。

在观念上梳理了素描概念的文化意蕴后，何怀硕强烈呼吁中国画家应有意识探索中国风格的素描：如果一个画家只画西式素描，便只有西方的手、眼、心，缺少自己独特的手、眼、心，便无法画出有中国风格的画作。因为风格追求的背后，彰显的是画家的文化主体性意识。一名水墨画家应更精通中国素描。不过，何怀硕并没有一味强调“中国化”的重要性，因为若只懂得自家传统，便不啻画地为牢。所以，他同时建议，水墨画家也应精通西式素描——西式素描重形体与比例的准确，从固定光源依明暗来分面，以不同的面的调子与肌理的对比，来塑造立体感、质感与空间感。中国的美术教育中，长期缺乏这种严谨深入刻画的训练，导致造型能力的普遍缺乏。这种素描可以启发、补足中国绘画的很多东西，许多新的创造，常是多种因素的冲击、激荡与融合的结果。早在 20 世纪上半叶，李叔同、徐悲鸿、林风眠、吴作人、蒋兆和等画家，便各以自己不同的信念、背景与方法，探索中国的素描风格，既产生了丰硕的成果，也启迪、培育了许多新人。相对而言，何怀硕认为，当代台湾留洋学画的人，普遍缺乏 20 世纪初那代艺术家怀抱的学习西方是要回来促进、丰富本土艺术的使命感，画水墨者太泥古，画油画者则一味移植西方——完全借助古人或外人，是自我的丧失。[3]

何怀硕认同的中国素描，与白描的造型观有内在的逻辑联系。物体边缘本无线，因为“线本非物的属性，而是主观精神体物象的发现，

---

3   何怀硕：《给未来的艺术家》，第 226—231 页。

用以表现客观事物在主观的心灵感受中运动的轨迹"。[4]即使有线的感觉，其实也是面与面的交界，也绝无各种线描中的中锋、侧锋、顺笔、逆笔与种种抑扬顿挫的变化。各种笔法的变化，实是画家将主观精神潜化到物象中的意匠的产物，更具超现实性，而非科学性。何怀硕将线视为中国造型的命脉，强调线的表现性，而不是复制形象。所以，对"中国风格的素描"的追求，自然是以线为主，同时辅以皴擦，讲究笔法与线条的组织与性格，而不以固定光源与明暗、立体感为表现手段；重结构、起伏凹凸的变化与疏密的组织，以之表现量感、质感与空间感。以人体素描为例，如果画家能以线条建立其架构，以类似干笔皴擦的线条来表现结构与肌肉的起伏、张弛，而这些皴擦的线条能着眼于形体的明暗交界线，便有虽不画明暗却体积感自生的奇妙效果，自然高明。[5]概言之，何怀硕对中国素描的要求，在观念上，强调文化主体性意识，在技术上，着力于这种素描如何转换为毛笔描绘的线条。

　　虽然一直强调素描的中国风格，何怀硕也并不自限于中国艺术。像奥地利画家埃贡·席勒的线描，便被他视为"东方韵味十足的素描的典范"。他认为，席勒的素描固然不是中国风的素描，但席勒大量吸收了东方艺术不以明暗为表现技法的特点，而其线条的变化，充满生命力，相比只会画僵化的工笔线描的传统画家的白描，其表现力有云泥之别。同时，像罗丹的人体速写，以及有些画家对浮雕风格的探索，虽不是中国风，但足以作为外来文化的本土化的参照。[6]即便抛开这些可以直接师法的对象，传统西方式的素描训练，他也认为有其必要性：之所以用已成古典杰作的希腊罗马及文艺复兴时期雕塑为对象，自有

4　何怀硕：《"素描"的中国风格》，一九八五年四月四日《联合报》，载《煮石集》，第47—50页。

5　何怀硕：《给未来的艺术家》，第233—237页。

6　同上书，第236—238页。

其美学、历史与文化精神上的意义。通过这种练习，获得的是绘画基本观念和技术手段，在技巧养成的学习阶段，如果过早追求民族特色，必定只能是画地为牢，无法探索西方绘画的精微与广袤。尤其作为入手训练，不宜是原作，而必须是石膏像——面对纯白的石膏像，学习者易于分辨对象的各个"面"与"体"的光度的微妙变化。而且，西方古典雕塑已成全人类的艺术遗产，一如中国瓷器已成全人类的艺术遗产一样，不应夹杂民族本位主义的狭隘情绪加以排斥。要求中国艺术家创造具有中国特色作品与接受西式素描训练，根本是不同范畴的问题，"艺术的民族精神与非理性的狭隘民族情绪之间，实在有极大的差别"。[7]

一个开放社会，不仅是政治、经济、制度的开放，更应是文化上的开放。没有一个伟大的文化，不含有混合外来文化的成分。或者说，正是外来文化的冲击，使得该文化在历史里逐渐凝结的某些僵化的观念、制度、习俗与器物等，得以解体，而使新的生命得以孕育。何怀硕特别征引梁任公《中国韵文里头所表现的情感》中的一段话，说明外来文化冲击对本土文化的影响："我们的诗教，本来以温柔敦厚为主，完全表示诸夏民族特性，三百篇就是唯一的模范。楚辞是南方新加入之一种民族的作品，他们已经同化于诸夏，用诸夏的文化工具来写情感，搀入他们固有思想中那种半神秘的色彩，于是我们的文学界添出一个新境界……到了'五胡乱华'的时候，西北方有好几个民族加进来了，渐渐成了中华民族的新分子，他们民族的特性，自然也有一部分溶化在诸夏民族性里头，不知不觉间，便令我们的文学顿增活气……这种新民族特性，恰恰和我们温柔敦厚相反。他们的好处，全在伉爽真率……唐朝的文学，用温柔敦厚的底子，加入许多慷慨悲歌的新成

---

7 何怀硕：《"素描"及其他》，载《艺术·文学·人生》，第57—63页。

埃贡·席勒
自画像
44.8 cm×31.3 cm
纸本炭笔
1913 年

席勒《自画像》（1913）
等速写，线条充满表现性，被
何怀硕视为"东方韵味十足的
素描的典范"。

埃贡·席勒 / 四棵树 / 110.5 cm×141 cm / 布面油彩 / 1917 年

席勒的油画风景《四棵树》（1917），线质同样充满表现性，可见线描到色彩的转化，
并不拘泥于西方的"民族特色"，充满何怀硕强调的"开放性"，但其文化精神依然是
西方主体性。

分，不知不觉，便产生出一种异彩来。"在文化交流或冲突剧烈的时代，历史悠远的传统文化，命运无非是逐渐衰竭而终被淘汰，或逐渐消亡而终被同化，或跃起一股创造的新生命力。最后一条，当然是最理想的，而这取决于它对待外来文化的态度和反应。[8]

强调文化主体性，同时又保持一种开放的心态，那这种开放性的底线在哪里，便成为一个颇难拿捏得当的问题。

相比中国文化的现代化，中国绘画的现代化虽迟缓得多，但五四后不久，徐悲鸿、林风眠等留学回国的艺术家，便揭橥了新美术运动的序幕。不过，20世纪上半叶的中国，内忧外患，绘画乃至艺术的现代化，在救亡图存的现实重压下，迍邅难进。当时，传统派仍是画坛主流，但一味地因袭模仿，早已注定其强弩之末的命运，工业化社会的来临，使现代化方向成为历史发展的必然。中国艺术的现代化，离不开外来文化的刺激、启迪和影响，但基础应是自己的传统，这是一个渐进的漫长过程，其间难免痛苦，不可能一蹴而就。[9]何怀硕的态度，大概而言，那就是无论何种外来遗产，移植中土的过程中，都要经历一番因革损益、融汇提炼、革新创造，将"外来文化本土化"，才能最终成为中国艺术的新品种。他所反对的是拿中国画笔去模仿西方素描，无论是早期模仿古典主义、现实主义、浪漫主义、印象主义等风格的素描，还是后来风行的美国照相写实主义风格的素描，遑论因抽象绘画兴起而怀疑素描存在必要性的虚无论。[10]

具体到现代中国画的建设，何怀硕认为，基础是建立起一个造型语言的独特体系，现代中国素描观念的提出便是起步的基础。他始终

8　何怀硕：《从社会与文化的发展看西班牙名画家展》，载《艺术·文学·人生》，第51—55页。原文写于1978年。

9　何怀硕：《大师的心灵》，第354页。

10　何怀硕：《给未来的艺术家》，第241—243页。

坚持，在观念上，不能总认为西式素描是一切造型的基础，而白描、双钩不算素描，而是必须肯定白描、双钩其实也是素描，只不过是中国风格的素描而已。[11] 这种中国素描，需秉持哲学观念上的物我合一。宋人陈郁《写心论》中谓："盖写其形，必传其神；传其神，必写其心。"以主观精神来面对物象生命，追求心与物的统一，从而超越"谨毛失貌"的皮相真实，捕捉神韵。作为中国水墨画基础的中国素描，应发扬这一传统。具体到技术层面，他认为中国素描应注重物象的"常"而不是"变"，不以表现面与体的客观视觉形象为满足，而以线的表现为特质——这线，不仅包括传统的白描，也应包括由线发展而出的皴、擦等技法，从而在十八描及名目繁多的皴法、点法基础上，有所突破与创造。但线与皴擦的地位并不是等同的：表现物象形体、姿态与结构的常，以线法为主体，而皴擦虽多样，却只是面与体在结构中的变，因此只宜作为线的辅助。[12]

　　作为直接面对描绘对象的素描，如何处理光，是一个无法回避的问题。抛开中国与西方绘画的成因不论，中国绘画强调线的运用，而不是西方文艺复兴以来所强调的面的对比。作为一种在中国平民百姓中根深蒂固的审美观念，是将外光影响而形成的强烈明暗对比予以化除，采用明暗均匀的主观布光法（20世纪初期，中国现代美术追随印象派兴起后的明暗画法，俗谚戏称"远看一朵花，近看像粑粑"，便是民族审美心理的一种折射），只有继承这种传统，才能发挥线的特色。虽然如此，中国绘画中依然有凹凸、阴阳、向背的表现，而且，中国传统绘画缺乏调子的变化，一味白纸黑线，未免单调贫乏，现代中国

11　何怀硕：《潘天寿艺术思想中的"强骨"》，文章完成于2017年3月6日。载许江主编《民族翰骨：潘天寿与文化自信——纪念潘天寿诞辰120周年学术研讨会论文集（下）》，中国美术学院出版社，2017，第9—19页。

12　何怀硕：《给未来的艺术家》，第244页。

素描如何借鉴西画之长，丰富自身的表现语言，有待在实践中探索。

至于素描工具，何怀硕以为，炭笔、铅笔或毛笔，均无不可。现代中国素描，追求的是为不同媒介材料的画种打下基础，并不限于水墨画。之所以参照中国传统绘画，主要是宋元以来的水墨画观念中传递出清晰的中国人的审美观念。工具的运用目的不在于模拟水墨画的毛笔笔法，而重在培养视觉思维与表现方法。不论从事油画还是水墨画创作，其终极目标皆在追求中国艺术的现代化——民族艺术的现代化与外来艺术的本土化，不过是一体的双翼。现代中国素描的探索，正为达成这一目标的基石。[13]

其实，不仅是文化精神上的中国主体性问题，在艺术家的生涯中，同样面临着自我主体性的困惑。艺术本就聚讼纷纭，在当代，更加莫衷一是：在后现代艺术中，艺术与非艺术、艺术家与非艺术家都难以区分开来，博伊斯所谓"人人都是艺术家"，更不可能要求艺术有稳定统一的标准。[14]因此，在这个"五色令人目盲"的世界，如果缺乏艺术家主体性的信念，追求艺术便为无的放矢。如果要追求艺术价值，便说明在创作者的心目中，有自己所崇仰的艺术目标，而这种目标，无论能否得到他人的认同，也应义无反顾地走下去（这并不意味着故步自封、坐井观天），因为艺术永远有多元化的趋势，没有所谓的主流价值可以作为一切艺术追求者的共同信仰。在这个价值观变动迅速而混乱的时代，作为个体的艺术家，只能努力建立自我的信念，然后忠于自己的信念。何怀硕说："我相信艺术应该是人的心智情思最超越的创造，是人类精神性的追求，为的是表现创作者对人生、宇宙的

---

13 何怀硕：《给未来的艺术家》，第244—245页。
14 对许多现当代艺术的荒诞、故弄玄虚和装腔作势，保罗·索伦迪诺的电影《绝美之城》(2013)，有机智的戏谑和嘲讽。

感受、体验、理解、想象、感动、感激、感慨与赞颂，表现对宇宙人生真相与价值的发见与发掘。艺术必要通过高超的技巧，展示一个卓越的、高明的、有个人独特性的美的感性形式。具备这样的观念与形式的创造，才是我心目中的'艺术'。"[15]

　　世上没有两片完全相同的叶子，也没有人格特质完全相同的两个人，但不同种类却有许多共性。作为艺术家，必须要了解自己的类型，因为自己的艺术风格必然与自己的特质相关。如何发现自我？何怀硕的看法是：广泛涉猎古今中外的文学、绘画、雕刻、音乐、电影这些广义艺术门类，在此过程中，必然会对某些作者、作品产生强烈的爱好，也必然会有某些艺术作品给你震撼性和感动，令你视为典范，这些作品及其创造者，便是你心灵的共鸣者，是你的先导者与同路人。人们在一切艺术作品中寻找知己，其实也是寻觅自己，当我们找到之时，便是发现了自己。这些人与作品是真正的老师，是心灵的导师，是孤独人生中的友伴。虽然成就上有高低的差异，但在人格特质与艺术风格上，追求者与其崇仰者某种心有灵犀的共通素质，让茫然孤单的后来者在茫茫人世中找到心灵的引领者，依稀辨识出自己将要走的路。[16]那些囿于门户之见，终生只追随某家某派而矜矜自得者，实是井底之蛙般孤陋、可笑而可悲。

15　何怀硕：《给未来的艺术家》，第 94—97 页。
16　同上书，第 98—103 页。

意匠如神与身份意识

不否认前人的成就，但何怀硕鄙薄那种视前贤师长为崇拜的典范而将其神化的态度，认为那实是看轻自己，自甘为奴，埋没了自我。古今中外伟大的创造太多，在广泛的涉猎与学习中，最重要的是如何学习。对于古人"师其心不师其迹"之说，他认为，在"师心"之上还有更高的境界。

他热爱的作家托马斯·哈代和画家蒙克、莫迪里阿尼，以生命困苦为底色的人生观与艺术观，在他心中激起深切的共鸣，"他们的心思感情迁入我的心灵，我的心灵潜入他们心中，由他们的心眼教我去观察人和这个世界"，从精神上师法前人，才是"师心"的极致。至于"师其迹"，只应是过程而非目的，不是"宗派夸能"的模仿甚至抄袭。再创造才是终极的目标。[1]

艺术家的思想感情与怀抱，最终经由意象表达出来。所谓意象，是指饱含艺术家主观情思的造型与意境。别有怀抱的艺术家，即使面对寻常的自然人生，所作亦能别有深意，因造型与技法，皆从立意中来。这种意匠的创造，他特别以列维坦的《弗拉基米尔路》和欧姬芙为例：平淡的风景，列维坦发掘其沉重的历史内涵，表达出画家在那个时代的沉痛与抑郁；欧姬芙则驰骋想象，经营有意味的画面，将对

1　何怀硕：《给未来的艺术家》，第46—47页。

女阴的联想赋予花卉的形式，神秘而诡异。对艺术家个体来说，表现的常是生活周边最熟悉、最亲切、最感动，体验最深刻的东西，因为正是这些东西构成了艺术家生命的重要部分。何怀硕强调，自我虽渺小，却是一个小宇宙，不应小看自己，以为自我没什么可开发，实则人生天地间，一切事业的出发点皆始于自我，如何了解自我、开发自我，是艺术家成长的重要历程。[2] 他的创作，表现的就是内化的个人幻想：

> 我的创作构思多半来自内心的幻想或冥思。这些幻想或冥思都由我对人生宇宙的感应出发。我最喜欢的题材，大多是超越、虚悬于"现实"（reality）之上的，个人心中的幻觉。这些幻觉有的是从童年以来在我内心深处某些不可名状的"秘密"所衍生出来的意象。它们也常常像原生质的细胞一样不断分裂而增殖。而数十年来知识的追求、艺术的训练、中外文化营养的吸收、世界的旅行与人生的体验，提炼了心中的意象，并引导它以我探求所得的适当的形式呈现出来。[3]

　　艺术一道，有人以自然、现实、人生的写生为艺术的源泉，有人以师承某派、某家范式为目标，或是二者的综合，但这些道路，并不能保证鲜明个人风格的诞生，即艺术的创造，其根源是没有能力将自然与前人融入自我的独特性表现出来，这种能力，除天赋之外，离不开理解的自觉。[4] 何怀硕的方法，很像他自少年时代就仰慕的契诃夫，并不制造高潮迭起的戏剧化情节，而是以象征的手法，如诗一般朦朦胧胧令人有所感悟，在平淡中寄以深意，追求永恒的滋味。[5]

2　何怀硕：《给未来的艺术家》，第42—55页。

3　《何怀硕庚午画集·自序》，Umbrella（伞）出版社，香港，1990，第15页。

4　何怀硕：《给未来的艺术家》，第63页。

5　何怀硕：《永恒的滋味——契诃夫给我们的启示》，载《风格的诞生》，第255—258页。该文1980年岁暮写于香港。

从大陆辗转香港再到台湾的何怀硕，并不因台湾较多保留了传统而一味沉迷其中。比如，对于繁简字体的问题，他便认为，台湾对繁体字的坚持，几乎是复古派——台湾自认繁体字是正体字的观点，其实是狭隘：中国历代有篆、隶、楷、行、草等字体，很难说何为正体。大陆的简体字固然太激进，但台湾的繁体字也太保守。后来，随着20世纪60年代美国文化在台湾的蔚为潮流，他又开始抨击这种唯美国文化马首是瞻的盲从，余光中称其"一面是外攘西化之狂潮，一面是内警沉酗之迷梦"的"双刃锋芒"，结果是"引起复古派与西化派的不满"而"腹背受敌"。何怀硕认为这种局面下的台湾，"一方面是坚守中国文化，保留了许多年代悠久的陈腔滥调；另一方面是非常洋化、全盘西化"，自己不宜一直枯守孤岛，而应到世界各地看看，于是遍行欧美、苏联、印度、越南等文化迥异之地，了解思考各种文化，但终因担心在美国时间已久，"迟早会变成美国人"，而回到台湾。"我可以去游历、学习别人的长处，但生为中国人，我要为中国文化效命。"他很坦率地说：

> 我看不起那些留在美国自以为高等华人的假洋鬼子。国家一衰败就逃到富强国家，等到他入了洋籍，以上国的专家身份，再回来炫耀自己是国际人物。台湾常常上演这种戏码，非常可怜，不知道我们的教育是怎么教的，竟然没有教学生做一个堂堂正正的中国人！我一辈子都在逃亡，我一生有一个目标，就是为中国文化贡献心力。[6]

因此，他非常推崇赛义德，虽然国籍是美国，也在哥伦比亚大学教书，但身为巴勒斯坦人，终其一生都在批判美国和西方中心主义，

6　《一个独立的行者·何怀硕》，载《我的学思历程》，第146—195页。

替自己的民族发声。在他心目中，这才是一流人才应有的抱负。[7] 对真正的艺术家来说，身份就像DNA，无可逃避：

> 有人以为我对西方的"现代艺术"心存反对的态度，其实，西方现代艺术与中国传统绘画一样对我有极重要的启发和影响。我对西方某些视觉主义、形式主义与虚无主义的现代艺术确曾有过严肃的批评；东方有些画家以西方现代主义为"世界性"我也很不以为然。但是，西方近代以来，从后印象主义到表现主义、超现实主义及巴黎画派等充满人文精神的现代大师给我的震撼和启迪，使我反思艺术的真谛，更认识近代中国艺术的贫弱与腐败的一面，也更激发我重振中国绘画的信念。[8]

艺术家的主体身份意识和文化自觉性，不可或缺。在他心目中，郎世宁和索尔仁尼琴[9]代表了取向的两极。意大利人郎世宁，作为天主教耶稣会士，早年在欧洲学过油画，来华后，在北京居住五十年，其中四十三年供职宫廷，为取悦皇帝，利于他在中国传教，改以中国绘画工具作画，因其原来所习为洛可可画风，于是形成洛可可风格的中国画。就绘画本身而言，在何怀硕看来，郎世宁的画，并不足道：既与中国艺术精神相隔膜，贡献重在历史价值，同样也远离了意大利艺术传统，在意大利艺术史上毫无地位。所以，一个艺术家，如果抛弃了自己的民族文化精神，成为他者的附庸，便不可能对自己祖国的文

7　《一个独立的行者·何怀硕》，载《我的学思历程》，第146—195页。

8　《何怀硕庚午画集·自序》，第15页。

9　评价索尔仁尼琴很难，他因《伊凡·杰尼索维奇的一天》《古拉格群岛》等，被誉为"俄罗斯的良心""作家的良心""知识分子的良心"，甚至"人类的良心"。但流亡美国后，又不像许多从苏联流亡出来的学者与作家那样，将专制制度病因追溯至沙皇的恐怖专制与俄罗斯的文化传统，而是痛斥美国的肤浅和西方文化的"道德沦丧"。

化有所贡献。索尔仁尼琴则不同，出国前批判苏联极权政治，被逐出
国门后，却不愿在穷追不舍的西方记者面前多说什么，因为他的奋斗，
为的是唤醒铁幕中的苏联人民的觉醒，离开祖国和人民的他，自觉如
涸辙之鲋，没有去投效西方的现代文学而博得世界性的虚名。这又回
到一个何怀硕一直强调的观点：世上并没有什么"世界性的文学和艺
术"，文学和艺术必是民族的、个人的，当它达到人类心智创造的高峰，
便自然具备了世界性。[10] 对任何真正从事艺术创造的人来说，抛弃所谓
世界性的幻觉和妄想，踏踏实实从传统出发，从自我出发，吸收异质
的营养，培育新生命，才是唯一当虑的正道。

　　1982 年，索尔仁尼琴台湾之行发表演讲，何怀硕有感而绘《空谷
笛声》（1982），画中，一个长相略显古怪之人，在怪石嶙峋、云气
蒸腾的山谷中，吹着横笛，题曰：

　　空谷笛声。
　　壬戌九月，索忍尼辛先生来华演讲之夜。何怀硕。

　　显然，何怀硕借此画中胡相之人，喻示对傲矫不群的索尔仁尼琴
的景仰。而艺术家是否具有强烈的身份意识和本土文化自觉性，不仅
关乎自我的艺术取向，更被他上升到人格层面：是否具有大丈夫气概。

　　在中国文化中，大丈夫是对男子最通俗、最体面的赞辞。谚语中，
有关大丈夫者，多有描述："大丈夫一言既出，驷马难追"，是讲信
用与然诺；"大丈夫，敢做敢当"，是讲气概与诚勇；"大丈夫，坐

10　何怀硕：《从郎世宁与索忍尼辛说起》，载《十年灯》，第 51—53 页。该文写于 1974 年 6
月 7 日。对于郎世宁，何怀硕认为，如果郎世宁志在传教，而不在绘事，自是另当别论，但就绘
画本身而言，对某些一味附骥西方的中国艺术家来说，无异于反面教材，他们在西人眼中，无异
于国人眼中的郎世宁。

何怀硕 / 空谷笛声 /45.5 cm×53 cm / 纸本水墨设色 / 1982 年

不改名，立不改姓"，是讲勇气与担当；即便小小的棋盘上，楚河汉界间，亦常有小字两行——"观棋不语真君子，举手无悔大丈夫"……这一赞辞，可以是勇士武夫，如助信陵君以铁锤锤杀晋鄙的朱亥，在鸿门宴上以智勇护卫刘邦的樊哙；也可以是文弱之士，如忍辱负重的齐相晏婴，受书于圮上老人的"谋圣"张良。且大丈夫不一定孔武伟岸，也不一定与力比多有关，如，惨遭宫刑之祸的太史公司马迁，虽被去男子之势，然其刚正勇毅，几人能望其项背？甚至，未必是大丈夫所专有，不让须眉的巾帼，同样可以在人格与德行上秉持大丈夫的立身处世原则。所以，大丈夫是指一种"气"，所谓"大丈夫气"，是一种精神、人格上的态度、气概与品性，而非斤斤于肌肉！

但在这个是非真伪混淆、价值失堕的年代，何怀硕慨叹，文学与艺术中，最缺乏大丈夫气者，便是跟在西方现代主义后亦步亦趋者[11]：彼抽象，则我抽象；彼超现实，则我超现实；彼新视觉主义、新写实主义、超写实主义，我亦一步一脚……让他更加鄙夷的是，如有臣服西方的"新郎世宁"回国，纷纷荐枕席、献美酒的某些现代诗人与现代画家，甘为附庸的附庸；偶有洋博士略加品题，则得意万状；或偶得外国一牌，报章新闻辄大肆渲染……凡此种种无自尊、无志节之状，在他看来，根本只是势利，皆无大丈夫气。

在何怀硕《大师的心灵》所品评的八位第一流近代中国画家中，并无潘天寿，因他并不认为潘天寿的艺术成就是第一流的：

> 潘天寿是很优秀，但与白石、宾虹一比，就显得过分人工、逞强（他叫霸悍，但昌硕的悍便沉着古拙），欠自然、从容与含蓄。（范曾学他石头与点苔，简直是"偷"。但无潘的金石味与厚重，变成媚俗。）[12]

但在进入 21 世纪十余年后的 2017 年，他痛感于今日中国对美国现代当代艺术的过度追随、崇奉，觉得"应拿潘天寿的'强骨'来号召民族灵魂的复苏……对民族艺术，对人类前途的关心，是知识人的

11　对于西方现代艺术的态度，他自有判断，但这也有一个过程。2018 年 3 月，他在《批判西潮五十年·自序（二）》中，很坦率地说："一九六五年我大学毕业，在此之前便开始有民族传统与外来文化对峙、角力。引发我对中国文化、艺术如何自处，如何展望未来的自觉与忧思。我对西方现代主义是从欣赏、怀疑、警觉到批判。欧美艺术的异化，现代主义随文化帝国主义的狂傲与宰制非西方的野心，威胁别的文化传统的生存与前途，我才有强烈的反感。"载《批判西潮五十年：未之闻斋中西艺术思辨》，第 23 页。
12　何怀硕 1999 年 10 月 2 日给笔者的信。

共业"[13]，而写下长文《潘天寿艺术思想中的"强骨"》，来张扬中国
文化自立的风骨。

虽然潘天寿的绘画，出自以石涛为代表的明遗民画家，但何怀硕
特别强调，潘天寿与一味因循模仿的传统画家的不同之处在于，他并
非国粹派，也不是复古派，而是从传统中追求创造发展：他对中外文
化交流很有认识，早年赞同中西画的混交、结合可以产生异样的光彩，
后来到了1936年，大幅度修订十年前编译的《中国绘画史》，并于书
后增补《域外绘画流入中土考略》，仔细考察外来绘画与中土传统碰
撞与交流的历史脉络后，一变初衷，提出"东方绘画之基础，在哲理；
西方绘画之基础，在科学，根本处相反之方向而各有其极则……若徒
眩中西折中以为新奇，或西方之倾向东方，东方之倾向西方，以为荣
幸，均是以损害两方绘画之特点与艺术之本意"。中华人民共和国成
立后，1957年在《谈谈中国传统绘画的风格》中，进一步明晰表达他
对中西绘画的看法："东西两大统系的绘画，各有自己的最高成就。
就如两大高峰，对峙于欧亚两大陆之间，使全世界仰之弥高。这两者
之间，尽可互取所长，以为两峰增加高度和阔度，这是十分必要的。
然而决不能随随便便的吸取，不问所吸收的成分，是否适合彼此的需
要，是否与各自的民族历史所形成的民族风格相协调……否则，非但
不能增加两峰的高度，反而可能减去自己的高阔，将两峰拉平，失去
了各自的独特风格……中国绘画应该有中国独特的民族风格，中国绘
画如果画得同西洋画差不多，实无异于中国绘画的自我取消。"在艺
术上，更强调现代化的何怀硕，之所以激赏潘天寿"中西绘画应拉开
距离"这种"不随潮流的大勇"，看重的无疑是潘天寿在五四之后，

13　何怀硕就《潘天寿艺术思想中的"强骨"》一文，2017年3月9日给笔者的电子邮件中，
直书其写作初衷。

潘天寿 / 午睡 / 92 cm×77.5 cm / 纸本水墨设色 / 无年款

中国知识界对传统的轻蔑与批判的大背景下，"维护民族的大无畏精神，七十年来没有第二人可与他结盟。文化的'强骨'令人敬佩"。[14]

　　何怀硕主张的大丈夫气不是一味刚猛，逆厄之时，自当"大丈夫能屈能伸"，但这种自知其屈，意在奋发卓立，以图再"伸"。若是"以屈为伸"，不以为辱，甚至踌躇满志，自以为得，其志已失，则无可救药。某种意义上，"识时务者为俊杰"，只是势利者的信条。大丈夫常做的是"知其不可为而为之"的"不识时务"：以超然、卓绝的精神，与旧习和时尚对抗，即便得到的是冷落、孤独与凄凉。大丈夫之所以为大丈夫，便在于其不可夺的志节。中国文化的现代化，应该有自己的方向，采取"拿来主义"的态度，为我所用，志在"中国风格"，而不是以手段为目的。所谓"文化大国"，其脊梁是大丈夫的抱负，若一味不假思索地依附他人，毫无反省与批评地盲目追随，只是奴婢而已。[15]何怀硕寄望在精神与人格层面，大丈夫能成为每一位中国人的美德。

14　何怀硕：《潘天寿艺术思想中的"强骨"》，载许江主编《民族翰骨：潘天寿与文化自信——纪念潘天寿诞辰120周年学术研讨会论文集（下）》，中国美术学院出版社，2017年，第9—19页。
15　何怀硕：《论大丈夫》，载《十年灯》，第137—143页。该文写于1974年6月8日，彼时大陆正值"文革"后期，这一出现在台湾地区的问题似乎离大陆尚远，但"人无远虑，必有近忧"，十年不到，"主体性"问题即以更尖锐的方式出现在大陆，直至今日，依然困扰着中国的现代化进程。

反思西潮与反躬自省

　　自艺术生涯伊始，贯穿何怀硕观念始终的，是对异质西方文化的汲取与对本土文化的坚守，取舍的原则是什么？

　　虽然百年前的梁启超曾提出"中国之中国""亚洲之中国"和"世界之中国"之说，但晚清以来放眼看世界的中国人，很少以"亚洲之中国"来看待中国与世界的关系，更未将中国与世界的关系看成中国与世界其他各"国"之间的关系，而总是首先将中国与世界的关系看成是中国文明与其他文明，主要是与强势的西方文明之间的关系，即"中外""中西"的关系。这种以一种文明主体来观察大文明格局的视野，植根于中国知识分子的灵魂深处。有论者认为，这种文明论的立场，在今天，不仅没有过时，反而愈发迫切。在全球化程度日深一日的今天，绝不应走向无分殊的全球一体化文明，更不意味着应消解所有历史文明之间的差异。放眼今日世界，全球化的过程实际更加凸显了不同人群的"文明属性"。无论文明冲突论还是文明对话论，或是软实力概念的流行，正彰显出世界各国都将文明潜力与文化创造力置于发展战略的核心。真正大国的崛起，必然是文化大国的崛起，只有具备深厚文明潜力的国家，才有作为大国崛起的资格与条件。[1]

　　诗人西川在《米沃什词典》的译者前言《米沃什的另一个欧洲》中，谈到波兰诗人米沃什时，特别谈到了东欧诗歌的封闭性。作用于东欧诗歌的主要是历史记忆、天主教和制度幽闭症，从而使东欧诗歌呈现出与开放的法国、西班牙、美国与拉美诗歌截然不同的色彩。他指的东欧诗歌的封闭性，是其向回看、向内看、寓言化和沉思的特征，不可避免的沉重感有时发展至沉闷。米沃什在《被禁锢的头脑》中说：“对每一位当代诗人来说，波罗的海人的问题比风格、格律和隐喻重要得多。”或许出于对“人的问题”的重视，米沃什作为一位封闭的诗人，格外欣赏惠特曼的开放。但在欣赏惠特曼开放的同时，却又坚决反对开放的现代主义诗歌。查尔克·西米克说：“米沃什警觉于20世纪的各种社会风潮，这些风潮指示了诗人的否定倾向。他反对现代主义的许多化身，反对现代主义者在语言上的实验、对过去文学的反抗……”[2]或者可以说，身历时代之痛的何怀硕，生于抗战时期，少年经历大陆的一次次运动，随后孤身漂泊台湾岛，一住就是半个世纪，从开始的客居感，到后来的认同感，他乡成为故乡，与米沃什的文化视野有着内在的相似性。从大陆到台湾，地域变小了，文化的视野却打开了，开阔视野的同时，远离故乡也使他产生更多内心

---

[1]　参见甘阳主编的“文化：中国与世界”新论丛书的《缘起》，三联书店，2010。在这篇类似“总论”的“缘起”中，甘阳引用韦伯将全球分为五大历史文明（儒家文明、佛教文明、基督教文明、伊斯兰文明、印度教文明）的理论，强调从文化的视野看待中国与世界关系的必要性。不仅我们要重新审视中国与世界，主要是强势西方的关系，而且西方人对自己的看法也在不断地变化与调整中。在这种动态变化中，中国思想学术文化已走出了“拿来主义”的不成熟、不独立状态，而建立起中国文明主体性的独立立场。黑格尔曾说，中国是一切例外的例外。百余年来，我们过于急切地抱着实用主义心态，想将自己纳入这样或那样的普遍性模式，实则是既忽视了中国文明的独特性，也妨碍了对西方文明内部复杂性与多样性的深刻理解。进入21世纪的中国，应有从容不迫的心态、雍容大气的胸襟去重新认识中国与世界。
[2]　切斯瓦夫·米沃什：《米沃什词典》，西川、北塔译，广西师范大学出版社，2014，第18—19页。

的省思和对历史的思考。当时台湾的文化禁锢主义和他对山水画的偏好，以及他要表达的自我对历史文化的态度，一切的扞格，令其作品自然充满寓言化色彩，也使他看待世界与本土文化的眼光别具一格。

何怀硕对此问题的认识，始于对台湾的反思：由于特殊的时代处境——败守孤岛，孤悬海峡，处处需仰仗美国第七舰队的卵翼，而大陆"文革"如火如荼，其政治底色便是对中国文化前途的晦暗不明与失望，加之"日据以来分离主义的滋蔓……加剧了与中国文化的疏离"。在"崇洋亲美的时代氛围"下，自然有不少识时务的艺坛"俊杰"，热情附骥西方现代主义（当时是美式的抽象表现主义）即世界性、国际性、先进性，"大一统的世界艺术"即将来临的论调。这些投时代之机者立刻受到美国新闻处的青睐与宠掖……一时应者景从，聚众成群。他说："在台湾地区，我最早批判西方现代主义，也批判崇洋、甘为美国现代主义附庸者，同时也批判传统的泥古派。固然受到西化派与复古派暗中痛恨，不过，佳评与回应者更多。"诗人余光中读后，特别为他写序，说"我特别欣赏作者批评的'双刃锋芒'，因为他的立场一面是外攘西化之狂潮，一面是内警沉酣之迷梦，两面都不妥协，腹背受敌，艰苦异常"。这种立场，他几十年来"未稍动摇，或更坚定"。[3]

1976 年 4 月 1 日，德国超现实主义大师马克斯·恩斯特在巴黎去世，成为当时国际艺术界最重大的新闻。第二天的《纽约时报》便在第一版显要位置报道这一消息，并由评论家约翰·拉塞尔撰长文纪念。当时人在纽约的何怀硕，每日必读来自台湾三大报的航空版，但一连多日，竟连相关的消息报道都没有，让他在难为情的驱策下，写了一篇六千字的报道兼评论《小论艾恩斯特》，寄回台湾，5 月 5 日以"怀硕论衡"

3　何怀硕：《全球性的大"文革"》（上），载《东方早报·艺术评论》2014 年 5 月 28 日。这是几十年后何怀硕的表述，时间上虽有错位，但观点一以贯之，而表达较之早年则更概括。

专栏刊出，消息本身之外，他更希望传递出一个"有声的中国"形象。他觉得，台湾本土对外来文学与艺术名家的引介，既不全面，又不平衡，久而久之，便会导致眼界局促，趣味狭隘。同时，即便是介绍，也多半从外国报刊书籍移译而来，其功固不可没，但毕竟缺乏自己的判断与声音，所以一个国家或其所属地域"如果对世界没有自己的看法，没有立于自己见地上的评论，在文化思想与学术思想上，必造成一种依附他人，缺乏独立思考的弊害。把别人的观点当作我们的观点，便难以建立自己的体系，自然永难有独立的见解"[4]。就像苏格拉底说的那样，不经思考的人生是不值得过的。

　　鸦片战争后，向来以天朝上国自居的中国，饱受近代科技发达的英、法、德、俄、美等欧美列强及东邻日本的侵略欺凌，从军事、政治、经济的野蛮侵略、掠夺，到文化的倾销、渗透，本民族的体制遂逐渐改变。由于近代中国没有发展出西方式的科技文化，国力屈居下风，加之中华民族自身的衰败与内斗，国家凋敝，人民贫弱，民气消沉，致使民族自尊心不断丧失。虽然现在两岸社会经济渐趋富裕，大陆已成世界第二大经济体，台湾亦曾有"亚洲四小龙"之称，但民族文化主体性的失落，迥非一日。人心之中，视西方文化为世界性、全球化与国际性"主流"，将本民族文化等同于地方性、次要文化、落后的观点，普遍存在。

　　何怀硕认为，所谓西方近现代文化，其实正是西方诸民族的"民

4　何怀硕：《小论艾恩斯特》，载《域外邮稿》，第112—113页。艾恩斯特，大陆译作"恩斯特"。该文写于1976年4月4日—13日。亦见何怀硕《有声的中国》，载《艺术与关怀》，第352—354页。后文写于1986年5月31日，由回忆十年前马克斯·恩斯特去世而写《小论艾恩斯特》一事，论及《时报新闻周刊》刊登的总编辑王建壮专访，欣慰于自己十年前的意见终于在现实层面得以实现。王建壮在专访中，呼吁台湾要开始学习"用自己的眼睛看世界"，不然，"这个地球是别人的"。看似只是视角的转换，实则是主体性的转变，同时也意味着一条摆脱了依附性之后更加艰苦的创造与奋斗之路。

族文化"，各民族文化的兴衰升沉，本就是历史的常态，而且，"民族文化"从来都是相互交流、不断发展的"杂交文化"。既如此，为什么还要强调民族文化？原因很简单：只要全人类没有"融合"成一个民族，只要人类的历史与地理、宗教信仰与生活方式的差异存在一日，便自然存在各不相同的"民族文化"。"民族文化"不应与"人类共同文化"相对立，而应是构成全球文化的组成部分。只有各民族文化保持其独特性，全球文化才会有多元价值的可能性。否则，一个没有差异、没有竞争、没有刺激与交流的单一文化，自然丧失了"杂交"的可能性，文化的活力必将僵滞，乃至枯竭。

将西方文化视为世界性文化，是近代西方中心论者及其附庸的观点：西方是世界文化的中心，非我族类的西方以外的文化自然被贬为落后的边陲。这不只是西方文化霸权的心态，可悲的是，许多附骥欧美的发展中国家也自卑地以西方文化为全球化的目标。数十年来，何怀硕不厌其烦地撰文宣扬自己的观点：无论过去、现在还是未来，都不曾有过也将永不会有一种单一的艺术模式，能够称为世界性的艺术。历史与地理、民族特质、文化渊源的差异，造成生活形态与价值观念的千差万别，无论文化如何交流，全球的文化与艺术，永远都不可能演变为一种强势霸主"一统江湖"的局面。[5]

何怀硕坚信，世界性、国际性的艺术，是指各国、各族、各地域的优秀艺术。它必须满足两个条件：一、足以代表该族群最优秀的创作；二、其艺术成就达到世界各族群所公认的最高水准。以此标准衡量，他举例说，莎士比亚的作品、《红楼梦》与川端康成的文学，能够成为世界性的经典，便是具备上述两个条件。中国的京剧与（流行闽台一带的）歌仔戏、日本的歌舞伎，具备上述第一条件，但第二个条件

5　何怀硕：《给未来的艺术家》，第264—268页。

或有不足，但如果放在"世界性民族舞剧"的范畴中，便同样有其"世界性"的价值。因此他强调，所谓"世界性""国际性"的艺术，都首先来自"本土性"：如果能代表"本土"最高的创造，便有成为世界优秀艺术的可能；如果能达到各族群公认的最高水准，便会逐渐成为世界性的经典。[6] 既然如此，为什么中国没有"国际艺术大师"？他认为，根源在于近现代以来，欧美凭借其强大的扩张工具，从硬件（武器、交通与通信工具、工业产品等）到软件（思想、观念、知识、技术、艺术、娱乐乃至生活方式），形成强大的世界霸权，不只是经济与军事霸权，而且是文化霸权：中国受过中等教育的人，对西方的苏格拉底、柏拉图、达·芬奇、莎士比亚、歌德等可谓耳熟能详；相反，西方的知识人士，或许对孔子、老子略有听闻，但对屈原、李杜、苏轼、范宽、曹雪芹等大概连名字都感到陌生；中文翻译的西方古今经典乃至流行读物，与西方翻译的中文典籍，完全不成比例……并非中国人格外好学或"谦卑"，只是西方文化不同于讲"王道"的古代中国文化，讲求的是"霸道"，在今日所谓"反恐战争"中，依然可见西方强权的傲慢与唯我独尊。因此，对西方来说，只要掌握着世界的霸权，就掌握着话语权，掌握着艺术国际的标准的决定权与选择权，不只是中国，甚至是俄罗斯、日本等非西方国家，同样没有被国际承认的"国际艺术大师"。之所以如此，其实正反映了以美国为首的西方几个国家的"西方优越论"的傲慢与偏见——话语权被西方垄断，光荣当然照耀不到"他者"的身上。[7]

所以，对于许多人或抛弃本土而追逐西方，或以本土的材料去套用西方的观念和形式，从而丧失自我主体性的状况，何怀硕常以"传

6　何怀硕：《给未来的艺术家》，第265—269页。
7　何怀硕：《全球化阴影下的中国艺术》，该文写于2005年9月，载《什么是幸福：未之闻斋人文艺术论集》，第498—514页。

统艺术要现代化，外来艺术要本土化"来期勉艺术界同道。他坚持，艺术不是流行的商品，而应发自个人内在的情感与思想。处于特定时空中的任何艺术家，其情感的发露，都不可能不是本土的。对创作者来说，吸收、参考、融化外来的、他者的创造，也应有能力将所吸收者内化为自我。本土性的发展、丰富与提升，正需要外来的刺激。但这种刺激，一定不是单以外来强势文化的流行风潮为依归，而丧失个人与本土特质，那样，只能沦为失却创造价值的仿品。

何怀硕景仰的 20 世纪西方画家，并不是毕加索、马蒂斯、波洛克等，而是蒙克、席勒、珂勒惠支、莫迪里阿尼等表现主义画家，一言以蔽之，他们以"人"为中心，表现人的处境，人生的痛苦与无奈，即广义的人文主义精神。他坚信，艺术一旦抽掉了人文思想，便只能沦为视觉的游戏，甚至是艺术家恣意玩弄的杂耍。对于装置艺术、观念艺术、行为艺术及层出不穷的新潮，他认为，其炫奇、短命、怪异，标新立异，与人类的生存、发展与追求背道而驰，只能称为"游艺"。这些源于西方的艺术，不应成为中国艺术的主流。在中西文化的交流与借鉴中，若是主动丧失了文化的自主性，本土文化衰败，便只能沦为西方文化的殖民地，沦为一种后殖民文化。[8]

比如，美国照相写实主义兴起后，被许多青年画家奉为新的圭臬。这种以照片为依据，以相机的机械视角代替画家眼睛的风格，借助照片与幻灯机，在精微逼真的外表下，潜藏奇异的视觉陌生感。但在何怀硕看来，这种对现代机械技术的一味依赖，只是显示出"丧失了判断力的、麻木的、虚无的现代人视觉与想象力的无能而已"。从而催生出一种乖谬的拼凑：台湾乡土文学风潮后，照相写实主义被拿来以水墨画描绘乡土遗物或乡土人物。如此生拼硬凑的模仿，就像中国农

8　何怀硕：《给未来的艺术家》，第 224 页。

珂勒惠支 / 农民战争组画：磨镰刀 / 30 cm×30 cm / 铜版 / 1905 年

夫穿上西洋时装，在艺术品格上只是廉价的"中西合璧"，因它不但将中国水墨画的传统特质统统舍弃，而且根本蔑视了工具材料本身的特质与功能，是对中国文化现代化主体性原则的背离。[9]

　　周思聪是何怀硕极推重的画家，称她是"1949 年以后第一批美院培养的画家中最杰出的一位"，将其视为从艺术上解决世界—本土关系

9　何怀硕：《给未来的艺术家》，第 242 页。

上：周思聪《同胞、汉奸和狗》铅笔习作

　　重结构，而不重西式素描的明暗，并借鉴中国水墨画的线条与皴擦技法，以及日本画家丸木位里和赤松俊子的画法，表现对象和主题，可谓不世出的天才。

下：周思聪、卢沉／同胞、汉奸和狗——矿工图之五／180 cm×320 cm／纸本水墨／1980 年

　　作品不仅充满表现性，也充满典型性和象征性：画面中央背身的日本军官和正面瘦高的伪军、戴眼镜的翻译官的侵华"三位一体"，是当时电影中典型的脸谱化形象。

的典范。从周思聪《矿工》（20世纪80年代）等素描习作看，"这位天才女画家的素描，炉火纯青"。铅笔描绘的作品，重结构，而不重西式素描的明暗，并借鉴中国水墨画的线条与皴擦技法来表现对象。描绘人像轮廓、头发、衣褶的线条，因功能不同而各有不同，虽千变万化而又恰如其分，使其素描足以成为水墨画的稿本。而在其水墨人物画中，同样兼顾描绘对象的写实性与传统的笔墨技巧，在继承的基础上，突破了笔墨画素描的窠臼，而有新的创造。这种立足于本土而吸收异质文化的方式，其实与维也纳分离派的克里姆特、席勒心有灵犀。对我们来说，本土—西方的关系，对他们来说就是本土—东方的关系。他们令人耳目一新的风格，便是将外来文化作为新的血液输入再创造的最佳典范。尤其席勒，喜欢以空白为背景，将签名写成方形框框，好像中国绘画钤在画上的印章，或是在画面上写两行字，好像中国的题款等细节，可见其立足本土，有意吸收异质的中国艺术的匠心所在。

因此，就整体性而言，艺术的世界性与国际性，应是许多卓越的本土性艺术创造的总和：它们之间既有共通的普遍性特质，也各有相异的特质。本土性与国际性不仅不是矛盾，反而应共生共存：最优秀的本土性就是世界性，没有"唯我独尊"的世界性。[10]

一切过往皆会成为历史，后之视今亦犹今之视昔：从共时性的角度看，传统是现代的传统，现代是传统的现代；从历时性的过程看，传统是过去的现代，现代则是将来的传统。一切的传统，在不同语境、情境中，都会有不同程度的调适，成为一种"当下"的传统，渐变的传统。这些渐变的传统，在承载过去的同时，也包含着当下的政治、经济、

10　何怀硕：《给未来的艺术家》，第268—269页。

文化及主流意识形态的印记。[11] 问题是，在看到这种渐变传统中的包容性的同时，如何凸显一种文化的主体性？

从中国艺术家的立场出发，何怀硕承认，中国画在结构的严饬、质量的厚重与表现存在的真实感上，不及科学理性的西方绘画。当然，物各有长短。西方绘画正因受制于客观形象，在主观精神之飞扬，物我两忘，泯除隔阂的移情作用上，不如中国画。同时，因为这种主客观的对立，客观现实在视觉的观照下，容易走上官能主义的道路。从而，他将近代以降的现代主义风潮，导致文艺复兴以来的人文精神的逐渐丧失，视为从官能主义到形式主义、虚无主义的必然。中国画因为强调物我交感，不易走上远离人本的歧路。不过，由于中国的泛道德主义，也导致中国画像家规过于严苛的小孩，活泼的朝气大有不足。[12] 对于现代中国写意画的流弊，他痛陈其非：

现代中国写意画，有时是简笔速写，有时是漫画，大陆崔子范名气很大，我觉得粗枝大叶，一览无遗。这条路李苦禅、崔子范，还有像吴作人等人，再不易走下去，不论观念、题材与表现方法，都已了无余味。

其实"传统"极丰富。大陆画家喜欢宗法某家法，却都是近现代齐白石、李苦禅、黄宾虹等"传统"，把传统窄化了，结果变成套式化。[13]

即便是在《大师的心灵》中推重的艺术家，他也有理性而独立的

---

11 岳永逸：《灵验·磕头·传说：民众信仰的阴面与阳面》，三联书店，2010，第18、45页。作者认为，虽然与农耕文明相伴的民俗被科技文明所撕裂，在现代生活中呈碎片化的状态，但这些碎片并非现代生活中的孤岛、化石，而是不同程度地融入现代生活中，成为现代知识体系的有机构成部分。书中探讨的虽为民俗，但传统民俗在当代生活中以阴阳两面呈现出的延续与变异，与传统水墨在当代艺术中的生存状况，颇多类似之处。

12 何怀硕：《给未来的艺术家》，第240页。

13 何怀硕1999年5月12日给笔者的信。

见解：

> 林风眠画，我极推崇。不过他的大缺点是，一、太雷同；二、太草率，像速写；三、后来重复制作，没再探索；四、有些山水小静物简直是水彩水粉，完全西洋画风。黄宾虹、可染也我所敬仰，但他们老派，缺少独特的个人感情与人生思想，是我们要摆脱的老路。歌颂祖国江山，算不得个人的思想。[14]

一般艺术家对相对偏重理性梳理的艺术史、艺术理论，总有些敬而远之，甚至视为不着边际的高调，他们更感兴趣的是与自己品位相投的艺术家个体，关注他们的生平、艺术观念、风格与技法。但何怀硕对这些看似枯燥的义理所怀有的热忱，不仅令普通艺术家望尘莫及，甚至令许多艺术理论家瞠乎其后。而且，他所有的理论探讨，都不只是纯粹的思辨，更是为辨明自己的创作方向。这种探讨，从文化观念上看，是"世界—本土"的关系，从艺术基础上看，是对"素描"观念的认识，从水墨画本体上看，是对"'笔墨'与中国绘画的抽象性"的探讨。

他始终强调，任何异质文化间的交流与融汇，都不应忽略自我的主体性。艺术间的借鉴与融汇，有接合、混合与融合之分。以油画临摹中国山水画，或以中国笔墨画西方素描，只是"接合"；用中国传统的纸与墨制作西方的抽象表现主义，或将中国书法描摹或裱贴在油画布上，再用油彩加工，只能说是"混合"；如果是以西方的思想观念，拓展中国的造型格局，或以西方的形式技法与中国的笔墨传统相融合，开创新的笔墨技法，或以东方的美学运用西方的造型手段……

14　何怀硕 1997 年 9 月 20 日给笔者的信。

才是融东西方艺术为一种新创造。无疑，"接合"与"混合"只是捷径，徒具形骸而已。融合才是思想内涵与形式技法整体、深度和谐创造的新生命。这种新生命的创造，离不开创作者的"主体性"：西方近代吸收东方艺术，而有印象派的新风格，却没有丧失西方艺术的主体性；徐悲鸿、傅抱石、林风眠等现代中国画家，大量吸收西方或日本艺术的营养，但中国文化精神仍是主体。[15] 这是他对艺术一贯的坚持，"艺术的变革，是缓慢而自然。瓜熟蒂落，水到渠成。尽管独特的风格千岩竞秀，万壑争流，但'艺不远人'。艺术总是与人生的需求、渴望、体验、理想紧紧结合"[16]。

15　何怀硕：《给未来的艺术家》，第 87—91 页。

16　何怀硕：《艺术的"进步"》，一九八五年四月十一日台湾《联合报》，载《煮石集》，第 51—55 页。

"线"与中国风格

何怀硕倡言，不仅中国的水墨画家应对中国绘画的特质有所认识与修养，油画家同样也应有中国风格的追求，否则，难言是中国艺术的独特成就。视觉艺术所具有的形象性，天然具有超越时空、种族、地域隔阂的特点。但这种视觉共通性之外，也因民族、文化、传统、历史等因素所造成的许多差异，形成不同文化独特的价值。他认为，艺术风格在表现形式上的差异，根源于世界观的不同，造成"看"世界的立场与方法不同，然后才有表现技法的不同，才有绘画工具、材料的不同。[1]

对这一复杂问题的论证，莫衷一是。大概而言，摄影术发明以前，西方绘画从古希腊开始，基本上是广义的写实主义，重视对客观世界的理性模仿与再现。就中国绘画而言，从来没有过那种严格西方意义上的写实主义。[2] 即便讲求精微写实的宋人花鸟，与西方的写实主义也是大相径庭。正如贡布里希《艺术的故事》中所说的那样，中国艺术，很大程度上是以"所知"而非"所见"来组织起意象的。所以，就表现方法来看，中国从来没有如西方绘画那样的写实主义，是因为中国

1　何怀硕：《给未来的艺术家》，第202—206页。
2　对此的概括论述，见宗白华：《论中西画法的渊源与基础》，载《美学散步》，上海人民出版社，1997，第119—135页。

绘画采取以线为主的表现技法。[3] 即便没有全盘舍弃块面、明暗、调子、色彩等要素，但线条本身的主观性，使其与西方绘画的塑造观指导下的块面、明暗、调子、色彩等要素，大异其趣。即便西方绘画史上有"线"，但不是主要的表现方式，而且这种线，在界定轮廓、形象之外，并没有被赋予太多功能。在中国数千年的毛笔进化史中，产生了独特于世的中国毛笔。即便是被称为"线条的诗人"的亨利·马蒂斯，其线条仍与中国绘画中毛笔的线条差异巨大——他的线条固然有其独特的形式、节奏、韵律等美感，但基本是均匀一致的线。中国毛笔画出来的线，则充满浓淡、粗细、刚柔、中锋侧锋、虚实等变化，能表现出最丰富的线型。[4]

在《给未来的艺术家》谈及"本土风格"时，在技法层面，何怀硕主要探讨的就是线的奥秘。他特别强调："中国绘画之技法，以线之运用为根本。"唐人张彦远在《历代名画记》中有经典之论："夫象物必在于形似，形似须全其骨气，骨气、形似，皆本于立意而归于用笔，故工画者多工书。"核心便是强调要使线条有万千变化，足以借其拟状宇宙万物之情态，产生生动之气韵，便一定要探研用笔之法，以笔法的变化产生线条的变化。

回溯中国书画的历史：书法，从以刮刻工具制造线条的契书，到以笔蘸漆或墨书写线条的墨书，一直是在经营线条；自迄今为止发现最早的独立画作——战国楚墓帛画起，中国绘画几乎一直是沿着线条刻画物象的道路逶迤而来，而线条的刻画，便归乎用笔，这就是所谓的"书画同源"，即张彦远《历代名画记》中所言："骨气、形似，

3　［英］E.H.贡布里希：《艺术的故事》，范景中译，杨成凯校，广西美术出版社，2008，第147—155页。对这一问题的理论化阐述，可参见［英］E.H.贡布里希：《艺术与错觉》，林夕、李本正、范景中译，湖南科学技术出版社，2000。
4　何怀硕：《给未来的艺术家》，第207—209页。

皆本于立意而归于用笔。"自唐代王维、张璪的水墨画以兴，充分发挥墨法的功能，追求"水晕墨章"而"如兼五彩"的艺术效果，即张彦远所谓"运墨而五色具，是为得意"，指出立意和笔墨的主从关系。北宋韩拙在《山水纯全集》中说的"笔以立其形质，墨以分其阴阳"，便是强调笔与墨之间的关系。笔墨的运用，以笔为先，笔的运用即笔法，是以产生万千不同情态的线条为目的。近代画家，多有论之者。傅抱石在《中国画的特点》中说："线描是中国画的造型基础。"潘天寿在比较中西绘画后认为，中、西画表现形式不外乎点、线、面，但用笔不同，情趣各异。三者中以线为主，为基础，线表现对象最明确、最强烈，是中国画的特点所在。全都强调中国绘画线条这一特点。正如黄宾虹认为的那样，不讲究线条变化之妙，就不会进入中国绘画的堂奥。

　　相对于西方绘画以块面、色彩、明暗为主的表达（近代以降，像克里姆特、埃贡·席勒等西方画家也较多线的描绘，但非主流，而且状物之外，更依赖明暗与色彩），中国绘画则基本上是以线条承担所有视觉因素的表现——状物之外，还要传递体积、重量、质地、肌理、关系、空间、动态，更要表现出画家对物象的感受、感情、联想与情调，是主客观的高度统一。一条线不只是物象的形式，更是主观心灵的活动，是"手迹"，更是"心象"，因此每位成就卓越的大画家都有自己独特的"线型"。画家人格的独特性，便表现为线条的独特性，是中国线条的奥秘所在。何怀硕特别以任伯年的《策杖图》与徐悲鸿的《李印泉先生造像》（1943）为例，展示何为表现中国"笔墨"表现力的"线描"：任伯年的人物随结构，略示明暗，侧重衣饰线条的痛快斩截；徐悲鸿则是将西方写实主义巧妙融入中国水墨画，衣、杖用线描，头部与双手则将线描与烘染结合起来，虽不画明显的明暗，却烘托凹凸起伏的结构。衣纹线条圆劲流动，借其组织、疏密、粗细、虚实的变化，将人体的"体积"、姿态与空间变化，表现得淋漓尽致。如果不会运用笔墨，便不会有与西方不同的独特风格。[5]

对中国绘画中线的理解，从何而起？

清代石涛在《画语录》中说："一画者，万有之本，万象之根"，"此一画收尽鸿蒙之外，即亿万笔墨，未有不始于此而终于此。"宗白华在《中国书法里的美学思想》也说："中国人这支笔，开始于一画，界破了虚空，留下了笔迹，既流出人心之美，也流出万象之美。"[6]一画，即一笔，也即一根线，便是万象之始。

宇宙之中，既无点，亦无线，所谓的点与线，都只是理性中的假设。在几何学中，点与线，既无面积、重量，也没有体积，只是概念。在现实世界中，即便细若游丝，也不等于一条线，而是兼具体积与重量的长圆柱体，只是细一些而已。即便一粒细沙，看似一点，其实是兼具重量与体积的面，只是小一些而已。笔在纸上的一点，同样也有面积。因此，游丝非线，细沙非点。

具体到中国水墨画中线的描绘，如何才能令其充满内涵？何怀硕借用卢沉的说法："用笔要以中锋为主，线要遒劲，要毛，要沉着，不能草率。清龚半千谈到用笔，曾说，线忌草，忌梗，要遒劲。草，就是软弱；梗，就是枯梗；遒劲是内在的，像绷着的弓，箭还没有放出去，有内在的力。"毛，就是不要光滑平板。相对而言，圆珠笔画出的线条，就是光滑平板，线质缺乏内在的生命律动。[7]何怀硕日常写字，多用钢笔，偶尔使用圆珠笔，线条流畅飞动，而一旦使用毛笔，线质便为之一变，强调毛涩与顿挫折转，正体现出这种审美追求。

5　何怀硕：《给未来的艺术家》，第210—214页。水墨画中的点，是最短的线，各种皴擦技法或本身就是线条，或是线的发展与变化。因此，整体而言，是以线为支撑和代表的。

6　宗白华：《中国书法里的美学思想》，载《美学散步》，第160—188页，尤见168—169页。

7　何怀硕：《给未来的艺术家》，第215页。

　　何怀硕将水墨画中的线，大致分为两类：一是直接表现有体积之物，如树枝、草木、竹竿、竹叶、篱笆、绳子等本来即为线形的实物，此为没骨法；一是描绘物象的轮廓，如人物、石头、花朵、房屋、动物等本来非线性的东西，此为勾勒法。但不论没骨法还是勾勒法，在纸面或绢帛上都是以"线"的形态表现出来的。如何能将一条线画得遒劲、沉着、有内涵、有变化，充满生命力与美感，历代艺术家通过对宇宙自然的观察与天才的想象，总结出许多线的形态——"锥画沙""折钗股""屋漏痕""悬针""如印印泥""垂露""虫书鸟迹""一波三折""无垂不缩，无往不收"……借这些极形象化的描述，揭示充满生命力的不同的线的鲜明特征与内涵。

　　这些不同的线形，唯一共通之处便是强调力的刚健。相对来说，折钗股讲求的是线条的刚健婀娜，圆润无棱角，像八大山人画荷的荷梗，一笔下去，迅捷而粗细、浓淡与立体感毕具，表现出矫健而充满弹性的生命力。"锥画沙""屋漏痕""如印印泥""虫书鸟迹"等，则强调线条的凝重浑厚，如黄宾虹所言："用笔如屋漏痕者，留是也。"留，就是用笔不浮滑，要"用笔重，要像枯藤、坠石"。但用笔重不是用笔粗浊，而是因为重才能留，才能力透纸背，何怀硕说："如果抚摸过老藤，当知其屈曲而刚健之况味。"相对于"折钗股"，显然何怀硕更倾心"屋漏痕"，而他对于此类笔法的"顿挫"说，确是别有会心：顿是滞顿，挫是挫折。古人常言："学如逆水行舟，不进则退。"如果顺流而下，如滑滑板，轻轻松松就滑过去了，必不见力道。古人用笔讲求力道，便假设有一阻力。如，笔欲向右、向下行，即想象有一股阻力与此逆向而行，向左、向上阻挡，如此，行笔时须克服此阻力，于是有滞顿，有挫折，故而笔下线条自不会油滑浮薄，而是厚拙遒劲。因为行笔有顿挫，不免有颠踬之态，颤笔由此自然而生。因他对顿挫的深入理解，便格外强调自然出现的颤笔意味与

何怀硕
寒林坠月
134 cm×67 cm
纸本水墨设色
1973 年

何怀硕早年
的《寒林坠月》
（1973），有意
强化线条的排
叠、穿插，以线
之繁复，对比月
之简空。

矫揉造作的颤笔的区别：有些画者，笔下无力，却故意颤抖，或作蛇行，或只是按压时重时轻，呈露的便不是力、挫、涩、重，只能堕入黄宾虹所说的"狞恶可憎"。

自然界中，线状之物极多：柔软而有弹性的植物藤蔓，或松弛或紧劲的各种绳子，液体从斜面流下的线、被撞裂的玻璃出现的线、急刹车在地面留下的线、水波的线、衣纹的线、钢丝、铁丝、发丝……中国画家对客观世界各种情状、各种质地的线，有深切的体认，复以精湛的笔墨技巧，传达其精神，归结为干湿、浓淡、轻重、疾徐、刚柔、涩滑等笔法，这一"物象—心的体认—转换成运笔的技巧—出现了富有表现力的线条"的过程，讲求的是人为的艺术要合乎天理，正是道法自然的呈现。[8]

在强调"线"对中国艺术重要性的同时，何怀硕也强调中国艺术（主要是文人画兴起后）的综合性：绘画、文学、书法、篆刻的综合，即所谓的"三绝""四绝"。形式层面的背后，想要追求一种中国风格，在思想内涵方面必然牵涉文学、哲学、美学等范畴，这些当然取决于个人的修为。不过，从宏观的角度看，中国艺术的风格在"合"或"和"而不在"分"，这种特色，兼有利弊，但在西潮的冲击下，毕竟是一种文化主体性的体现。只是这种体现中国本土文化主体性的传统，应是后来人向前探索的起点，而不是依赖。他相信，许多国画既体现不出时代精神的烙印，又缺乏个人的独特性，陈陈相因，了无新意，从而导致本土艺术渐趋僵化而失去创造的生命力，难免成为全盘西化的最佳土壤。对真正的创造者来说，必要不惑于流俗，不惮于做独来独往的勇者，那些一窝蜂追附主流的人，永远不会成为真正的创造者！[9]

8　何怀硕：《给未来的艺术家》，第 216—221 页。
9　何怀硕：《给未来的艺术家》，第 224 页。

名实之辩:"国画""西画"与"现代中国画"

　　语言作为交流工具,固有约定俗成的一面,但这种符号运用背后折射的深层文化心理,却不可不察。1984 年 10 月底,在台北桃园市举办的"台湾地区的社会变迁与文化发展"研讨会上,何怀硕以《社会变迁与现代中国美术——三十年来中国美术在台湾发展的回顾与省思》,对此有深入的探讨。五四新文化兴起后,随着西化派崛起,艺坛两极对峙的局面愈发分明,在"中国"与"西洋"两极之外[1],又增加了"传统"与"现代"的两极化因素。在当代,不论称"现代中国艺术"或是"中国现代艺术",都无法呈现当前条件下的共识。简单来说,"中国的"常常就是复古的、传统的、保守的,"现代的"常常就是现代主义的、西化的、激进的。两极化的对垒,实则彰显中国文化现代化的历史使命。

1　有论者指出,中国人普遍化的思维模式中,习惯中外、中西二分法,而缺乏一种中国是亚洲之中国的意识,久之而习焉不察。

　　在台湾画坛，"国画"与"西画"（有时还加上"东洋画"[2]），一直互相扞格却又怪异地"和平共存"。固然可说这是中国文化现代化过程中不可避免的过程，但更深层的问题在于，这显示出当代中国艺术界尚未产生独立自主的思想。当时的台湾，无论民主政治，还是企业经济、管理，乃至社会科学、科技，已经有了中国化与现代化并行不悖的自觉，但艺术界的两极对立，却表明缺乏这一自觉。表面看来，这是艺术界长久以来重"术"轻"学"的结果，究其根本，则是折射出民族文化自信心与自尊心的消沉。一"名"之下，暴露的是艺术界在文化思想与艺术认知上的严重缺陷。他认为，一个文化中不应有两种互相扞格的艺术。就像当代文学，如果说"当代中国文学"，自然不应有"传统小说"与"现代小说"或"西式小说"与"中式小说"的对垒一样，因为"当代中国文学"就是古今中西汇集在当代中国这个时空交叉点上绽放的花朵。美术界却仍处在"国画"与"西画"的对垒中，而且，在可预见的将来，这种对垒大约还将延续——"国画"既不能现代化，"西画"亦不能中国化，则中国美术的现代化自是难以成功。

2　台湾所称的"东洋画"，大陆原称"日本画"，20 世纪 80 年代后，胡伟、侯黎明等一批画家赴日留学，学习使用矿物颜料作画，归国后，从事此道者日众。中国人画"日本画"，无疑名实不副，就像说外国人画"中国画"，不仅感情上，学理上亦不合逻辑。遂有研究者从材料角度，称其为"岩彩画"（就像中国画从材料上称"水墨画"一样），渐为公众认可。

　　广义地讲，岩彩画泛指一切以矿物色为主要用色的艺术作品；狭义地讲，指使用粗细颗粒的矿物色表现的绘画作品。通常，岩彩画指其狭义。

　　其实，岩彩画与日本画关系密切，因为日本画是以矿物颜料作画的，而"岩彩"一词，本身亦源于日本画对石色的称谓，日本画称石色为"いわえのぐ"，其汉字即"岩绘具"，"岩"是岩石，"绘具"是指绘画用色，译成中文即岩石的色彩，简称"岩彩"。所以，岩彩画这一称谓，是明确了画种的材料特点。同时，亦有论者指出，岩彩本身即中国古人所谓的丹青，以在观念层面明确岩彩画是以中国传统绘画而非日本画为母体。此论未免小气。至少是日本画激发了我们重新审视自身长久被忽视的传统。

　　同样，后来台湾也经历了类似的过程，不过是将"东洋画"（"日本画"）改称"胶彩画"。在何怀硕写作此文时，台湾依然称"东洋画"。

两种不同时代与民族文化所孕育出的艺术，如果彼此冲突，可能性较大的结果有三种：一是外来艺术受到本土艺术排斥，本土艺术一枝独秀；二是外来艺术压倒本土艺术，后者委顿飘零；三是外来与本土艺术濡化融合出生机勃发的新艺术（就像琵琶、胡琴等为中国文化所同化而孕育出中国音乐的新品种，竟至成为中国传统民乐，并由此诞生《琵琶行》等华彩诗篇和《十面埋伏》《二泉映月》等名曲一样，是最理想的结果）。然而，如果一种文化缺乏活力与胸怀，出现的就是第四种结果：故步自封地各守一隅，相安无事而又老死不相往来，这种"拼盘式结合"，距离融会贯通后的创造转化，有着漫漫长途要走。所以，大到中国现代文化，小到中国现代美术，如果缺乏一种成熟、系统的思想观念，达不成大方向上的共识，自然无法向着合理或理想的大道前进。[3] 何怀硕身处的台湾如此，大陆同样面临这一困局，需要解脱困局的自觉和勇气。

鲁迅先生 1925 年初《看镜有感》中的话，堪为镜鉴：

遥想汉人多少闳放，新来的动植物，即毫不拘忌，来充装饰的花纹。唐人也还不算弱，例如汉人的墓前石兽，多是羊、虎、天禄、辟邪，而长安的昭陵上，却刻着带箭的骏马，还有一匹鸵鸟，则办法简直前无古人。现今在坟墓上不待言，即平常的绘画，可有人敢用一朵洋花一只洋鸟，即私人的印章，可有人肯用一个草书一个俗字么？许多雅人，连记年月也必是甲子，怕用民国纪元。不知道是没有如此大胆的艺术家，还是虽有而民众都加迫害，他于是乎只得萎缩，死掉了？

3　何怀硕：《社会变迁与现代中国美术——三十年来中国美术在台湾发展的回顾与省思》，载《绘画独白》，第 157—199 页。他对国画与西画的探讨，见第 168—171 页。文中，何怀硕所说的"现代中国文学"，指的是"当代中国"的文学创作，大陆称作"当代中国文学"，考虑到语境与理解，称为"当代中国文学"。

宋的文艺，现在似的国粹气味就熏人。然而辽、金、元陆续进来了，这消息很耐寻味。汉唐虽然也有边患，但魄力究竟雄大，人民具有不至于为异族奴隶的自信心，或者竟毫未想到，凡取用外来事物的时候，就如将彼俘来一样，自由驱使，绝不介怀。一到衰敝陵夷之际，神经可就衰弱过敏了，每遇外国东西，便觉得仿佛彼来俘我一样，推拒，惶恐，退缩，逃避，抖成一团，又必想一篇道理来掩饰，而国粹遂成为孱王和孱奴的宝贝。

无论从那（哪）里来的，只要是食物，壮健者大抵就无须思索，承认是吃的东西。唯有衰病的，却总常想到害胃，伤身，特有许多禁条，许多避忌；还有一大套比较利害而终于不得要领的理由，例如吃固无妨，而不吃尤稳，食之或当有益，然究以不吃为宜云云之类。但这一类人物总要日见其衰弱的，因为他终日战战兢兢，自己先已失了活气了。

博览群书的何怀硕，自知"学术性论文在小题大做"，但"弦动别曲，叶落知秋"，他每感于"小题"中展露的"大问题"，而"大题小作"。《社会变迁与现代中国美术——三十年来中国美术在台湾发展的回顾与省思》写作一年半后，他应香港中文大学 1986 年 5 月 10 日至 13 日举办的"当代中国绘画研讨会"之邀，提交《现代中国画发展中的观察与思省》一文，继续就"国画""水墨画"和"现代中国画"几个概念，以及因概念不明而引起的困扰，加以探讨。

他认为，中国绘画的第一个困扰，便是名称的混淆。理论上来说，"中国绘画"或"中国画"，以及一般简称的"国画"，无疑都应该指中国文化中的绘画。但从客观上来说，中国绘画历史悠久，不同阶段、朝代，表达方式不同；在历史上，各家各派又分歧众多；画家所属的阶层与地域不同，审美趣味不同，造成各自独立、多样的风格。自战国、秦汉以降，中国绘画的观念与表现形式，差异巨大；文人画、院体画与民间绘画，风格迥异；帛画、壁画、砖画与帛绢纸上之作，以及工笔与写意、装饰性与文人墨戏等，又各不相属。所有这一切，自然都应该属于"中国绘画"的范畴。但事实却并非如此，今日人们习称的"中国画"或"国画"，只限于传统的山水、人物、花鸟，大都以文人画为旨趣，以水墨（或加色彩）施之纸绢，题以诗文款识，钤以印章（篆刻为主），才是标准的中国画。这种狭隘的观念，不仅摒除了扎根广袤中华大地上、历史悠久的民间绘画、壁画、版画、年画、风俗画、宗教画，以及建筑与工艺中的大量画作，也将一切由域外输入的绘画排除在"中国画"概念之外。他认为，今日习称的"中国画"与"国画"，指的只是"中国绘画"中比较定型化、比较狭窄的那一部分，并不能等同于"中国绘画"。所谓的"中国画"与"国画"，正确的名称应该是"水墨画"。[4]"水墨画"的名称肇始于唐代的王维："夫画道之中，水墨最为上。"虽然后来水墨画成为中国绘画的主流，其实只是其中的一部分而已。像王维同时代的杜甫，在《丹青引（赠曹将军霸）》中，不仅直以"丹青"指"画"为诗名，诗中亦谓曹霸"丹青不知老将至，富贵于我如浮云"。可知，丹青是当时"中国画"的主旋律。

揆诸中国历史，画就是画，本无"中国画"或"国画"之名。鸦片战争失败后，海禁大开，为与外来的"西洋画""东洋画"相区别，才出现了"中国画"这一名词。可知这是一种基于民族、国家、地域、文化的不同而出现的普泛的分类名称。"中国画"不等于"水墨画"之理甚明。不过，对于"国画"之所以成为"中国画"的简称并完全等同于"中国画"，他也推测了其深层的文化心理："国粹"派兴起后，将文人画的水墨画视为"国画"，便不单纯是"中国画"或"中国绘画"

---

4   其实，谢稚柳《水墨画》一书，之所以采用"水墨画"而不是"中国画"或"国画"，与何怀硕的着眼点异曲同工。

的简称，就像"国粹"之不同于"中国文化"。从而使"国画"有了"中国绘画"之"精粹"的意思，赋予其正宗的权威性，与"国剧""国乐"享有同等的优越地位。所以，何怀硕批评："这种将水墨画奉为'正宗'的'国粹主义'贬低了其他画种的平等地位，也使中国绘画越来越僵化、窄化。"并主张："为纠正过去的偏颇，纠正视文人画的水墨画为'正宗'，以文人画的品位来权衡艺术价值的偏见，也为了未来中国绘画多元化的开拓，我们应该扬弃称水墨画为'国画'的习见，而以'中国绘画'或'中国画'的名称来概括存在于中国文化中所有的绘画。"[5]

　　按照这一逻辑，对于近几十年来的"现代中国画"与"中国现代画"的名称之争，他认同并倡导"现代中国画"这一说法。认为，"现代中国画"既相对于西方的"现代画"（modern painting，大陆一般译为"现代绘画"，台湾则简称"现代画"），又相对于"传统中国画"；既表达了"中国"的主体性，是对传统的延续发展，又表达了"现代化"的意涵，是对外来文化冲击的批判吸收。因此，"现代中国画"涵盖了"现代中国水墨画"，也涵盖了其他一切画种（包括外来的油画、水彩以及岩彩等）。这一概念，兼容了传统绘画的现代化与外来画种的中国化。他坚信，只有将不同来源、不同性质的绘画，同归于"现代中国画"，只以绘画材料分类，才能消弭"国画"与"西画"的对垒，使中国绘画真正包蕴古今中外，在中国文化现代化的大旗下，呈现多元化的伟大创造。他并不否认水墨画在中国艺术史中的主流地位（无论是就参与者之众，还是成就之大来看），但不应称为"正宗"，也不应以"文人画"为"权威"来贬低其余。所以，他提出一种既开放同时又兼顾现状的定义：广义的"中国画"与"现代中国画"，指中国绘画的整体；

5　何怀硕：《现代中国画发展中的观察与思省》，原载 1986 年 2 月号《艺术家》，载《绘画独白》，第 203—204 页。

狭义的"中国画"与"现代中国画"则指水墨画。[6]

　　何怀硕这篇名为《现代中国画发展中的观察与思省》的文章，原载一九八六年二月号台湾《艺术家》杂志。此前不久的 1985 年 7 月，李小山在《江苏画刊》发表《当代中国画之我见》，谓"中国画已到了穷途末路的时候"，一石激起千层浪，众议哗然，成为'85 思潮反传统精神主流的一种象征。在这种大背景下，何怀硕从概念上主张摒弃称水墨画为"国画"的习见，建议以"中国绘画"或"中国画"来概括存在于中国文化中的所有绘画，乃至提出广义与狭义的"中国画"与"现代中国画"的概念，某种意义上，也是用一种开放性的精神遥遥回应李小山的观点。目的就是他十余年前在纽约看到王季迁的探索时所发出的呼吁：

　　　　我们期望不论是油画、水彩、雕刻、版画等艺术家，在不同的工具、材料、体裁、题材上探索建设现代中国艺术的多样风格之同时，应与中国的现代化目标同声相应、同气相求。麻木的自大与屈辱的自卑应在深切的反省中产生警觉。[7]

　　《论语·子路》云："名不正则言不顺，言不顺则事不成。"因此有"必也正乎名"之说。无独有偶，与何怀硕此文大致同时，与他相熟的大陆美术史家水天中在 1985 年 12 月，以一篇《"中国画"名称的产生和变化》，从观念史的维度，梳了"中国画"这一似老而实新的名词从产生到合法化的变迁史："中国画"一词的产生，是在"西

6　何怀硕：《现代中国画发展中的观察与思省》，原载 1986 年 2 月号《艺术家》，载《绘画独白》，第 201—221 页。他对"国画""水墨画"和"现代中国画"等相关概念的探讨，202—207 页。
7　何怀硕：《画家王己千先生评介》，载《域外邮稿》，第 79—94 页。该文 1975 年 3 月写于纽约。在收入《矫情的武陵人》时，题目改作《画家王己千》。

洋画"出现之后。晚清画学著作，只在谈论西洋绘画时，偶尔使用"中国画"一词。如，松年的《颐园论画》中，谓"西洋画工细求酷肖"，"谁谓中国画不求工细耶"，此处的"中国画"显然泛指一切非西洋画的中国绘画。辛亥革命后，民族主义兴起，与"西洋画"二元对立的"中国画"一词渐为更多人接受，1918 年 1 月号《新青年》杂志上刊登的吕澂与陈独秀关于"美术革命"的通信中，陈独秀首次提出"改良中国画"的主张，但此"中国画"，意义基本点是"中国的绘画"，如同"中国文学""中国诗歌"，而非当代语义中与水墨画大致相当的"中国画"。

在当代，几乎与"中国画"等同的"国画"一词，其使用却较"中国画"稍晚，是在 20 世纪 20 年代：1921 年，上海美术学校和上海天马会举办展览，按"国画""油画"分类；各地美术学校从 20 年代起，陆续设立"国画系"（科）与"国画"课，从此"国画"一词渐有取代"中国画"之势。表面看，"国画"与"中国画"只是一字之差，像是简称。水天中强调，这是一种误解，由"中国画"变为"国画"，源于中国资产阶级民族国家观念的兴起。尤其是五四新文化运动后，出现了大讲"国学"、整理"国故"的回流，正是在这种风气的影响下，"国画"代替了"中国画"。特别是 1927 年南京"国民政府"成立后，先成立了"国语统一筹备委员会"，接着全国各地纷纷建立"国术馆""国医馆"和"国医学会"，将武术、中医等运动、医学门类由"中国的"拔高成"中国国家"的，名称的背后，既折射出民族国家意识的认知，也隐含着封建宗法的嫡庶观念。1949 年中华人民共和国成立后，沿用了"国画"一词，但 1957 年北京国画院成立时，周恩来总理建议改称"北京中国画院"，从此，"中国画"成为公认、统一的名称。水天中认为，不论最初的意愿如何，"中国画"名称的含义定型，导致"中国画"不再有"中国的绘画"这层意义，传统中国绘画从概念上被肢解了，年画、壁画、连环画等中国绘画固有的品种，被"中国画"所清除。宋元以后的水墨、设色卷轴画，成为人们心目中"中国画"（或通常人们口中的"国画"）的规范，从而与其最初的意义相脱离。这种命名方式，在与油画、水彩画、木刻、漫画等并列时，在命名上，违反了语言逻辑对于分类的平等性要求，在实践中，使当代中国画家失去了先辈所享有的那种随心所欲的自由（不仅有解衣磅礴的精神自由，亦有手摸绢素、莲房作画等技法自由）。因此，他与何怀硕"英雄所见略同"，建议有选择地使用传统的绘画分类名词，比如，将水墨、设色、青绿、白描与油画、水彩、版画、水粉并列，将卷轴、册页、壁画与插图、连环画、宣传画并列，不仅更符合语言学和逻辑学的分类原则，也更能提高民族传统绘画在绘画领域中的地位。[8]

名称暧昧的背后，其实是观念的混淆，正本清源，此之谓也。不过，尽管如此，在何怀硕日常的行文中，也并没有过执于"水墨画"与"国画"的名实之辩，二者时有交叉或混用：语言本为交流的工具，大众的约定俗成，不可能一一纠偏，大约也就"吾从众"了[9]，于此亦可见其坚持之外变通的一面。

8　水天中：《"中国画"名称的产生和变化》，载《中国现代绘画评论》，山西人民出版社，1990，第54—61页。
9　2012年9月底，何怀硕来京参加潘公凯组织的关于现代性的研讨会，后来，在袁武等朋友宴请他时，袁武曾问他，日常生活中是否也常与人纠缠于学理问题，因为大家都见识到他的博学善辩。他很坦率地说，不是这样，学术探讨是学术探讨，朋友交往是朋友交往，如果日常生活凡事都像学术探讨那样较真儿，朋友就没法交往了……

传统新变

变有很多种，一种是突然的变，一种是慢慢的变……像酒变得更慢，愈来愈好，愈来愈醇，一百年的酒贵得不得了，就因为很醇。

西潮东风

　　1998 年，何怀硕从前三十年断续写下的几百篇文章，包括出版过的书中，精选代表作，加上一些新作，由台湾极有学术声誉的出版公司——立绪文化事业有限公司策划出版《怀硕三论：人生论·艺术论·画家论》，即《人生论：孤独的滋味》《艺术论（上）：创造的狂狷》《艺术论（下）：苦涩的美感》《画家论：大师的心灵》，共四卷。

　　表面看来，何怀硕是在谈史论事。由于他论证逻辑严密，对艺术史熟稔于胸，个人有实践的感悟，而又文采斐然，常使人忘记他的画家身份，而将他视为一位评论家。实际上，何怀硕文锋所及，是带有强烈主观色彩的"以我观物"，解答自我内心的疑虑与困惑，并非一般意义上的艺术史论。就像颜娟英说的那样，何怀硕的理论探讨与其创作无法分割，互为表里，甚至说，论文是表，创作是里，更是精华。论文更多是为他的绘画铺陈基础或舞台背景，绘画才是极致的演出或最终的成就。[1] 所以，在台北艺术家出版社出版"台湾美术全集"和"台湾美术评论全集"两个大系时，将他编入"台湾美术评论全集"系列，而不是"台湾美术全集"系列，似有本末倒置之感。

　　《怀硕三论》中，最见画家怀抱的是《画家论：大师的心灵》。

1　颜娟英：《台湾美术评论全集·何怀硕卷》，（台北）艺术家出版社，1999，第 10 页。

这本书的写作缘起，他在 1986 年 8 月 8 日给古剑的信中，如此描述："此地廿年前最负盛名的《文星》杂志要复刊，萧孟能是廿多年老友，我不能不出一臂之力，已答应写长编《近代中国画家论》，现已写了一万字的长序，九月一日出刊。以后每月写一画家，把一百五十年来大约十位第一流画家写完就停止（第二流画家不写）。他每期给四页彩色版面印名画。我十多年前即有此写作计划，因忙，一直不想动笔，今次只得上场，也为我十多年一偿夙愿，一年后可出一本大书。我的责任又加重，比《煮石集》更累，始料未及！"[2] 信中提到的"一百五十年来大约十位第一流画家"，斟酌推敲之后，最终确定为八位，即出现在《大师的心灵》中的八位画家——任伯年、吴昌硕、齐白石、黄宾虹、徐悲鸿、林风眠、傅抱石、李可染。

　　这一工作，也是夏志清对他的期待：

　　何怀硕评论现代画家，极见其眼界和功力。我认为是近代中国绘画史提供资料最有贡献的文字，也表示他对中国绘画前途的高瞻远瞩。此外有好几位近代画家（任伯年、吴昌硕、齐白石等），何怀硕都写过精辟的评断。写近代画家专论，实在他最为合适。身兼画家与文艺评论家的何怀硕当然有写不完的文章好写，他对近代中国画家的成败得失知道得太清楚了，真应该花一两年的时间，写一系列近代中国画家论的文字，同当年罗斯金潜心从事《现代画家》的写作一样。从任伯年讲起，评论的对象不必求多，主要要道出近代中国画这个新传统的建立和发展。近百年来享有盛名的中国画家太多了，其中那几位真有创新的成就，将不断启发后来的画家，这些人才是值得大书特书的。

2　古剑：《"怪人"何怀硕》，《兰州晚报》2014 年 6 月 12 日。

一个公认的近代中国画新传统建立后，才能确定年轻一代画家努力的方向。[3]

　　面对鸦片战争以来西方文化对中国古老文化的冲击，传统水墨画家如何应对西方艺术观念的冲击？《大师的心灵》中他所选择的八位画家：清末的任伯年；清末民初的吴昌硕；横跨清末、民国、新中国的齐白石、黄宾虹；生于清末，留学海外后归国的徐悲鸿、林风眠和傅抱石；最后是林风眠的学生李可染。他们彼此之间甚少有直接的师承关系，但没有一位不是何怀硕从少年时期就景仰的大师。在此，他充当了一位批评家的角色。即，探索并叙述对于这些大师与作品的感受与发现；衡量他们在历史中的地位（继承了什么，有什么创发，对后来有什么启示）……[4]之所以如此选择，何怀硕认为，在他们身上都反映出了那个时代中国文化的危机，而他们又表现出个人的觉醒和各自独特的感情。

　　任伯年作为《大师的心灵》中的第一位画家，何怀硕在介绍其生平时，便慨叹：“关于任伯年的生平，缺少记载。流传的故事，亦多不可信。”即便是徐悲鸿根据有限的口述历史写成的《任伯年评传》，虽难能可贵，但也“年代错误，而关于任伯年伪造任渭长画扇街头求售的故事，也缺乏根据”。于是，对这则以讹传讹，几成事实的小说家言，何怀硕利用相对可信的图像与文字材料，做了一番考证：徐悲

3　夏志清：《文艺与人间世——何怀硕〈域外邮稿〉序》，载何怀硕：《域外邮稿》，第1—12页，尤见第11—12页。在香港天地图书出版的《夏志清自选集》中，收入此文。只是，夏志清将此篇文题改作《何怀硕的襟怀——〈域外邮稿〉序》。
4　何怀硕：《文艺评论答问》，载《艺术与关怀》，第338—339页。该文原载1981年2月号《幼狮文艺》。

鸿《任伯年评传》中谓"伯年十五六岁时，其父卒，即转徙上海"，[5]
但根据任伯年之子任堇叔跋任伯年《任淞云像》(任淞云为伯年父)可知，
任父大约去世于1861年冬天。从任伯年1868年《东津话别图》题记
可知，他画完此图即北上。同年冬，他作《沙馥三十九岁小像》，题："同
治戊辰（1868）冬孟，任颐伯年写于苏台寓斋"，说明此时他在苏州。
据与任伯年相识的陈半丁说，任伯年在苏州从任渭长之弟任阜长（任薰，
任伯年题曰"二叔"）习画不到半年，转赴上海，可知1868年他是在
苏州。此时，他已二十八岁（据云《东津话别图》题签任伯年写有"二十九
岁作"。按中国传统习俗，通常是虚岁加一）。往来上海、苏州卖画
为生的任渭长，则早在1857年便已离世。所以，父卒后而转徙的任伯年，
既不可能在上海，也不可能在苏州见到任渭长，自然也不会出现因伪
造任渭长书画而得其赏识这种"史实"；而且，父卒时的任伯年，早
已过了十五六岁，转徙上海时，已是二十八岁的青年。何怀硕对任伯
年生平"略做一番考证"，便在基本史实上发现如此多失实，令他浩叹：
"近代这样重要的画家，他的生平我们知道得这样少，错谬却这样多，
可见我们对历史、对艺术、对民族天才，是如何荒忽。"[6]而且，即便
是任堇叔，对于父亲生平，同样茫然，他在题《任伯年四十九岁小照》
中，记云："先处士少值俭岁，年十六，陷洪杨，大酋令掌军旗……"
其实，太平军是从1860年开始攻打杭州城，之后，进军浙东，任伯年
所在的萧山、绍兴地区，才陷入战乱之中，时值1861年，任伯年应在
此随父避乱期间被卷入太平军，充当了旗手。其时，任伯年已是二十

5　根据上海朵云轩拍卖有限公司2004年拍卖的徐悲鸿1950年《任伯年评传》手稿，此段文字
为"伯年生于洪杨革命以前（1839），少随其父居萧山习画，迨父卒（伯年约十五六岁），即转
徙上海"。见 http://auction.artron.net/paimai—art27441110/［2016年6月1日登录］。何怀硕引文
出自1953年新加坡出版的陈宗瑞编《任伯年画集》中的徐悲鸿《任伯年评传》，文字略有差别，
但基本内容一致。
6　何怀硕：《苍头异军——任伯年》，载《大师的心灵》，第22—38页。引文部分，见第25—26页。

岁出头的青年了，与"年十六"实是相去甚远。[7]

如何认识这几位大师在艺术史上的定位，何怀硕最强调的就是独创性。任伯年艺术成就最高的肖像画，何怀硕赞为"明末曾鲸（1568—1650）以来一人而过之"：传统肖像画，欲传神写照，必细笔勾勒，多失之板滞；若追求意趣横生，必逸笔写意，不拘形似，往往漫画化，既失却写照之义，也难以表现更强烈、深厚的绘画性。任伯年超凡入圣之处，便在于能以近乎写意的逸笔，勾勒取神，表现出常是靠细笔勾描才可能获得的准确与严正。天赋之外，任伯年不仅深得传统写真术三昧，且受上海地区西洋画的影响，将其创造性地融入中国笔墨之中，水乳交融，生意十足，其肖像画，大都为吴昌硕、高邕之、何以诚等熟悉的友人，生命中相应相感而得的灵感，以流畅有情的笔墨"写"出来，就像《海上墨林》所记其"自言'作画如颐，差足当一写字'"，一洗传统肖像定型化的"脸谱"与"身段"。[8]

由于任伯年读书不多，没有著述，画面上除了写姓名、创作时间、地点，极少诗文题记，常被妒忌者斥为"俗气"。何怀硕对此等俗见嗤之以鼻，认为，任伯年以其过人的领悟力与想象力，对民间传说、文史典故、神话故事、诗词意蕴、历史人物、民俗人物等，博闻强识，不受传统束缚，以推陈出新的创造性与游刃有余的技巧，创造出一个别开生面而丰美精妙的人物画世界，独步晚清，"岂是一般文人画家

7　杨佳玲：《画梦上海——任伯年的笔墨世界》，邵美华译，杨恩豪审校，（台北）典藏艺术家庭股份有限公司，2011，第24—27页。此书是目前为止从整体文化上探讨"海上四任"的力作，但尽管如此，对于任伯年的生平，仍是只有模糊的大概。亦见马孟戈：《海派中坚——任氏家族》，（台北）石头出版股份有限公司，2010，第130—134页。在《画梦上海》一书第21页"壹　任伯年的生平与艺术"的空白处，何怀硕写道："我80年代写《苍头异军——任伯年》文，感慨百余年前的中国大画家，竟无传记，资料也缺，徐悲鸿所写也多错误，今见此书，后生可畏，大感欣慰。……8/8/12夜（即2012年8月8日）。"

8　何怀硕：《苍头异军——任伯年》，载《大师的心灵》，第27、28、30、31页。

所能比匹"！[9] 所以，纵然任伯年花鸟画作品更多，也更被世人认可，但在何怀硕眼中，"比起人物画来，不论就其艺术所达到的高度，就其开创性与对画史的贡献，都大不如他的人物画"。尽管如此，其"惊、藏、活"（惊，指花鸟每似受到惊吓；藏，是每将禽鸟藏于花木之下或背后，状如避难；活，指其用笔爽利奔逸，花鸟皆有跃动之态）的特色，依然富有创造性。[10]

身为画家的何怀硕，深知一名画家的养成，离不开师承，不论亲承教泽还是钦慕私淑。因之他在探究任伯年风格的养成时，透过任氏弟子颜元勾摹老师的千余幅稿本，认识到任氏不到三十年的创作生涯间的勤奋与敏捷才思："天才，加上用功，是一个大画家不可或缺的条件。当然，假如没有丰富的传统，没有扶持、奖励、启发他以及供他学习、借鉴、反省的同代师友，也不可能有任伯年。"这种师承，是由"二任"（任渭长、任阜长）而上窥陈老莲，以至宋人的双钩之法；也是"得八大山人画册，更悟用笔之法，虽极细之画，必悬腕中锋"（《海上墨林》）；也是从华新罗那里体悟到"如公孙氏舞剑器浑脱，浏漓顿挫"之道，更加之胡公寿、朱梦庐等同道的提携与启发……使海上画派由他集大成而登峰造极，创造出近代中国绘画史的第一个高峰。在何怀硕心目中，任伯年的意义，在于他作为近代画坛的"苍头异军，扭转了清末画坛奄奄无生气的僵局，开拓了往后这一百多年来近代中国画的新局面。他的创造性成就已经成为中国绘画传统最重要的一部分"。何怀硕尤其鄙薄那些酸腐文人的陋见："历来以'正统'的偏见，对任伯年的贬低与忽视，早该大大修正，未来必确认他在近代中国画

9　何怀硕：《苍头异军——任伯年》，载《大师的心灵》，见第 31 页。

10　同上书，第 34 页。

任伯年
蕉荫纳凉图
129.5 cm×58.9 cm
纸本水墨设色
1888 年
浙江省博物馆藏

任伯年此作，描绘老友昌硕，左上方篆书出自吴昌硕甲辰年（1906）自题。

何怀硕 / 高士图（又名《看川图》）/ 45.7 cm×52.7 cm / 纸本水墨设色 / 1983 年
何怀硕《高士图》（1983）的人物造型，有任伯年式的思路。

史上，是占有崇高地位的最初一人。"[11] 甚少作人物画的他，偶然遣兴，如《高士图》（1983），瑟缩身子、撅着胡子、抬眼望天的高士形象，便依稀可见任伯年的思路。

对任伯年的评价，呈示出何怀硕"什么是第一流画家"的标准，尽管他并不否认这是个很难提出公认、完善、标准答案的问题，但他同时相信这是一个"写论的人"无可逃避的问题，他提出了三点评判

11　何怀硕：《苍头异军——任伯年》，载《大师的心灵》，第 35—38 页。

依据：第一，画家作品艺术成就所达到的高度；第二，是否具有开创性；
第三，对画坛的影响力。

　　具体来说，何怀硕认为，第一流的画家，艺术作品本身必须要达到相
当的高度，而衡量其成就的高度，是要将其置于所处时代的定点来考量。
同时，这种高度，必须是在艺术史上具有开创之功，是大道而非小径。
有些艺术家，成就本身很高，但如果本身缺乏创造性，而只是延引、鼓吹、
推广某种派别或风格，即使一时声势浩大，嘉惠众多追随者，也只是
造桥，而非开路，像岭南高剑父、高奇峰昆仲，对岭南画派有振兴之功，
但太多日本画形貌，创造性便略嫌不足。还有些艺术家，像虚谷，画风苍
涩冷逸，画史前所未见，极富创造性，但对艺术史的影响，只是小道，故而
难入一流大师之畴。因此，只有开创了高光远大之途，才可能产生强大深
远的影响力，这种影响力，非一时一地或现实的政治、社会地位或其他
非艺术因素造成的望风景从，而是感应、启迪后来者的力量，像徐渭对后
来数百年水墨生宣写意画风的开拓，才是真正长久的影响力。[12]

　　何怀硕强调，近代以来，艺术在个人觉醒的时代精神笼罩下，已
由传统的捕捉自然之美与客观之美，传达共同愿望与趣味，逐渐转变
为表现艺术家个人独特的内心世界——情感、想象、幻想、心理、欲
望……人生的孤独、空虚、忧伤、恐惧、痛苦等，便成为艺术表现的
普遍内涵。近代中国的无尽苦难，愈发加重了艺术的苦涩色彩。近代
中国的第一流画家，"因为表现了时代的精神与个人的觉醒，他们的
作品多半流露了沉重与感伤。只有那些缺乏时代感应与个人独特情怀
的仿古画家才依然陶醉在浓艳亮丽、清雅甜美的制作中"[13]。

　　何怀硕将艺术创作的来源，概括为三点：第一，过去人类已有的

---

[12]　何怀硕：《大师的心灵》，"绪说"，第6—8页。
[13]　同上书，第15—16页。

成就，即历史传统的继承；第二，广大的宇宙、自然、人生和社会现实；第三，自我心灵的开发。简言之，就是历史、现实与自我。

　　与绘画题材广泛的任伯年不同，专擅花卉的吴昌硕，在何怀硕看来，是清代好古、崇古、研古、汲古之风的高潮与总结，是书画同源论[14]的卓越实践者，其成就更多来自历史传统的传承，而在传承中，自有其创造。

　　清代以前，已有金石学的概念。宋人热衷古器物及研究，成为传统史学的新发展。尽管宋以前，对古物的兴趣已经存在，也有收藏古董的记载，但只是从 11 世纪中期起，古器物学才变成文人士大夫的癖尚并发展成专门的学问，并得金石学之名，因为"金"（青铜器）和"石"（石刻）几乎成为古物研究的全部内容。[15]之所以产生这种局面，王国维在《简牍检署考》中阐释道："书契之用，自刻画始。金石也，甲骨也，竹木也，三者不知孰为先后，而以竹木之用为最广。"但竹木易朽，甲骨用于卜筮，唯金石最耐久而重要。研究古代历史、文字、文学、器物、美术乃至生活、风俗等，以金石为最可靠之证物。何怀硕强调，虽然金石学宋代已经发端，但只有到了清代，朴学兴起，包世臣等人提倡碑学，随着邓石如、伊秉绶、赵之谦、吴让之等一代代大师对碑碣摩崖、椎榻独特美感的发现，以之入书入画，才产生出"金石味""金石气"的概念——"金石味""金石气"虽与"金石学"同出金石，但不同于金石"学"的理性，

14　何怀硕认为，书画同源论虽源于赵孟頫自题《竹石图》："石如飞白木如籀，写竹还于八法通。若也有人能会此，方知书画本来同。"实则从中国文字滥觞期已见端倪，只是宋元以降，文人画大兴后，这一见解得到总结与更透彻的实践而已。这一理论，使中国线条充满变化与内涵。但何怀硕也指出其负面影响：抹杀了与书画同源无关的其他绘画形式与技巧；使精于笔墨的文人画独霸画坛，压抑了其他绘画形式的发展；使传统中国绘画太过受制于书法技巧，反成圭臬与枷锁。他相信，只要不将书画同源论作为唯一的理论依据，那它不仅不需要为这些弊病负责，而且以其在中国绘画史上的光辉成就，足为后来者再创造的源泉。载《大师的心灵》，第73—74 页。

15　［美］巫鸿：《武梁祠：中国古代画像艺术的思想性》，柳扬、岑河译，三联书店，2006，第 50 页。

是感性的"味"和抽象的"气"。何怀硕相信，金石味是中国视觉美术的独特美感发现。吴昌硕弟子王个簃说，缶翁"以石鼓文与篆刻的笔法入画，并参以汉武梁祠石刻、南北朝造像等，因此笔法无往不留，无垂不缩，呈现着浓厚的金石气味"。[16] 这种独特美感的源头，何怀硕检出乃师王壮为《金石气说》一文，对其发生与精神特质，表述言简意赅：

"今日所可见最古之墨迹，为甲骨上朱墨原书未刻者，为长沙出土之帛书，为长沙出土之战国楚简，为西北发现之两汉竹木简，凡此诸迹，论时代且古于若干金石刻辞；论笔意笔势，虽皆古而不今，然与习见秦汉六朝金石拓本中之气息，又复大异其趣。其中较多圆浑，较少方峻；较多自然，较少造作。因念古贤自已古矣，当其援笔为书时，自然有古气流露，然未必蓄意以为金石气，有类悬鹄而拟之者也。是则所谓金石气者，实出自吉金乐石，出自钟鼎盘盂，出自碑碣摩崖，出自纸墨椎拓。易言之，非直接出于书者之手，实间接出于器物者也。……今日之趣，实千年磨蚀致之也。人始为之，天复泐之，人又从而学之，天人之际，出入其实难分矣。"[17]

但是，正因王壮为认为金石气是"人始为之，天复泐之，人又从而学之"，故而"知金石气者，亦即失真之谓也。曩与罗志希先生论书，为述此意，公笑曰：可谓强为之辞矣。罗公盖未深解之耳"。对罗志希的态度，何怀硕不确定他是不同意金石气是因失真的结果而产生，还是不同意金石气因来自失真的结果而不如墨迹值得学习？但何怀硕由此得悟王壮为书法为何光圆雅静，而与金石气失之交臂的根由所在。然而，何怀硕并不认同这种失真说，恰恰相反，正因为刀镌、天泐与

16　王个簃：《吴昌硕先生传略》，载《艺林丛录》第一编，（香港）商务印书馆，1961 年。转引自何怀硕：《大师的心灵》，第 76 页。

17　何怀硕：《熔数千年碑碣金石铸成苦铁——吴昌硕》，载《大师的心灵》，第 76—77 页。何文所引王壮为《金石气说》一文，原登于 1959 年某期台北《大华晚报》。

棰榻中发现独特的金石趣味，并由此而融会创发，才有书画金石派的新路，而得石破天惊的别开生面，而得吴昌硕的登峰造极。

何怀硕视吴昌硕"是有清一代最有资格的最后一位文人画家"。历史上许多大名鼎鼎的文人画家，如苏东坡、倪瓒、徐渭、八大山人等，从未有人能真正地集诗、书、画、印四绝艺于一身，且皆臻炉火纯青之境者。民国的建立，终结了中国数千年的封建王朝，开启了历史的新纪元，可以说，在吴昌硕手中，最终完成了传统中国文人画的总结，而开启了近代金石画派的新路——没有吴昌硕，就不会有齐白石、潘天寿、陈师曾等画家的种种成就，其影响之深之广，近代无匹。在对吴昌硕艺术成就的认识上，何怀硕显示出其"独立之精神"，对他景仰的梁启超在《清代学术概论》中的断言："清代学术，在中国学术史上，价值极大。清代文艺美术，在中国文艺史美术史上，价值极微，此吾所敢昌言也"，并不苟同，直言"博学深思如任公，也不免对美术缺乏见识，故武断若此之甚。中国学者对艺术之隔膜，品味力常有偏失。任公如此，余人更无论矣"。[18]

艺术上，一种风格的完美，对后来者往往意味着失去了这条路上的探索空间，若非别有禀赋，便只能依辙而行，难有创发。但天才之为天才，就在能于无路可行处，另辟蹊径。在对齐白石的认识上，何怀硕与齐白石艺术研究者的共识是，白石老人的艺术，是沿着一条吴昌硕走过的路曲折而来，但其天才，展现在以吴昌硕这类画家所没有的农村工匠出身，以生猛活泼的平民生活的生命力，将高简的文人笔墨与乡土趣味、丰沛的个人经历体验结合在一起，令宋元以降的笔墨

18　何怀硕：《熔数千年碑碣金石铸成苦铁——吴昌硕》，载《大师的心灵》，第66—82页。何怀硕认为，虽然以金石入书入画之风，清初即多有探索者，但大约从赵之谦、吴昌硕之后，才有"金石画派"一说。对于金石派的兴起因由，见第172页。

吴昌硕 / 寿石牡丹 / 纸本水墨设色

　　吴昌硕此作描绘牡丹苍石，浑穆苍茫，金石气十足；题句："此
花如老僧面壁，花若有灵，必笑我唐突"，显出画家的想象力与幽
默；所钤"苦铁"一印，为其自刊——吴缶翁是真正集诗、书、画、
印四绝艺于一身，且皆臻炉火纯青之境者。

吴昌硕 / 任颐之印·伯年 / 各 0.9 cm×0.9 cm×2.4 cm

　　吴昌硕刻任伯年自用象牙双联章，是二人亦师亦友关系的见证。

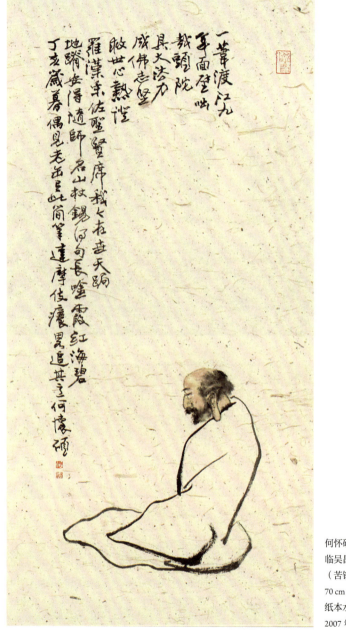

何怀硕
临吴昌硕达摩
（苦铁笔意）
70 cm×35 cm
纸本水墨设色
2007 年

生意，从文人士大夫的高寒拉回人间"经验的世界"，在吴昌硕之外，"表现生命"，另开新境，"真实，富于个性，如可对语"，"历代画家，能捕捉生命情趣者，莫过于齐白石"，就像其《红叶》一画的题诗："窗前容易又秋声，小院墙根蟋蟀鸣。稚子隔墙问爷道，今朝红叶昨朝青"，在感叹里观照生命的有情和无情。[19] 不同的是，何怀硕格外强调齐白石"强烈的使命感"，因为"中国画家之有完善之自传，而且又有详尽生动口述自传"，要"以齐白石为第一人"。笔录《白石老人自述》的张次溪在前言中说，因为老人看到别人写的传记，于是希望有人为他作一篇传记，因而有了"保留老人的口气，一字一句，我都不敢加以藻饰"的《白石老人自述》。[20]

《白石老人自述》之外，1946 年秋天，齐白石还找到胡适，请胡适"试写他的传记"。为此，老人亲自到胡适家，"把一包传记材料"交给胡适看，胡适"很感谢他老人家这一番付托的意思，当时就答应了写传记的事"。当时，老人交给胡适的材料包括：

（一）《白石自状略》（白石八十岁时自撰，有几个不同的小本子）。

　　甲、初稿本；

　　乙、初稿钞本；

　　丙、初稿修改后印本（《古今半月刊》第 35 期）；

　　丁、写定最后本。

（二）《借山吟馆诗草》（自写影印本）。

（三）《白石诗草自叙》。

19　郎绍君：《齐白石、经验的世界、表现生命、形式与风格》，载《现代中国画论集》，广西美术出版社，1995，第 1—63 页。不过，郎绍君对齐白石更完整全面的论述，是《齐白石的世界》，（台北）羲之堂文化出版事业有限公司，2002。

20　何怀硕：《寻常巷陌起高华——齐白石》，载《大师的心灵》，第 114—132 页，尤见第 114—116 页。

何怀硕 / 齐白石像 / 99 cm×67 cm / 纸本水墨设色 / 1987 年

甲、初稿本；

乙、改定本。

（四）《三百石印斋纪事》（杂记稿本）一册。

（五）《入蜀日记》残叶。

（六）《齐璜母亲周太君身世》（白石自撰）。

（七）《白石诗草》残稿本，这里面有临时杂记的事，共一册。

（八）《借山图题》（壬申抄本）一册。

（九）《齐白石传》（未署名，似系王森然作，抄本）一册。

（十）白石老人杂件（剪报、收函等）一小包。[21]

　　章学诚在《韩柳二先生年谱书后》中说："文人之有年谱，此前所无……文集记传之体，官阶姓氏，岁月时务，明可证据，犹不能无参差失实之弊。若夫诗人寄托，诸子寓言，本无典据明文，而欲千百年后，历谱年月，考求时事，与推作者之意，岂不难哉？故凡立言之士，必著撰述岁月，以备后人之考证……"这种强烈的历史意识，呈现在白石老人身上，便是这许多的"传记材料"，以及《白石老人自传》与《齐白石年谱》之外，"齐白石的书画作品，多有纪年，甚至常有作画时岁数与地点的记录。画家中天生而有这样强的历史感者，齐白石允推第一"。[22]何怀硕自己的作品，都有"编号、画题、尺寸、年月日、题款、印章、存档照片、备注"等严格记录，即如编号一项：

　　作品数字编号，简直太"幼稚园"了，7—32即七百三十二号，6—

21　胡适：《齐白石年谱·序一》，载《章实斋年谱　齐白石年谱》，安徽教育出版社，1999，第169—170页。《齐白石年谱》，胡适编排考订在先，后经黎锦熙、邓广铭修正、增补和改削，实为三人合作，这在胡适序中有清晰的说明。白石老人提供胡适的材料中，"（八）《借山图题》"，书中作"（八）《借出图题》"，应是"山""出"字形相近，"手民"之误。
22　何怀硕：《寻常巷陌起高华——齐白石》，载《大师的心灵》，第114—132页，尤见第116页。

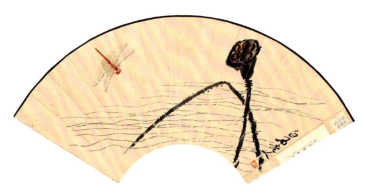

齐白石 / 莲蓬蜻蜓 / 扇面 /24 cm×51.5 cm/ 纸本水墨设色 / 无年款 / 北京画院藏

齐白石 / 钟馗 / 133.5 cm×43 cm / 纸本水墨设色 / 无年款 / 北京画院藏

34 即六百三十四号。我至今卅多年才画了九百多号，这只是某些传统画家二三年的"产量"。[23]

他建议那些对自己作品负责任的画家，都应该做记录，除友人宋汉西的建议外，大约亦不无白石老人的影响。

但为什么齐白石笔墨继承自八大山人、金农、吴昌硕一脉的"在野文人画"传统，风格面貌相近，却仍能获得雅俗两端的最高赞誉？何怀硕认为，关键在于齐白石天才地将传统文人画的美感情趣，创造性地用于表现他早年平民化、世俗化的农民生活，洋溢着生动活泼的世俗人情，"创造平民百姓的'文人画'风格"。白石老人的不可及之处在于，身处一个传统中国天崩地解，文人画蝉曳残声的时代，以其赤诚之心，运文人之笔，"点铁成金"，展现出一个过去文人画家不屑看、不敢想、不能画的无限广大的世界。但齐白石的可贵，不仅在广度，也在高度。一人而能诗书画印，且每项皆能戛戛独造，在艺术史上有其不可取代的地位者，吴昌硕之外，白石一人而已。在何怀硕看来，两相比较，吴昌硕在书法、篆刻上高过白石，但白石在诗文上则略胜一筹；就画而言，吴昌硕的古朴铿锵前无古人，而白石的广大与真挚也不可企及。尤为人所不及的一点是，白石老人的艺术与生命是合而为一的，其一生画作，堪称一部充盈无比的"旅世画记"——描绘记述他漫长一生的所见所闻、所感所思、所悲所愤、所爱所悦。所以，尽管两人"画路相同，但思想与品位不同。他们的成就却难分轩轾。一个是高古的文人，一个是素朴的农夫，齐白石是吴昌硕之后传统文

23　何怀硕 1999 年 12 月 22 日给笔者的信。此前，我见其画册中作品旁边有此编号，曾以为是某种分类方法，但又不明其中规律，于是写信探问，遂有此答。

人画家最后的巅峰"。[24]

　　中国山水画史，如果以《画云台山记》的作者顾恺之为发端，已有两千多年的历史，其间山水名家，不可胜数，但能以金石美感入山水，开创苍拙古奥、浑厚华滋之境者，黄宾虹可谓旷古一人。与任伯年、吴昌硕、齐白石等专业型画家不同，何怀硕视黄宾虹为"典型的学者画家"，是传统山水画的集大成者。

　　之所以黄宾虹能成为学者画家，是因其一生著述丰厚，在文字上下过大功夫，仅只《黄宾虹著述所见撷录》中统计的黄宾虹著述，甲项画类（理论、技法、史料）有六十三种，包括《古画微》《中国画学史大纲》等重要著作；乙项金石类（附陶器及文字考证）有二十六种；丙项工艺美术有五种，丁项诗文类十二种；戊项编纂类有二十五种，包括与邓实合编的巨著《美术丛书》。尚不包括未能搜集齐全的其他文字。在文献上投入的这种巨大劳动，何怀硕认为，近代画家中，无人能及，因此积累而熟悉的历代名画，领悟的传统画法画理，使黄宾虹有条件集传统之大成。而天假以年，宾翁的长寿，使他从容汲取，不断地临摹，积健为雄，由渐悟而顿悟，同时，不间断地旅行、写生，"写生稿数以万计"，水滴石穿，最终完成的浑厚华滋的山水，涵盖了他一生在画艺上对于"书画之道，不外笔法、墨法、章法"，主要是"五笔七墨"的所有努力。天赋、毅力、恒心、学养加之长寿，最终达到"石穿"的成就：在画境上，不拘泥于应物象形的形而下的精确生动，由技法达到形而上的境界，"技进乎道"；在技术上，宿墨法、破墨法和"水法"之高妙丰富，在两千多年的中国绘画史上，何怀硕相信，"黄宾虹是睥睨古今"。最终，在八十岁以后，古人、造化与自我浑融为一，

24　何怀硕：《寻常巷陌起高华——齐白石》，载《大师的心灵》，第127—128、131 页。文中的结论原为"他们正是传统文人画家的最后双峰"，上文为笔者手中的何怀硕手改稿。

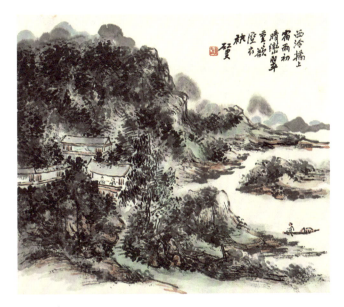

上：黄宾虹 / 西泠雨过 / 26.7 cm×31 cm/ 纸本水墨设色 / 无年款

下：何怀硕 / 临黄宾虹山水 / 24 cm×27 cm / 纸本水墨设色 / 1961 年

"以一生作一画"——一幅最典型、最完美的晚期黄画，足以涵括他一生在画艺上所有的努力。[25]

对黄宾虹的认知，某种程度上可以见出何怀硕如何看待艺术的"显"与"隐"：就形式本身来看，黄宾虹的画，题材与境界比较陈旧，内容与情感上也不太能显示出时代的精神，这是"显"的一面；但是，从黄宾虹热衷画"黝黑如椎碑"的"夜山"上，他认为，依然能体会出其中隐藏的历经世变的老画家寄托其间的深沉郁勃、苍茫拙厚，这是"隐"的一面。但无论显隐，黄宾虹都以出自传统的丰富而艰深的技法，丰富了传统，树立了典范，成为"传统山水画最后的大综合者与金石派山水画的开拓者"，在其超越凡庸的山水尚未被艺术界普遍认可的今天，何怀硕深信，黄宾虹是"石溪、龚贤、石涛以后最伟大的山水画家"。[26]若以独创性而言，其以金石美感入山水，所开辟的苍拙古奥、浑厚华滋一路山水，质诸整部中国山水画史，黄宾虹也允称"旷古一人"。[27]

任伯年、吴昌硕一代及稍后的齐白石、黄宾虹一代，虽或多或少、直接或间接地接触过或参用西法，但影响有限。这种影响，可以上溯至西方绘画进入中土的明末，当时的吴历、清初的邹一桂、清末的任伯年和吴石僊等人，是在画中参用西法较为典型者，但体系化的大规模进入，要到留洋归国的徐悲鸿、林风眠等人，借助现代教育体系，以系统的教学，导入西方绘画乃至艺术系统，这种影响才正式在中国画坛奠基，并启端新时代。

吴昌硕、齐白石和黄宾虹三位金石画派大师，何怀硕视之为传统

25　何怀硕：《苍拙古奥，浑厚华滋——黄宾虹》，载《大师的心灵》，第159—178页，尤见第166—169、175页。

26　何怀硕：《苍拙古奥，浑厚华滋——黄宾虹》，载《大师的心灵》，第176页。何怀硕在文中说，虽然"没有人说过黄宾虹是金石山水画派，他自己也不曾如此自我界定，但我认为，他正是独一无二的山水画金石派大师"。

27　同上书，第162页。

老树上冒出最后的新枝，展现了历史悠久的文人画的终局，成为传统
夕阳的最后余晖。他们生活的时代，中国社会面临两千年所未有的石
破天惊的巨变，尤其是从中日《马关条约》签订的 1895 年到五四运动
爆发的 1919 年，短短的二十多年，被许多史家视为近世中国巨变的枢
轴期，在传统中国和现代中国之间划出一道分水岭：《马关条约》签订、
戊戌变法失败、义和团之乱、辛亥革命、五四运动……不仅政治制度
上持续两千多年的帝制如泥委地般垮塌，帝国变民国，文化制度上也
是整个国家自上至下在变：废除科举，兴办学校；开设议会，建立政
党；剪去辫子，穿上洋装；妇女解放，男女平等；破除迷信，崇尚科学；
白话取代文言，新诗取代旧体诗……[28] 在此新旧交替之际，中国绘画如
何跨越历史的分水岭，进入新的时代，便期待管领新时代风骚的大师，
揭开这一序幕。

　　《大师的心灵》八位大师中，以年齿序之，徐悲鸿正是承先启后。
之前——任伯年，1840 年；吴昌硕，1844 年；齐白石，1864 年；黄宾虹，
1865 年。徐悲鸿，正出生于巨变发端的 1895 年。之后是 21 世纪的一代，
林风眠，1900 年；傅抱石，1904 年；李可染，1907 年。之所以徐悲鸿
在这段历史时期中的光芒一时无两，何怀硕坚信，便因为他是时代的
觉醒者：力倡"中国画改良论"，被传统画坛目为异端邪说，备受打击，
但他提倡、开启的现代化方向，最终战胜以张大千为代表的复古主义，
所以"徐悲鸿成为管领二十世纪初期中国画坛的大师，是当仁不让。
在他的身上，已为后来的中国画家塑造了新一代的典型。汲西潮以沃
中土"，是 20 世纪"中国绘画新传统的总趋势，徐悲鸿正是第一代最
主要的开路先锋"。[29] 而且，徐悲鸿对傅抱石、李可染皆有知遇之恩，

28　葛兆光：《古诗文初阶·前言》，复旦大学出版社，2016，第 2—3 页。
29　何怀硕：《汲西潮以沃中土——徐悲鸿》，载《大师的心灵》，第 206—226 页，尤见第 207 页。

徐悲鸿 / 会师东京 / 113 cm×217 cm / 纸本水墨设色 / 1943 年 / 徐悲鸿纪念馆藏

其对画坛长久的影响，由此亦见一二。

徐悲鸿所开启的现代性，表现在方方面面。如，他一生只用"悲鸿"这一名字，而不像旧时代传统画人那样别名别号一长串。这一点上，傅抱石、李可染皆步其后尘，何怀硕亦复如是。

"中国画改良论"的端绪，源自徐悲鸿初次出国，到日本东京考察东洋美术时，有感于 20 世纪初期日本画坛自明治维新以来对西方艺术吸收融合的蓬勃发展，"顿觉日本作家，渐能脱去拘守积习，而会心于造物"，从而明确了中国绘画的革新之途。后来，1919 年五四运动前两个月，获得官费赴法留学资格，考入巴黎高等美术学校，并辗转英、德等国，不断学习观摩，在实践中逐渐完善自己的艺术思想，磨砺自己的绘画技术。1928 年秋，应蔡元培之邀，出任北平艺术学院[30]

30　民国时期的学院建制，即便是中央美院这段历史的专门研究者，如彭飞、中央美院档案室馆员祝捷等，对此的梳理，亦不一致。何怀硕文中写为"北平艺术学院"，实则 1928 年徐悲鸿任院长时，已由林风眠任院长时的"国立北京艺术专门学校"改称"北平大学艺术学院"（随着国民政府迁都南京，北京已于 1928 年 6 月 20 日改称北平）。

院长，从此开启其美术教育与创作并重的艺术生涯。

徐悲鸿之迥出时辈，在于以他为代表的许多第一代留学生，远赴欧美、近至东洋取经，以期回国完成中国艺术的现代化。但在艺术道路的选择上，有人批评徐悲鸿，认为他所引进的"写实主义"阻碍了中国现代美术的发展，使得中国比西方落后；更有甚者，认为这种选择既破坏了中国的绘画传统，又丧失了西方精神。针对这类代表了晚近中国画坛西化派对徐悲鸿的"事后诸葛亮"式贬抑论，早在1979年纪念五四运动六十周年之际，何怀硕即以《五四以来中国美术的回顾与前瞻》予以回击，显示出皎然不群的艺术史观与史识：

我以为徐悲鸿不愧为一位有见地的中国美术教育家，更不愧为一位有个性、有自我判断、有自信的中国画家。他摒弃西方"现代主义"中颓废、虚无的部分；摒弃野兽派、立体派、抽象派、达达派等他认为是形式主义的东西，撷取西方写实主义来补救中国画自元朝以降因袭、苍白、师古人不师自然的弊病。事实上，中国美术的振兴，若不从这条路出发，必无从下手。在中国画坛只会闭门模仿古人粉本，画人物则方巾高士、樱唇美人，连画一个活人都束手无策的境况中，试问如何从立体主义、达达主义、抽象主义中求振刷中国艺术之路？

……说徐氏胸襟不开阔，没有把西方"现代主义"悉数引入中国，以致中国美术落后……都是大误解。我们要问：为什么中国美术的现代阶段必须成为西方的翻版？西方现代美术的进程与流派，岂必成为中国的标尺与内容？

依我的看法，上述两种言论，正表现了二十多年来一部分中国美术家对西方现代主义俯首称臣的事实本质。而徐氏对西方美术有主见、有选择、有批判地吸收与舍弃，正表现了一位真正艺术家的怀抱。我们且看近二十多年来我国有多少盲目追随西方的现代主义画家，他们所提倡的"现代画"正是西方的皮相的抄袭。虽与西方的"现代主义"距离极近了，但是，这样的卑屈，岂是现代中国艺术的正果？

徐氏在油画及水墨画上的杰出表现，可以说是将油画引导到"民族化"的道路上去；而其水墨，则融汇了西方写实的技法，使它逐渐朝"现代化"迈步。论成绩之辉耀，方向之明确，影响、贡献之大，徐氏是首屈一指。[31]

何怀硕就读湖北艺术学院附中与升入湖北艺术学院期间，傅抱石与李可染的画展，曾激起学生的临摹之风，令他得窥中国第一流水墨大师的门径，而傅、李与他的广东同乡林风眠一道，成为影响他最深的三位大师。

这三位大师的风格特征，按他的概括，林风眠是"净化"，傅抱石是"爆发"，李可染则是"构筑"。[32] 相对来说，林风眠的意境近词，傅抱石则近诗，他们之于何怀硕，是对绘画意境的开拓；而李可染之于他，则重在以传统的笔墨线条构筑画面的方式——林风眠不拘一格的描绘方式与傅氏纵横排奡的抱石皴，与元明以来的传统笔墨方式相去已远，在笔墨程式上很难提供直接的借镜，而李可染对景创作的成功探索，构图沉稳凝练、黑白虚实推敲完美的样式，则正弥补了这一缺憾。

傅抱石的人物画，何怀硕目为"别有怀抱"，其笔下的屈原、王羲之、竹林七贤、陶渊明、李白、杜甫等，悲愤、悒郁、萧疏放逸、不满现实及内心深处莫可名状的哀伤与沉重，皆与画家心有灵犀。这

31　何怀硕：《五四以来中国美术的回顾与前瞻》，发表于《中国时报》1979 年 5 月 22、23、24 日，后收录于其《风格的诞生》。文中，何怀硕批驳的台湾地区一些西方现代主义盲目追随者的看法，在不久后的八九十年代的大陆，亦甚嚣尘上。

32　何怀硕：《解衣磅礴，纵横排奡——傅抱石》，载《大师的心灵》，第 303—324 页，尤见第 320 页。

种怀抱，何怀硕认为，最充分体现在屈原造像和《九歌》题材的作品上。尽管傅抱石受日本画家横山大观《屈原》（1898）的影响，但只有傅抱石笔下的屈原，才最充分体现出中国人物画传神的精髓。因为，傅抱石在技法上将传统人物画线条的工整严谨，一变而为写意飞动与破锋飞逸的线条，看似潦草荒率，实则是以这种方法，概括地勾勒衣纹手足服饰的动势，不做确实的描绘，从而将全部注意力集中在头面，尤其是眉眼的神情上，令他人物画的技巧与山水中的抱石皴一样，凸显出音乐般的特性——旋律与节奏之美超越了概念的清晰与描绘的拘泥，在模糊、莫可名状的笔墨间，生动地传递出对象的复杂与微妙，更凸显眉眼与头面的神采。具体在造型上，傅抱石颠覆了高士必俊美潇洒，仕女则妩媚细弱的"规格化"与"庸俗化"，悲剧如屈原，如病鬼、饿鬼、冤鬼，却自有一股傲岸、超脱、深挚的神韵；仕女则多为"湘夫人""二湘"一类怨妇，取径唐俑与陈老莲，摒弃瘦削柔弱，而为顾硕丰盈，面目古朴灵慧，个性强烈。令人感到，画家不在画人而在画心境，在表现人生的际遇，表达画家对先贤的理解与共鸣，虽手法朴素沉着，也没有夸张的戏剧化动作，但在表现心境与共鸣上，正是有深度的人物画的高峰，何怀硕谓之"前不见古人"。[33]

　　虽然傅抱石最好的人物画与山水画难分轩轾，但从个人创造角度看，何怀硕认为代表傅抱石最高成就的，是山水画。"在20世纪的山水画大家中，把强烈的个人感情、人生观与宇宙观融入山水画的构思里，傅抱石是最突出的一人。"[34]傅抱石在继承文人画对线条的倚重的同时，色不碍墨，但其色彩又迥异于传统的程式化与贫乏，既以色彩辅佐笔

33　何怀硕：《序言》，载《荣宝斋画谱（一○四）·人物部分·傅抱石绘》，荣宝斋出版社，1997。
34　何怀硕：《解衣磅礴，纵横排奡——傅抱石》，载《大师的心灵》，第320页。

傅抱石 / 秋江野老图 / 68.2 cm×40 cm / 纸本水墨设色 / 1945 年

傅抱石名字，即因崇拜石涛而来——"抱石"，其情感之诚挚热烈可见。

上：何怀硕 / 临傅抱石《平沙落雁》/ 30 cm×43 cm / 纸本水墨设色 / 1981 年

下：何怀硕 / 临傅抱石《屈子行吟》/ 69 cm×105 cm / 纸本水墨设色 / 2007 年

墨的气韵，又以其奠定作品的调子：色彩中加墨，大面积渲染，气势苍茫浑厚，别具一格。傅抱石运用其典型的破笔散锋，即著名的抱石皴，无论出自笔锋还是笔肚，变化万端而终成显示层次的肌理（texture）；生发气韵的渲染，虽有人嘲之为"日本画""水彩画"，但学养深厚的傅抱石辩称，日本人的方法与材料，多是中国古法，况且，采取日本人的绘画方法，也不能说是日本化。何怀硕说，即便是接受日本画的影响，傅抱石的涵敛消化与岭南画派高氏昆仲浮光掠影的仿效，也是深浅有别。最重要的是，浓重的渲染法的大胆运用，将线、皴和点统一为面和体，全作浑然一体，突破、改造了传统山水琐碎、堆砌的通病，其气氛的营造，便因画家高超的渲染技巧而来。[35] 在何怀硕早年的画面中，也能感受到傅抱石的气息，如《孤帆》（1966）、《春江》（1972）等，大笔的涂刷，墨的韵味远胜笔的推敲。

较之傅抱石的气象纵横、不可一世，何怀硕审视林风眠的风景：

以意境的营造取胜，题材大半非常简洁。灰黑的天空，底下一列为晚风所偃仰的芦草；天际与水涯间一抹惨白，一只孤鹜或一排野雁正逆风掠过。粗犷、简洁、质朴而老辣。或者河岸旁几柱壮硕的秋树、火红的树叶夹着赭黄，以及为斜晖镶了金边的柠檬黄。树林里有几间白墙黑瓦的民房。雄强、富丽、朴厚而充满慷慨豪迈的激情。不论以什么为题材，他的风景是自然的精髓与画家的意趣、感怀所融合而成的"意象"。他的笔墨与色彩，有时极收敛，有时又极挥霍。他的画的背后，总似乎可以听到天籁，又可听到艺术家对宇宙人生种种意味，种种感遇，种种情调与种种诡谲的窥探与发见所发的浩歌、欢唱、长

35　何怀硕：《解衣磅礴，纵横排纂——傅抱石》，载《大师的心灵》，第314、320页。

何怀硕 / 苦行者图 / 61 cm×67 cm / 纸本水墨设色 / 1988 年

何怀硕以此《苦行者图》（1988），怀想 20 世纪 60
年代初曾在台北裱画店见到的傅抱石册页，"为画贾买去，
售与洋人，廿余年不曾重见"，感慨系之，遂"将背景以
山石易树林，似别有境界"。

叹与低吟。林风眠的画是"视觉的诗"。[36]

何怀硕追求"以一条河，一间房子，或几棵树木为题材，企图在
极简单的题材中，表现'丰富'……要以独特的造型与结构自身强有

36　何怀硕：《慷慨悲歌，逆风孤鹜——林风眠》，载《大师的心灵》，第 251—272 页，尤见
第 261—262 页。

林风眠 / 柳林 / 66 cm×66 cm / 纸本水墨设色 / 1950 年 / 上海中国画院藏

力的表现来蕴含'意义'。所以题体单纯、常常把物象置于近、中景
的位置，而且注重气氛（mood）的渲染；注重画面的整体结构，一反
传统的空疏与零碎……不胜枚举，都以传统的创造转化为皈依"[37]。像
其早年的《寒江飞凫》（1972），无论岸边的孤舟，还是孤立的飞凫，
无论构图，还是形式背后的创造性气质，都可见林风眠在精神层面对

---

[37]　何怀硕：《绘画独白》，第 11—12 页。

他的深刻影响。

　　创作的源泉离不开广阔的宇宙、自然、人生和社会现实，但对艺术家而言，宇宙自然与现实人生虽提供了无限的素材，树木、河流、山川、旅人等却只是符号，唯有经过画家心灵的运作，一如他形容"傅抱石最好的画都出自内心深处涌现的意象。虽然自然的体察和前人的借鉴不能缺少"，[38] 如此才能将素材真正转化为创造的元素。

　　对于林风眠的创造价值，何怀硕相信，如果从艺术应具备的三要素——艺术家独特的人格精神、民族文化的特色和时代精神来考察，在 20 世纪的中国画家中，林风眠无疑是最圆满的典型。

　　相比于齐白石、黄宾虹、潘天寿与李可染等公认的发展了传统的大师，何怀硕指出，林风眠的贡献在于别开一个新的心灵空间。他的路径不在文人传统的向前开拓，而是从西方现代美术走入中国民间美术的传统，以欧洲新艺术的观念，来发现、鉴识一个被遮蔽、漠视的不同的中国艺术宝藏，虽自然而然地流露出洋味，但却是一种有意义、充满创造性的试验。虽然他的画，从布局、章法、笔墨到题款、印章等形式要素看起来都不太"中国画"，但其实，他是真正地以瓷器、皮影、京剧造型、民间工艺花纹图案等传统民间美术的美感特质，去融汇立体派、表现主义、野兽派、未来主义等西方现代主义，以独具的慧眼，让民俗艺术发扬光大，跃入画家的创造中，其间洋溢着的旺盛生命力、强烈的时代感与个人独特的人格特质，自成面目，创造出一种独特的风格与价值，迥别时流，发射出特殊的魅力。[39] 林风眠的这种糅合中西，将中国抒情传统进行创造性的转换，发展个人与现代主

38　何怀硕：《解衣磅礴，纵横排奡——傅抱石》，载《大师的心灵》，第321页。
39　何怀硕：《一百年的惊叹——林风眠先生百岁纪念》，载《矫情的武陵人》，（新北市）立绪文化事业有限公司，第291—297页。该文写于1999年10月。

林风眠 / 晚归 / 70 cm×70 cm / 纸本水墨 / 无年款

义的视野，展示出现实的多层次性，以色彩、线条和感官形象的形式构造，以艺术创造的自律性，既生发着也响应着个人面对历史所产生的情感动力，王德威视之为对蔡元培"以美育代宗教"说的响应，冀以艺术陶冶性情、培养最精致情感的功能，重建中国人的心灵。[40]

40　〔美〕王德威：《史诗时代的抒情声音：二十世纪中期的中国知识分子与艺术家》，三联书店，2019，第298—303页。

之所以何怀硕特别重视"内心深处涌现的意象",一如《大师的心灵》凸显的是"心灵",而非"画风"或"传记",在评价画家时,便是强调艺术中蕴涵的人格化力量。如,他认为,"二十世纪的山水画大家中,把强烈的个人情感、人生观与宇宙观融入山水画的构思里,傅抱石是最突出的一个",傅抱石"说到中国的诗境,有'读倪云林、吴仲圭、八大山人、石涛的遗作,更不啻是山隈深处寒夜传来的人间可哀之曲'这一句话,不要说张大千、胡佩衡心中所无,就是黄宾虹也说不出来"。[41]正是八位大师的心灵给他以激荡,而他也以自己的心灵去感受大师的心灵:

西方自启蒙运动以来,个性解放更高唱入云。西方现代主义艺术即使有许多可以批判与诟病之处,但是个人风格强烈的追求却值得称美……五四运动时代中国的知识分子所倡导人的尊严与个性解放,直接接受了西方的思想,当无可置疑。

个人的觉醒给艺术带来了些什么呢?我想借舞蹈的例子来说明……现代舞表现的不再是线条的柔美,而是人间真挚的情感,赤裸裸的情感,人生的痛苦与挣扎。于是,近代艺术的意义与特质有了变迁与发展。艺术不再是传统中国人异口同声所说的"陶冶性情、美化人生"。艺术绝不如此简单,如此狭隘……

假使我们明白近代以来个人觉醒的时代精神,便知道艺术上捕捉自然之美与客观事物之美,传达共同愿望与趣味的时代已经逐渐为表现艺术家个人独特的内心世界所取代。当艺术演变为个人情感、想象、幻想、心理、欲望……的表现的时候,人生的孤独、空虚、寂寞、恐惧、痛苦、悲伤等情感便成为艺术表现最普遍的内涵。何况近代中国这充

41　何怀硕:《解衣磅礴,纵横排奡——傅抱石》,载《大师的心灵》,第320页。他谈傅抱石的这段话,是笔者保存的他手订修改稿中的文字。

何怀硕 / 寒江飞凫 / 34 cm×53 cm / 纸本水墨设色 / 1972 年

何怀硕此作，形式之外，阒然无人的荒芜，亦见精神层面林风眠的影响。

满苦难的一百多年，更加重了艺术苦涩的色彩。[42]

　　苦难深重的近代中国，在每个中国人心中烙下的伤痕，借由五四运动从西方现代思想中接受的"人的尊严与个性解放"，产生出"个人觉醒的时代精神"，使觉醒者摆脱了传统犬儒主义的枷锁，而致力于表现"赤裸裸的情感，人生的痛苦与挣扎"。对艺术家来说，不再满足于"捕捉自然之美与客观事物之美，传达共同愿望与趣味"，而是更深地发掘"个人独特的内心世界"。

　　在 1979 年的一次访谈中，管执中曾质疑何怀硕，一边强调"现代中国画"的"现代"精神，一边却并没有在自己的作品中表现出太多"生

42　何怀硕：《绘画独白》，第 14—15 页。

活性"，理论与实践未免错位。对此，他反驳道，这种理解，是将生
活太过拘泥于现实人生的生活，而且把现实、生活等概念，只是局限
在民生的层面。其实，现实生活广袤无垠：一座山、一只鸟与赶车上
班的人，一样是现实，一样是人生生活中的存在。表现来自人生体验
的艺术，必然是"生活的"，也是"时代的"，因为"生活"有其时
代的特点。所以，不应简单地以为凡画必以民生生活中的现实（即"第
二自然"——包括人工制造的道路、工厂、建筑、器物、都市等）为表
现对象，才具有"时代精神"，他更强调艺术家的心灵发现：

> 我以为题材无新旧，无进步与落伍之分。李白说今月曾经照古人。
> 月亮、山川等千古题材，一样可表现出不同的"时代精神"来，端看
> 作家如何取舍，如何想象，寄托什么情感，启迪什么意念，采用什么
> 方法与技巧去表现。[43]

　　像个人风格同样强烈的傅抱石与李可染，以何怀硕观之，傅抱石
最杰出的画作，都出自内心深处涌现的意象。但傅抱石的特点是，吸
纳一切后，便须闭门造车，从而让胸臆间的磅礴之气流泻于画纸之上。
他不是写景画家，而是擅于造境，典型的例证，是他几次远行写生（如
1957 年的东欧写生、1959 年的韶山写生、1960 年的二万三千里旅行写
生、1961 年的东北写生、1963 年的浙江写生、1965 年的江西写生等），
却并没有产生与他充满才情的杰构相提并论之作。但所谓"甲之蜜糖，
乙之砒霜"，写生这条没能充分激起傅抱石才情的道路，却让李可染

43　何怀硕：《绘画九题答客问》，此为 1979 年 6 月 4 日《民生报》管执中的访问。载《风格
的诞生》，第 55—67 页。当然，这种访谈的内容，有时未必代表采访者的观点，而常是代公众发问。
因为管执中（1931—1995）本人也是一位并不表现现实民生的画家。在《什么是幸福》中，重新
收录此文，何怀硕在"后记"中说，管执中时任《民生报》文化版主任，从事新闻工作三十年，"对
文化的提升，卓有贡献，他为人的正直与热诚，更为人所敬重"。载《什么是幸福》，第 302 页。

在写生中创作，完成了一生中最精彩的作品。晚年的李可染，因心脏病无法长途跋涉写生，其山水"构筑"失去了现实自然的"材料"，便不免落入传统山水满纸云烟的窠臼：

> 对李可染的画，我还是坚持我的看法，他七〇年代以后已退化……他晚年的人、牛、房屋、帆船等，浓墨战笔，俗恶不堪，而且不断重复，已走入传统陈腔老调的老套。而且满纸黑烟，为黑而黑。早年的画那种别出心裁与坚实而有意味的造型、笔墨没有了，堆砌些乌黑的恶墨，"功力"也退化，意境更庸俗。他是天生写生好手，但……胸中欠缺诗情，读书多少固有关，才分也很有关。他总缺少一种对宇宙人生深刻的感慨，从他书法所写的内容，他书法的晚年作品，可见其俗。他名"师牛堂"，也可见他没有强烈个性，见识也浅，人而师牛，何物不可"师"。[44]

之所以如此，何怀硕分析，并不是傅抱石的写生不够好，而是说，傅抱石的画笔与文学、历史是内化为一体的，其呕心沥血的想象之作，较之写生，其中蕴含着深刻的人文内涵与动人诗情，散发着不尽的画外之意，更能展现出其人格精神与艺术深度。就像傅氏在 1940 年《中国绘画"山水""写意""水墨"之史的考察》中对明末清初几位遗民画家的认识："因为他们都是身经亡国之痛的画家，所谓山水而外，别无兴趣。诗酒之外，别无寄托，田叟野老之外，别无知契。人品既高，笔墨当然造其绝境。但他们的深意，是在笔墨之外的。"那种笔墨之外的深意，也正是傅抱石的高致所在。[45] 对于傅抱石与李可染不同的艺术道路，何怀硕有理性的认知：

---

44   何怀硕 1999 年 11 月 10 日给笔者的信。

45   何怀硕：《解衣磅礴，纵横排奡——傅抱石》，载《大师的心灵》，第 321 页。

李可染 / 峨眉秋色 / 55 cm×43.5 cm / 纸本水墨设色 /1956 年

　　"外师造化，中得心源"是唐代张璪的名言，中国画家差不多都耳熟能详。此外，历来又有师古人、师造化与师心的说法。不过，古人必然先师造化；而古人的成就也有其心源在其中。因此，"古人"里面，其实有"造化"，也有"心源"。

　　所以简略而言，"造化"（宇宙、自然、人生、生活等）与"心源"（理想、想象、主观精神、生命特质、心灵修养等），是艺术创造的两大源泉。没有任何艺术创造不来自这两个源泉，而此两者，也不能只赖其一而可成就。

　　不过，艺术家因种种不同的主客观条件，其创作灵感之所赖，于此两者之偏重或偏好，也容或各有差异。也就是说，不同的艺术家，有的偏重于"造化"，有的偏重于"心源"。所以我们可以说，由于各有偏重与偏好，造成了创作灵感来源于以客观世界为主的艺术家与以主观世界为主的艺术家两大类型。[46]

46　何怀硕：《黑云压城城欲摧——李可染》，载《大师的心灵》，第353—376页，尤见第362页。

苦涩的美感

梁实秋在《何怀硕的画》中说："我们欣赏山水画，不只是要看章法布局，气韵笔墨，还要体会画者的胸襟境界。"[1]一位画家的胸襟境界，有复杂的成因，但归根结底，是内心对于时代的感应。

1969 年第一次个展时，何怀硕便直陈，艺术创作中表现悲剧感是其一生信奉的理念：

> 艺术主要在于反映一定文化环境中之个人的心声，这里面包括了对历史的继承与批判，对人生之新体认、对时代之批评、对未来的憧憬。
>
> ……
>
> 我个人的认识偏向于艺术只能是悲剧感的表现，所以它只能有苦涩的美感；凡离开了此苦涩美感，任何悦人的甜性的美感，那些被称为生动、娇艳、秀丽的，与自然在流动中所偶有的悦目赏心之美，那非人文的，那称为自然美的，都难以冠上"艺术"的名号。如一般中国古典派的画家的山川之美、花鸟之美、仕女之美，乃是毋（无）视现代人的本质，拒绝现代的激流之冲击，逃避现实的苦难所编造的谎言。
>
> ……悲剧感有一种崇高的气质，因为它表现了内心世界的苦斗，

1　梁实秋：《何怀硕的画》，载《何怀硕画集》，何怀硕画室出品，1973。

表现了人的意义。[2]

生存的时代是悲剧的时代,艺术家便应正视这悲剧:"大跃进",三年困难时期,一直如影随形的个人痛楚记忆;赴台后,又是长期执行的"紧急戒严令",对五四运动的记忆常沦为浪漫说辞,却淡化了本质精神上"人的尊严与个性解放",那些留在大陆的作家,包括早已去世但对国民政府多有批判的鲁迅,作品依然是禁忌……个人的记忆刻骨铭心,整个社会的大众记忆渐趋模糊。作为个体的画家,只有以手中的画笔,坦然面对自己的内心,然后将这种感觉扩而大之,才是使命。[3]

不只是时代,自艺术的缘起看,何怀硕也相信,悲剧是更本质性的:

人类艺术的传统,表现了人有一个希冀,就是在短暂的生命中寻求某些永恒的东西。生命一纵即逝,而艺术可以弥补时空的无情阻隔之遗憾。心灵的呼声借着它可以邀得远方以及百代之后的人们的共鸣。

2　何怀硕:《苦涩的美感》,载《苦涩的美感》,第77—83页,尤见第79—80页。这段文字,收入何怀硕:《怀硕三论:艺术论(下卷)·苦涩的美感》,第141页。文字略有改动,更为精凝:

　　"艺术主要在于反映一定文化环境中之个人的心声,这里面包括了对历史的继承与批判、对人生之新体认、对时代之批评、对未来之憧憬。

　　"基于以上的想法,我深感从事创作之先必得对绘画艺术从史的纵方面、从地域之横方面做一番了解与认识、批判,而建立有现代觉悟的个人的绘画观。

　　"我所生存的时代使我偏向于艺术只能是悲剧感的表现,所以它只能有苦涩的美感;凡离开了此苦涩美感,任何悦人的甜性的美感,那些被称为生动、娇艳、秀丽的,与自然在流动中所偶有的悦目赏心之美,那非人文的,那称为自然美的,都难以冠上"艺术"的名号。一般中国古典派的画家的山川之美、花鸟之美、仕女之美,过于无视现代人的本质,逃避现代的激流之冲击与现实的苦难,不免近于编造谎言。

　　"甜性的美感以其媚脸去取悦观赏者;但苦涩的美感是以其深刻的体验去激发观赏者的心,以其沉痛去邀请观赏者的共鸣。悲剧感有一种崇高的气质,因为它表现了内心世界的苦斗,表现了人的意义。"

3　何怀硕:《苦涩的美感》,载《苦涩的美感》,第77—83页,尤见第82—83页。

这个希冀，虽然促成人类艺术有史以来光辉灿烂的成就，但在本质上，可说是个体生命之感伤的表现。也因此故，深刻的文艺之本质多为悲剧性的。[4]

　　不久后，他再次强调"感伤"之无可逃避："金字塔在埃及，原是对人生'无常'宿命的悲哀之表现。追求生命之'永恒'，故制木乃伊，造金字塔；印度之佛教与中国之老庄，同样泛溢着感伤的情调。东方之智慧走向人生体验之路，故必然擅于感伤，也许可以说，感伤主义发源于东方，所以东方的翳郁深沉，成就了东方之神秘。"这种"感伤是亘古不灭的，它是人类在地上飞扬跋扈中的清凉剂。在感伤中可获得冷静，遂生同情与宽恕，以抑制人类之过分傲岸与乖戾，并激发智慧与人道的光辉……感伤又且为创造力之源泉，是美艺之母。因为人生有限，而生感伤；为追求理想，而生艺术。"[5]

　　显然，"凡离开了此苦涩美感，任何悦人的甜性的美感……那非人文的，那称为自然美的，都难以冠上'艺术'的名号"，如此决绝之论，自是创作家语。其实，何谓"艺术"，自苏格拉底到康德到黑格尔到鲍桑葵，从丹纳到丹托到乔治·迪基，多少代理论家论证、争论下来，并无一种不刊之论，而且，伴随其内涵外延的变化，也将永远是个莫衷一是的命题。但理论家的探讨，复杂的论证之后，结论却往往是模糊的，因为他们永远想包罗万象。相对来说，只有创作家才更愿以斩钉截铁的结论，明确自己的创作方向。对何怀硕来说，正是这种决绝的艺术信念，指引着他的创作方向，从而确立其独张一军的风格：以

4　何怀硕：《安德鲁·怀斯评介——一位现代隐士的启示》，载《苦涩的美感》，第327—352页，尤见第327页。此文写于1971年9月4日黎明。

5　何怀硕：《杂文三题》之"二、感伤"，载《十年灯》，第156—157页。该文"一九七一年耶诞夜初稿，一九七四年六月廿夜定稿"。

解放了的思想，尽力开掘自己幽昧的内心世界，而画家内心与悲剧性
的中国命运能够合为一体，正在于其创作真正映现出独特的时代性。[6]
这正是创作家的无可替代之处，即，以其与众不同的审美价值取向，
开拓不同的艺术创作路径。

6　颜娟英：《台湾美术评论全集·何怀硕卷》，第95页。

风格的诞生

观念、题材和技法，何怀硕视为形成风格的三大基石，任何鲜明而独特的个人风格，皆离不开这三者。

在他看来，观念之于创作者，并不是指艺术理论，而是时代风潮与个人气质相激荡、涵养，自然形成的艺术家对于世间万物的基本观念及个人审美趣味等。早在艺术生涯之初，他便意识到，当代水墨画创作的难处，"并非指技巧上的，乃是观念上的"。因为，"中国只有中古的艺术思想，近代的艺术思想是付诸阙如的……作为一个现代的中国画创作者，因为近代艺术思想的停滞，技巧上也同样跟着僵化，他所面对的问题，是如何建立现代的艺术思想，既没有近代可做接续的依凭，又不能接上中古时代。所以我觉得中国画家有不少走向两个极端：不是复古，便是西化……我的方向是以中国人的精神实质来正视现代世界，而作应有的反应，而表现在画面中。我的现代世界差不多已无东西方的界限，因为世界所面临的问题是全体性的，我所企望发扬的东方精神在乎'反应'中"[1]。

何怀硕绘画中对孤独和苦涩的执着，个人体验之外，似乎也与二战后高涨的存在主义密切相关。萨特与加缪的小说和哲学思考，促使笼罩在二战和大屠杀阴影中的人们去探寻人类的生存本质和目的。曾

1　何怀硕：《苦涩的美感》，载《苦涩的美感》，第82—83页。

经的社会进步论或宗教拯救神话几乎彻底失去了市场，那还有什么是真实可信的？唯一真实可信的就是孤独个体的主观体验，以及这种体验所喻示的人本质上的隔绝与无助。[2] 这种孤独个体的经验，在他早期的作品中，较多寄托在"非我"之人身上，如《怀古》（1964）与《古寺之秋》（1975）中的僧人，《悲回风》（1964）与《行吟图》（1964）中的屈原，等等。

但到了 20 世纪 70 年代末、80 年代初，这种孤独的个体，显出几分反观自我的特征，像《寒林》（1979）、《高树多悲风》（1981）中走向并木林道深处的孤独背影，《春望》（1981）中站在石桥上的望春者，《秋林》（1981）中的醉秋者……无论身边是森森的古木、春天的绿柳，还是秋天金黄的白杨林，似乎都抹不去画中人的孤独——身边既没有可与之交谈者，各种景色似乎又将他们与周围隔绝开来，仿佛只有物我间的浑然无迹，才能慰藉这无边的孤独。或许这是父亲 1978 年去世带给他的悲怆：

> 父亡，儿子第一次感受至亲失去了，其悲痛与复杂的心理感受，难以述说。我 1978 年体会过，那时我 37 岁，三年后母亲去世，当时两岸未开放，父亲的丧事我无法参加（申请签证要两个月之久），我只送母亲火葬，父母都没有了，才会感到人生的孤单，也体会到人生一切短暂。我们任何人都要去度过种种困厄，老年人说"看破世情"，

---

2   ［英］马丁·哈默尔：《弗朗西斯·培根》，张帆译，广西美术出版社，2014，第 18 页。该书探讨的是培根与存在主义的内在关系。其实，二战后，在几乎所有经历过二战的国家，存在主义的风靡一时，都离不开对战争残酷的认识和对人性的反思，从大时代背景来看何怀硕的艺术，便能嗅到内中关联，即或不是显见的。

何怀硕
怀古
135 cm×69 cm
纸本水墨设色
1973 年

自 1964 年的《怀古》始，何怀硕同题之作，大致延续至 20 世纪 80 年代，以不同古木衬托逃出红尘的僧人。

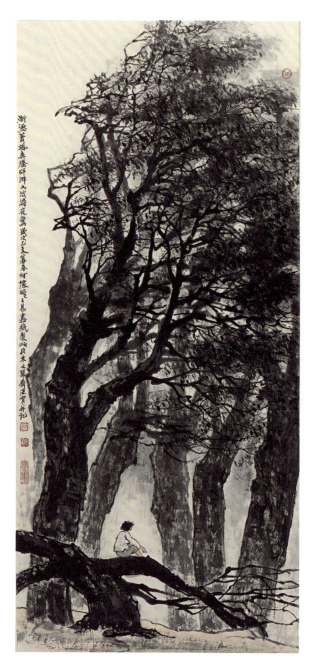

何怀硕
风木思亲
96 cm×45.7 cm
纸本水墨设色
1979 年

便是一点一滴，一件一件，体会多了，比较知道："哦，人生是这样的。"[3]

　　一年后，他在台北买了平生第一间屋子，欣喜之余，却伤感流离半生的父亲无缘感受这份喜悦："我出身寒素之家，小时候住过砖瓦老屋，算是我家所有，丧乱以来，弃家他去，何家未曾再有过一片瓦。这回我新置此屋，实在卅年历尽沧桑。最感伤心遗憾者，我父亲去岁冬月病逝香江，永不知道他的儿子居然有了离乱卅年后何家第一桩'产业'。"[4]这一切无疑加剧了"只身天涯"的画家原本深怀的个体孤独感。

　　2010年，他在少作《湖北艺院宿舍》（1960）上的补题，可见失去至亲的悲怆，虽过去多年，依然不时浮上心头：

　　庚子年腊月初一写宿舍景。篱笆缺口为通街上方便之门，画中人在洗衣。此画二个午睡画完。庚寅正月初九，公元二〇一〇年，补写原题。

　　今日庚寅正月初九，公元二〇一〇年二月廿二，母亲逝世廿八年纪念日，怀硕默哀并记于碧潭涩盦画室北窗。

　　《寒林》《高树多悲风》等画中，通向杳渺远方的小路，蕴涵着画家内心太多难以言说的感慨：

　　漫漫的小路，在与远天相接之处总是一片氤氲。那里是杳杳的"过去"，那里也是茫茫的"未来"。

3　何怀硕 2014 年 6 月 30 日给笔者的信。当时，笔者父亲因胰腺癌 2014 年 4 月 14 日入院，于一个多月后的 5 月 24 日去世，当天恰逢英国占领威海卫纪念日。后来，笔者在给何怀硕的信中谈及此事，他回信劝慰道："胰腺癌一发现多为晚期。因为它在胃后面，很不易发现，检查身体也不一定能发现，所以最麻烦。我有两个朋友有此疾，所以稍知一二。科技进步，许多病可以治，但增加癌症一项，至今还未能全能医治。这是人类无可奈何得付出的代价。"然后，有上面的话。
4　何怀硕：《吉屋新迁》，载《珍贵与卑贱：未之闻斋散文·随笔》，第 271—272 页。该文写于 1979 年岁阑，是年画家三十八岁，"岁暮年尾"，有"吉屋新迁"之喜。

何怀硕 / 湖北艺院宿舍 / 51 cm×40 cm / 纸本水墨 / 1960 年（2010 年补题）

何怀硕 / 只身天涯 / 2 cm×2 cm

　　"只身天涯"，为何怀硕少年时所刻，自况也。

何怀硕 / 寒林 / 66 cm×66 cm / 纸本水墨设色 / 1979 年

　　何怀硕说，此作原为老友汉宝德夫妇购藏，后来，他觉得画中的背影，越看越像去世的父亲，遂说与汉宝德，以《荒原》（1981）一作换回自藏。

离家的父亲曾从那里消失在烟尘之中，所爱的人曾沿着这条小路远走他乡。别离的小路，那是杳杳的"过去"。

当小路是奔向远方的征程的起点，那天壤交接处，便是茫茫的"未来"。[5]

数月后，他创作《小路》（1998）一画，并以更凝练的诗句，升华这一思绪：

> 小路是杳杳的过去，也是茫茫的未来。
> 过去是凄美与感伤，未来是盼望与悚栗。
> 向未来投石问路，石落在杳杳的过去。
> 呼唤过去重回此刻，回响却在茫茫的未来。
> 一九九八年岁次戊寅处暑前三日，何怀硕。

"万族皆有托，孤云独无依"，这种孤独，也像 17 世纪英国玄学派诗人约翰·邓恩的感喟：每一个人的死，都是我们自己的一部分在走开。或许，越是孤独，越能激发自我对存在的思考，因之，这种具有自我指示特征的形象，象征色彩愈发浓厚。作于 1985 年的《独行》，氤氲迷离的寒林间，一位石头般的黑衣人，步伐沉凝，心事重重地低头弓身而行。方构图中的人物，看似渺小，但黑色的衣服，自然使其成为画面的焦点，显出强烈的存在感。不料，十几年后，世事翻覆颓唐，画家内心的无力感日甚，而悲剧般的英雄感愈发彰显，遂有《述怀》（1996）。

《述怀》一画，应是《独行》的变体：方构图变为竖构图，而画

5　何怀硕：《小路》，原载 1998 年 4 月《中国时报》"人间"副刊，载《珍贵与卑贱：未之闻斋散文·随笔》，第 271—272 页。

面几可谓《独行》进行曲——想象一下，《独行》的画面，以右边为轴，缓缓翻转一百八十度，便可看到《独行》的背面：树林转到了画面左侧，而林木愈发苍劲，如巨大的神木，无枝无叶，穿插着连成一片，像一方巨大的林碑，矗立在天地之间，又像是一位巨人，头脚隐于天地，只留下遍是沧桑痕迹的背影，像范宽的《溪山行旅图》般扑人眉宇；而《独行》中向着右前方走来的黑衣人，则转换成一位灰衣人，背身向右下角的画面深处走去，这个蝼蚁般佝偻着身体、终将消失在森林林深处的背影，透着独行者的艰辛、渺小与不屈。若细细端详，便会发现，巨碑般的林木轮廓，几乎是独行者背影的放大，如此，画中独行者的渺小感，顿时被一种英雄般的悲怆感所取代，"述怀"之义，由此豁然开朗，并一直延续至《高木寒云》（2010）。

这种象征性，某种程度上甚至投射到杳无人迹的画面上，如《寒夜》：虽然满照，但昏黄黯淡的圆月，在寒气侵凌下，略显凄迷，月光照拂下脱尽了叶子的老树，枝条伸展如藤蔓，在远处雪山的映衬下，似虚浮天地间，空中飞舞的斑斑雪花，一片萧瑟，让人的灵魂恍惚与画面右下角三只瑟缩枝头的寒鸦同被寒意笼罩……令人想及王勃的《江亭夜月送别（其二）》：

> 乱烟笼碧砌，
> 飞月向南端。
> 寂寞离亭掩，
> 江山此夜寒。

委婉深致的意象蕴含在简单的构图中，寒鸦、飞雪为点，老树、枝丫为线，山峦、冷月、云气为面，全作以近乎抽象的点、线、面的交响，结构出充满自然韵律的意境，尤其画面飘洒的白雪，为凝寂的画面带

何怀硕 / 高木寒云 / 104 cm×65 cm / 纸本水墨设色 / 2010 年

来节奏感的同时，更渲染出静夜雪落的寒意。

　　《寒夜》凸显点、线、面关系的方式，延续到《过客》（1983）、《早春》（1984）、《陶诗造境》（1986）等作品。不过，《寒夜》的视角，就像身处高楼的人，俯瞰关山。但《过客》《陶诗造境》等与之相反的视角——仰视，似乎更为他所钟爱。

　　《过客》《早春》《陶诗造境》等的构图，可谓1981年《雨巷》的延伸：无论是长是方，大致都是画面中间一条山溪，自上向下，将

何怀硕 / 寒夜 / 68 cm×69 cm / 纸本水墨设色 / 1980 年

画面一分为二，两边或树或藤，蓬勃而上。在视觉经验层面，一眼望去，《过客》《早春》《陶诗造境》等画作，令人想到一个身体半屈、举着相机的人，站在台湾习见的山溪下方的眼中景：溪流像是站立起来，溪中被水冲下已磨掉棱角的山石，愈近愈大，错落而来。上方一座简单如线的木桥，摇摇欲坠，将分隔两侧的溪岸连接起来的同时，也成为包括桥桩在内的纵势画面中的唯一横向元素，像条弯弯的弓弦，而桥上三三两两的旅人，恍若箭头，自然成为视觉的焦点——他们或相对晤谈，或如孤魂般各自东西，正是浮萍般人生的写照：看似渺小，却非常重要；虽然重要，却无非过客。桥下错落散布的溪石，既是时间的见证者，亦是桥上旅人如过客的见证者，而即便它们，就如表现它们的作品本身一样，也终将成为时间的过客。一块块石头，如一个个孤魂般默默伫立在"逝者如斯夫，不舍昼夜"的流水间……

　　这几件构图类似之作中，《早春》与《陶诗造境》本就是同题：构图相同、意境相同、题诗相同，差异只是季节从春转换到了秋——春天温柔的嫩绿，被时光染成了秋日的褐黄，但其主题，共同分享着一种陶渊明式的坦然与从容：

相知何必旧，

倾盖定前言。

有客赏我趣，

每每顾林园。

谈谐无俗调，

所说圣人篇。

或有数斗酒，

闲饮自欢然。

何怀硕 / 陶诗造境 / 63 cm×65 cm / 纸本水墨设色 / 1986 年

　　至于题材，艺术家一旦选择客观万物中的某物，便是寄望透过它来表现艺术家的情感与价值，塑造自己的风格。选择的过程中，艺术家必定是在观察、体验万物后，发现某些事物最适合拿来表现自己的想法与感情，用来建立风格，而将其作为自己的最爱。但这并不意味着艺术家只能选择很狭窄的对象，相反，艺术家也应用心去扩大题材。题材愈扩大，对世界的眼界愈辽阔，创作者的内心感受与思想才不致自我局限。这种约与宏，是艺术家不可避免要面对的矛盾：题材是情思的载体——艺术家将抽象的思想感情落实为具体的形象，所以题材要严加选择，并经艺术加工，才能转化为充满创作者主观审美特色的造型。某种意义上，题材相当程度上决定了艺术表现的内涵与格调。有些艺术家终生酷爱少数题材，反复表现同一题材的各个面向，从而在艺术高度与深度上达到无与伦比之境，形成不可替代的鲜明个人风格。此为约之美。有些艺术家则不自限于一隅，面对包罗万象的宇宙，时有新发现，展现新意境。此为宏之美。但无论约之精还是宏之阔，都要经过艺术家的主观化加工，才能不因题材的不同而丧失自我风格的独特性。

何怀硕早年的《江入大荒图》，将行旅主题与枯树意象相结合，并延续到后来的《江干暮韵》（1982）。不过，随着艺术家个人风格的深化，到了《蟠木林》，这一图式发生了微妙的变化，昔年的江上行船或江干泊舟，在此由多艘变为一艘，主题遂由行旅一变而为孤旅，并以2003年的《孤旅》直指题旨。

《孤旅》原名《漂游》。一名之变，呈现出象征的模糊性与暧昧性。这件"何怀硕造境"之作，左侧钤"我见人间但伤悲"朱文印，可见作者心绪。更在画面右下角郁曲盘错的枯树干上，以细劲的行书点题：

幻梦虬蟠缱绻，梦觉乃复为天地间漂游之客。此图庚辰三月至七月作成，略记心史。怀硕。

在早年西画的训练中，何怀硕深刻体认到，画面每一寸位置都应是整体的有机部分，都应注入作者的情思，故而"厌弃千篇一律留一大截空白供人随意题诗盖图章；而某些空间留出来是着意的，严谨的。另一方面，我在意境上亦追求宁静，但我喜爱绵密幽邃，与乎惊怖苦

上：何怀硕 / 江入大荒图 / 69 cm×110 cm / 纸本水墨设色 / 1973 年

下：何怀硕 / 孤旅（原《漂游》）/ 66 cm×111 cm / 纸本水墨设色 / 2003 年

涩，故我的画在构图上扩张全幅，在墨色上重叠浓郁；而我因为着重氛围的烘托，所以染得重……我只希望对传统的继承要有创造性，不可陷入公式化的境地。有此认识，空白与否，不成问题"[6]。重视意境，是他一以贯之的原则。近四十年后，在谈到李可染时，他依然强调"有意境则有魅力"，认为李可染在进行写生创作时，"绝不是对景画图的写生，而是以实景为本去营造诗意的境界"。[7]

现实的无限丰富性，对任何人来说，都是无法彻底把握的，但面对现实，个人的现实感，即如何认识现实，才能决定艺术家如何选定题材。

构筑风格，离不开技巧的支撑。很多人将技巧简单理解为工具材料熟练、标准化的运用，何怀硕则强调，技巧的另一面，正是对一般化、标准化与定型化的超越，而进入更高的层次——创造性地运用工具材料，甚至开拓新的、个人化的工具材料与方法。对于画家，风格的第一外在表征便是形式，技巧作为将题材实现为视觉形象的手段，自有不言而喻的重要性。[8]技巧之中，则有"普遍技巧"与"特殊技巧"之分。

太古以来，人类刻画形象，涂抹色彩，逐渐发现较好的工具材料与运用方法，能够获得较为理想的效果。于是，工具材料与运用这些工具材料的技巧不断地尝试、改良、创新，慢慢形成包括工具、材料与技法的许多典范，这些典范普遍有效，并成为文化的一部分，是为"普遍技巧"。

但典范可以超越，可以再开拓，可以创造性地运用。历史上早有运用"特殊技巧"的先例，比如以发代笔写字（唐代张旭），用指头

6　何怀硕：《谈艺录》，载《十年灯》，第111—116页。

7　何怀硕：《写生与创作——我对李可染先生画的体会》，载北京画院编《李可染的世界·写生篇：千难一易》，第273页。

8　何怀硕：《给未来的艺术家》，第106—111页。

与手掌作画（如清代高其佩与现代潘天寿），用钟鼎彝器印拓再用笔加画花卉，有用莲房、蔗滓代笔，也有用豆浆刷宣纸，使之产生特殊墨韵，而吹云、弹雪、撞粉、撞水等法更是时有闻见，如何看待这些"特殊技巧"？

总体而言，何怀硕反对文化的革命论，认为艺术与文化的发展是积累、传承、发扬与一点一滴地演变、创新而来。因此，普遍性的技法，即成为传统的典范的表现方法，永远是艺术家需要继承的伟大遗产，个人的创造必须要在这些遗产的独特运用智慧上去展开，而不是将其一弃了之，然后去寻找"创新的法宝"——这多是急于成名者的哗众取宠。那些发书、指画、博古花卉等，虽有成功者，但从未成为大多数从艺者的表现方法，也永远不可能取代普遍性技法，个中缘由，一目了然。

对于历史上曾出现的这些"特技"，何怀硕并不否认其多样化尝试的意义。而且，他还赞成在普遍技法之外，探索新的、特殊的、有助于创造性表现的工具、材料与技法，并勇于实践。像《空茫》《海恋》等画中的树木，便是用胶水先画，再加水墨，制造出树干的特殊效果，苍老而虚白，这种渺茫的非现实感，正与主题相吻合：

我创作以来……不断发现很多新的技巧。这些技巧不是特地去想出来的。有时灵感一来，想画张特别的画，可是以前有的那些技巧不够，没办法表达这种以前没有的感觉，自然就要用另外的办法来试试看，新技巧就这样出来了。有时一张画弄半天弄坏了，一气之下，把水一泼，把墨一抹，准备扔了。等它干了以后一看，有一两个地方感觉好得很，于是立刻作(做)番研究，看看它为什么会造成这种效果。后来再试试看，新技巧出来了。新的技巧不一定常常会发现，有时往往从坏的、失败的作品中得到收获……

　　像我们走路，常碰到一些小花，以为没什么好看，就走过去了。如果留意一下，也许会发现一朵没见过的花，很奇妙。我的经验就是一方面要用心，一方面要做得多，不管成功失败。从失败中得到教训，发现另外一个天地，不也是成功吗？……

　　有时发现某种纸或墨，某种颜色或用水，会产生某种效果，我会记下来，记在每张画的记录本上。另外一个记录是照片，我任何一张画都有照片。我常常看自己以前的东西，像回头看以前走过的路，哪一段走得好，哪一段走得不好。因为长期有这样的记录，自己常回去批评检讨，所以我很多技巧发现后不会忘掉，以后再用，就会用得更好，更丰富了。[9]

　　不过，他反对将特殊手段当作创新的唯一或主要手段，为奇特而奇特的形式主义游戏：以物理的、化学的变化所形成的"特技"，取代了艺术家凭借手眼的创造，是喧宾夺主，将艺术变为魔术，失诸肤浅。尤其忌讳的是将特殊技法当绝活，每件作品都搬弄出来，只能造成僵化而雷同的千画一面！

　　所以，对于艺术家，是应先掌握一套专业技巧，然后去制作许多作品，还是应面对每次不同的创作内容，探寻不同的表现技法？似乎是两难：若答案是前者，就好比用一种声音、表情去讲述喜怒哀乐完全不同的故事，自然不可能赋予每件作品独立的生命；若答案是后者，艺术家个人一贯的独特风格从何而来？但艺术的神奇处就在于，能使这种矛盾获得和谐的统一。因为艺术家无论选择何种题材，最重要的目的并不在再现物象本身，而是以表现的物象为媒介，塑造意象，营

9　徐小虎：《何怀硕与中国画》，载何怀硕：《绘画独白》"附录一"，严以恕、任秀姗译，第234—235页。原载一九八六年二月号《艺术家》。

造境界，最终是要表达自己的心声——思想、感受、体验，感动、感慨或批判。风格的背后永远站着一个人，也就是法国启蒙思想家布丰的名言"风格即人"的题旨所在：

> 宇宙人生的体验，欢乐与痛苦，愉悦、欣赏与歌哭、沉吟，才是艺术创作的原动力。个人创造的视觉形式只是表现独特风格必要的手段而已。[10]

任何画家都有自己偏爱的主题，即便是艺术家醉心并反复表现的某些题材，也不应是一成不变的照样复制（那会沦为强调标准统一的工艺品），而应赋予其新的意味。像凡·高的自画像，幅幅都有不同的意味，表现技巧也是变化多端。更不用说许多不同的题材，当然不可能只凭一套固定的方法，就可放之四海而皆准地处理各不相同的物象，表现取舍万端的内涵与情调。

如果说艺术家一以贯之的风格是"一"，是"常"，那不同作品的创造性便是"多"，是"变"。一与多、常与变的辩证统一，是宇宙万汇共通的规律，艺术家认识并在自己的作品中表现出来的，便是"吾与子所共适"的自然之道。

有的画家题材广泛，既画静物、人体，又画风景，不同题材的作品常令观者看不出是出自同一人之手。对于这种情形，何怀硕分析，原因可能有两个：一是画家只是忠实于描绘对象而失去了自我，只有"物"，没有"我"；一是画静物就想着塞尚，画人体又只是马蒂斯，画风景则是莫奈，这是只有"他人"，没有"物"，也没有"我"。即便模拟的画功不错，却没有自我。相反，有的画家自我偏爱过于强烈，

10　《何怀硕庚午画集·自序》，第15页。

偏爱某种色调，某些特技，某些笔法、效果与造型符号，无论画什么，一律这些东西上场，风格虽鲜明，却令人一望而知是某人所作，使每件作品丧失了独特的生命[11]，虽有"我"，却无"物"。沦为康有为所讽刺的"谬写枯澹之山水及不类之花鸟而已"，或鲁迅《引玉集》中所抨击的"从宋以来就盛行'写意'，两点是眼，不知是长是圆。一画是鸟，不知是鹰是燕，竟尚高简，变成空虚"。同样是没有处理好一与多、常与变的辩证关系。

既要勇于探索新的工具、材料与技法，又不能使其沦为卖弄的"绝活"，更不宜为了"特殊技巧"而抛弃"普遍技巧"，那特殊技巧怎样才能既别开生面，又不至于沦为庸俗化的程式？何怀硕提出几项原则：第一，不论是自己的发现还是学自他人，都要做创造性的运用；第二，要根据每件作品的内涵与意境，斟酌采用某些特殊技巧，不要生搬硬套；第三，宁少勿多，宁隐勿显；第四，特殊技法是为了补充手绘的不足，获得原来达不到的表现效果，而不是为了卖弄玄虚。[12]

何怀硕1986年《印度之行》的画面处理上，便有意使用揉纸法，以强化历史的沧桑感。早在纽约看到王季迁用近似拓印的方法代替传统水墨画的勾斫皴擦时，何怀硕便意识到，这种方法与宋人沈括《梦溪笔谈》中讲过的"败墙张素"故事观念一致：仁宗天圣（1023—1032）年间，画家陈用之，苦于山水画缺少天趣，求教于宋迪，宋迪劝其张素于败墙之上，"朝夕观之，观之既久，隔素见败墙之上，高平曲折，皆成山水之象。心存目想：高者为山，下者为水；坎者为谷，缺者为涧；显者为近，晦者为远。神领意造，恍然见其有人禽草木飞动往来之象，了然在目，则随意命笔，默以神会，自然境皆天就，不

11　何怀硕：《给未来的艺术家》，第181—183页。
12　同上书，第192—193页。

王季迁 / 抽象山水 / 57 cm×44 cm / 纸本水墨设色 / 1969 年

类人为，是谓活笔"。这种从自然形象中"迁想妙得"的灵感，其趣有非人力可逆料者，陈用之自此画格日进。何怀硕领悟道：

> 破败的墙壁，或灰泥剥落，斑驳陆离；或雨浸水渍，莽莽苍苍；或龟裂缺损，凹凸坎坷；或苔痕虫迹，参差曲折……由谛视静观、沉思默想而领悟山水之象，得到创作之灵感；由自然现象的"抽象美"（形式美）中发现造型艺术的美学原则，是中国美学的伟大创见。老子的"道法自然"，在这里有了新的诠释。中国的"笔墨之美"，尤其在书法艺术中。历来有许多高明精辟的理论，同"败墙张素"一样，体现了中国美学的这个独特的发现，遂奠定了中国美学的基本兴革。审美的心灵从自然形相的体悟中，发现了美的质素，这些质素遂成为造型所依据的法则。造物之无尽藏永远是取之不尽用之不竭的源头活水。"美"法自然，"美"同时也法"心"，心与自然本来无违。"师心""师造化"永远是中国人创拓艺术境界的不二法门。[13]

何怀硕曾以大文豪雨果为例，说明特殊技巧与内涵的关系：这位举世闻名的浪漫主义文学巨匠，还是一名训练有素的画家，作为 19 世纪的一位"边缘画家"，画画纯属个人爱好，却留下了约三千五百幅之多的画作。作画时，他使用墨水或黑咖啡，并有泼、刮等即兴的"特殊技巧"，简直是 20 世纪的前卫派，但对雨果来说，描绘的《海边落日》（1850）、《沉船》（1865）、《埃迪斯通灯塔》（1866）等，只是为了传递内心的激情与诗意。

就水墨画而言，除少数激进西化以水墨材料追随"前卫艺术"，与水墨传统完全切断关系者以外，借五花八门的"特殊技巧"以求新

---

13 何怀硕：《从"败墙张素"说起——"王己千先生画展"的一个小注脚》，载《绘画独白》，第 313—318 页。原载 1983 年 6 月 15、16 日台湾《联合报》。

何怀硕 / 秋色 / 92 cm×67 cm / 纸本水墨设色 / 1990 年

的方法很多。最常见的有皱纸法、拓印法、矾纸法、衬垫法、喷洒法、胶水法、湿擦法，等等。此外，还有古时染花纸的水拓法、撕纸法，甚至为求异效而撒盐、味精或使用化学药物……花样翻新，不一而足。

任何特殊技法，他认为，总要以创作意图所能驾驭者为高；任何将物理、化学的奇妙变化当作艺术创造的手段，皆为下策。对于特殊技法，只有创作者能巧妙、适度地运用，辅助普遍性技法，令表现效果更创新境，才是最恰当的态度。[14] 与何怀硕相友善的周思聪，为表现一个清静世界，探索表现这种境界的方法——矾水做纸，墨与丙烯、广告黑混合使用，以干笔皴擦时，借助它们不同的渗透力，产生出微妙的肌理变化，从而创造出如梦似幻而多变的画风[15]，也有类似的表述："技巧并不可贵，可贵者在于心灵对于技巧的创造"[16]。何怀硕的《索居图》（1990），几乎是一件完全运用胶水法"特技"的作品。画中，几株高大粗壮的古木，龙蟠穿插而上，在画面中下位置拱卫出一个女阴状的树穴，"玄而又玄，众妙之门"，一间简陋的木构草阁孤独地坐落其间，阁中一位袒露上身、满面络腮胡子、印度苦行僧般的上人，盘腿席地而坐，周遭空无一物。或许，创作该画时，他想到了昔年印度之行后在《身毒之谜》中写下的话："奥义书上说睡觉使人回到他自己里面，与'真'合一。懒惰只是道德的裁判，是人世的规范，而那在山洞中坐禅的修士，其精神之勇猛精进，不亦'勤奋'乎？"[17]

何怀硕用蘸胶水的淡墨，将草阁内景与干栏背阴处略做渲染，既别明暗，复与古木苍润的肌理相统一，全作冷冷的灰调子，除老僧身

14　何怀硕：《给未来的艺术家》，第 187—194、270 页。

15　卢沉：《荷的一生》，载北京画院编《静寂清凉——周思聪的荷花世界》，广西美术出版社，2014，第 12—13 页。

16　吴洪亮：《大成若缺——回望周思聪的艺术创作》，载北京画院编《静寂清凉——周思聪的荷花世界》，第 19—23 页。周思聪的话，见第 20 页。

17　何怀硕：《身毒之谜》，载《艺术与关怀》，第 151—159 页。

何怀硕
索居图
136 cm × 57.5 cm
纸本水墨设色
1990 年

何怀硕 / 霜林索居 / 65 cm×131 cm / 纸本水墨设色 / 1998 年

何怀硕的《霜林索居》，以淡墨印拓等"特殊技巧"，复施以勾皴与淡染等"普遍技巧"，"常"与"变"结合，表现画史上鲜有人涉足的"霜林"这一微妙而难以措手的题材。

上淡淡的赭色与画上所钤的几方朱红小印外，一片水墨氤氲的萧索气息。正如题识所云："所对但群木，终朝无一言……拈唐李颀《无尽上人东林禅居》诗句。画有别裁，非关笔墨，斯图浑朴，偶得于天成也"，完美诠释了他对特殊技法的态度。

观念、题材、技巧之外，构图、色调、造型等，同样是构成风格不可或缺的元素。各种构图之中，何怀硕特别喜爱对称式构图，因为这种单纯"适于表现庄严、肃穆、简静、悲怆的气氛"。而且，为突出画面主体，他逐渐形成了一种独特的"扁平化三景"构图：近景常为古木、寒林、藤蔓等，中景多为野屋、河流；或近景为野屋、河岸，中景为古木、寒林、藤蔓等；远景则多为云天、夕阳、月夜。以迷离而渐渐向上过渡的天光月色，将远景带至近前，通过这种扁平化的处理，将主体的人或物，在统一的氛围间凸显出来。

为更充分地彰显这种对称性，他则尤其偏爱正方形的构图：

　　画幅比例应依据题材与结构的需要来决定，一反传统构图依据纸张原来的比例以及传统"中堂""条幅""横披"等固定化的形式。正方形的构图我所偏爱，完全是我个人二十年前所独创（中国历史上从无正方形构图的体制，只有册页近似。最近若干年来得以看到林风眠先生大量作品，发现他更早采用正方形构图）。[18]

　　至于色调，他更偏向冷调子，原因在于，"人智的发达造成了机械威力的不断扩大，以致改观了原来的世界，人征服了物质，又反为物质所奴役，这是现代人人所深深感到的危机。我觉得世界越来越热闹，而愈荒凉。在大部分主要作品中，我以此一主题作为基调来处理我的作品，我希图表现出荒漠似的人生，那经受摧残的大自然的愤怒与沉郁，有时借颓垣断壁勾起我对往昔的残恋，一种无可奈何的感情。我并不以为必须以机械的产品作为表现题材，我只祈望表达出一些现代人如我所有的感觉。那种惊怖，令人悚栗；那些孤苦，令人凄惶；那些苍茫，令人在困惑中深沉思索；那些忧郁，令人触及肺腑中的哀痛，而得到共鸣时得以解释"[19]。只有清冷的调子，才吻合其理性的思索与内心的感觉。

　　绘画中，任何材料，都与一般人视材料为"中性"的看法不同，皆有其物质特性，与罗杰·弗莱对艺术创作中"材料的真实性"的强调一样，何怀硕非常留意这种特性同时所具有的某种程度的惰性与反抗力。艺术家风格的确立，固然取决于自身的才气、能力与修养，但也离不开所用材料、工具的材质——深谙其特性，充分利用这种特性，发挥出其最佳的效果。

　　导演罗贝尔·布列松有句名言："对于艺术家，奢华不是一件好

18　何怀硕：《绘画独白》，载《何怀硕画》，UMBRELLA（伞）出版社，1984，第3—5页。
19　何怀硕：《苦涩的美感》，载《苦涩的美感》，第83页。

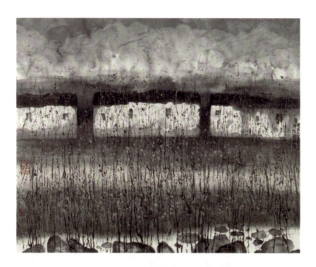

上：何怀硕 / 暮云 / 67 cm×85 cm/ 纸本水墨设色 / 1994 年

这件作品，可说是完美呈现了何怀硕的诸多艺术理念：对称式构图，"扁平化三景"，特殊技巧与普遍技巧的结合，简单中见丰富，灰冷调子……

下：何怀硕 / 雨后江山铁铸成 / 66 cm×66 cm/ 纸本水墨设色 / 1979 年

东西。"在书画创作中，何怀硕并不追求材料的名贵，但有自己特殊的选择：

> 我画画用上等单宣，多为十几廿几年前所买旧纸，现在大陆宣纸不如从前了。而写字则用大陆很薄的宣纸，价钱是很平宜。我写薄纸原因，一、效果较佳，而且已养成习惯；二、我每次写一幅字都要求有创意，所以常常写一二十至六七十，甚至上百次，才选一幅，一边写一边练字，所以也不能用好宣纸。我的字还不成名家，挂数十年行了，也没有传诸久远的奢想。而画画则非佳纸不作，我画画浪费的纸较少，或甚少，原因在此也。
>
> ······
>
> 我画画常重复积墨，有时一二十次也有之；（不论写字）画画，全是大陆宣纸，很少用台制纸，因为台制纸不合我习惯，变化较少。（但写书法，两岸纸都用。）[20]

由于生宣的敏感性、吸水性特质，一笔下去，不能更改，更无法擦拭或覆盖重画。因此，一幅水墨画画得不满意，便要换纸重来，许多人将此视为失败，无端地生出失败的挫折。何怀硕指出，这实则是一种观念上的错误。由于宣纸的材质特性，不同于油画画布能刮除、覆盖，也不同于素描能擦拭、修改，所以要通过换纸来做反复修改，以追求最完美的效果，因此，在观念上一定要纠正多次换纸重来就是屡屡失败的想法。

1971 年，他第一次到日本，去之前，通过师友，得知日本东京有

20　何怀硕 2001 年 4 月 23 日给笔者的信。"我的字还不成名家，挂数十年行了"，他在 2018 年 4 月给我的修改稿中，改为"我的字还不到风格成熟"。孙过庭《书谱》中"通会之际，人书俱老"的境界，大致也是他对自己书法的期许。关于用纸，括号内的文字，亦是修改稿中所言。

家著名的书画用品商店"鸠居堂",在那里,他买了不少颜料和画笔。但偶然之下,他发现了另一家名气没那么大的小店"喜屋",惊奇地发现很多连"鸠居堂"都没有的品种,试用之下,似乎品质尤胜,便又买下许多,尤其是"喜屋"的颜料,制作之精良丰富,即便石青一色,已令人眼花缭乱。后来,他每次去日本,都到这家商店购买画笔和颜料,日久累积,虽几生几世也用不完,令他常有"买时如流水,用时如吹沙"的感慨!

他购自"喜屋"的书画用品,后来最常用的,颜料之外,还有其出品的设色笔,笔锋较长,笔肚饱满,选毛精谨,吃水性好,以之设色,极得润泽意致。[21]

在中国的艺术传统中,既有逸笔草草,也有"九朽一罡"——经过充分的构思、布局,然后全神贯注地运笔使墨,可以减少"画坏"的可能。但应将换纸看作水墨画的必有"程序"。水墨画应该有更高的要求,那种漫不经心、粗枝大叶,美其名曰潇洒飘逸,实则简陋空洞的坏传统,应该淘汰。他曾对友人说:"要做到创作一幅水墨画,能画数星期甚至数月,才见功夫。二三十分钟画完一幅画没什么好炫耀的。水墨画草草画完,所以没法像西方油画一样深入丰富,值得我们深思。"[22]

这种考究"功夫",早在他1971年对安德鲁·怀斯的评介中,已见端倪。他认为,怀斯技巧上的卓越,表现在灵敏的"自由"与精确的"控制"间的高度统一,"曾经经过严酷的约束后所获得的随心所欲的自由,使他的技巧达到人类绘画史描绘技术的巅峰"。在具体的操作中,怀斯选用Masonite(美森奈)硬质画板,以绘图用石膏粉调胶,漆过四五遍后,再用砂打磨。颜料也摒弃时下通用的化学颜料,以14世纪

21　2018年7月22日,我在台北新店碧潭和他聊天时,告知于我。

22　何怀硕:《给未来的艺术家》,第184—186页。

古法，自己纯手工制作：直接用地里挖出或他姐夫从新墨西哥农场带来的，或来自印度和西班牙等地的旧土和矿物，加以磨制，与蛋黄混合，制成自用的坦培拉（俗称"蛋彩"）颜料。这种直接取材于自然的颜料，涂在画板上，需要六个月才能干透，缓慢的变化间，需要极大的耐心来加重事物的分量，也因此产生了强大的固着力。独特的材料与技术，使怀斯的板上蛋彩画有种独特的干燥与沉凝气息，适合表现大地、干草和一切沉重厚实的物体，在精密的刻画间，充分表现出光线与空气。[23] 这种沉着、细致，如怀斯般"逐渐接近那本质"的气质，也成为何怀硕艺术创作的自我期许。

　　不过，何怀硕作画使用的生宣，敏感而吸水性强，不易像怀斯创作板上蛋彩那样慢慢推敲。一方面，虽有一笔下去不能更改的劣势，但这种敏感性，也是其独特美感形成的因由。当笔墨触到纸上，运笔的轻重、快慢、提按、使转等微妙的感觉，会如神经般准确传递至纸上，他追求的"苦涩的美感"的那种"苦涩"，运笔的涩迟、顿挫，对于流利感的反动，正是作用在轻薄而敏感的纸上才能出现的独特质感。另一方面，也并非不能深入，像他那件"毕其功以十年"的《万重山》（2002），便是不断推敲、丰富的例证。

　　对于当代许多艺术家热衷的"综合材料"，何怀硕颇不以为然。他相信，媒材的局限性其实正是对艺术技巧创造性的考验，因为有局限，需要突破，才会千方百计克服障碍，创造高妙的技法，没有任何艺术媒介能随心所欲地表达所有的题材。虽然有电影这门真正是"综合媒介"的新艺术，但并不意味着绘画、音乐与文学的末日——不同媒介与形式的各种艺术，永远有无穷的探索潜力，其独特的韵味，也永远有其价值。

　　在何怀硕对画家的品评中，可以清晰地感受到他对画作品质的重

23　何怀硕：《安德鲁·怀斯评介——一位现代隐士的启示》，载《苦涩的美感》，第341—342页。

何怀硕 / 万重山 / 68 cm×134 cm / 纸本水墨设色 / 2002 年

画中题曰："此图壬午至壬辰，毕其功以十年，不亦久乎？！"

视。20 世纪中国社会的巨大动荡与变迁，许多华人画家旅居海外，像赵无极、朱德群等，在西方艺术界享有很高的声誉。但何怀硕认为，名气远逊他们的常玉，才是最具中国风格的一位。自他甫见常玉画作，便确信常玉是有意开创中国风格油画的画家，其开拓之功，令他对常氏抱有特殊的敬意。惜哉常玉在未达成熟的高峰时便去世了。同时，由于常玉在巴黎的生活潦倒散漫，绘画材料极为低劣，极大影响了画作的品质。[24] 因之，在创作中，何怀硕对影响画作品质的各种元素，皆一丝不苟：

　　对于中国传统的诗文题识，我同样采取批判的吸收，注重视觉整体的效果，扬弃文人画喧宾夺主的老套；对于色彩，主张创造性的开拓，

24　何怀硕：《给未来的艺术家》，第 202—210 页。

不以传统为拘限，但不应破坏水墨画以水墨为主的特色。从大处到小处，我认为都应该有与绘画思想相一贯的设想，比如图章的文义、形式与用法，装裱的格式……不胜枚举，都以传统的创造转化为皈依。[25]

25　何怀硕：《绘画独白》，文见《何怀硕画》，第3—5页。

未之闻：造境

何怀硕的《鹿港之树》一画题曰："六九年（1980）岁次庚申孟春，鹿港民俗文物馆后园。何怀硕并记。此今春写生之作，一九八〇年耶诞前一日补成，已非原来景致，师造化更师心，所谓闭门造车，出门合辙，此之谓耶？怀硕又记于未之闻斋。"此画在其作品中比较特殊的一点是，原为采用日本"画仙板"的写生稿，吃墨性不强，可以比较充分地刻画丰富的细节，后经加工而成，故有"闭门""出门"之说。[1]

从写生到"闭门造车"，而"已非原来景致"的过程，几乎就是他造境说的诠释。在《域外印象·巴黎之忆》（1981）中，他更进一步阐发道：

域外印象：巴黎回忆

对景写景，外物之奴也。余画皆闭门造车。古今杰作，何独不然？

一九七七年四月十九日，于巴黎客次有此略稿，今大变其章法，得斯图。余历年曾屡试画建筑，以此为得意。盖难在境界，非关建筑也，识者当会心矣！

一九八一年岁次辛酉，何怀硕。

1　2012 年 9 月底何怀硕来京，在与我闲聊时，特别提到这件作品，一解我此前对其某些画面效果介乎生熟宣之间的疑惑。"画仙板"，即大陆俗称的"日本卡纸"。

何怀硕 / 鹿港之树 / 45 cm×53 cm/ 纸本水墨设色 / 1980 年

　　林风眠的创作方式对他影响很深，似乎也可作为他造境说的注解。林风眠 1977 年定居香港后的许多风景画，都是对西湖、黄山的回忆。虽然林风眠非常熟悉西湖，但"当时并没有想画它"，是在离开杭州，到了上海、香港后才开始描绘西湖；黄山则是他 20 世纪 50 年代后期去过的，虽画过许多速写，却并没有随之成为其创作母题，直到 70 年代后期，才开始凭追忆图写其峰峦、云海与境界的诡谲缥缈。[2] 彼时出

2　郎绍君：《慰藉人生的苦难——林风眠艺术的内涵》，载《现代中国画论集》，广西美术出版社，1995，第 73—98 页，尤见第 93—94 页。

现在林风眠笔下的西湖、黄山，已强烈沾染着他的思乡之情和生命感受，与真实的写生相去遥远，实相只是他抒发人生感喟的媒介。

在创作《鹿港之树》和《域外印象·巴黎之忆》之前的1979年2月，何怀硕便借《现代中国的水彩画家：席德进》一文，相对系统地探讨这些问题。

席德进之所以被视为台湾"最像画家的画家"，在何怀硕看来，源于他对绘画志业的长期坚持和不断力求精进的精神。席德进说，自己要做一个正正派派的画家，不卖噱头，不耍花招，要以严肃创作的态度，正如他的座右铭"失败本身是生命勇猛活过的证据"[3]一样，为画家立一标准。有此骄傲与抱负，又能数十年如一日坚持者，寥寥可数。真诚专注艺事的席德进，带着一双锐利的画家之眼，到处流浪，猎取灵感，长年累月，独来独往，了无世俗牵累，画画几乎就是其生活的全部。总是一派乱头粗服形象的席德进，不拘礼格。待人处世，但求合理，不喜欢假惺惺的谦伪与客套，不怕别人觉得了无粉饰的老实话刺耳，时被目为惊世骇俗。从形象到行为，将自己塑造成一件艺术品：一个画家的典型形象。这一形象的塑造，来自画家的禀赋、意愿与经年累月不懈的辛劳，"正像海风与波涛，撒网与划桨塑造一个渔夫的形象一样"。

席德进在短暂追随欧美的"欧普"与"波普"等现代主义风尚后，有点矫枉过正地转向台湾的古屋、古物及乡土风景、人物，并努力追求中国意境的融入，追求自然在主观精神观照下的单纯化、意念化，从精神到技法，体现出中国风格。表现在他最杰出的水彩画中，便是"再

3　这句话，因席德进书以自勉，很多人误以为是他所说。实则出自熊秉明译萨特论贾科梅蒂的《绝对的追求》译后记。见郑惠美：《山水·独行·席德进》，（台北）雄狮图书股份有限公司，2005，第92页。

何怀硕 / 域外印象·巴黎之忆 / 66 cm×66 cm / 纸本水墨设色 / 1981 年

不注重光影，再不拘泥于色彩琐屑的变化，而追求整体的律动与对比，把握特定景色气氛的酝酿，使主观赋予的情调与自然对象相结合，而成'境界'。……在色彩的运用上，他还是运用西方色彩关系的处理方法。但为了与台湾乡土的意境相协调，他的色彩方法是微妙的柔和的变化，以色调来烘托气氛，不采（用）强烈对比，使色彩的变化统一在整体主调之内"。书法的临习，令席德进的水彩画在笔法上有了

席德进 / 山中小屋 / 57 cm×76 cm / 纸本水彩 / 1980 年

强烈的中国特征：他画山，表现山的姿态的外轮廓，起伏的边线并非涂抹而成，而是采用书法抑扬升降、顿挫转折的笔法，充满骨法用笔的遒劲；画梯田，更有隶草的笔法，使转分明而简洁利落……与西方水彩只求效果，不计手段的方法不同，充满了中国传统"写"的意味。[4]席德进将从西方之所学，贡献于中国艺术的现代化，对中国式水彩的开拓，有"历史的归于历史"的不可抹杀之功。[5]

　　席德进的画几乎尽从写生中来，但其写生，并非西方式的"写实"，

4　何怀硕：《现代中国的水彩画家：席德进》，载《艺术·文学·人生》，第 111—120 页。该文写于 1979 年 2 月 9 日，为席德进在台北阿波罗画廊个展而作。
5　何怀硕：《落幕悼词——悼席德进先生》，载《艺术与关怀》，第 255—257 页。1981 年 8 月 3 日，当日凌晨席德进去世后，《中国时报》的"人间副刊"早上 9 点多约何怀硕写下斯文，以为纪念。

而是将客观对象大幅度地剪裁、变动与点化，灵感为自然所触发而诞生。所以，席德进常说自己的画不像别人那样"闭门造车"。对此，何怀硕并不认可。

他认为，如果说"闭门造车"是指体验贫乏、恣意杜撰或无稽捏造，完全失去现实的依托，则闭门造车必然无法产生佳作。但艺术史的事实是，几乎一切伟大艺术品，差不多都是"闭门造车"而生，而这种"闭门"之前，作者必从现实与自然人生中饱游饫看，有深入的体验，带着这些素材进"门"，从而"意在笔先"，胸有成竹。席德进式的对景写生，依赖实际景物触发灵感，固然可以进入创造阶段，但受实景的限制很大，作品只能是即兴式小品，不可能是缜密构思后产生的巨构。自然、现实人生所得的素材，是"闭门造车"前的"资本"，要想使作品更超越、更阔大、更深入，则离不开"闭门造车"的"苦吟""推敲"。像席德进的老师林风眠充满主观想象与情感的风景画，以及徐悲鸿《愚公移山》《田横五百士》等杰作，无不是以高明的写生功力，服务于主观创造的境的产物。[6] 所以，"写生"与"闭门造车"的关系，既是何怀硕对自我艺术追求的思考，也是他探究其他艺术家创作方式的重要途径。

20 世纪六七十年代，从二十二岁起，何怀硕作品的名称，或是以中国悠久的文化历史为底色，偏重人文精神的抒发，如《高树悲风》（1963）、《宋人画意》（1963）、《湘君》（1963）、《松荫琴韵》

---

6 何怀硕：《现代中国的水彩画家：席德进》，载《艺术·文学·人生》，第 111—120 页。文末，何怀硕说："席德进这样'即席联句'的高手，若肯'闭门苦吟'，毫无疑问，他将有极优秀的'长篇史诗'或极精深的'秋兴八首'之类的大作产生，为我们这个时代留下坚实壮伟的杰作。"但春秋正盛的席德进，于 1980 年 8 月，因胰腺癌住院开刀，一年后去世。何怀硕的寄望最终没有实现，他在《落幕悼词——悼席德进先生》中痛惜："一个中国农夫，大半生所学所追求的是西方的现代，最后他回归传统，偏执到令人感动。他学书法，试作中国画。但命运之神对他太残忍，不容他像他的老师林风眠那样长寿。席德进最大的遗憾，当是他对中国艺术的追求的壮志未酬。"

席德进
水乡
138 cm×35 cm
纸本水墨设色
1979 年

（1963）、《怀古》（1964）、《悲回风》（1964）、《行吟图》（1964）、《孤泊图》（1966）、《上元夜雨》（1968）、《澄江如练》（1969）、《苍白的月光》（1969）、《古城之暮》（1970）、《孤旅》（1971）、《晚噪》（1972）、《寒夜》（1973）、《寒林坠月》（1973）、《江入大荒图》（1973）、《巫山云雨图》（1974）、《废城》（1974）、《古月》（1979）、《数峰清苦》（1979）、《江南春雨》（1979）等；或是留美期间，怀念故国，如《关山在望》（1975）、《长河》（1975）、《古寺之秋》（1975）等；或是描绘异域风情，如《阿里桑那风景之一》（1978）、《阿里桑那风景之二》（1978）、《佛罗伦萨》（1978）、《大峡谷》（1978）等。带有台湾地域色彩的静物与风物，几乎不见于他的笔端。

中国自古是泛神论，而以人为中心，早在《尚书·泰誓》，便有"惟天地，万物父母；惟人，万物之灵"的观念。在"天地"之上，并没有"一神"。人可以"独与天地精神往来"，可以"上与造物者游"。庄子所谓"天地与我并生，而万物与我为一"，便是强调中国哲学是以主观的心去观照万物，去领悟客观世界的情态。因此，中国美术所表现的客观世界，就是主观心灵所体验的意象世界。何怀硕自言，自己之所以早年学习西画，而后投身水墨画的创作，是因为感觉西方的写生、写景、写实，不如中国艺术引其酣醉；而他希望自己的绘画创作现代化，可以摆脱传统停滞而渐趋僵化的模式，路径便在于观念与技法上借鉴西方绘画，"更化"与创新。在谈到李可染与黄宾虹、傅抱石、林风眠等艺术道路的差异时，何怀硕别而论之，李可染是在写生中创作成功的画家，而黄、傅、林则是以想象来造境。[7] 所谓造境，主要借助于

7　何怀硕：《大师的心灵》，第367页。尽管何怀硕有此区分，却并不等于价值判断。他特别强调，灵感不论来自客观现实还是主观心象，都有可能产生第一流的佳作。而且，也并不能因此说黄、傅、林等就没有由写生而创作的作品，只是就借景寄情的成就而言，李可染较之其他前辈画家，最为出色。

想象，超越实相的局限，进入借景寄情之地。"继承中国的意象主义，以主观情意世界之创建为目标，追求'境界'多元性的开拓……而借助西方的观念与方法来丰富现代中国画的'语言'，以求能表现传统中国画所不曾有的意境。"[8]因此，1981 年，他的"怀硕造境"展与同名画册出版后，传递其个人绘画观念与怀抱的"怀硕造境"，几成他的"注册商标"。

他的这种追求，早在风格尚未成熟时已显露无遗。叶公超敏锐地察觉到，其作皆笼罩着"一种阴暗的沉郁气氛"，因为太潜心于表达某种心绪而"弥漫着一种孤冷和荒寒之感"，当时便有人将他与傅抱石相比。但在叶公超看来，与傅抱石相较，"何更具深度，笔触亦更为精妙"[9]。梁实秋同样看到他的不同凡响，说："有分量的作品永远反映出作者的强烈性格。我们看一幅有内容的画，会觉得作者有浓厚的情感逼着他挥毫落纸，好像是有胸中块垒一吐为快的样子。……而一般画人则致力于技术琢磨者多，注意于内涵表现者少。"他眼中何怀硕的与众不同，以独特的形式表现出来：

他的山水画，墨多笔少。气势逼人的庞大的山峰，上面很少皴的痕迹，多半是一层层的墨水的渲染，不是大米点小米点那样的层层叠叠，而是大面的涂刷。山是黑的，做陪衬的天空也是黑的，真是"天地黯惨"。山脚底下可能有一排小小的房子，房子之小益发显得山势巍峨。河流里可能有一两片小小的白帆，帆是白的，益发显得山色黯黩。空山不见人，但我们感觉到画面之外有人，那阴森凝重的气氛正是阴郁深厚的心情之自然的流露……他的画不拘传统，但他坚信"美必经由

8　何怀硕：《释"造境"》，载《艺术与关怀》，第 39—42 页。
9　叶公超：《何怀硕画集·序》，刘长兰译，何怀硕画室出品，1973。

造型而表出之"，所以他也不附和抽象的现代画法。他确是有他自己的对宇宙人生的看法。[10]

　　梁实秋所言"墨多笔少"的山水画，显然是指《孤帆》（1966）、《冻河》（1968）、《比翼》（1971）、《春江》（1972）等少作，受傅抱石影响很深，尤其《孤帆》，一面巨大的山崖迎面兀然矗立，几乎隐没在黑色的风雨中，只有左上角一小片山岩似乎被闪电所照亮，与右上角的一缕飘云、正下方横过画面的一条白河、船上的白帆遥相呼应。右上角所题杜诗"白摧朽骨龙虎死，黑入太阴雷雨垂"，点出其美学追求。不过，他早年的作品，并不尽是这种惨淡沉郁的风格，亦有《澄江如练》（1969）、《春江》一类草绿水蓝的明丽心境，或《孤旅》（1971）、《比翼》、《荒原》（1972）一类鸟瞰视角，有种逍遥游般的自由。而更多的是《孤旅》、《悲怆》（1971）、《白桥》（1971）、《江干秋树》（1972）、《日落》（1972）、《寒夜》（1973）、《寒林坠月》（1973）、《江入大荒图》（1973）等勾勒渲染一路画风。显然，他很快意识到自己并不属于傅抱石式的"爆发"型画家，而或更近于"两句三年得"的苦吟派，随后基本放弃了这种"墨多笔少"的样式。不久，即以《长河》一作，昭示其独特风格的确立。

　　《长河》题曰："一九七五年九月岁次乙卯，秋风起矣。何怀硕于纽约造境并记。""造境"一说，借自王国维《人间词话》："有造境，有写景，此理想与写实二派之所由分。"画中，大地略有起伏地慢慢展开，赭色的土地，茫茫地铺展向远方，约略可以窥见灰漠的天际线。一片苍茫间，几条涓涓细流分别从上方和左侧画外逶迤而来，渐次汇聚成一条稍具奔流态势的白水，平缓地横流过画面上方约三分之一处，

10　梁实秋：《何怀硕的画》，载《何怀硕画集》前言，何怀硕画室出品，1973。

在画面右侧，被一处浅滩一分为二，各自向右流出画面。

在画面近处染赭的土黄色调中，冲水法形成的淡墨水痕，溢出墨笔勾皴的河岸，自然渗入留白的河水中，宛如融雪般随水漂流。平展的画面，细细的流水，看似与"长河"丝毫无关，略加思忖，才能明晓画家是以两条细水喻示发源于青藏高原的黄河、长江，此时虽细小平静，而终将成为两条穿越历史与现实的狂澜"长河"。或许，何怀硕也以此作，宣告它将成为自己艺术长河中看似平静的源头，他称《长河》是自己"第一幅革新之作"[11]，良有以也！也是从此开始，长河这一意象，在其作品中，逐渐固化为"流逝的回忆与故园家乡"的象征[12]，并将这一主题不断开掘，像《长河之二》（1975）、《长河极目》（1978）便分别在近景处植以寒林、古木，《不尽长河》（1978）、《长河晨曦》（1979）则将近景更之以群山、苍岩，而这一题材的巅峰，便是伟大的悲剧风景——1989年"为苦难的中国"而作的《河殇》。

不过，所谓客久他乡成故乡，内心的情感之外，席德进对台湾风物的狂热，大约也对何怀硕造成影响。这一点，从他画作的题材中隐约透露出来。他1980年前后的画作，人文传统依然延续，如《寒夜》（1980）、《初升》（1980）、《悲秋》（1981）、《高秋》（1981）等。但台湾的地域性特征逐渐显露，并日益彰显：《鹿港之树》（1980）中描绘的是鹿港民俗文物馆后园；《庙》（1981）中刻画的寺庙，已不同于1975年《古寺之秋》与1978年《庙》偏中原样式的形象，而是翘角飞檐夸张的台湾样式，这种样式的庙宇，曾频繁出现在席德进的画中；《雨巷》（1981）虽借名戴望舒的诗，意象却发端于台北的日式瓦屋；《海韵》（1981）、《荒海》（1982）、《海之歌》（1983）、

11　2012年9月底何怀硕来京时，我就某些疑问求教于他时，他特别提到这件作品，并有此说。
12　颜娟英：《台湾美术评论全集·何怀硕卷》，第101—105页。

何怀硕 / 长河 / 58 cm×92 cm/ 纸本水墨设色 / 1975 年

《海屋》（1986）、《晨海》（1986）、《泛海图》（1989）、《海风》（2006）等，多得自画家在花莲一带看海的经验；[13]《赤崁楼》（1982）、《安平古堡》（1982）、《竹溪寺》（1982）、《苏花公路》（1982）、《淡水观音山夜景》（1999）等，更直接刻画这些台湾本地名胜；《夜市》（1985）、《夜雨》（1986）、《苦雨·台北》（2010）等，描绘的是他对台北生活的观察；而始自 1987 年，持续多年的"吾土吾民"系列，传递的是他对台湾乡土最深挚的情感。

13　就这一主题，我曾请教何怀硕，他说得自花莲一带看海的经验，年轻时，尤其是台风来临，他喜欢乘火车赶往花莲海边，感受太平洋的潮声和风起云涌海浪拍岸的壮阔气象。

何怀硕 / 古寺之秋 / 68 cm×64 cm / 纸本水墨设色 / 1975 年

　　就个体的艺术家来说，这种变化，或许折射出画家对台湾乡土逐渐趋向认同的过程，但从更宏大的时空来看，这也折射出国民党威权体制下，大陆精英赴台后的一种本土化趋势。他们也随着时间的推移，逐渐本土化，逐渐隐入历史。[14] 何怀硕虽然不属于随国共斗争失败后逃往台湾的那代国民党人，但艺术天赋颖异的他，无疑也属入台的大陆精英。同时，他的这种变化，也折射出同一时期台湾"乡土运动"的

14　许倬云：《台湾四百年》，浙江人民出版社，2016，第 81—91 页。

何怀硕 / 庙 / 69 cm×68 cm / 纸本水墨设色 / 1981 年

画中寺庙，大不同于《古寺之秋》的中原样式，翘角飞檐夸张，是典型的台湾样式。

深刻影响。

　　1969 年美国尼克松政府上台后不久，受经济"滞胀"的冲击，增长趋缓。1971 年 7 月 9 日，基辛格以总统特使、美国国家安全事务助理的身份，由巴基斯坦秘密进入中国，到北京与周恩来会谈，并就尼克松访华、中美关系正常化问题交换意见。其他各国不甘落后，由此掀起一股与中国建交的热潮。三个多月后的 10 月 25 日，联合国第 26

何怀硕 / 海之歌 / 69 cm×68 cm / 纸本水墨设色 / 1983 年

届大会，恢复中华人民共和国在联合国的一切合法权利，并立即将台湾"中华民国"的代表，从联合国暨所属一切机构中驱逐出去。台湾知识分子从唯西方（主要是美国）是从，转向面对台湾本土的经验，回归本土意识。这一始于文学的运动，涌现出以王祯和、陈映真与黄春明等为代表的一批小说家，小说的共同点，是以台湾为背景，其中最杰出的作品，是黄春明《青番公的故事》。后来，这一运动由文学拓展至美术领域。

此前，渡海来台的画家，笔下的山川草木，祖述的仍是文人画传统，而不是现实台湾的亚热带环境，无论外在形式还是内在情感，与台湾本地的风土人物没有多少关系，这也是1956年成立的"东方画会"成员主张将中国传统精神带进现代世界的前提，1957年成立"五月画会"的刘国松，更提出"中国抽象画"的概念。70年代，台湾《雄狮美术》和《艺术家》两本杂志，虽然重视台湾乡土，但更崇日媚美，谈不上反现代主义，更无"民族"，后来追随美国的现象更甚。重视本地文化的立场，主导了乡土美术运动的成型。同时，台湾的乡土美术运动，也受到美国超级写实主义和带有强烈乡土色彩的怀斯的影响。所以，如何面对"现代"与"传统"、"西方"与"本土"，不仅考验着知识分子，也考验着每一位艺术家的才情与智慧。

1979年3月，《雄狮美术》开始策划台湾前辈美术家专辑，以艺术家对乡土的情怀和贡献，先后介绍了颜水龙、黄土水、林玉山、洪瑞麟、郭雪湖、李石樵和陈澄波等艺术家。他们艺术生涯的黄金时代，大致处在日本进行殖民式统治时期，本土的自主性先天不足，但为内心情感所驱使的艺术，面对和处理的是台湾这亚热带海岛充满地域性色彩的景致与湿热气息。后来，林惺岳1993年回望这段历史时指出，乡土运动对台湾美术发展而言，最大意义在于形成一种普遍关注自己生存土地的时代气候，影响了艺术家调整心态重估现代化的思考模式。[15]所以，它并不只是一般爱乡土的"运动"，亦有各种政治与利益纠葛

15　林芳莹：《七〇年代的台湾乡土美术运动》，见http://www.docin.com/p—589102499.html［2017年3月22日登录］。林惺岳：《探索"台湾美术新风貌"大展的时代脉络》，载林平主编《台湾美术新风貌展（1945—1993）》，台北市立美术馆，1993。

错杂其中。[16] 尽管何怀硕并不是乡土运动的参与者，但1980年后的作品，与之前相比，对台湾本土有较多的关注——之前，作品主题，常为带有中国文化普遍性的《月夜》（1972）、《山居》（1975）、《古寺之秋》（1975）、《春寒》（1978）、《秋诗》（1979）、《江南春雨》（1979）等；之后，呈现出较多的台湾本土色彩，如《雨巷》（1981）、《春望》（1981）、《海韵》（1981）、《赤崁楼》（1982）、《安平古堡》（1982）、《苏花公路》（1982）、《海之歌》（1983）、《夜雨》（1986）、《淡水观音山夜景》（1999）、《海风》（2006）、《渔舟》（2012）等。

具体到"造境"的过程，从取材、构思、草图，到检讨、分析、推敲，及至以何种方法加以表现，如何面对创作过程中的低潮与失败，甚至探索特殊的表现技巧，则是一个具体而微的艰辛过程。

何怀硕强调，取材与立意，是创作的第一步。无论是立意在先还是题材在先，都需要有急于表现该"立意"或"题材"的动机，才能有创作的动机。然后，便是构思。构思的过程，因人而异，有人是把探索与发掘的过程放在草图阶段，反复修改、增删，甚至不断变换构图与造型，务求尽善尽美，草图定稿之后，才动笔作画；有人则是酝酿成熟，胸有成竹时，便动手作画，边画边思考，随机生发，在动笔之后继续探索的过程。在他看来，两种方法，各有优长，但相对而言，大结构的巨制，还是探索在先为宜。

他个人的习惯，是两种方式的结合。对于中国艺术创作传统的草率与陈腔滥调一面，他痛恨至极：

16　这是何怀硕2018年4月给笔者的修改稿中的话。在大陆对台湾乡土美术运动的介绍与了解中，往往偏重其对本土文化的发掘，而对其中各种纠葛认知不足或有所遮蔽。

上：何怀硕 / 夜雨 / 66 cm×66 cm / 纸本水墨设色 / 1986 年

下：何怀硕 / 海风 / 63 cm×106 cm / 纸本水墨设色 / 2006 年

上：何怀硕 / 淡水观音山夜景 / 9 cm×33 cm / 纸本水墨设色 / 1999 年

下：何怀硕 / 渔舟 / 67 cm×105 cm / 纸本水墨设色 / 2012 年

我们有许多人拿中国画末流的技巧在世界各地作江湖卖艺式的"宣扬文化"。（外国人总不明白创作怎么可以不断表演，而且数分钟即可完成一幅画？）[17]

因此，他是在草图反复修改推敲后，才正式动笔。动笔之后，大布局以草图为依据，局部与细节，则边画边思考，边发展，力求在草图的结构上丰满骨肉。创作中，笔端常遄发意兴，而有意外的惊喜——草图不是画家"按图施工"的图纸，而只是之前思考的结果。

在中国画家中，何怀硕可以说是最强调草图重要性的。他相信，草图正是将心脑活动连接眼与手这一思考行为的结果。创作灵感降临时，常会在艺术家的脑海中呈现为一个意象式的构图，艺术家随手记录下的这稍纵即逝、强烈而朦胧的灵光，虽生动精彩，但往往缺乏能真正落实到笔端的诸多具体形象与细节，因此需要做很多充实工作。他的经验是，保留第一张意趣生动的草图，再用另一张草图纸对原始草图加以充实，画出第二张草图。但经常出现的情况是，尽管第二张草图更具体细致可操作，却丧失了第一张草图的意趣与气势。这看似失败，实则可由此得知所增加的具体细节，不能表现原初构思的精妙，然后将每一张草图并列，反复比较，查找原因，另作草图，尽可能采集综合各种草图中的优点，尽意而后止。因为推敲次数增多，时间拉长，最大的优点，在于能汇集许多不同时刻的"灵感"与长时间的思考，自然有助于构思的成熟与深刻。他的有些构图，可能耗费三五天或更长的时间，有时竟至于间隔数年。像他1984年的六联屏巨作《不尽长河》，最初的草图作于1983年3月，后来多次修改、重画，但始终不满意，于是搁置下来，断断续续一年，先后画了五六次草图，才最终得到满

17　何怀硕：《中国艺术的传统与现代化》，载《域外邮稿》，第10—19页，尤见第17页。

上：何怀硕 / 不尽长河 / 136 cm×406 cm / 纸本水墨设色 / 1984 年

下：何怀硕 /《不尽长河》草图 / 1983 年

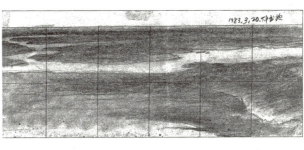

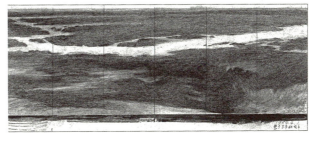

意的结果。这种灵感、摸索、推敲、修改的累积，自非一经构思便即振笔描绘者所能相比。在他看来，中国传统绘画因为题材的"定型化"，技法的"公式化、规范化"，导致许多画家往往只在宣纸上比画几下，便率意动笔落墨。这种方式，较之西方传统绘画创作之前所作的素描、速写、构图、草稿等大量艰苦的前期工作，固然看似潇洒自由，但容易流于僵化、雷同，缺乏创意与深度。[18]

创作中，何怀硕"宁可取意象上的空灵感，不轻袭形式的所谓'空灵'。形式上的'空灵'，在纸上千篇一律地留下空白，正如'无画处皆成妙境'那句咒语一样的那种'空灵'，毋宁唤它'贫弱'"。虽然巧妙的空白，不滥用且用得恰到好处，一样是表现技法中的重要手段，但更多"中国画"的所谓"空灵"，却非出自意匠的经营，只是千篇一律的陈腔滥调，遇到无法措置处，一空了之，如此空白，何"空灵"之有？所以，他的习惯是，草稿构图反复推敲定型后，在静夜里创作至天明，有时甚至连续几夜，大致完成后，还要仔细修改、调整，这种苦心孤诣的过程，并不追求天才火山爆发式的激情，而是在漫长细腻的创作过程中，于精微中追求深沉完满。之所以喜欢在夜晚作画，是因为夜长人静，少有打扰，可以集中精神，任思绪在寂静中自由地盘旋游荡，在创作时进入画面独立、完整而封闭的世界，即波普尔所说的"世界3"。[19] "意象的空灵在于由意象所产生的气氛给观者的感

18　何怀硕：《给未来的艺术家》，第156—159页。

19　科学哲学家卡尔·波普尔提出的"三个世界理论"。在这一理论中，存在着三个世界：物理世界（简称"世界1"）、精神世界（简称"世界2"）和客观知识世界（简称"世界3"）。"世界1"指客观世界的一切物质客体及其各种现象，如物质、能量、一切无机物质和一切生物有机体，包括人体及其大脑。"世界2"指一切古今中外的主观精神活动（对个人来说，即其个人的主观精神活动）。在波普尔看来，主观精神是实在的，因为它对"世界1"，尤其是对人和动物的躯体能起反馈作用，即，它直接支配着人和动物的物质躯体通过其活动表现出来。"世界3"波普尔定义为人类精神产物的世界，如思维观念、语言、文字、艺术、神话、科学问题、理论猜想和论据等一切抽象的精神产物，及一切具体的精神产物，如工具设备、图书、建筑、计算机、飞机和轮船等。

受上达成"，不在于空白简淡或密黑浓郁，毕竟，"大匠之手，假千万种变幻的情调而获得空灵，哪有公式可循"？[20] 从其《李后主词意（无言独上西楼，月如钩）》（1983）的创作中，可见"良工心苦"。

此作灵感得之于 1981 年 9 月 13 日，大构图基本未变，但推敲后，将略竖长的画面，修改为方形，更细微处的经营，主要为三处：月亮、西楼、李后主。初稿中的月亮稍显饱满，没有充分展现出"月如钩"的韵味，修改后的月亮因此夸张了"如钩"之态；初稿中的西楼只是普通的木楼，修改后的西楼，则上层房檐外张，下层房檐内缩，一张一缩，稳定的木楼于是变得上大下小，一种风雨飘摇感瞬间而出；画中李后主形象的推敲，更是煞费苦心——双手扶栏远望的、双手抱在胸前凭栏远望的、佝偻身子望向残月的……最终的定稿，是身影纤瘦的李后主，手臂无力地搭在栏杆上，向前探着身子，仰面痴痴凝望着天边的冷月——画家借笔墨在生宣上的生发，营造出冷月之夜的迷离氤氲。草稿上标明："1981.9.13 稿。1982.12.10 重想此。1983.12 画成。"而他一件并不著名的《万重山》（2002），更题："此图壬午至壬辰，毕其功以十年，不亦久乎？"因此，作为希望每幅画都有独特的生命，并希求结构严谨、造型丰富深刻的严肃艺术家，他一直强调："我认为草图是极重要的工作，是创作成败的第一关键。"[21] 其中关乎艺术家对草图检讨、分析与推敲的功夫。

一位艺术家，对自己的作品，如果不清楚优缺点何在，便无法积累经验，提升能力，力求精进只是痴人说梦。对艺术家来说，深入的检讨，要运用理性检验客观效果和分析成因。对水墨画家来说，从构思、构图、比例、局部与整体的关系、局部与局部的关系、造型、色彩、线条、

20 何怀硕：《艺术杂感三题·说"空灵"》，载《十年灯》，第 86—90 页。
21 何怀硕：《给未来的艺术家》，第 159、161 页。

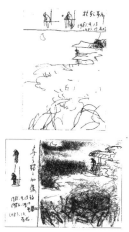

上：何怀硕 / 李后主词意（无言独上西楼，月如钩）/ 66 cm×66 cm / 纸本水墨设色 / 1983 年

左下：登上 1987 年苏富比拍卖图录封面的何怀硕《李后主词意》

右下：何怀硕《李后主词意》草稿

空间的处理、笔法技巧，到题款与印章的运用；从立意、内涵到布局、技法；从材质、工具的使用到画面比例与画幅大小……全面地检讨与分析，无所不包，务必找到作品的优缺点所在，才能有的放矢地对草图进行修改，或对已完成却不满意的作品推倒重来。

创作是情感的抒发，更是心智的展现。唐人卢延让《苦吟》所谓："吟安一个字，拈断数茎须。险觅天应闷，狂搜海亦枯。"强调的就是修改、润饰的重要性。有些原来不理想的作品，经由不断探索而发现新天地，有时甚至修改到面目全非，等于是原来的构思引发了全新的构思。不注重"检讨、分析、推敲"的艺术家，固然也可创作，但只能是凭借一时的灵感或碰运气，即或偶有佳构，但必然更多不理想甚至粗劣之作。佳作靠运气，好运必然不会常有。况且，不善检讨、分析，对作品理解、鉴赏的能力也无法得到提升，自是无法为日后创作积累丰富的经验。灵感如火花，若没有丰富的原料与高明的方法，星星之火自是难成燎原之势。[22]

当然，有时灵感涌现，构图即臻完美，也不必胶柱鼓瑟。在《冬日》的草图上，何怀硕便写着"1986.8.12.定成佳作"。不久后即完成的《冬日》（1986），迎面而来根部缠连在一起的两截巨大树干，如特写般呈"V"字形，兀然矗立在画面的前半部，远处微茫的大地上，一栋白墙黑瓦老屋，孤零零地瑟缩着，天空浮着灰淡的云，白墙间破败的老门与小小的窗户，像张大嘴，瞪着惊恐双眼的一张脸，目光穿越一个倒立人的双腿间，看向未知的观者。作品简洁却怪诞地传递出一种孤寂感，与草图几无二致。法无定法，意足而已！

何怀硕画中这种惶惑的表情，徐小虎认为是在悲凉而坚忍地压抑着"蒙克式呼喊"，尽管画家精心设计的画面极力掩盖，但这表情依

22　何怀硕：《给未来的艺术家》，第178—180页。

然若隐若现。[23] 何怀硕父母于 1978 年、1981 年先后去世，正值盛年，稳步向艺术高峰攀登的他，不得不在短短三年间两次忍受这种生离死别，人生的前路上，只有自己在黑暗中孤独地走下去，如斯心境下，一直独自奋斗异乡的他，不难想见内心的压抑与悲凉。

作品的成功，显然让何怀硕有了将《冬日》构图延伸下去的热情，很快便创作出《孤泊》（1986）：几乎一致的构图，感觉像有一台摄像机，将镜头从《冬日》的树身上，向左侧平移了十几厘米，《冬日》中远方矗立的老屋消失不见，而代之以孤泊远岸的一叶扁舟。创作在后的《孤泊》，理论上会更成熟一些，但事实上，较之《冬日》，《孤泊》的大"V"字形构图，由于失去画面右侧树木的变化，显得单调，树间的河岸，虽然有雾气飘荡形成的过渡，以及上方灰蒙蒙的天色，但在巨大树干的映衬下，远方的孤舟不免有几分纤弱。如果单看《孤泊》，不失别致，但比较之下，则不免见绌。可知一件优秀作品的诞生，其中的许多偶然，更不是"按图施工"式的制作所能想见，也可知佳作的难得。

在创作过程中，何怀硕对于少作或旧作，常做重制。原因在于："许多少作或旧作，虽然不成熟，甚且极粗劣，但他日或许可以依此重新改造再制，变成佳作，可以说是前工不废，后来翻新。"[24] 不只是"不成熟，甚且极粗劣"之作，即便成功之作，他也不惮于不断地试验。《李后主词意（无言独上西楼，月如钩）》的完美，虽然失去了深掘下去的可能，但并没有妨碍他从新视角拓展这一题材。数年后，他创作了变体画《西楼望月》（1988）：《李后主词意》的正方形构图，

23　徐小虎：《何怀硕与中国画》，载何怀硕：《绘画独白》附录一，严以恕、任秀姗译，第 231—245 页。原载 1986 年 2 月号《艺术家》。尤见第 243 页。徐小虎原文为"孟克式呼喊"，"孟克"大陆译为"蒙克"。所谓"蒙克式呼喊"，是指蒙克《呼喊》（或译作《呐喊》）画中人物张嘴呼喊所传递出的惊恐不安。

24　何怀硕：《给未来的艺术家》，第 122 页。

何怀硕
冬日
67 cm×67 cm
纸本水墨设色
1986 年

何怀硕 /《冬日》草稿

　　"定成佳作"，可见妙手偶得的欣快之情。

何怀硕 / 孤泊 / 66 cm×66 cm / 纸本水墨设色 / 1986 年

变为横竖比例约 1∶4 的条屏；《李后主词意》中的主角，那位佝偻着
身子望月的皇帝囚徒，随之退缩到《西楼望月》右下方的西楼一隅，
而占据视线焦点的，是空中浮荡的巨大圆月，虽然满照，却并不明亮，
发着淡淡的金黄色，隐在飘过的云翳中。虽不明亮，却仍将西楼周遭
的高树笼罩在一片清光中。《李后主词意》中如钩的月亮，残了又满，
让曾佝偻着身子的李后主似乎直起了腰，不知是"小楼昨夜又东风，
故国不堪回首月明中"（《虞美人》），还是"无奈夜长人不寐，数

声和月到帘栊"（《捣练子令》），抑或是回想起曾经的欢乐时光，"归时休放烛花红，待踏马蹄清夜月"（《玉楼春》）？

对画家来说，两件构图相似、画幅面积相同，而比例各走极端的作品，大约耗尽了探索下去的可能，这一题材在他的作品中自此隐身，直到近20年后才又重现——2006年的《李后主词意》，从画面比例看，像是此前两作的折中，既非1：1的正方，亦非约4：1的竖长，而是常规的横竖约1：2的比例！从形式构成上看，较之前作人物、月亮、西楼、树木等形式元素的简洁，此作更多综合意味，仿佛《过客》中的山溪从李后主望月的西楼边流过，徒留时光流逝的伤感与无奈！

进入21世纪后，他将一批旧作，予以重绘，包括名作《空茫》《荒寒》等。其中，《空茫》画上题陶渊明的《咏贫士》："万族各有托，孤云独无依。暖暖空中灭，何时见余晖。朝霞开宿雾，众鸟相与飞。迟迟出林翮，未夕复来归？量力守故辙，岂不寒与饥？知音苟不存，已矣何所悲。丁亥中秋前十日，怀硕再造。""再造"之作，强化了笔墨的描绘，厚重感远胜旧作，但旧作运用特殊技巧带来的动感与了无人间烟火的缥缈气息，也随之远去——新作不复初作时的敏锐感。

虽然中国文化强调"老境"，有"通会之际，人书俱老"的良愿，但在创作中，艺术家很难有这种"进步论"自信。即便同一题材、构图的作品，时过境迁，笔下的感觉、人的心境发生了变化，绘画的感觉也会随之变化。面对不时出现的失落，甚至沮丧，何怀硕秉持一种理性的态度：创作中的低潮与失败，是每个艺术创作者常常遇到的困境。即便是大画家，一生也只有少数百代景仰的极品，更多是一般性的佳作，或平平无奇甚至拙劣之作。创作中，获得大成功是可遇不可求的，不理想、不满意与失败，却是常有的。如果没有长期的创作实践，没有大量的失败，何来登峰造极？因之在创作中，他一直坚持"不问收

何怀硕
西楼望月
137 cm × 33.5 cm
纸本水墨设色
1988 年

何怀硕
李后主词意
104 cm×53 cm
纸本水墨设色
2006 年

何怀硕 / 残月 / 67 cm×97 cm / 纸本水墨设色 / 2008 年

　　残月在此的出场，照拂的不再是西楼上无言的李后主，而是拥挤都市中的芸芸
众生。在《给未来的艺术家》中，何怀硕说："要做到创作一幅水墨画，能画数星
期甚至数月，才见功夫。二三十分钟画完一幅画没什么好炫耀的。水墨画草草画完，
所以没法像西方油画一样深入丰富，值得我们深思。"《残月》（上）完成十余年
后的 2019 年盛夏，因筹备在北京画院美术馆的个展，他重审此作，感到月光寒意不足，
遂将原作收拾添加，整理树木轮廓，点虬树叶上闪烁的细碎月光，推敲深入，终成
此貌（下）。有赖科技昌明，将此匠心过程完美呈示出来。

获，但问耕耘"的信念：只要不停止追求或掷笔不画，过去所下的功夫，对艺术已有的修养与眼界，就永远不会消失，也不会"退步"；暂时的低潮，只不过是上次成功后的"高原期"，只要坚持不懈地探求，自然会迎来新的成功。[25]

何怀硕对材料与技巧的控制与自由的态度，可视为他艺术之"变"观的具化。1985年9月中旬，在与徐小虎的一次晤谈中，他以生动形象的比喻，坦率表达了自己对于"变"和艺术之"变"的态度：

变有很多种，一种是突然的变，一种是慢慢的变。像树叶从夏天到秋天，慢慢变黄、变红，不是一天的事。像酒变得更慢，愈来愈好，愈来愈醇，一百年的酒贵得不得了，就因为很醇。

突然的变像台湾的天气，今天蛮好的，突然之间冷得要命，明天太阳一出，又跟夏天一样热死人。美国的艺术就是突然的变。

欧洲就不是突然的变，你看英国房子的墙壁，几百年的风吹日晒雨淋，该黑的黑，该裂的裂，该长青苔的长青苔，慢慢变成中国人说的很古拙，很古老，很有深度。那种美经过很长的历史，不是一天能达到的。美国的历史很短，一天到晚只想明天就要变得比今天好，殊不知愈变愈乱。

中国的历史很长，跟欧洲一样。我觉得艺术要跟以前人不一样，老一样没意思，天下一切东西都会变。但你一定要它一天变个样子也没意思，因为那不自然。中国人讲自然之道，凡事都该顺其自然，变也不能强求……

有些人觉得我的画变得不够多，这就是受了美国的影响。美国的文化在台湾力量很大，汽车一年一个样子，什么都讲流行，衣服在变，

---

25 何怀硕：《给未来的艺术家》，第184—185页。

上：何怀硕 / 空茫 / 67 cm×66.6 cm / 纸本水墨设色 / 1983 年

下：何怀硕 / 空茫 / 87 cm×95 cm / 纸本水墨设色 / 2007 年

上：何怀硕 / 荒寒 / 66 cm×66 cm / 纸本水墨设色 / 1983 年

下：何怀硕 / 荒寒 / 68 cm×67 cm / 纸本水墨设色 / 2007 年

鞋子在变，头发也在变，都是可以求变，好像不变就落后了。

艺术没什么落后和进步。艺术都是描写人的感情、人的思想、人的心理，而我们这个人并没什么太大的变，一样要吃饭喝酒，一样要哭要笑，一样要生病。人既然不变，艺术就该有它不变的地方……

我自己是个中国人，读过很多中国书，也走过世界很多地方，我觉得欧洲好，中国好，好在悠久的历史。尤其是艺术，有几千年几万年人类共同的感情。全世界看到秋天都很悲哀，看到春天都很高兴，因为秋天叶子掉了，颜色少了；春天开始，又有了绿意，又觉得有希望了。凡是人类，看到可以哭的地方，大家都会哭；看到可以笑的地方，大家都会笑。艺术就是表现这些东西，所以不能要求它一直在变。

……我想最好的是不变中的变；变中的不变，没什么痕迹。我当然多少有点变，现在的我和十年前的我就不一样，读的书多一点，看的事情多一点，想法看法也比以前成熟一点，这种变是自然有的，我觉得一个艺术家不要太关心变不变的问题，你只要想：我对这世界、这人生，是不是看得更多、看得更广、看得更深刻？我在艺术上是不是比以前更努力、更认真？你自然会变。[26]

他这种看法，近乎吕思勉《中国文字变迁考》中谈到的语言变迁的内在逻辑："一事之成与变，皆有其所以然之故。其成也，大抵因众所共须，无形之中，合力创造，积累而成。其变也，则出于事势之迁流，虽有大力，莫之能遏。夫其变也，如日之西，如水之东，无一息之停，而人莫之觉，及其久而回顾焉，则判然若二物矣。"这种态度，与他欣赏的历史悠久渐成古拙的英国文化，也是默然神合。像麦克法兰在《现代世界的诞生》中谈到的，由于英格兰历史的连贯性，他所

26　徐小虎：《何怀硕与中国画》，载何怀硕：《绘画独白》附录一，第231—245页。

接受的中小学和牛津大学历史系的教育鼓励学生相信：只有研究了遥远的过去才能认知现在，为了理解当下，必须认知远古，远古并非全然陌生的风景，顶多只是略显陌生而已，"所谓当下，对于英格兰人来说，并不是两个对立世界之间的一条硬邦邦的界限，而是一道若有若无的薄雾，他们优哉游哉地穿行在薄雾之中，有时向右一拐，看见一队骑士从一座有壕沟的城堡中疾驰而来；有时向左一拐，看见一群机器人从摩天大楼的顶层飞翔而出"。他们固然相信古老的东西在消失，却仍禁不住怀旧和回忆，这种怀旧，并非来自对未来的恐惧，而是对过去的尊重。[27]

27　[英]艾伦·麦克法兰主讲，刘北成评议，刘东主持《现代世界的诞生》，管可秾译，上海人民出版社，2013，第288—292页。

创造价值之反省

　　伟大的艺术家都是善于吸收不同的，尤其是异质艺术营养的人。法国雕塑大师罗丹创作《巴尔扎克像》（1892—1898）的过程，就让何怀硕颇为感慨。巴尔扎克作为经历大革命到共和制的大动乱年代的文学巨匠，目睹社会的沧海桑田，又从事过许多行当，人生经历丰富至极，笔下"人间喜剧"之波澜壮阔，创造力之宏伟，世罕其匹，正如其人身躯之肥硕。为创作巴尔扎克像，罗丹创作了许多草图与雕塑小样，再三思考后，选择了作家因夜里突来灵感，披衣而起，若有所思、昂首前望的神态，其手法之奔放简略，宛然梁楷（传）《泼墨仙人》般的"写意"。这尊被雕塑家砍去双手的雕像，现在是举世公认的杰作，在当时却饱受争议与贬抑，但何怀硕指出，很少有人知道，这尊《巴尔扎克像》造型的灵感，源自现藏于罗丹美术馆的一件普通的中国石湾陶塑罗汉。[1] 但罗丹的伟大在于，他在形态借鉴之外，打破了石湾陶塑罗汉的样式化，而赋予主人公强烈的个性化特征：蓬松如雄狮鬃毛般的乱发，骄傲而深邃的目光，更重要的是颠覆了样式化的完美，而以一种残破美完成了对学院传统的超越。

　　以这种创造精神为镜鉴，他对中国绘画史上的"赝画"传统，深刻省思。揆诸中国画史，"赝品"之多，竟成"传统"。这种畸形状

---

[1]　何怀硕：《给未来的艺术家》，第 176—177 页。

态的出现与存在，他认为，固然出于利益的驱动，但归根到底，是中国画本身创造力的衰退。在崇古复古风气成为主导思想后，画家皆以追慕前人为本务，从而为赝画传统奠定了基石。从宋元之际的赵孟𫖯，明末的董其昌，到清初的"四王"，虽不无建树，但复古的风气之盛，令"艺术第一义即创造"观念在中国艺术中逐渐亡失：

> 以宗某派、拟某家过活的艺术家，不但毫无赧愧，且自恃以傲人。笔笔有来历，得古人之秘，似乎成为中国画之不二法门。这个浓重的复古风气，遂使抄袭不承其为抄袭，剽窃也不必认为剽窃，更不用说以模仿冒充创造之毫无内疚之感了。因此之故，画家能临摹或仿袭某大家，若能瞒过专家法眼，居然引为艺坛"美谈"，竟能笑傲古人，沾沾自喜。到了这个地步，剽窃抄袭成了荣耀之事，名利双收，老实说，此就不只是创造力的衰退，而且是艺术道德的沦落了。[2]

对此，何怀硕并不只是就事论事，而是就中国画史上为什么赝品远比真品多的问题，探讨了中国绘画传统中的"复古"风尚，认为这种崇古拟古的余风之下，技法走向典型化、固定化，从而远离了自然与人的生活，沦为符号化的公式。画人因此不必为完成特定意象的表达而在技法上绞尽脑汁，绘画遂成"按方配药"，聪慧者三五年即可运用裕如，即便中下之资，经过苦练，也能"虽不中，亦不远"。中国画法的这种公式化与简约化，正为赝品的泛滥创造了技术条件。近代以降，中国画教育，虽已学院化，但其方法，却是承接这一风气而来。一人开派，"门人"塞途，技法代代相传，亦步亦趋。"师者，所以

2　何怀硕：《从张大千仿文会图的真伪说起》，载《艺术与关怀》，第25—33页。该文写于1982年，因香港苏富比公司中国画拍卖目录中出现的《张大千仿周文矩文会图》一画而起：此画经当时尚在世的张大千本人指出是"假画"，当时引起很大的关注。何怀硕应邀谈对此事的看法，后经斟酌损益而成此文。

传道授业解惑"的精神荡然无存，所谓师生，几成"连锁店"之总店与分店。如此，门人，乃至门人之门人，常成赝画之巧匠，亦属宜然。更何况，多少号称"一代宗师"者，便从仿袭古人而来，其博名取利的手段，与制作赝品者，正是五十步与百步，本质并无不同。赝品的昌盛，正是元代以来六百余年中国画退堕幽暗一面的活见证。

在过去的社会，画家很难成为一个专业，"风雅"之士也不屑以斗米尺布论价。画人常倚于权贵豪门，形如宫廷之弄臣。绘画买卖成为行业，是近代以来的事情，但时至今日，以画作进行人情应酬，仍为大宗。应酬的坏处，一方面导致粗制滥造，同一画稿不断重复，有时坏的真品甚至不如用功夫的赝品；另一方面，应酬风盛，画家职业难获尊重，也难以凭其谋生。既然真正的艺术市场无法建立，则仿冒名家远比自创门户更易求取财富。真画而没名气，不如假画而有名气，画本身的优劣倒在其次，因此造假仿制者众。因应酬留下大批虽真而劣的作品，则画作的真假与品质的优劣之间，遂失去了必然的联系。可以说，赝画在中国的持久不衰，自有其历史与社会根由。

何怀硕痛申，这一"赝画传统"影响到中国画对艺术创造没有严格的要求，即或许多大画家亦然，这就间接地鼓励了作伪的风气。师徒之间，只有"技"的传承，没有"道"的启发与自我追寻。如果中国画不能发扬传统中真正的精华，即历代那些富于个人独特风格的创造精神，不革除这一积渐已久的因袭仿窃"传统"，则前途如何，不言可知。[3]

由此，涉及艺术价值判断标准的问题，也是许多人对他《大师的心灵》中为什么不选张大千的疑问。在一般公众，甚至许多画家看来，张大千与齐白石并称"南张北齐"，号称近代中国画坛的两座高峰，

3　何怀硕：《从张大千仿文会图的真伪说起》，载《艺术与关怀》，第25—33页。

其传奇人生、市场宠爱，较之白石，犹有过之，而徐悲鸿亦赞誉"五百年来一大千"，为什么他却认为张大千不是第一流的艺术家？

何怀硕对自己这一判断相当自信。他说：

> 我从小非常爱读书，艺术家像我这样爱读书的，不会太多。所以说到张大千的问题，我认为我是中国人里唯一讲对的，别人不是功力不够，就是受到蒙蔽，有一些人是盲目崇拜权威。人家名气大、价钱高，就不敢去否定了……我对张大千的评价不可能改变，我认为要改变的是中国人对艺术的理解。张大千是什么画都能画，他实在太厉害了，怎么我能说他是第几流的？他的价钱很高，但在拍卖的价钱和艺术的价值没有必要画等号……我说他不是第一流艺术家与一般人的见解不同，是因为一般人对艺术家的认知，跟我所认知的有差距。艺术家的艺术要在人类的文化史上开创独立的价值，他创造力独立、不可取代的艺术世界，不一定画得最好。梵谷（凡·高）的素描、水彩水准不是最高，而画得比他好的人多得很。黄宾虹并不是国画画得最好的，他自己常常仿范宽或者谁，但是他没有学到他要仿的那个人的笔墨技巧，只重意趣。张大千就不一样，他画什么像什么。以前有人反驳我对张大千的看法，我说：你们错了，我只是说张大千不是第一流的艺术家，我不是说他画的技巧不好，要论画的技术之广，张大千是唐宋元明清下来找不到第二人。要讲匠，他是最大的画匠……艺术家是要由一种独一无二的人格精神所表现的独特的艺术创造者，没有这个艺术家就没有这种艺术，他的艺术为我们的世界增加了一种价值。在美术史上没有一个张大千，中国的艺术不会有很大的损失。因为张大千只在重现古人已有的成果。[4]

4　《何怀硕：艺术有震撼心灵的力量》，载李怀宇：《知识人：台湾文化十六家》，第174—175页。引文中论及黄宾虹，"他没有学到他要仿的那个人的笔墨形式"中的"笔墨形式"，在何怀硕2018年12月24日给我的修改稿中，改为"笔墨技巧"。

他认为，张大千所画的东西，是传统本来就有的，只是他聪明之极，一看便会，拿起笔来画，有时甚至比石涛更石涛，但这不是艺术的最高价值，而只是艺术的技术部分。张大千在艺术的传承上，是千古难得的奇才。他做了个比方，如果拿一张宋画，请几个大画家来临摹比赛，张大千永远会是第一名，像齐白石根本没法和他相比。傅抱石临摹石涛，也大不如张大千。以张大千对传统理解之广，技巧之高，随便怎么画都可以达到很高的水准，可谓旷世奇才，但并不能因此说他就是第一流的艺术家，因为他没有创造独特而不可替代的价值。与他相反，像傅抱石这样的艺术家，没有灵感、没有感情是画不好的，他的很多一流杰作都是神来之笔，但糟糕的也不少，因为他从事的是创造。[5] 所以，大多数人对大千佩服不已的无所不能，无所不精，"在画史上也难得一见"，何怀硕以为，却正是大千的问题所在，因为"艺术的技巧不等同艺术的价值，艺事之能与独特创造是两个不同的层次"，大千的"学谁像谁，恰恰是他缺乏艺术中本来最不可丧失的'自我'的证明"。[6]

对于台湾画坛的倒退复古，何怀硕认为，张大千也难辞其咎。固然，当时复古保守主义的代表画家，像溥心畬、黄君璧、马寿华等，把持台湾高等美术教育二十余年，作用也很大，但张大千虽长期滞留美欧，1978 年才定居台北外双溪。然而，自国民党败退台湾到大千 1983 年去世的三十余年间，他在台举办画展十余次。由于大千与国民党政坛大佬交谊深厚，不但成为台湾"天字第一号的大师，而且成为箭垛式的新闻人物与画坛的焦点，他所享有的殊荣与殊遇，为历史上所罕见"。其画作出版品充斥坊间，难以计数，仅只台北历史博物馆印行的画集，不知有多少，他自然成为中国艺术正统的代表。因此，当时台湾画坛

5　《何怀硕：艺术有震撼心灵的力量》，载李怀宇：《知识人：台湾文化十六家》，第 175—177 页。
6　何怀硕：《大师的心灵·自序》，第 9—10 页。

的复古倾向，"张氏无疑有最巨大的影响力"。[7]

不过，1983 年 4 月 2 日张大千去世，几天后的 4 月 9 日，何怀硕在纪念文章《闲云野鹤任徜徉——论张大千画》中，月旦人物，在不违背自己基本价值判断的前提下，从中国绘画的传统主义角度，审视大千技术的非凡成就，谓其在"遗世独立"的环境中，为传统主义的光彩与声华，画上了最后的一个句点。强调"大千先生是一位历史人物。不仅因为他的艺术声华之盛而成为历史人物，亦因为他是中国现代化初期历程中，传统主义的社会角色之典型人物。大千先生的才华、成就、能事、风格是多方面的，断不是单纯一介画家所可比拟。他太多面的声光，使人目眩五色，不容易把握他完整的形象，也不容易就其一方面的成就，给予客观、恰如其分的评价。他几乎囊括了自魏晋到近代若干著名的中国传统文人的许多型范。就人生的风格而言，他是'杂家'……他的人生之广袤繁富，雄豪瑰丽，充满传奇色彩，近世无匹"。

但即便如此，也能感觉到何怀硕对张大千艺术"自外于"中国近代史主流的不以为然，因为大千生活的时代，是中国历史"数千年来未有之变局"以来最艰难困苦之时，有救亡图存、颠沛踬踣的社会探索，有梁启超、严复等对新学、进化论的文化引介，有白话文运动，也有徐悲鸿、林风眠等对西式美术教育的引入，更有蔡元培以美育代宗教的乌托邦式幻想……种种观念与方法的探索与激荡，都是面对一个数千年未有的大变局，欲为中国的民族文化探求出路，而成为中国文化现代化历程的肇端。但大千一生，"闲云野鹤，不食人间烟火；他的艺术，从内容到形式，是传统精丽的华彩在现代的海市蜃楼。他是今之古人……他是纯粹的'传统主义者'，一位古典的耽美主义者。

7　何怀硕：《社会变迁与现代中国美术——三十年来中国美术在台湾发展的回顾与省思》，载《绘画独白》，第157—199 页。他对张大千复古主义的评论，见第162—163 页。

张大千 / 峨眉 / 81 cm×161 cm / 纸本水墨设色 / 1945 年 / 中央美术学院美术馆藏

时代的脉搏，民族文化变迁的时代之痕迹，在他的艺术中，几乎空白。时代之波诡云谲，国家民族之危阸（厄），现实之痛苦，民生之多艰，那是发生在地上的事实。然而，敦煌古画与四僧的艺术，成了两朵浮云，托着这一位古典的耽美主义者，飘然远引。这是大千先生的'福气'，也是他的艺术的局限"。

如何看待"五百年来一大千"之说？这句出自徐悲鸿"张大千，五百年来第一人也"的话，何怀硕觉得，与叶恭绰谓大千是"赵子昂后第一人"，英雄所见略同，固是赞美大千"杂博兼能"的非凡才能，"可以说是中国传统绘画的大百科全书"[8]，堪与复古主义大师赵子昂相颉颃，同时也暗指其个人独诣之不足。何怀硕以大千取法至深、最为崇仰的八大山人、石涛为例，指出，八大山人、石涛艺术风格的生成，是"时代际遇与肺腑间最深沉的感受所激发，故显示一股傲岸孤独，悲怆沉痛与荒寒凄寂之况味"，而大千的"'人生风格'、生命情调、审美趣味，皆大不同于二僧"，内在的生命气韵不可移袭，"所能追摹者，技巧而已"，皮相徒似，精神却南辕北辙，便是创造与追摹之别。"试想五百年间多少人才，中间又有文、沈、仇、唐、青藤、白阳，清末有任伯年、吴昌硕。仅就清初的石涛、八大山人而言，为大千先生之宗师，若说五百年来无大家，唯大千一人而已，大千先生必亦不敢点头首肯罢。"[9]

但就复古而论，何怀硕洞悉大千的高明之处，在于"他的一生，有最多的鉴赏与研摹的机会，又有云游四海的经历，使他真正成为一位饱游饫看之士。单就'研摹之精'一项来说，我以为是古今一人而已；而从对传统画法之深厚认识与精湛技能来说，确是集传统于一手，前不见古人，后之来者也必不可能有。因为时代不同了，那样的机运和

8　何怀硕：《细说"五百年来一大千"》，该文"一九七三、四、十四夜初稿，十一、廿五定稿"，载《苦涩的美感》，第260—271页，尤见264页。
9　何怀硕：《闲云野鹤任徜徉》，载《艺术与关怀》，第238—249页。

心境也无从复得"。[10] 难得的是"没有陷入自董其昌之后文人画苍白虚脱的困境，而以被文人画目为匠工之作的古代壁画以及唐代北宋的青绿重彩画法来补救，使数十年来中国画坛回头重视文人戏墨以外那个被忽略、被轻视的传统。这是大千先生的贡献。大千先生的复古工作，遂于旧辙之中，不无新痕"。[11]

至于大千晚年的泼墨泼彩，向来被目为他的创造，在何怀硕看来，很大程度上只是对西方自动性技巧的模仿。虽然大千自言这种技法唐已有之，但历代名家运用泼墨之法，各有不同，只有大千最"名副其实"。具体而言，大千的泼墨泼色，大多是用矾纸或绢，借其韧实的质地，即便大量用水，亦不会破裂，因而适合采用半自动性技法：先由水、墨、色在画面上自由冲撞，"辟"出一个混沌的局面，然后远观近视，斟酌思索，见机行事——或加入皴法，或增添亭台楼阁、舟楫草木、人物车马……就此与大千先前的复古作风拉开差距，完成了形式上的变革。

显然，美国抽象表现主义的自动性技巧（如泼、喷、流动等非绘画技巧的物理效果），对张大千泼墨泼彩风格的形成有着直接或间接的影响，何怀硕视之真正代表了大千艺术创造性的一面。不过，他接着又指出了大千作为传统主义者，在风格的变化中不可避免的自身局限性：根本上，是绘画思想上难以推陈出新，视觉形态上的改变，只是漫漶的色墨代替了旧日的皴法，但结构布局，仍是传统一路；同时，山石烟云采用的是半自动性技法，而后添加的笔墨物象却仍是旧日模样，于是在半自动性与工致刻画间，出现了绘画语言的不一致性，犹如布袋戏播贝多芬的背景音乐。这种近"连结"而非"融合"的方式，

10　何怀硕：《兴酣落笔摇五岳——张大千先生画展观感》（该文写于 1967 年 10 月 10 日），载《苦涩的美感》，第 251—259 页。
11　何怀硕：《闲云野鹤任徜徉》，载《艺术与关怀》，第 238—249 页。

缺乏造型语言上的统一性。[12] 简而言之，创造力不足：

　　艺术的本质，必以艰险卓绝的创造成就其最崇高的价值。故艺术

---

12. 何怀硕：《闲云野鹤任徜徉》，载《艺术与关怀》，第 238—249 页。对于这种"连结"，何怀硕做了形象的比喻，就像背景是西方现代音乐，而主旋律是中国琵琶或古筝，作为一种构想，在方向上没有错误，但在方法上却大成问题，因其简单的物理学拼接，缺乏化合的内在生命感。不过，在该文附录的《大千趣闻》中，何怀硕反过来从社会层面，更肯定张大千作为一位传奇人物，"达到的广袤繁富而炉火纯青的境界，不是单纯一介画家之所能比拟"，其"人生风格"，如果仅以画家目之，不免失之狭仄："大千先生逝世，不论识与不识，大概人人都有人间世界顿生寂寞之感。似乎人间的'舞台'，忽然回复原来的平庸与琐猥。的确，在我们的时代，从本世纪（20世纪）开始，八十五年来，许多声光，许多色彩，许多豪情胜慨，许多趣谈笑语，许多艳闻雅兴，都从这位美髯公身上引发出来。"其中的一则趣闻，足见大千的聪慧善趣：

　　1933 年，大千在北平，友人宴请，陪坐者有溥心畬、于非闇、陈半丁、寿石工等一众同道。酒酣耳热之余，寿石工想开大千玩笑，因大千自十九岁"已髯而封矣"，人称"张大胡子"，一把胡子，几成其注册商标，便邀众人各说一则关于胡子的笑话助兴。众人上下古今，一阵胡扯，把留胡子的一番虐谑。大千听后，态度祥和地说他也来一个关于胡子的故事："从前读三国演义，看到关兴与张苞随刘玄德兴师伐吴，替乃父关云长、张翼德复仇的一节故事。关兴和张苞因复仇心切，争做先锋，刘玄德左右为难，无法决定，乃说你们试各说你父亲生前的战功，那个多的就当先锋。张苞年长于关兴，因先说道：我父亲当年喝断当阳桥，夜战马超，义释严颜，历历如数家珍。关兴口吃，气得说不出话来，良久才大声疾呼道：我的父亲须长数尺，人多称他美髯公，所以先锋一席，应由我任。这时关云长的英灵正在云端，听得凤眼圆睁，大声骂道：你这不肖小子，你父在日，过五关，斩六将，杀颜良，诛文丑，以及水淹七军，单刀赴会，威震华夏，这些都是千秋功业，万古不朽，你全不记得，为什么单单只说你老子这一口胡子！"

　　提议者寿石工（1885—1950），金石名家，鲁迅《从百草园到三味书屋》中提到的蒙师："他是一个高而瘦的老人，须发都花白了，还戴着大眼镜。我对他很恭敬，因为我早听到，他是本城中极方正、质朴、博学的人"——寿镜吾，即寿石工之父。这是一种自民国以来便流传的说法，如，寿石工弟子巢章甫撰《〈蝶芜斋〉自制印逐年存稿》中谓："寿玺……寿镜虚之子，喜藏古墨。"曾受教于寿石工的北平艺专学生吴文彬撰《越人燕客寿石工》中，亦谓"其尊翁寿镜吾先生曾为鲁迅启蒙师"。寿福谦（1849—1929），又名怀鉴，字镜虚，也作镜吾。

　　1985 年第 5 期《鲁迅学刊》刊登余时《寿玺小记》，最早对这种关系提出质疑："我查了鲁迅博物馆的有关记载，只说寿玺是寿镜吾之子寿洙邻的本家……"寿永明、裴士雄编著《三味书屋与寿氏家族》中，收录了详细的寿氏宗族谱系，谓寿石工是"寿镜吾之族亲。其父亲于康善治印，有四本《印存》存世"。足以证实寿镜吾与寿石工并非父子关系，只是亲戚关系，同属浙江绍兴覆盆桥思仁堂寿氏家族。周作人《纪念寿石工》文中回忆，"我同石工攀谈，知道他不曾到过故乡"，则知其可能没有回过绍兴。详参邹典飞：《寿石工事迹新补及其散佚篆刻考——以民国时期北方期刊及相关书籍为中心》，《中国美术》2018 年第 2 期。

　　后来，鲁迅在北京教育部任职时，同事中便有寿石工。《鲁迅日记》中有当年两人往来的记载：1923 年 12 月 1 日，"晴。上午母亲往八道湾宅，由吕二送去。齐寿山交来季布之泉四百。得寿玺之妇赴，赙一元。伏园来，示《小说史》印成草本。"寿石工，面黑体矮，性格谐趣幽默，好与人开玩笑。

新生命的降生，时常带着狂狷怪诞、神秘诡谲。故能震慑魂魄，摇撼心旌。如凡·高、如高更、如达里、如鲁奥；如八大、如石涛、如金冬心、如傅抱石……这些名字如神明，如魅鬼，他一时或被目为怪诞，但数十年或百年后，人将惊悟于其展示人类灵台深处之真境而悸动而膜拜。这样的艺术创造，它不只是个人的私感，且是人类心灵的共感；它不只是过去的总结，且是艺术家所处时代的最深沉的发露与对未来的启示；它不只是呈现娱心悦目之美，且揭示了人生惨淡的苦斗之壮丽。拿这些论点来看大千先生，我觉得他过于偏向过去看，他的目光对当下与未来忽略了注视；过于偏向唯美的营造，缺乏深重的人性体现之表现。故他的成就，不无自外于他所处的这个苦难的时代的遗憾。[13]

何怀硕认为，比较而言，传统艺术是情绪经过理性的梳理，通过受训练后的表达方式而产生的，而"抽象表现主义"开启的非传统艺术，则是直接由莫可名状的个人情绪而来。中国近现代绘画受西方现代艺术的刺激而思新生，遂有"复古"与"西化"两派，各走极端，皆不足为法。大千的"泼墨泼彩"，一面是丢不掉的传统"遗迹"，如宫阙、桥梁、高士等，一面是运用中国画工具，采用抽象表现主义和超现实主义的自动性技巧，进行半无意识（即半自动）半写真（不同于写实主义）的描绘，徘徊于复古与西化两个互不相通的堡垒上。之所以有此选择，是因为复古风格作为大千的主格，成就了大千的地位，并使他得以保持大师的地位，而西化风格的游戏色墨，足以骇俗，得以免受保守主义之讥。他的结论是："但复古归复古，西化归西化，

---

13 何怀硕：《细说"五百年来一大千"》，载《苦涩的美感》，第264—265页。身为艺术家的何怀硕，亦有考据的认真，像该文后："附注：赵子昂到张大千，实际上七百多年。说'五百年'，可能一如孟子：'五百年必有王者兴'，把'五百年'作为一个历史阶段，并非一确数。"

大千先生于中国画现代画坛的贡献仅止于此，则颇使我们失望。"[14]

　　之所以何怀硕不厌其烦地以张大千为探讨对象，是因为大千身上聚集了太多的光环。他并不否认大千偶像般的文化传奇地位，但更重在探讨"复古"与"创造"，即"拟"与"造"之间的差异，以凸显创造性的意义。同时，张大千作为"传统的代言人"，可谓近代中国美术的"保皇党"，而非"维新派"，正体现出"传统与现代的对垒与隔阂，仍然是中国绘画目前所面临的困境"。传统与现代两大主题的融合，现代中国艺术思想的铸造，是每位中国画家都要面对的考验。[15]此前数年，他便曾以《回归自然——从"文化行为"之观点看张大千近作展》为题，探讨"中国传统绘画在现代艺术思潮中之反应与变迁"。针对有人认为他的笔"牵涉面过广，批评过严"，他直言："我除探讨文学艺术本身的问题之外，所写评论，均对观念寓褒贬，不为臧否人物。而我的最终目的只有一个：我极不愿意我们这一代的文学艺术丧失了对严正、崇高理想的追求。我的月旦，偶为一部分人所不尽谅解，因为我做喜鹊时少，充乌鸦时多。"[16]

　　不唯如此，身为画家的他，甚至不是以"艺术本位"，而是以文化哲学的立场，强调艺术之于人生的意义，或者说，也是呼应托尔斯泰"人们用艺术互相传达自己的情感"的主张。这在现代艺术"技术化""碎片化"的时代，不免显得有些过时。所以，当他的《艺术价值之反省》（1971年12月9日）在《联合报·副刊》刊登[17]出来后，

14　何怀硕：《回归自然——从"文化行为"之观点看张大千近作展》，载《十年灯》，第189—193页。该文写于1968年8月31日，正值大千泼墨泼彩风格的盛期。

15　何怀硕：《细说"五百年来一大千"》，该文"一九七三、四、十四夜初稿，十一、廿五定稿"，载《苦涩的美感》，第260—271页，尤见271页。

16　何怀硕：《轻秋毫，重舆薪，再说武侠》，该文"一九七三年九月十六日深夜于香港"，载《十年灯》，第287—300页，尤见第287页。

17　此文分两次刊登于1972年1月21日、22日的《联合报·副刊》。

便有读者杜若洲表示，"颇不以他所持的以道德意识为依归的艺术价值说法为满足"，遂将自己迻译的英国艺术史家赫伯特·里德《艺术的意义》（*The Meaning of Art*）的结论部分，交由联合副刊发表，"供《艺》文作者及《联副》读者之参考"。[18]

简单来说，里德认为，托尔斯泰的观点与英国湖畔派诗人华兹华斯的诗论颇为相近，华兹华斯说，诗"始于平静中被回忆的情绪"，而诗人应是"一个向大众发言的人"，简直就是托翁理想艺术家的写照。里德引用亨利·马蒂斯的《画家笔记》（*Notes d'un peintre*）做对照："对我来说，表现并不是从一张面孔上焕发出来的激情，或因某种激烈的姿态而变得显然的表情上找到的。它在我作品的整个经营里——为各种形体所占据的空间，围绕着这些形体的空间，以及比例——每一种成分各有它应扮演的角色。"

里德指出，托尔斯泰艺术观之失，在于自设的陷阱：艺术家不只是要在情感表现上成功，同时还要在情感传达上成功，而且，是"向每个人"传达成功。在里德看来，除了圣经故事、民谣、寓言、《汤姆大叔的小木屋》等有限的例外，从欧里庇得斯、但丁、莎士比亚，到巴赫、贝多芬、歌德等几乎一切伟大艺术，几乎可以休矣！——一种学说就像一部复杂的机器，只要一小部分不得其所，就会出问题，乃至整个瓦解。所以，里德相信，真正的艺术家，会接受任何条件，只要它们能被他用来表现其造型意志（will-to-form）。至于身后的命运，则只能因世而载沉载浮，但全然无关乎他所表现出来的种种价值，即便这些价值会因其信心而成为人性中某些永恒的属性。[19]

18　此文分两次刊登于 1972 年 2 月 3 日、4 日的《联合报·副刊》。

19　杜若洲节译的赫伯特·里德文字，冠名《艺术的终极价值》，见何怀硕：《苦涩的美感》，第 134—139 页。

作为艺术史家的里德，其艺术观，无疑更关注"既成事实"，为纷纭复杂的艺术现象寻绎合理的诠释。而作为艺术家的何怀硕，更关注的则是"既成事实"前的价值取向，以指导自己将成事实的创作。于是，针对杜译里德，再论艺术之价值。

生活在这个价值观混乱时代中的人，难免"心灵之虚无与苦闷"，何怀硕并不否认这一点。对于里德所例举的马蒂斯，追求的纯视觉的快适美，他明言，是源自德国狂飙突进运动时期席勒等倡言的游戏冲动说，而导向形式的游戏。但他也坦言，面对杜若洲所摘译的里德，一则很难洞悉里德的说法，二则细读之下，"觉得里德氏所说的与我同一课题那部分大体上并没有什么不同，故对杜君开头的按语，倒觉得迷惑了"。因为，他的《艺术价值之反省》中并没有以道德意识"为依归"的艺术价值说，反倒是激赏里德的观点："（希腊人）所具有的信念：'美即是道德的善'，也确实是一个朴素的真理。唯一的'恶'乃是丑……这也就是为什么我总以为：艺术实在远比经济学或哲学都要来得重要的理由。它乃是人的精神境界之直接的量度标准。"以为"简直是落入美学未独立以前古代哲人（如苏格拉底、柏拉图、孔子等）把道德判断作为审美判断的依据的旧辙了"。

不过，针对杜译里德的某些说法，他提出自己的批评与质疑。

里德文中嘲讽艺术家是"一个向大众发言的人"，会导致其作品"极其容易了解，甚至使最单纯的村夫也能欣赏它"。一切伟大之作，如欧里庇得斯、莎士比亚、贝多芬等，便只能失去公众，而只有圣经故事、民谣、寓言、《汤姆大叔的小木屋》等浅显之作，才能使村夫愚妇这些"大众"理解。何怀硕并没有纠缠于里德的本意如何，因为他想说的是自己的话，所以姑认为杜译大致传递了里德的观点，于是指出，其实，我们无法知道深奥还是肤浅才是能向"大众"传递的，像里德认为不是"大众"容易了解的莎士比亚,其戏剧便是市井剧院经常上演的。何况,此时此地"大众"不能欣赏的,并不代表彼时彼地"大众"便不能欣赏。因此所谓的"大众",并非何时何地某甲某乙的确指,而是指普遍的千百代的世人。文化在历史中的价值,就在于让众多的村夫野老接受,欣赏伟大的艺术,否则,"文化""艺术"岂非沦为"小部分人"或"特殊的个人"鄙夷"大众"的法宝? 更何况:

> 评论家被赋予一重大的责任,即作为伟大的艺术品与大众之间沟通的桥梁。历史上不论学术与艺术,许多高深的名著,经历了一些世代,便慢慢为大众所欣赏与接受,也正因此故,我们常说艺术家与诗人是预言者,他们的知音不一定在当代,可能在未来的世代。可知艺术家永远是向大众传递感情的,此绝不妨碍其作品之深度。再从另一个角度来说:艺术(或感情)并不靠知识来感受,真正的感情,村夫何尝就一定不能体验呢? [20]

同时,作为一位艺术绝对价值的崇奉者,何怀硕坚信,真正的"大众"艺术,其实是"经典"作品;流行的"大众艺术",虽人多势众,但时潮很短便被淘汰,贝多芬、莫扎特世代同享,才是真正的"大众艺术"。[21]

20　何怀硕:《再论艺术之价值——兼答杜若洲君》,该文写于"壬子正月初五清晨"(1972年2月19日),载《苦涩的美感》,第140—148页,尤见146—147页。
21　何怀硕:《大众艺术的真相》,载《艺术与关怀》,第16—24页。

光影之相与"心象"

只有在理想世界，才有调和统一的美境。而理想世界只是心灵创造的产物，不可能存在现实时空之中。而艺术正是理想世界的典型创造。

光影之魅

　　1839 年，摄影术作为一项发明专利的诞生，宣告摄影这种新艺术形式的出现，贡布里希将其称作绘画的"敌手"，随着摄影术的普及，彻底改变了画家的权限：摄影发明之前，与自然的联系，给绘画提供了某种立足之地，往昔的绘画大致而言是以模仿现实为目标，[1]但摄影的出现，这种全新的"镜像"形式，扯断了将绘画与自然联系在一起的脐带。1846 年，以安格尔为首的画家，便向法国政府请愿，要求禁止摄影，认为属于"不正当竞争"。长远以观，摄影更彻底改变的是人类认知世界的模式，也迫使艺术家们致力于表现摄影手段无力表现之物：最典型的便是印象派着力捕捉的转瞬即逝的景象、生动艳丽的色彩；更直接导致了 20 世纪抽象艺术的开拓；或是模仿摄影，主要是机械镜头再现事物的新方式，如照相写实主义；再或者，对摄影观察世界方式的借鉴……

　　对自己素所仰慕的傅抱石，何怀硕敏锐地观察到，其屈原《九歌》

1　［英］贡布里希：《艺术的故事》，第 434—435 页。书中，贡布里希在"现代主义的胜利"一章中，列举了诸多引起艺术史变化的因素，包括：人类历史的变化与发展、科学与技术的发展、艺术家信奉的强调自发性和个性价值的神秘主义信条、关于艺术和艺术家的心理学假设的影响、商人的作用、艺术教学的作用、摄影术的普及、被用作政治斗争的工具、当代艺术中的"求新传统"。他指出，前四种因素，不仅影响了艺术，同样影响了文学和音乐；后五种因素，则多少是艺术实践所特有的。他尤其强调，其中的第七个因素，即，摄影术的普及，本来可以列为第一个因素。可知摄影对绘画的影响之大。

题材的作品中，便巧妙利用了摄影。屈原《湘夫人》中，有"帝子降兮北渚，目眇眇兮愁予。袅袅兮秋风，洞庭波兮木叶下"的句子。傅抱石的《湘夫人》（1954），人物之外，不见树木，唯有碧波万顷，而木叶片片自空中飘下，由远而近，自小而大，大到几与人头相若，拂面而飞，愈添秋风袅袅、烟波浩渺的寂寞。这种独特的画面视觉感，来自摄影的取景方式，是相机"景深"原理的妙用。[2]

不只傅抱石，许多画家都意识到相机取景方式所形成的独特视觉经验，像李可染 1956 年的《凌云山顶》，右下角钤印"不与照相机争工"，便显出相机在画家心目中已成重要的镜鉴。何怀硕的聪敏早慧，让他很早就将摄影这种认知世界的新模式融入自己的创作中。像早期的《孤帆》（1966），上不见天，下不见地，气势逼人的巨大山峰向左右两侧横出画面，而巨峰四周弥漫的烟水，一律逸出画面，使得全景式的构图，却现出摄影特写般的聚焦式视域。《隐居者》（1969）中，将笔直高耸的林木"反实为虚"，处理得像灰调子的负片，矗立在留白的大地上，留白的树干，顶天立地撑出画外，两三成组地穿过画面，左摇右摆地切割着秋光；白色的树干像一道道从天幕探向大地的月光，树干上淡漠恍惚的墨影，像横过林间的雾气，笼罩着秋夜的红叶和林屋。顶着高帽、半遮半掩的林屋，则像是等待访客的隐士……构图的开放性，成为他作品的一个鲜明特征，不绝如缕地展现在《月光》（1968）、《雨后江山铁铸成》（1979）、《寒林》（1979）、《寒夜》（1980）、《坐看秋山图》（1980）、《庙》（1981）、《隐庐》（1981）、《怀古》（1983）、《早春》（1984）、《夜市》（1985）、《冬日》（1986）、《归乡》（1988）、《海恋》（1989）、《林碑》（1990）、《林隐》（1991）、《吾土吾民之十四》（1992）等作品中。

2　何怀硕：《序言》，载《荣宝斋画谱（一〇四）・人物部分・傅抱石绘》，荣宝斋出版社，1997。

视觉模式的改变，令简单的形式放出新异的光彩，就像他在《绘画独白》中说的那样：

中国传统绘画好似中国的章回故事，由众多"零件"堆砌、串联而成。例如各种树木、皴法、亭台、山石、流水、瀑布、苔点……集合在画面上，构成丰富，而每一单项却都是定型的符号，本身在造型表现上实在十分贫弱。我多年来努力的目标之一，就是我以一条河，一间房子，或几棵树木为题材，企图在极简单的题材中，表现"丰富"。主要用力于造型语言的创新，对物象观察的（得）精微，表现的（得）多样，希望能摆脱传统概念化的窠臼。传统绘画只顾及物象的普遍性因素，而舍弃特殊性的因素，造型技巧当然趋向概念化、定型化。例如松树的画法，传统中国画确把天下松树共同的特征发掘得很扼要，但每一棵存在的松树的"个性"就被抹杀了。其他表现技法类同的缺失，在中国画中可说积弊甚深，由来已久。我试图使中国绘画不再由许多陈陈相因的概念堆砌而成"意义"，而要以独特的造形（型）与结构自身强有力的表现来蕴涵"意义"。[3]

按格式塔心理学代表人物鲁道夫·阿恩海姆的观点："人类眼睛倾向于把任何一个刺激式样看成是现有条件下所允许达到的最简单的形状。"即，每一个视知觉的心理活动都趋于一种最简单、最平衡与最规则的组织形态。然而，在大多数人眼中，那种简化而规则的图形又没有太多意思，倒是稍为复杂、不太准确、不对称与缺乏组织性的图形，似乎反倒更具刺激性与吸引力。因此，在趋于"简化"的本能与对"非简化"的偏爱之间所形成的张力，往往成为艺术家驰骋想象力与才华之地。

3　何怀硕：《绘画独白》，载《何怀硕画》，UMBRELLA（伞）出版社，1984，第3—5页。

何怀硕 / 林隐 / 68 cm×103 cm / 纸本水墨设色 / 1991 年

　　何怀硕在绘画上的这种认识，也与他对生活的态度相一致："中国的社会文化乃至中国人的生活，偏好采用算术里面的'加法'。总以为要提高文化，要生活得更幸福，就必须添加许多东西。贪多好大，婪求无餍，造成一切繁缛与壅塞，差不多成为我们生活现实中的症结。"一个以"加"为"进"的社会，在他看来，徒增繁缛而已。而以"加"为"好"的心态，则会导致批评不能发达——只喜欢赞美、奖饰、阿谀，不喜欢指出缺失、错误，报喜不报忧。有加无减的结果，是徒生许多社会弊病：从噪音、污染、脏乱，到机构臃肿，到生活方式繁缛……因此，无论是个体生命感受的宁、静、雅、洁、清、爽、安、纯、明、亮，还是社会环境的开阔、坦荡、刚强、清廉、通畅、自然等，几乎非"减法"无以获致。所以，只有先清除庙堂与江湖中世道人心的卑污、种种文化垃圾和社会污染，才能激浊扬清，进而建设文化，真正促进国家与社会的进步。如果不经"减法"这剂"泻药"祛病，而一味盲目进补，便只得臃肿，无以强身。[4]

正方形构图这种独特的构图方式，天然具有简化特征：长宽比例相同，无论垂直轴、水平轴还是对角线上的力，都是平衡的，具有静态特征。在这独特的构图空间内，适合做特写式描绘——形式简洁，中心突出，难做叙事的缓慢推进，而适合意象的营造。何怀硕对正方形构图的偏爱、将"物象置于近、中景的位置""注重气氛的渲染"等，或正是受摄影图像潜移默化的影响。

摄影术发明后，技术的变革日新月异，但唯一没变的，就是相机的圆形镜头（包括相机的大众普及版——手机，同样沿用相机的圆形镜头）。这意味着，透过镜头形成的图像其实也是圆的。但制造商为节省成本，同时考虑到正常的审美习惯（人通过相机看到的范围，也是一个大概的方形区域，而按相机镜头出来的，则是个圆形，感觉像偷窥一般，按正常的审美观，也会选择方形而不是圆形），后面的感光元件——CCD（一种半导体感光元件）或胶片，本身都是方的，相当于通过这些感光元件，从圆里面截取一块方形，因此拍出的照片便是方的。方形之中，正方形尤其富有视觉张力，因而大量出现正方形的照片，甚至成为摄影师怀有的一份阮义忠所说的"正方形的乡愁"。伴随摄影的普及，这种新构图形制所造成的视觉新奇感，成为画家的视觉无意识，最终成为有目的性的选择，当非空穴来风。将"物象置于近、中景的位置"，尤其是《隐庐》《冬日》《空茫》等作品，犹如近景的放大，更显示出摄影的机械式几何强透视对裸眼视觉所造成的心理暗示。

同时，"注重气氛的渲染"，也似乎暗示着摄影的影响。中国的

4　何怀硕：《减法》，原载 1985 年 6 月 13 日台湾《联合报》，载《煮石集》，第 93—97 页。

绘画传统中，画家更多依赖视觉经验而非光学知识，刻画的是固有色在物象上的显现，而不是光源条件下光色的反射效果。固然可以说这是一种理性的眼光，认为色彩是物象所固有，并不是光作用下的产物，因此无视光照的正、逆，无视光的明暗、色的冷暖等变化。不过，中国古代画家显然没有将光与色联系在一起考虑。但现代物理学告诉我们，当光线通过各种浑浊介质时，有部分光会改变原来的传播方向，向四方分散，沿原来的入射或折射方向传播的光束减弱了，即使不迎着入射光束的方向，人们也能清楚地看到这些介质散射的光，此即光的散射现象。摄影这种获得图像的独特方式，不必像绘画那样需要画家主观上考虑作品调子的统一，而是自然这最神奇的艺术家，使一切物象，无论色调反差多么大，多么不统一，都笼罩在统一的光源下，从而天然地获致统一的"气氛"。近代以兴，许多学过或接触过西画的水墨画家，不断尝试将西方尤其印象派对光的处理引入传统水墨画中，而成功者不过徐悲鸿、林风眠、蒋兆和、李可染等寥寥数人而已。对何怀硕而言，先贤的探索、印象派的启示、现实的观察，以及，或许最前因的，摄影的眼光，使他艺术观念中有了注重"气氛的渲染"的强烈意识。

一个显见的表征，是他许多作品中对树影、月影、日影，其实也就是对光影的直接刻画。如《月光》（1968）、《月夜》（1972）、《荒原》（1972）、《寒夜》（1973）、《荒村》（1974）、《荒原落日》（1976）、《寒林》（1979）、《初升》（1980）、《寒月》（1982）、《永远的月光》（1996）、《月河》（1996）、《寒山月色》（2005）、《春河》（2006）等，画中影子的形象，在传统甚至近现代水墨画中甚少现身，其中最有名的，也许就是传为北宋乔仲常的《后赤壁赋图》，该图的卷首部分，四人的脚下有"人影在地"。但这在传统绘画中几乎隐身

何怀硕 / 初升 / 64.3 cm×66.3 cm / 纸本水墨设色 / 1980 年

的影子，却成为何怀硕数十年创作生涯中一个显见的符号。物的影子，固然是生活中习见的经验，但被光拉得长长而变形的样子，却是在摄影出现后，才更多变为人们的图像视觉经验。

不只是对影子的表现，甚至何怀硕的许多作品，在形式上即可看到与摄影间的联系。如《寒林》（1979）、《高树多悲风》（1981）、《高木寒云》（1988）等与布列松的摄影《马赛，普拉多大道》（*Allée du Prado, Marseille*，France，1932）结构相似；《秋光》（1995）的构图，既近乎列维坦的油画《苏克尼基公园之秋》（*Autumn day，Sokolniki，1879*），亦与东山魁夷的《春梢》（1983）相呼应，与哈斯的摄影《波河河谷》（*Po Vallery，1970*）结构类似之外，情致亦相类；而《毕卡索像》（1992）更是直接参照法国天才摄影师雅克·亨利·拉蒂格的名作《毕加索》（*Picasso，1955*）。

摄影对光影的捕捉，也被何怀硕借来拓展水墨画的刻画能力，最典型的是对夜景的表现，如《山城之月》（1983）、《夜市》（1985）、《夜雨》（1986）等。其中《夜市》一画，尤为精彩。

在中国水墨画史上，夜景画的开拓之功，首推宗其香。

鲁迅曾以《夜颂》述说黑夜之魅：

爱夜的人，也不但是孤独者，有闲者，不能战斗者，怕光明者。

……夜是造化所织的幽玄的天衣，普覆一切人，使他们温暖，安心，不知不觉的自己渐渐脱去人造的面具和衣裳，赤条条地裹在这无边际的黑絮似的大块里。

虽然是夜，但也有明暗。有微明，有昏暗，有伸手不见掌，有漆黑一团糟。爱夜的人要有听夜的耳朵和看夜的眼睛，自在暗中，看一切暗。

……

爱夜的人于是领受了夜所给予的光明。"[5]

抗战蛰居重庆期间，宗其香借鉴西方的透视观念，以写意水墨技法，面对迷茫幽深的山城与呜咽流淌的江水，真切"领受了夜所给予的光

5　鲁迅：《夜颂》，原载1933年6月10日《申报·自由谈》，署名"游光"，初收于1934年12月上海兴中书局（联华）版《准风月谈》。见王世家、止庵编《鲁迅著译编年全集（拾伍）》，人民文学出版社，2009，第185页。

何怀硕
高木寒云
87.6 cm×92.5 cm
纸本水墨设色
1988 年

亨利·卡蒂埃 – 布列松
马赛，普拉多大道
1932 年

　　何怀硕的《高木寒云》，与
法国摄影大师布列松的《马赛，
普拉多大道》，在空间结构的处
理上有内在的呼应。不同的是，
布列松面对的是世界，何怀硕走
向的是内心。

左上：何怀硕 / 秋光 / 105 cm×67 cm / 纸本水墨设色 / 1995 年

右上：列维坦 / 苏克尼基公园之秋 / 63.5 cm×50 cm / 布面油彩 / 1879 年

　　列维坦的《苏克尼基公园之秋》，是十九岁时的天才之作，金色的秋日，却有淡淡的惆怅与孤清，与何怀硕的《秋光》，有旷代的呼应。

下：恩斯特·哈斯 / 波河河谷 / 1970 年

　　恩斯特·哈斯拍摄意大利的《波河河谷》，秋天的白杨树叶，金色与橘黄斑驳交错，灿烂中有悲秋的思绪。

何怀硕 / 夜歌 / 86.5 cm×66 cm / 纸本水墨设色 / 1985 年

明"，触景生情创作了嘉陵江夜景水彩画。在将其随信寄给徐悲鸿后，徐悲鸿回信建议："古人画夜景只是象征性的，其实并无光的感受，如《春夜宴桃李园图》等。你是否试以中国画笔墨融化写生，把灯光的美也画出来？"于是，他在夜景中探寻墨色表现的可能性，捕捉和表现黑暗中光亮的不同层次与色阶，尤其是借夜景的逆光性，以橙黄的灯光及水中的倒影，真实再现了夜景灯光明灭的神秘朦胧，形成物理空间和心理空间的完美融合。1942 年在重庆沙坪坝举办宗其香"重庆夜景"山水画展，最早展示了一批独具特色的夜景山水画，一破传统水墨画无力表现光感的窠臼。徐悲鸿大为叹赏："宗其香用贵州土纸，用中国画笔墨作重庆夜景灯光明灭，楼阁参差，山势崎岖与街头杂景，皆出以极简单之笔墨。昔之言笔墨者，多言之无物，今泉君之笔墨管含无数物象光景，突破古人的表现方法，此为中国画的一大创举，应大书特书者也！"[6]

何怀硕的《夜市》，同样真实描绘出夜之真实，但与宗其香相比，何怀硕强化了画面笔墨线条的书写性和逆光感。画中题曰："现代建筑与灯火夜楼，皆中国水墨画所难以表现之题材，予数写之，得心应手者少。"尽管作品描绘的是台北的违章建筑，私搭乱盖，侵占公共道路，但自有一种蓬勃的生命力与世俗气息。何怀硕此作并不意在批判这种社会陋习，而是更多着力于对形式的探索，探索如何表现夜晚光的缥缈与蒸腾感，在幽暗夜色的衬托下，光如何成为画面的主宰。

何怀硕对现代影像的关注，不只表现在他画作对摄影的借鉴与参考上，也表现在他日常对电影的热爱上：

6　于洋：《夜色墨章　共美其香——百年中国美术发展历程中的宗其香》，《美术研究》2017 年第 5 期。

上：宗其香 / 重庆之夜 / 41 cm×55.5 cm / 纸本水墨设色 / 1944 年 / 画家家属藏

下：何怀硕 / 夜市 / 81 cm×66 cm/ 纸本水墨设色 / 1985 年

　　有时乱读书，看DVD电影（我最近看了《寂寞拍卖师》《爱的启程——托尔斯泰临终前的一段悲哀故事》《偷书贼》《雅各布的谎言》等很不错……），我不太旅游，除读书、写作、创作（多书法）之外，便以DVD好电影为调剂，也等同读小说，有所收获，不全是嬉玩而已。[7]

　　泰伦斯·马利克1978年导演的《天堂之日》（*Days of Heaven*），整部影片几乎全为外景，且大多拍摄于所谓的"魔术时刻"——每天日出前、日落后的半小时左右，天空转为暗蓝或日落红，但足以清晰映出大地上所有景物的轮廓，仿佛自天空架设灯光，投射到地面的效果，电影界称之为"魔术时刻"。因此，影片中晨曦间劳作的农民、沾满露水的麦穗、晚霞映照下竖着稻草人的空旷田野、天空中南飞的雁群……光影交错，兼具剪影的清晰与油画的厚重。

　　对电影，何怀硕有种复杂而矛盾的情感。作为综合艺术，它在所有艺术形式中，"提供了感觉的圆满性"，是"最肉感的艺术"，而且不像文学、音乐、绘画、舞蹈等艺术那样对欣赏者有苛刻的限制，即便不懂文字或语言，也可以看画面，可以由音乐帮助了解，可谓艺术在现代的"现世化"或"世俗化"。但与此同时，正因为其无比的综合性，便"无法不是一个大拼盘"，而取悦大众的因素主要在于官能刺激的强烈与完整性，即耳目之悦，但这恰恰降低了观赏者的想象力和心灵的沉思默悟，感性的全面刺激与强化，对于艺术表现的"含蓄"是死敌——"含蓄"之于艺术的重要性，如黑格尔所言，艺术媒介本身的物质性越强，则等级越低，因为媒介物质性的局限性越强，便愈是想象力与创造力驰骋之地。但在这个感性膨胀的时代，对于忙迫而惶

7　何怀硕2014年6月30日给笔者的信。

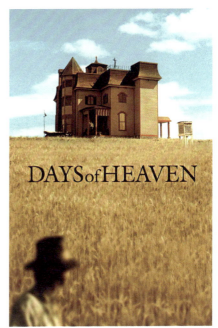

电影《天堂之日》海报
1978 年

泰伦斯·马利克1978 年
导演的《天堂之日》，是"魔
术时刻"的典范。

惶的现代人来说，电影宜乎成为当代大众的"宠儿"。[8]

尽管有所批评，但何怀硕对这一新兴艺术，特别是因蒙太奇功能所达到"电影本身独特的表现力"，以及"今后电影必定还有无限待开拓的新境界"，在"极视听之娱"之上，能够感动和安慰心灵，[9] 始终抱有浓厚的兴趣。黑格尔《精神现象学》中曾说过："自我意识是从感性世界和知觉世界的存在而来的反思，并且，本质上是从他物的回归。"不管是主观意识，或是在潜意识或视觉无意识里，电影摄影中的"魔术时刻"，无疑有助于何怀硕"拿来"塑造画面独特的视觉效果。

---

8 何怀硕：《说电影》，载《十年灯》，第 29—43 页，尤见第 34、38 页。
9 同上书，第 41 页。

永恒的月光

　　中国文化中，自然的山川风物，被古往今来文人墨客吟咏最多的，非"月亮"这一核心意象莫属。

　　近代以前，中国人习用阴历，因此对"月"有着特别深厚的情感：农民的生产劳动要看着它，背井离乡的人们要看着它，元宵节要看着它，中秋节要看着它；吴刚伐桂、嫦娥奔月、玉兔捣药等故事，离不开它，乃一切美的想象的总汇；《吴歌》唱到："月子弯弯照九州，几家欢乐几家愁"，普通民众的苦乐都在它的照耀之下，成为人们生活的一部分。[1]

　　每当诗人抬头仰望夜空之时，月亮便成为联想和记忆的枢纽。首先是因为它凸显出同被朗照的共时性幻觉："海上生明月，天涯共此时"，形象生动地将自己与远在他乡的思慕对象置于同一苍穹之下；李白的"长安一片月，万户捣衣声"，恍如融融的月光下，整座长安城都沉浸在一片此起彼伏的杵声中，而秋风吹拂下，"捣衣"这一行为又与千里之外远征胡虏的"玉关良人"联系在一起；杜甫诗中的"鄜州月"，则消弭了长安与鄜州间的山川阻隔，仿佛亲眼看见妻子的泪湿云鬓；"小楼昨夜又东风，故国不堪回首月明中"，则是李后主悲叹明月照临下的旧山河；至于苏东坡的"千里共婵娟"，更是万口传诵的意象。

　　月色自古便有，赏月、谈月之人亦如恒河沙数。永恒的月光，照

1　林庚：《诗人李白》，清华大学出版社，2011，第49—50页。

亮过秦汉的雄关,唐宋的二十四桥,也照亮过明清的秦淮河。将历时性的时间,拉平为同时性的空间并置,月亮这一自然物象,串联起的其实是纷乱历史的时间碎片。有时,"望月"这一行为,常有"怀远"之情,所谓"旧时月色",令人怀想时间沙漏中流逝的芸芸众生。诗人抒发的幽思,并无特定的对象,而是历史中的无名个体,是对时间本身的抽象思考。

初唐张若虚的《春江花月夜》被闻一多称为"诗中之诗,顶峰之顶峰",其"江畔何人初见月,江月何年初照人。人生代代无穷已,江月年年只相似"的感慨,境界雄浑阔大,直抵宇宙洪荒,既有天道杳渺、人生朝露的感伤,也有明月年年代代无穷的通达与坦然。可以说,月亮这一自然物象,历经数千年的歌咏与书写,已经成为一个被赋予无数情感意义的典故,超越单纯的物象,升华为一个被浓郁的象征意义包裹的概念。

对月亮最深的情感,何怀硕说,来自他少年时代武汉读书的四年时光:坐落在长江边的武汉,夏天是最难挨的时节,暑气蒸腾之下,燠热丝丝浸入身体的每一处毛孔,令人无处逃避。即便到了夜晚,辽阔江水白天吸收的热量,仍持续无歇地发散出来。这时的何怀硕,便和同学一道,像普通市民那样,夹张凉席,到户外的空旷处,如操场、马路、广场等,找块通风的地方睡下。即便如此,也每每热到难以入睡或不时热醒,或者半夜起来,再难入睡,此时的他常索性放弃入睡的念头,睁着眼,闲看天上的月相云影和地上的屋荫树影。

当时贫困的中国,灯光很少,入夜后,城市中虽有疏零的灯光,但夜的基调是阴暗沉寂的,只有挂在天上的月亮,光辉才永恒不竭:有时,月光几乎明亮得能照见书上的字迹,对月谛视,会在光洁的月面上看到或大或小的暗影,并因光的强弱变化,现出或白或黄的样子;

有时，白云飘过月亮，便忽如镶了银边一般，遇到疾风，似乎月亮也随风飘摇；有时，前一刻还白云浮动，转瞬间却乌云翻腾，风吹云走，云形变幻，宁静的夜色，顿时幻化出种种鬼脸的狰狞；有时，月亮照拂之下，将树木拉出长长的影子，投射到大地、墙壁或废墟上，熟悉的风景，瞬间变得陌生。尤其夜起后，睡眼惺忪，抬头望月，熟悉的月亮忽或陌生冷峻，令人陡生惊悸……[2] 何怀硕此时身处的荆楚之地，如刘师培《南北文学不同论》所述："大抵北方之地，土厚水深，民生其间，多尚实际；南方之地，水势浩洋，民生其际，多尚虚幻。"他时常诵读的《楚辞》，其"遗尘超物，荒唐谲怪"的意象，"前望舒使先驱兮，后飞廉使奔属""被明月兮珮宝璐""何泛滥之浮云兮，猋雍蔽此明月？"等等，时或在不眠的月夜，袭上心头。

久而久之，常人心目中温柔的月亮，在何怀硕眼前呈现出千百种不同甚至可怖的样子，烙印出他一生对于月亮的基本印象，《月光》（1968）、《苍白的月光》（1969）、《月夜》（1972）、《寒月》（1982）等，传递的正是这种经验与记忆。其中，《月光》重在刻画月光照耀下拉得长长的树影和鬼脸般的云影；《苍白的月光》是何怀硕罕见的直接显出现代主义影响的画作——月光照耀下近乎白描方式刻画的城市，他坦言借鉴自保罗·克利的线条结构与样式；《月夜》的主体是月光笼罩下泛着白光的屋子，孤零零地矗立在黑黢黢的夜色里，苍白的树干，将灰淡的影子投在清冷的地面与墙上；《寒月》则以墨青色，着重渲染月亮给人带来的寒意……画家借俯照万方的月亮，寄怀他对武汉月夜和少年时代的永恒记忆。该系列画作中，《月光》被当时美国驻台的马康卫大使收藏；《苍白的月光》被哥伦比亚大学出版社20世纪70年代出版的一本中国文学论文集（何怀硕在美期间出版）选作封面，

2　2018年7月25日，何怀硕与笔者在台北新店碧潭交流时所言。

何怀硕 / 苍白的月光 / 95 cm×69 cm/ 纸本水墨设色 / 1969 年

　　《苍白的月光》是何怀硕罕见的直接显出现代主义影响的画作，借鉴自保罗·克利的线条结构与样式，何怀硕将其赠送自己视如兄长的夏志清，以做纪念。由于年代久远，此画只余黑白图片。

何怀硕将其送给他视如兄长的夏志清收藏，作为纪念。[3]

对于夜晚，对于月亮，何怀硕显然别有会心："夜也是鬼魂、精灵与一切神秘诡怪与幻想的发源地。所有最精彩的梦都在黑夜里破壳而出。如果说白天是儒法的世界，夜晚就是老庄的天下；白天是政经法商，夜晚就是玄思、诗与艺术……"，"与夜有关的有三样最令人珍惜、陶醉甚至殉之以生命的东西，那是酒、月与爱情"。[4] "夜是孤独最佳的舞台。酒可能是孤独者打开灵感的闸门之钥。李白花间独酌，举杯邀月，对影成三人，可见月也是孤独者永恒的伴侣。古今中外多少歌咏夜、酒与月的诗章，显示了超越的心灵异代而同心。"[5]黑夜与月亮频频出现在他的作品中，也就毫不足怪。2010年以《寒月》一画，回溯月亮题材的滥觞之作——1968年的《月光》，题识直指与唐代天才诗人李贺旷代的心灵呼应：

> 长吉老兔寒蟾泣天色句，允题此图。我四十二年后重作此画，心中月境瑰诡如斯，能不惊心动魄欤？！何怀硕庚寅上（中）元后七日，于涩盦风雨之夜。[6]

武汉几年，不只是月亮记忆，长江上川流的帆船，舳舻相连，直如座座浮荡的宅院，生活劳作其间的船民生活，同样带给他震撼。数十年间，不断以《白帆》（1978）、《帆》（1979）、《帆船》（1981）、《泛宅》（1981）等作，通过记忆的一次次还乡，重回难返的故国。

---

3   2018年7月25日，何怀硕与笔者在台北新店碧潭聊天时所言。他说，月亮在他心目中的形象，基础皆本于此。

4   何怀硕：《说昼夜》，载《孤独的滋味》，第115—118页。

5   何怀硕：《孤独的滋味》，载《孤独的滋味》，第328—336页。

6   画上题识为"上元"，但在何怀硕的记录中，改为"中元"。并标注此画创作时间为"2010.8.28—30"。"上元"显为画家笔误。

上：
何怀硕
忘月之夜（被遗忘的月夜）
67 cm×67 cm
纸本水墨设色
1983 年

下：
何怀硕
寒月
86 cm×67 cm
纸本水墨设色
2010 年

他在 2018 年的《泛宅》中，以题识显示对往昔的念念不忘："予少时在长江，见大帆船如城墙，巨大的破帆，其破旧如百衲衣。六十年后，闭目如在面前。"

湖北在他的记忆中烙下深刻印记的，夜月、泛宅等之外，还有燠热中的人情世态。几十年后，他依然能绘声绘色地用湖北方言讲当地谚语，而他 1978 年、1984 年画过的同题小品《盛夏图》，以及时隔三十多年后重绘的《盛夏借扇图》（2016）等，都是以相似的情景，一次次回溯曾经的熟悉。《盛夏借扇图》，夸张描绘了浓密的树荫间，两位赤膊老汉，坐在横向铺展的粗壮树干上闲话，一位手中持扇，另一位则伸着手，似乎欲借其手中扇。画面右侧题曰：

盛夏借扇图。湖北有打油诗云：六月天气热，扇子借不得。虽是好朋友，你热我亦热。丙申酷暑，何怀硕写于碧潭。

何怀硕对月亮的情怀，大约也有鲁迅的影响在。鲁迅在 1934 年 1 月 27 日给日本歌妓山本初枝的信中，谈到自己对浮世绘的看法：

关于日本的浮世绘师，我年轻时喜欢北斋，现在则是广重，其次是歌麿的人物。写乐曾备受德国人赞赏，我试图理解他，读了二三本书，但最终还是未能理解。不过，适合中国一般人眼光的，我认为还是北斋，很久以前就想多用些插图予以介绍，但目前读书界的这种状况首先就不行。贵友所藏浮世绘请勿寄下。我也有数十张复制品，但随着年龄的增加越来越忙，现在连拿出来看看的机会也几乎没有。况且，中国还没有欣赏浮世绘的人，我自己的这些浮世绘将来交给谁，现在正在

上：何怀硕 / 泛宅 / 66 cm×104 cm / 纸本水墨设色 / 2018 年

下：何怀硕 / 盛夏借扇图 / 37 cm×57 cm / 纸本水墨设色 / 2016 年

　　何怀硕的《盛夏借扇图》和《泛宅》，都是对少年时代武汉生活的回忆与怀念。

担心。⁷

　　广重与北斋同样以画风景著称，其"东海道五十三次"系列、"东京名所"系列、"江户近江八景"系列，均为浮世绘名作，但与北斋相比，广重风景画的题材有两个显著特征：一是多画"旅"（旅途、旅舍和旅人），二是多画月亮，因其作品抒情气息强烈，被称作"旅行与抒情的画师"。他表现月亮题材的作品，如"月二拾八景"系列，现只存两幅描绘唐诗画意的《弓张月》和《叶隙之月》——《弓张月》一画，上题韩翃《宿石邑山中》的句子"晓月暂飞千树里，秋河隔在数峰西"；《叶隙之月》一画，上题白居易《秋雨中赠元九》的句子"不堪红叶青苔地，又是凉风暮满天"。

　　有论者比较鲁迅作品与广重浮世绘，看到了二者"旅""月"主题的惊人一致性：早年出外求学的鲁迅，杂文《生命的路》（1919）有"路"的信念，《故乡》（1921）结尾处对"路"的思索，《呐喊·自序》（1922）中"走异路，逃异地，去寻求别样的人们"，《野草》集中《过客》（1925）疲惫而坚韧的过客，均与"旅"，或者说推而广之的人生之旅密切相关。同时，在鲁迅的小说叙事中，月亮承担着重要功能。《狂人日记》（1918）中的狂人，对月亮非常敏感，劈头一句"今天晚上，很好的月光"，第二节一开头，依然是月光，"今天全没月光，我知道不妙"；带有强烈自传色彩的《药》（1919），依然一开头就是月亮，"秋天的后半夜，月亮下去了，太阳还没有出，只剩下一片乌蓝的天"；《故乡》中，"深蓝的天空中挂着一轮金黄的圆月"，承担时空转换功能的同时，

7　《鲁迅全集》第十三卷，人民文学出版社，1981，第557页。该信为鲁迅用日文所写，《鲁迅全集》的旧版（1981）和新版（2005），专家认为译文均有偏差。现采用董炳月根据鲁迅日文原信调整后的译文。见董炳月：《浮世绘之于鲁迅》，载北京鲁迅博物馆编《鲁迅藏浮世绘》，三联书店，2016，第11页。

歌川广重
叶隙之月
浮世绘
出自"月二拾八景"系列

歌川广重的浮世绘《叶隙之月》,上题白居易《秋雨中赠元九》的句子:"不堪红叶青苔地,又是凉风暮满天"。

赋予时间和空间以象征性。

"旅"与"月",既是广重与北斋在风景画上的差异处,又是广重浮世绘与鲁迅文学作品的相通处,这应当就是晚年鲁迅由喜欢北斋而转向喜欢广重的主要原因。之所以鲁迅在当时觉得"中国还没有欣赏浮世绘的人",大约是社会现实之严苛,离浮世绘中宁静和审美的日常相去甚远;之所以为"浮世绘",正在于它以描绘"浮世"(尘世、俗世)生活为主,并不承担改造社会的重大使命或意识形态功能。重视文艺的社会功能的鲁迅,其审美观有着丰富的社会属性,但同样重视纯粹的艺术价值与审美价值。[8] 就像鲁迅在广重的"旅"与"月"中,看到自己一样,赞颂"鲁迅的心情或内心世界是无比的复杂"的何怀硕,与鲁迅一样"少小离家"求学,或许在鲁迅的月光上,窥见了自己的影子。

何怀硕早年描绘月亮的作品,风格特出的有《寒夜》(1973)、《寒林坠月》(1973)、《苍岩月色》(1975)、《古月》(1979)、《寒夜》(1980)等,尤其《古月》一画,摘录了余光中《盲丐》中的句子:"隐隐有一只古月在吠,路愈走愈长,蜃楼愈遥远。一支箫吹了一千年,长安也听不见,长城也听不见。"黯黮的迷雾中,苍白的月光笼罩着淡红色墙壁支撑起的破败海市蜃楼,流淌着他故国的忧思与怀恋。

比起弦月与弯月,何怀硕似乎更钟爱满月。倒不是因为传统意义上的满月意味着圆满的"吉祥",而是因为"在旷野中,没有灯光的地方,我看过很多月亮。月亮蛮可怕,越看越可怕。另外,有时在台湾,不知道在什么地方,黄昏的时候,太阳还没有完全下山,月亮就起来了。那月亮好像个傻傻的脸盆,好像一张脸,红红的……而且大得不得了,好像个大烧饼一样,很可怕的;怎么月亮变得这么难看?我喜欢月亮,因为它有很多表情,固然给你温柔,月亮也给我痛苦的感觉……我感

8　董炳月:《浮世绘之于鲁迅》,载北京鲁迅博物馆编《鲁迅藏浮世绘》,第10—25页。

何怀硕
天心月圆
136 cm×33 cm
纸本水墨设色
1991 年

何怀硕的《天心月圆》
（1991）与《月光》（1990）
一样，高与宽取 4：1 的比例。

觉月夜有种恐怖，而且月夜的光比较冷……"[9] 正是这种感觉的重叠，塑造出画家的满月情怀。

不过，他的作品中，月亮并没有作为主体性意象单独出现，而是常与寒林、逝水、苍岩等连在一起。从早期的《寒夜》《寒林坠月》《月光》到稍晚的《心象风景——絮云》，再到进入 21 世纪后的《风月》（2000）、《寒林月色》（2004）等，这条轨迹几乎一以贯之。在《寒林月色》中，孤悬天际的月亮像一只巨大的眼，躲在矗立荒野的林木后面，探看着这熟悉而陌生的世间苍生。

《月光》（1990），刻意将画面拉长，高与宽的比例约为 4:1，巨大的圆月，却非朗照，黯淡如蚀般浮在黑暗的夜空中。虽然是满月，画家却没有采取自然主义的方法，刻画月明星稀的清夜，而是一片阴沉。形式上的别开生面，是他精微观察自然的结果，走出人云亦云的俗套：

> 有时，天上暗得不得了，月亮很亮。白云被照到的地方很白，没有照到的地方很黑，形成不规则的（形状），……形状很诡异。那时候我感觉月夜有种恐怖，而且月夜的光比较冷，所以我常常要加点蓝颜色。……我感觉月夜是精灵活动的时刻，灵魂在那里跳舞。[10]

因此，《月光》中月亮的阴沉、云与月的高调反差，不落窠臼，感觉却有似曾相识的奇异真实。画中，只有月下横过的浮云，才略略打破这阴郁，昏暗的月光映着浓密的树冠，逆光般将树丛照得如摄影负片般半透明，隐隐有种缥缈的非实相感。在河面架起的风雨桥或长

9　颜娟英：《台湾美术评论全集·何怀硕卷》，第 116 页。何怀硕偏爱满月，但他表现弦月与弯月，也并不乏精彩之作，如 1983 年写李后主词意的《无言独上西楼，月如钩》（描绘弯月），1993 年的《心象风景——絮云》和《心象风景——残月》（描绘弦月）等，都是他的代表作。

10　颜娟英：《台湾美术评论全集·何怀硕卷》，第 116 页。原文中颜娟英所做的括号内补充部分，为保持何怀硕语感，除个别外，不再保留。

上：何怀硕 / 风月 / 65 cm×66 cm/ 纸本水墨设色 / 2000 年

下：何怀硕 / 寒林月色 /88 cm×95 cm/ 纸本水墨设色 / 2004 年

廊上，两位探身对饮的酒客，略成酒瓮状，似乎遥遥对应和祭奠着空中泛着锈光的暗月，仿如以酒的迷醉对抗永恒之月象征的巨大历史虚无："今人不见古时月，今月曾经照古人。古人今人若流水，共看明月皆如此。唯愿对酒当歌时，月光常照金樽里"——画面右侧一炷香式的李白《把酒问月》摘句，将现实存在导入历史的追问。

同样取竖长构图，而创作年代稍早于《月光》的《望月怀远》（1987），写唐人张九龄诗意，则别有怀抱。

张九龄的《望月怀远》，满纸幽怨怅惘，但这种个人内心的抽象情感，实则难以形之笔墨，且易落俗套：一位衰老的诗人，侧身仰望空中皎洁的月亮，澄明的天宇下，是粼粼映着月光的海面……这种近乎模式化的望月怀远，尽管俗套，却也是很难逃离的形式陷阱，因为诗中的大海、天涯、明月等形式元素，画中一一呈现，即欲摆脱窠臼，能做的也很有限，大致不外乎这些形式元素的重新组合。经典如何出新，是对画家创造力的极大挑战。

何怀硕的《望月怀远》，避开用形式元素排列组合成画面的老套。他没有将诗人当作画面的重点，而是着力于氛围的刻画：镜头般截取一片近岸的海面，一派宁静，只有三三两两浮出海面的礁石，打破近乎平面的海面的单调，近景一座上覆顶棚的长木桥，横过画面，与画面顶端尽处隐隐横过海面的天际线遥遥相对。以我观物的诗人，背身寂然静坐在木桥上，在画面中央从顶部直射至底部的月光的笼罩下，恍然幻化为一块岩石，虽渺小，但以朱红一点示意而出，顽强见证着时间洪流中的地老天荒。

画中不见月亮，只有清冷的月光淡淡洒在海面，绵密灵动的细碎笔触，不着重墨，将月光照临的世界，刻画得空明缥缈，隐然超脱尘世；而绵绵不绝的月光，则象征着对远人的无尽怀念，从而将思绪拉回人间，

左：
何怀硕
月光
136 cm×33 cm
纸本水墨设色
1990 年

右：
何怀硕
望月怀远
111 cm×32 cm
纸本水墨设色
1987 年

在此矛盾间，传递出入尘世的纠葛。

《望月怀远》的构图模式，根源自倪高士"一河两岸"的三段式构图。倪瓒的这种山水，简单概括得近乎抽象。何怀硕以自己的独特体悟与形式语汇使其丰富起来，形成一种属于自己的新经典样式：近景或春山、或垂柳、或江干、或寒林，中景则为或直或曲的江水，远景或远天、或远山，如《春雨江南》（1980）、《春水船如天上坐》（1981）、《江干暮韵》（1982）、《薄暮》（1982）、《荒江》（1982）、《冻河》（1982）、《暮山夜话》（1983）、《春寒》（1991）等，在相对简单、近乎抽象的构图中，充满富有韵味的细节。

大致这一时期，因为身居台湾，有很多机会面对浩瀚的太平洋，早年大陆艺术传统中的江河视觉经验，逐渐为大海所取代，《海屋》等，便是何怀硕在台风来袭时，在花莲海边观海时所产生的观想。[11] "一河两岸"也逐渐在他笔下转化为"一海两边"：近景是野屋、古木或村居，中景为浩渺的海水，远景则是海天相交的天边。像《荒海》（1982）、《天涯》（1982）、《海屋》（1986）、《海风》（1989）、《晓寒》（1990）、《沧海》（1990）、《良宵》（1999）、《海韵》（2007）等，无论方构图、横构图还是竖长构图，这种样式的近、远景所占画面比例相差不多，差异只在于中景的大海是辽阔还是高远。同时，台湾中央山脉，在花莲海岸，耸然隆起，虽然海拔只有1000多米，但几乎是绝对高度，其雄伟而略有起伏的山形，也常出现在何怀硕画中。

不论"一河两岸"还是"一海两边"，它们作为样式在何怀硕作品中的最早出现，是1981年的《海韵》：正方形的画面中，下方约三

11　此为2012年9月底他到北京开会时亲口所言。我一直很好奇，《海屋》中如此古朴的房屋，原型从何而来。他说，台湾多台风，有时台风大作，一时兴起，自己常会坐火车到花莲看海。海边小屋的造型，便得自花莲。这种亲身的体验，使他《风雨之前》（1988）、《风雨欲来》（1990）、《独坐苍茫》（2006）等作品中对风起云涌等景象的刻画，一洗老套和概念化的窠臼。

上：何怀硕 / 春寒 / 68 cm×91 cm/ 纸本水墨设色 / 1991 年

下：何怀硕 / 海韵 / 66 cm×66 cm/ 纸本水墨设色 / 1981 年

何怀硕 / 海风 / 66.5 cm×92.5 cm / 纸本水墨设色 / 1989 年

分之一是黑暗古老的村落,上方约五分之一是迷离的云天,夹在中间的,是月下雾气缥缈的海面。古旧的村落,黑黢黢的屋瓦连成一片,所有的门窗也是黑黢黢的,像一只只苍老无神的眼睛,无力见证着时间的流逝,秋风吹拂,黄叶随风飘舞,升腾的海雾,亦随风在古老的房屋间飘荡,村老三三两两,驼着背,或聚或散,仿佛孤独的游魂,彳亍在迷离的月光与昏暗的记忆里。

此作与日本画家横山操水墨画名作《越路十景》中的《间濑夕照》(1968),有异曲同工之妙,只是充满日本地域色彩的《间濑夕照》更趋平正:近景处一排排高高耸起的海屋,横向整齐排列,笼罩在漫漫的夕照中。何怀硕的《海韵》,与其构图略有相通,但下移的地平线与高抬的海平面造成的沉重感,加之凄迷夜色的营造,则从精神上

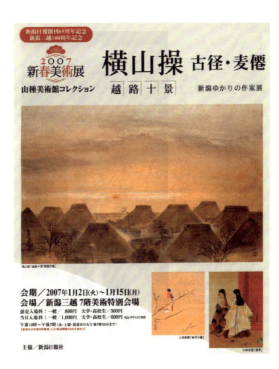

上：东京山种美术馆 2007 年横山操纪念展海报

下：横山操 / 间濑夕照 / 73 cm×117 cm / 纸本水墨设色 / 1968 年

　　日本画家横山操的纪念展海报，主体为其水墨画名作《越路十景》中的《间濑夕照》。

拉开了与横山操自然主义的差异。1986年的《夜海》，以极罕见的长题，溯往论艺：

> 对于夜里的荒海，记忆最初最深刻的是鲭门。至今已四分之一世纪。海涛的呼啸震撼着逐客的心扉，深夜不寐望着凄美的海天，体味了这个世界的惨酷。后来，有一夜在花莲，遇台风，坐在海边寒风中看海，岑寂与喧阗陶洗我心头的尘垢，人能与永恒合一唯有此时。丙寅夏，在香江初晤收藏家王良福先生，诚邀到他家拜观他所藏林风眠先生最好的画，饮酒夜谈，拊掌会心。中有一幅夜海风景，叹为观止，东西艺术之界限泯然。归来三月，时时浮现，此略拟其意，而以我之拙法所作，虽然三易画纸，仍未称善，这是我第一次用白粉写海景。一九八六年八月二十二日韦恩台风大雨滂沱之夜，何怀硕并记于涩盦。

这一意象的成功，不仅引领了上述两种样式，而且进入"吾土吾民"系列，《吾土吾民之四》（1988）就像横向展开的《海韵》。这种形式与意象的有意识开拓，也标志着何怀硕绘画象征语言的日益成熟。

因此，月亮既象征着"孤独者永恒的伴侣"，也象征着穿越历史的幻想，在何怀硕画中，只要有月光，无论朗照还是残照，无论隐还是显，月亮皆为"无在不在，十方目前"的存在。于是，这一意象，愈发频繁地进出他的世界，既是离人的期盼与抚慰（《婵娟》，1989），又俯照万方（《月照苍山》，1988），是故乡的怀恋（《月光》，1986），更是孤独者的良伴（《寒斋图》，1988）……尤为高标独树者，是月亮与他符号般枯树的结合——《寒林之月》（1985）和《原始森林》（1987）。

相比于月亮的女性温柔、神秘与恐怖兼具的象征意涵，树林是传统山水画中习见的题材，大多代表男性的雄伟、壮阔、苍劲，是岁月与智慧的痕迹。而在何怀硕的作品中，森林发展出的重要主题是哀痛

上：何怀硕 / 吾土吾民之四 / 65 cm×96.5 cm/ 纸本水墨设色 / 1988 年

下：何怀硕 / 月光 / 87.5 cm×94.5 cm/ 纸本水墨设色 / 1986 年

何怀硕 / 婵娟 / 110 cm×66 cm / 纸本水墨设色 / 1989 年

何怀硕 / 寒山月色 / 67 cm×101 cm / 纸本水墨设色 / 2005 年

的挽歌,《寒林之月》中,苍老深沉的古树,如人群般互相缠绕勾连在一起,无叶无花的枯枝,如荆棘般刺向天空,虽枯槁,却似蕴藏着深沉的生命力,在痛苦的岁月印记间,张扬着不屈的生命意志。寒林所代表的痛苦的岁月挣扎,与月亮所暗喻的情欲的幻影,在此相遇,以寒林的枯寂,象征生命欲望的不屈与无可挽回的衰老,在万古常新、恍如永恒的月亮的见证下,喻示人类只能赤裸裸面对的饮食男女的欲望煎熬,在岁月的长河中,不过是镜花水月般的虚幻。[12]

如果说笼罩在《寒林之月》上的绿色,还能让人产生些许生命力的联想的话——树干上斑斑点点的松绿,似绿梅的精灵,那么两年后的《原始森林》,则真正熔铸着苍铁般的凝重。

《原始森林》构图与《寒林之月》大致相似,比例相近,但尺幅

12　颜娟英:《台湾美术评论全集·何怀硕卷》,第118—123页。

上：何怀硕 / 寒林之月 / 66.5 cm×97.5 cm / 纸本水墨设色 / 1985 年

下：何怀硕 / 原始森林 / 95 cm×178 cm / 纸本水墨设色 / 1987 年

约为其三倍，仿佛《寒林之月》中绿意盎然的寒林，渡难历劫后，如巨大的木化石，矗立荒野之上，名为原始森林，却了无森林之生机，反倒像古木死后，虫蚀火焚，雨洗风摧，树干中空的苍苍尸骸，而不屈的灵魂，依然顽强挺立着，拒绝倒下。画家印拓出黑黢黢的木纹理后，复以水墨皴擦深入刻画，令全作气息连绵。这种处理方法，令人联想起他 1976 年留学美国时，向台湾读者介绍的超现主义大师马克·恩斯特："他最拿手的是在油彩未干之前以玻璃之类挤压之，或局部施以拓印之法，或在画布之下置以极粗糙有纹路之物（如木纹凸出的木板）再以摩擦法拓印（frottage）显出。"[13] 在此，他易油彩为水墨，而古木拓印痕迹之苍拙沉凝，恐非恩斯特所能梦见者，正是他素来推重的融会贯通后的创造转化。古木局部略染淡赭，显出树皮的颜色，更于枯涩中见斑驳，仿佛对着远空昏暗的古月，断续模糊地诉说着关于蛮荒岁月的记忆。

这种自然物象的象征化，其极致，便是自然形象的人化，即独特的何怀硕双像（double image）样式的创造。

13　何怀硕：《小论艾恩斯特》，载《域外邮稿》，第 118 页。

心象·寓言

　　自 1975 年的《长河》开始，"怀硕造境"几成何怀硕的标志，即，"境由心造"。"明心见性，直指本心"，"造境"之义，固然可见画家苦心孤诣之经营，但正像范宽所言，"前人之法，未尝不近取诸物。吾与其师于人者，未若师诸物也；吾与其师于物者，未若师诸心"。一切伟大的艺术创造，无非"心思手作"。

　　何怀硕作品的题材，大都是自然状态的寒林、冷月、冻云、苍岩，但这些自然状态一旦双像化，却瞬间令古老的母题投射出现代人的欲望。

　　双像形式，多见于西方绘画。指从画作或素描中，能够辨认出两种无关形象的物象或物体。而且，隐藏起来的图像较之直接显现出来的图像，常常更是题旨所在。这种手法在超现实主义画家，尤其达利笔下最为常见，如《消失的影像》（1938）中，维米尔式的表征下潜藏着委拉斯贵支的头像。

　　何怀硕画作中的双像，最早出现于 1989 年的《早春图》，也是他画中出现最早的横跨全幅的女人体河流：一片略见起伏的平原上，密布着如藤蔓般缠绕的半抽象化植物，一如此前一年出现在《疏雨长流》中的植物——这种画法，既可发挥笔墨线条纤曲盘旋之长，又带来藤蔓矮树的物之联想，而得"似与不似之间"的趣味；画面顶端的河流，赫然幻化为莫迪里阿尼与日本画家三尾公三式的女人体——双乳饱满圆润,腰肢纤长婀娜,臀部挺括有力地过渡到劲健修长的双腿……梦幻、纤长,洁白如玉,似不食人间烟火,却又带着几许妖冶。不过,由于女人体幻化为自然属性的河流,其中的性欲色彩便有所弱化;而且,画中首先呈现的是蜿蜒流淌出画面边界的苍白河流,只有留意,才能将河流辨识为一个舒展开来的女人体,也只有这时,自然世界中所蕴含的性欲色彩才显露出来。

论者指出,美术史上的河水中的女性形象,最华丽的造型见于前拉斐尔派画家米莱斯的《奥菲利亚》(*Ophelia*,1851—1852),这一源自莎士比亚戏剧的形象,为哈姆雷特而发疯而投河自尽的美女,手握花草,盛装仰面漂浮在溪水中,周围的草木则翁翁郁郁地生机勃发。其后,纳比派大师博纳尔的《浴缸中的裸女》(1936—1938),描绘妻子玛特慵懒地泡在浴缸里的状态,就像《奥菲利亚》的室内变体。同样是水中的女人形象,一盛装,一裸体,却是生死爱恨的天壤之别。[1]在图像的源头,它们堪称"欲河"的前身,但展示出的是东西方迥异的艺术趣味:《奥菲利亚》与《浴缸中的裸女》重在现实感的刻画,以"人"的描绘为重心;《早春图》中虽出现了女人体,但"人"的描绘却转化为非现实的河流,隐藏、消匿在自然风景中,重心在"风景",强调的是一种非现实性。

这种趣味的差异,表现在何怀硕的作品中,便是自然的高度象征化、人格化。《早春图》中的双像,从意象上,源自"母亲河"这一说法,但具体到何怀硕,原型大致始自他 1975 年前后将河流视为"流逝的回忆与故园家乡"。像这一时期的《寒山孤旅》(1974)、《长河》(1975),稍早的《平林孤舟》(1972),以及稍后的《长河极目》(1978)、《孤旅》

1　颜娟英:《台湾美术评论全集·何怀硕卷》,第 135 页。

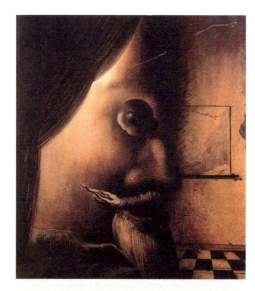

萨尔瓦多·达利

消失的影像

56.2 cm×50.4 cm

布面油彩

1938 年

　　达利《消失的影像》中的"双像"，维米尔"窗边读信的女子"式的表征下隐现出委拉斯贵支头像。

莫迪里阿尼 / 斜倚的裸女 / 72.4 cm×116.5 cm / 布面油彩 / 1919 年

　　莫迪里阿尼笔下《斜倚的裸女》（1919）等，是何怀硕"双像"中女人体的重要源头。

上：何怀硕 / 早春图 / 66 cm×133 cm / 纸本水墨设色 / 1989 年

下：约翰·埃弗里特·米莱斯 / 奥菲利亚 / 76.2 cm×111.8 cm / 布面油彩 / 1851 年 / 伦敦泰特美术馆藏

美术史上河水中的女性形象，最华丽的造型见于拉斐尔前派画家米莱斯的《奥菲利亚》。

（1980）、《荒江》（1981）等作品，都有河流横穿过画面，或宽阔舒展，或蜿蜒清癯。最终，洁白的人体与河流合而为一，可谓势所必然。

台湾学者吴刚毅注意到，何怀硕主编的《西洋裸体艺术大观》（1989年5月，百科文化出版）书前"编者的话"，如实现灵魂与肉体的和谐以及道德与审美的统一、尝试中国画山水与西画人体的融合等，有助于理解他创作女体河流的动机。薛永年称何怀硕的此类作品，"是以跨文化的形式探索真善美的统一，生命与自然的合和"。[2]其实，何怀硕对于西方人体艺术中的灵肉和谐为何足以代表"人"的完美，其美学、心理与生理根源何在，为何西方历代杰作中裸女远多于裸男？现代裸体艺术为何更倾向感性、现实特色等问题的整体思考，在1982年的《西洋裸体艺术之谜》中，即有比较系统理性的表述。[3]

《西洋裸体艺术大观》为六卷本套装，各卷主题依次为"神话中的女神与妖精""近代裸体艺术""文学与象征中的女性""历史悲剧中的女主角""圣经中的女性""风俗与女性生活"。其中情态各异的女人体，无疑从形式上提供了何怀硕将女人体自然化的镜鉴。

也许，《早春图》中自然的象征化与人格化，不足以清晰表达何怀硕内心的恋想，很快，他便创作出《海恋》（1989）：面对沧海，兀然挺立的树干，是男女的物化——画面左侧的三棵树，像倒立的瘦削人体躯干，右侧相对而立、一粗一细的两棵树，依稀可辨为右边阳具挺立的男子，伸出触手般的枝干，探向旁边双乳丰硕的女人，迎拒间，仿如古希腊神话"阿波罗与达芙妮"剧情的上演。

作为何怀硕双像样式的早期作品，《海恋》中一男一女形态的树木，

2　薛永年：《灵魂的独白　笔墨的新变——何怀硕的绘画与见解》，《美术研究》2020年第1期。
3　何怀硕：《西洋裸体艺术之谜》，原载1982年4月12日《中国时报》，载《绘画独白》，第35—49页。

何怀硕 / 海恋 / 66 cm×116 cm / 纸本水墨设色 / 1989 年

来自《原始森林》中画面右侧的两棵古木，只是经"胶水法"处理后，
润泽生动，依稀有几分人体肌肤的质感。不过，或许树木，尤其是苍
劲的古木，更宜乎代表男性的雄伟、壮阔，而非女性的丰腴、柔美。
同时，树木造型的人化，稍有不慎，便有沦入漫画化的危险，而且，
以"胶水法"处理的树木，固然富于润泽感，但光滑的肌理，却也丧
失了涩滞沉凝的沧桑感。他此后的画作中因之甚少将树木幻化为人体
形态，而是复归于树木，或苍拙，或灵秀，或连绵，摆脱了人格化的桎梏，
各自归复其不同的审美属性。

　　这种借自然的林木、江河表达欲望的方式，颇与流俗悖谬。一般
认为，自然的山川草木，因为不关涉人的身体欲望，而成为一种无功
利的审美对象。但在何怀硕此类作品中，因画家自我欲望的投射，而
涌动着色情的气息。在艺术本体论者看来，以艺术的眼光来看描写色情、
欲望的艺术，表现的便是庄严而圣洁的美感；而在泛道德主义者看来，

凡是有关色情的艺术，便是淫邪卑污。无论艺术本体论者还是泛道德主义者，实则都企图在艺术与色情间划出一条截然的界限，即，若为艺术，便非色情，若为色情，便非艺术。何怀硕直陈，二者皆属陋隘之见——"色情"是一切动物最自然、最原始、最强烈的基本欲求，不能消灭，也无可反对。对于人来说，人人本身即为一个个充满色情的肉体，"色"为"美色"，"情"为"情欲"，加以精神成分者为"爱欲"（即通俗所谓的"爱情"），纯物质性者则为"肉欲"，因此，"色情"是"此情无计可消除"的，在道德上是中性的，淫欲、贪欲才是贬义。通常将"色情"目为"不正当"而沦为道德上的"恶"或法律上的"罪"，其实是认知上的错误或含混，严格而言，道德上的"恶"或法律上的"罪"的"色情"，是因其行之于不恰当的对象、时间与地点，以及诱骗或强迫他人以达成个人情欲的满足，非关"色情"本身。所以"情与欲不但是人生的重大内容……是欢乐与痛苦无尽之源，也是人间众生强奋的生命力之所本"[4]，"情欲可以使人生无限渴慕，激发人类创造与努力，产生诗与艺的激情"[5]。

不过，或许鉴于《海恋》中的男人体显得直白而略呈攻击状，男人体双像不复出现在他的作品中，而只有女人体延续下来。《海恋》后完成的《欲河》（1989），以及数年后与虬蟠的枯木林相结合的《梦

4 何怀硕：《色艺之惑》，原载 1985 年 2 月 14 日台湾《联合报》，载《煮石集》，第 21—25 页。
5 何怀硕：《谈色情》，载《艺术与关怀》，第 131—140 页。该文写于 1983 年 3 月 5 日。

上：何怀硕 / 欲河 / 95 cm×169 cm / 纸本水墨设色 / 1989 年

　　画中题曰："岁次己巳七月既望写早春图。何怀硕并记。"
在其记录中，此作原名《早春图》，后改为《欲河》。

下：何怀硕 / 梦幻之河 / 95 cm×130.7 cm / 纸本水墨设色 / 1996 年

幻之河》（1996），延续的便是《早春图》中横卧的女人体样式 [6]，而非《海恋》中的男女双人体。

　　但《海恋》中的树木双像，并没有成为绝响。后来，在《永远的月光》（1996）中以一种更直白的姿态展示出来。画中，淡黄的满月挂在灰漠的天宇，下方浮着几团灰白的云，平缓的山岗上，一左一右两株雪松，像一男一女身披大衣的背影，面对着空中的月亮和眼前一条微微泛着冷光的小河，彼此相隔又相望，上方的圆月，投下淡淡的树影，分向左右，中间隔出一道月光的路，感觉两株雪松之间似近而远。题曰："千秋尘坋约，欣见月华生。诗每有隐语，画当亦可如是。此作于贺伯台风夜起，三日而成。所思在远。题曰：MOONLIGHT FOREVER，永远的月光。丙子立秋前三日，何怀硕。" [7]

　　画面的构图，雪松的造型，清冷的气息，一望而令人联想到俄罗斯巡回展览画派希施金的《在遥远的北方——冬天·雪松林》（1891）。希施金刻画月光照拂的暗蓝色凛冽天宇下，茫茫雪原中矗立的雪松，歌颂俄罗斯荒野的幽深辽阔。不同于希施金画中一棵树的孤零，何怀硕以人格化的两棵树相对而立；希施金画中远方连绵逶迤的雪岭，在《永远的月光》中幻化为一条缥缈灵动的横流河，而希施金画中退隐的朗月，

6　《欲河》一作，虽名之"欲河"，但题曰："岁次己巳七月既望，写早春图，何怀硕并记。"显示出与稍早前完成的《早春图》的联系：两作构图相同，色调相似，连题款位置都大致相同，可见何怀硕对此构图颇为满意。不过，对比之下，差异浮现：构图的不同处在于，《早春图》中的女人体，只有双膝以上颈部以下的躯干部分，而双乳夸张；《欲河》中的女人体则因头部的出现而更显完整，人体转折也柔和许多。笔法上，《欲河》比《早春图》舒缓纵横，书写意味更浓、更自由，对比更强烈，更富节奏感……因而成为何怀硕的代表作之一，其前身《早春图》遂甚少被提及。

　　有意思的是，日本画家栗林忠男1979年的《湖北》，同样的横构图，近处一片芦苇纵横的沼泽，中间一条冰雪覆盖的长河横过画面，远处是白雪茫茫的原野，而天空彤云密布，笼盖大地……与何怀硕可谓"心有戚戚"。

7　颜娟英记述，根据何怀硕的笔记，画作完成后，这短短的两行题字，推敲了两小时才最终写就。载《台湾美术评论全集·何怀硕卷》，第128页。

左：何怀硕 / 永远的月光 / 103 cm×66 cm/ 纸本水墨设色 / 1996 年

右：希施金 / 在遥远的北方——冬天·雪松林 / 161 cm×118 cm/ 布面油彩 / 1891 年

俄罗斯巡回展览画派希施金《在遥远的北方——冬天·雪松林》，遥遥矗立在何怀硕《永远的月光》北方。

则现身何怀硕画中。因此，尽管两作间的亲缘关系清晰可辨，但种种差异的存在，悄然稀释了这种亲缘性。更本质的是，希施金意在通过对物象的精微刻画，表达对大自然的敬畏，而何怀硕偏重以水墨的沉郁，传递"永远的月光"背后"所思在远"的"隐语"。

由题记可知，《永远的月光》是贺伯台风之夜，画家兴发而起。贺伯台风为 1996 年 7 月底横扫台湾岛的一次超强台风，也是当年最暴虐的台风，狂风暴雨，引发台北天灾地变，多地严重淹水，汐止山崩，许多大厦亦损毁严重。在如此雨骤风狂的夜晚，身处画室的画家，谛听着天籁与大地的共鸣，或许愈发浮想联翩：万物的变与不变，生命的常与无常，什么才能永恒？什么才是永恒？或许也是在此时，月亮这诗人永恒的朋友，才更能拨动画家的心弦，在镜花水月的虚无间，抒发内心无限的依恋。

作为台湾地区常见的一种天气现象，台风并不稀奇，它带来的强风暴雨，引发自然灾害的同时，也带来丰沛的降水。一般人说到台风，多止于"用"，但"反者，道之动"，身为艺术家的何怀硕，似乎更关注它所带来的景观之变。在因"贺伯台风夜起"而作的《永远的月光》之前，写于"一九八七年秋，琳恩台风袭台"时的《秋韵》（1987），便描绘了台风中的秋色：一片几乎脱尽叶子的秋林，枝条被风吹得向右欹侧，枝头残留的稀疏红叶亦随风飘舞，与满地吹落的红叶相呼应，含水充足的轻快笔墨勾皴出的溪畔、秋林、野屋，似乎同醉在这漫漫秋光里……

对于何怀硕，习见的台风，为他提供了一种异于寻常的心境和视觉经验，一种"常"外的"非常"，为长于表现静态物象的画面，贡献出一种动态。像《飘风》（1989）、《风雨欲来》（1990）、《飙风之夜》（1994）等，便以奔腾的乌云、几乎被狂风吹折的树木等，

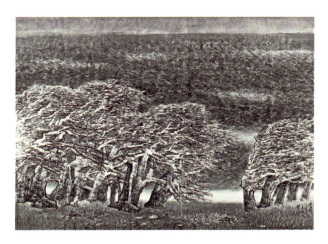

上：何怀硕 / 飘风 / 67 cm×97.5 cm / 纸本水墨设色 / 1989 年

　　何怀硕的《飘风》，刻画狂风几欲吹折巨木，是他作品中罕见的动态，作于《河殇》之后数月，也是对这一多事之年的投射。

下：何怀硕 / 飘风之夜 / 66 cm×63 cm / 纸本水墨设色 / 1994 年

传递这种经验。其中,《秋韵》《飘风》《风雨欲来》等画,表现的是日光下的经验,相对而言,画面基调偏于轻快、坚定、明朗,即传统中所谓"阳"的一面;而《永远的月光》《飙风之夜》等,表现的是月光下的经验,比较而言,画面基调偏于阴郁、神秘、不安,即传统中所谓"阴"的一面,只是,《永远的月光》凸显的是夜之"静",而《飙风之夜》凸显的是夜之"动"。

　　《飙风之夜》,则像《沧海》的陆地版,屋后的粼粼海涛,化为一条从左上向右奔腾的溪流:一左两右的三间旧屋,敧侧歪斜,皴染得黑乎乎的房屋与房间的空地,示意着夜的黑暗。每间房子黑黝黝的墙上都能见到两扇窗,从窗口透出昏黄的光,在黑屋的衬托下,虽不明亮,却很醒目。窗口灯光上方,淡墨的渲染,使光看起来像台灯或油灯自下而上发出来的一般,像灯塔,更像三张面孔,瞪着惊恐的双眼,不安又好奇地看着眼前这熟悉却又因"飙风"而瞬间变得似乎陌生的世界。

　　画家以沉实而略带飞动的笔致,勾勒、皴擦、渲染,虽反复经营,却因笔致统一,如一气呵成。与《枯树赋》等笔法欲行又止的沉郁涩重不同,此作用笔含水较重,笔势飞扬,与被风吹得几乎倒向地面的树干、几与地面平行的树枝、横飞的黄叶、斜着向右下方奔涌的溪流一道,传达着画家在这"飙风之夜"的心绪。

　　每当台风登陆台北,昔日忙碌拥挤的街道,就像被风扫过一样,人们纷纷从街头撤回自己安全的小窝,城市瞬间褪去繁华喧闹的面孔,露出其寂静的一面。在各自安全的港湾内,平日忙忙碌碌的人们,便可在一个安全的距离,抱着"静观"之心,看待自然狂暴的一面。而敏感的画家,不免容易思绪万千,既面对天地间的风雨,又面对自我心中的波澜,有对艺术的思考,也有对自我的怀疑。或许,就像托马斯·曼

《沉重的时刻》中自我怀疑的诗人那样：

> 屋子里是一片寂静，只能听见扫过小巷的风声，以及打在窗子上的雨声。所有的人都熟睡了……只有他一个人孤独地醒着，站在那冰凉的炉子旁边，痛苦地看着他的作品。[8]

　　不难想象，飙风之夜的画家，也许与诗人一样怀疑：是什么样的力量，能让自己从世界中获取形象？这种艺术形象，在被创造出来之前，是作为纯粹的原始形象，从一无所有中，从灵魂深处产生出来的吗？它们是从现实、历史、哲理、热情中产生，还是从灵感中产生？艺术中天才的火花与自由又是怎样的关系？

　　这种"举世皆浊我独清，众人皆醉我独醒"的姿态，在《狂飙之夜》不久后的《世纪末之月》（1995）中得到最充分的展示。他曾以"世变的惊觉"表达自己对 20 世纪的忧思："二十世纪末尾，我对时代的变迁有很深的疑虑，很想创造一个意象来画一幅画，表达我对这个世纪的所感所思。1995 年我画成了一幅水墨画，题为《世纪末之月》。这幅画中间矗立一座危楼：高而危殆的一座大厦，陈旧残破，上面有许多胡乱添加，不三不四的违规建物；各层楼各式窗户吐着昏黄的灯光；像铅一样沉重而灰暗的夜空，上方悬着一轮发出诡异光晕的月亮，似乎暗示未来将有大灾难的征兆。画面右边有我的长跋曰：'二十世纪是人类史上最苦难的时代，却也是科技文明空前膨胀的时代。余于世纪末构思此画，以危楼诡月之意象，表现我对二十世纪之感受，忧思与悲悯。斯图一洗山水画之陈腔，冥想未来，但恨不晤后人。'1999

8　［德］托马斯·曼：《沉重的时刻》，季羡林译，载《诺贝尔文学奖获奖者作品精编》，浙江文艺出版社，1992，第494—504 页。引文见第497 页。

何怀硕 / 世纪末之月 / 107 cm×66 cm / 纸本水墨设色 / 1995 年

年展出于台北历史博物馆我的个展。2005 年北京故宫博物院为庆祝建院八十周年，慎重邀请我参加中国当代名家书画展，我将此画参展，并接受北京故宫收藏。"[9]

画中，阴郁的天宇正中，挂着一枚蒙着荫翳的淡金色圆月，散发的光辉形成月晕，既像一朵反相的向日葵——本来葵盘灰黑、花朵金黄的向日葵，在此却葵盘金黄、花朵灰黑，又依稀有几分金农《月华图》的影子，更令人莫名联想到《卿云歌》："卿云烂兮，纠缦缦兮。日月光华，旦复旦兮。"

不过，永恒月光照拂下的高楼，似乎能触摸到月亮，但却是"陈旧残破""高而危殆"，"上面有许多胡乱添加，不三不四"的违建，"一栋大厦上有违建与寺庙，这是时空荒谬的'象征'"，各个楼层各不相同的窗户，散发着各不相同的昏黄灯光，被铅灰色的静云环护着，直如矗立的纪念碑，一派"危疑萧索之感"。[10]画家同一时期的《说昼夜》，或可阐明此画的创作因由：

> 深夜里……尤其是风雨之夜，除了街上偶有极少数疾驰而过的车子之外，一片萧条。你孑然独立，看风摇树影，斜雨飞刀，高楼大厦似乎成了灵骨塔，里面躺着暂时失去知觉的众多生灵。这个时候，你当有一种换了人间的诡异之感。那种孤独、疏离、落寞，并不使你痛苦，而有一种白天所不曾有的自我认知的深刻感受；斯时人智特别清澈，感情分外充沛，与亘古以来一切相知相敬、共感共鸣的心灵，有灵犀相通的兴奋与感慨，其中有向慕，有自怜，有深切的渴念。即使心旌

9　何怀硕：《全球性的大"文革"》（上），《东方早报·艺术评论》2014 年 5 月 28 日。

10　何怀硕：《世纪末之月——一位画家的震撼》，原载 1999 年 9 月 28 日《联合报》，载《珍贵与卑贱：未之闻斋散文·随笔》，第 282—284 页。

摇震，泪湿双眶，而通体欣快，而流连不已。[11]

　　因此，画中高耸的危楼，不只像纪念碑，更像灵骨塔，里面栖息的不同生灵，便有胡乱添加各种不三不四违建的人，他们个个不同，却都"虽生犹死"地栖身其中。

　　就像何怀硕的任何完美之作一样，此作背后自有前源。《世纪末之月》中危楼的母题，最早可以追溯至他武汉时期的写生《武汉阅马场省委会》（1960）。数年后，他求学台北时的怀乡之作《夕阳楼归来图》（1964）中已现雏形："予客蓬岛，已过二载，辄怀故国，景物如在目前，夕阳楼头，空余斜晖，逝波汩汩，归期邈矣！为慰遐思之空寂，因写此图。"画中，如同瞪着一排惊恐之眼的夕阳楼，以横向、纵向的自我复制，发展成1970年的《危楼》。不过，《危楼》一作，由于缺乏细节的刻画而稍显空泛。因此，在几年后的《危楼飞镜》（1975）中，右下方的花树，不仅丰富了画面，而且通过对楼体的压缩，令画面物象更加紧凑，在右上角一轮明月的映照下，墨笔皴染的拥挤危楼，瞬间现出逆光效果，而有了夜的冷峻。

　　但与《世纪末之月》血缘关系更近的，是《巴黎之忆》（1981）。从画中题记可知，《巴黎之忆》酝酿于画家1977年春的巴黎之行，当时即"有此略稿"，但直到四年后的1981年，才"大变其章法，得斯图"。画家的快然自得之情，亦跃然纸上："余历年曾试画建筑，以此为得意。盖难在境界，非关建筑也，识者当会心矣！"

　　画家所说的"历年曾试画建筑"，大约指的便是始自《武汉阅马场省委会》，直到《危楼飞镜》的系列探索，尤其是《危楼飞镜》。不过，与《危楼飞镜》的月下情貌不同，《巴黎之忆》选取的是一个似为清

11　何怀硕：《说昼夜》，载《孤独的滋味》，第115—118页。

晨的薄雾时分。

　　不管有心还是无意,《巴黎之忆》都偶合了电影神奇的"魔术时刻":尽管很难确定清晨还是黄昏,但从地面飘起的薄雾和画面冷清的调子判断,更像清晨。古老的都市建筑,笼罩着一片迷离的辉光,画中并没有出现街灯,但近景处,沿街边横向一字排去的六株平头树,刚刚冒出嫩黄的细芽,看起来就像盏盏细小的街灯,瑟瑟地点亮清冷的城市,也映着树下一对坐在长椅上的闲聊者。街道浮起的薄雾,将街后连成一片的建筑,隔成一个海市蜃楼般的世界。显然,1977 年春天的巴黎之行,给画家留下了美好的印象,时隔四年,涌现笔端,遥远的巴黎恍如梦中的桃花源。

　　不仅如此,其他艺术家的创作,或许也是《世纪末之月》的他山之石,包括日本艺术家荒木省三的《月丘》(1980):一轮银盘似的明月,高挂在暗蓝而澄澈的夜空,俯照着矗立在大地上的一座雄伟的哥特式教堂,面向观者的教堂侧面,一大一小的两个圆花窗和大大小小的其他形制花窗,像一张张无言的脸,静静凝望着这人间世。

　　《月丘》和《世纪末之月》虽同为竖构图,但《月丘》130 cm × 96 cm 的尺寸,比例为 1.35:1,《世纪末之月》107 cm × 66 cm 的尺寸,比例为 1.62:1,偏方的《月丘》,给人的视觉感偏稳,《世纪末之月》偏长,给人的视觉感偏危。就像何怀硕一贯的追求,尺寸不落俗套,一切以吻合主题为鹄的。而且,色调上,《月丘》整体的暗蓝色,趋于宁静,《世纪末之月》整体的阴沉墨色,趋于凝重……[12]

　　创作《世纪末之月》时的 1995 年,历经此前 20 世纪 80 年代末 90 年代初的世事沧桑,万事在心的何怀硕,显然不复十余年前的美好心境。

12　何怀硕或许见过荒木省三《月丘》一作,或许没有,但此类构图,以他对日本文学艺术之关注,无疑是见过的。《月丘》作于 1980 年,早于《世纪末之月》的 1995 年。尽管《巴黎之忆》是《世纪末之月》的直接源头,却无碍他借鉴《月丘》一类佳作。

荒木省三
月丘
130 cm×96 cm
纸本设色
1980 年

　　或许，参照《巴黎之忆》时，曾经美好的回忆会浮上心头，但如铅压胸口的忧时伤怀，令过往的美好杳若前尘，《巴黎之忆》只是借尸还魂的躯壳。在画家"似乎暗示未来将有大灾难的征兆"之外，从泛弗洛伊德主义的眼光看来，《世纪末之月》中高耸的危楼，如挺立的阳具，虽残旧，却傲然不屈。[13] 或者，是《海恋》中男人体状树木的隐现？！

　　这种自然人格化的"双像"，令汉宝德疑惑，将中国读书人的陶渊明情结转化为弗洛伊德的梦中世界，令人不知面对的是东西方文化

13　这种泛性主义当然难以确证，但是，从人们日常形容高楼的"雄伟"中，隐约可见远古时代生殖崇拜的余绪。不妨说，某种意义上，这种形制的高楼，大致可视为图腾柱的变体——从非实用性的象征物，转化为可居住的功能性建筑。

的完美融合，还是东西情操的互相撕裂！[14] 而对画家来说，只是"极力将自己最强烈的情感与渴念（抽象的）通过造型的形象（具体的），以象征、暗示、隐喻等方式传达出来"。[15]

何怀硕作品中自然的高度象征化、人格化，不只显现在《海恋》等作品中，也隐现在《荒寒》等作品中。粗看之下，《荒寒》简单而孤独，但对图谛视，便会感到如达·芬奇所说的那种"是复杂的终极形式"的简洁，而非简单。类似的意象，曾出现在意大利导演安东尼奥尼的电影《红色沙漠》（1964）中：男女主人公，徘徊在不知是海岸还是河岸边时，背景曾浮现出一座这般废旧的老屋。至于更早的精神源头，或可追溯至莫奈。

在《简朴美学》（1997）中，何怀硕指出，多样的统一是一切美感的基本条件这条古典美学的基本定律，至今仍颠扑不破："简单与丰富这两个矛盾又对立的因素，不论是在很少的东西中使其繁多丰富，或者是由杂多中使其归于纯一，对立的两造都要能趋于和谐统一，才可能成为简朴形式的典范。"他以莫奈为例，认为虽然莫奈的题材，如稻草垛等，虽单纯之极，但画家运用光线和色彩，使简单的草垛，自晨曦、日中至夕阳，呈现出不同的样貌，用无数的色彩变化来进行表现，直如丰饶光色变化的颂歌，如此在少许中经营繁复，无人能出莫奈其右。[16] 至于简单与丰富、自由与限制等"二分法"，虽常受诟病，但确实是宇宙间一切事物的存在之道——阴与阳、大与小、冷与热、实与虚、动与静、圆与方……人间世界则有治与乱、封闭与开放、重精神与重物欲等：

14　汉宝德：《艺术家是不会孤独的》，载何怀硕：《心象风景：何怀硕九九年画集》，第10—15页。
15　何怀硕：《给未来的艺术家》，第122页。
16　何怀硕：《简朴美学》，该文写于1997年3月，载《什么是幸福：未之闻斋人文艺术论集》，第435—441页。

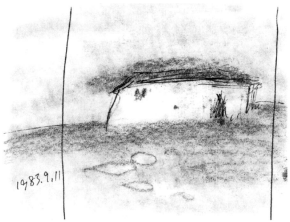

何怀硕
荒寒
66 cm×66 cm
纸本水墨设色
1983 年

何怀硕
《荒寒》草图
19.5 cm×27 cm
纸本铅笔
1983 年

何怀硕《荒寒》
草图之一，推敲中
见匠心。

历史如钟摆，永远在两个极端之间摆荡，无法停驻于东西方哲人
所赞美的"中庸"（儒家的中庸，恰与希腊 the golden mean 同为中
庸之道）的境地。此固为世界痛苦之原因，恰也是历史不可能"终结"
的动力。两个矛盾、对立的因素彼此的冲突、激荡，才产生出生命的活力。
在现实的世界，永远不可能因得到调和和统一而停驻，所以现实永远
是两者的搏斗；一次矛盾的解决，又酝酿了新的矛盾。冲突的痛苦与
胜利的光荣和新矛盾的痛苦永远循环不已。只有在理想世界，才有调
和统一的美境。而理想世界只是心灵创造的产物，不可能存在现实时
空之中。而艺术正是理想世界的典型创造。艺术是痛苦人生中的乌托
邦或桃花源，中外同仰。[17]

相比安东尼奥尼《红色沙漠》满溢的现实沮丧感和莫奈对光色的
歌颂，何怀硕画中浮现出来的是荒芜感：残破老旧的房屋，只是缺乏
立体感的薄片，像随时会随风而逝；灰白墙面上的门窗，看似一张惊
愕的脸，尤其画面右侧窗户上那团氤氲墨渍，几如泫然欲滴的眼泪；老
屋的门前既没有路，也没有人走过的痕迹，屋畔的几棵小树，光秃秃
没有叶子……灰澹澹的天空下，荒寒不绝如缕地弥漫开去。如此和而
不同的追求，就是何怀硕屡屡不厌强调的以自然为生命源头的艺术创
造的意义：

简朴不单是在形式美感方面，同时也是一种内涵的境界。不论是
艺术或人生，同一种题材在不同的艺术家手中会呈现不同的风貌和趣
味，因每个艺术家的个性、品位、精神思想都不同。所以艺术的境界
不同于自然，因自然是非人为的。我们会自艺术家的创造中得到启示，

17　何怀硕：《依傍与创造——对于书艺的一些浅见》，该文写于 2005 年 2 月，载《什么是幸福：
未之闻斋人文艺术论集》，第 486—497 页，尤见第 492—493 页。

使我们更了解宇宙人生的多元情趣，经由不同的艺术家所揭示出来的千万种独特的美感，更使我们体味了自然和人生的无尽藏。所以艺术可使我们更热爱人生。[18]

1986 年的《冬日》，老屋的表情，依然只是像有一个推拉镜头，将《荒寒》里的老屋推向远处，而近景处，则是镜头截取的两棵根部相连而成不规则"U"字形的粗壮树干。构图的谐趣，营造出梦幻般的童话色彩：天空、大地、古木，消弭了细节，而代之以不同的肌理——云之灰、地之绿、木之苍，唯有白墙黑瓦的老屋，写满"雨淋墙"的意趣，墙上的门窗，像一张脸上的五官，尤其黑洞洞的门，如因惊异而大张的嘴，呆呆地望着眼前的世界。

但是，到了 1995 年的《遐梦》，则将《冬日》的童话色彩一扫而空，充满虚幻：老屋变窄变高，像座小瞭望塔，门前荒芜的平原上，横亘着女人体幻化成的溪流，或者说，溪流幻化而成的女人体；房前浮动的雾气，横如流云，呼应着横的溪流，令小屋顿生飘忽，像一个看着玉体横陈眼前而心神皆醉的人。房屋的人化与象征，正呼应着平野中河流的人化与象征。

康有为诗云："偶有遁逃聊学佛，伤于哀乐遂能文。"真正的创作，乃心迹之外显，主旨不在作品本身。在颜娟英眼中，《遐梦》中的女人体，"有些像木偶般……也带有被焚烧或被浸蚀过"的陈旧回忆[19]，相比《欲河》中女人体的柔和舒缓，这种僵硬，愈见画家匠心，在这一自然物逐渐象征化与人格化的过程中，"心造"之意日重，"心象风景"最终由此诞生。

18　何怀硕：《简朴美学》，载《什么是幸福：未之闻斋人文艺术论集》，第 439 页。

19　颜娟英：《台湾美术评论全集·何怀硕卷》，第 135 页。

何怀硕 / 冬日 / 67 cm×67 cm / 纸本水墨设色 / 1986 年

　　何怀硕最早的"心象风景",是 1993 年的《心象风景——絮云》,后来,拓展至《心象风景——残月》(1993—1994)、《心象风景——流光》(1997)和《心象风景——伤逝》(1997)等。他 1999 年在台北历史博物馆举办的个展,便以此为题,并出版同名画册《心象风景——何怀硕九九年画集》。

　　1993 年夏,何怀硕有俄罗斯之旅,苏联解体后,俄罗斯社会两极分化而造成的贫穷,给他内心带来极大的震撼。踏上这块他少年时曾

何怀硕 / 遐梦 / 89 cm×95 cm / 纸本水墨设色 / 1995 年

学习过其语言文化的土地，或许瞬间有时光倒流的恍惚，而一切想象的高贵庄严却面目全非。联想到步入 20 世纪 90 年代后的台湾社会，批判现实的启蒙教化精神的衰落，让他曾经的热情迅速冷落。在面对他自少年时便仰慕的俄罗斯辽阔深沉的列维坦式风景时 20，心中回忆与

---

20   ［俄］巴乌斯托夫斯基：《伊萨克·列维坦》，潘安荣译，载祝勇主编《人物记：遥远的回忆》，中国国际广播出版社，2007，第 135—162 页。这篇人物小传，对列维坦有极生动的描写，大略可了解其悲怆忧郁风格的形成。列维坦与契诃夫一家关系密切，后来作为主人公，被契诃夫写入《跳来跳去的女人》，虽然列维坦至死都因此对契诃夫心存芥蒂。

现实伤感的交织，而得《心象风景——絮云》："此心象风景也。我于俄罗斯心中浮起此图，归来得之。"

《心象风景——絮云》，就像一轮上弦月照在夜晚的列维坦《弗拉基米尔路》上，云气淡漠变幻，让本就不明亮的月亮益发黯淡，而月前飘过的一团一团不大的黑云，如阴沉画面飘过的团团不安。孤独矗立在草原上的小屋，直如百感交集的画家，无力地看着世事变迁。不久后完成的《心象风景——残月》，则像它的姊妹篇，或者说同一出戏的下一幕：月亮还是半弦月，只不过是上弦转到下弦，而上弦仰望的月亮，变成了下弦低首的月亮，像一张悲伤的脸，浮在暗夜中。《心象风景——絮云》中家的象征——破旧的小屋，也已消失无踪，只剩下贫瘠干枯的大地丘陵，无草无树，在月光的照拂下，泛着惨淡的苍白。[21]一切的历史与记忆，恍然无踪，只有永恒的月光，依旧辉耀着四野八荒——《月照大荒》（2000）。

创作"心象风景"的同时，间以"寓言风景"，如《寓言风景——飘云》（1996）、《寓言风景——漂云》（1998）、《风月寓言》（1999）等。以及《月河（一）》（1996）、《月河（二）》（1996）等，都是对此样式的延续与强化。

后来的《月河》（2008），同样借月光，缅怀俄罗斯曾经伟大的艺术：

月河。

予（二〇）〇八年七月初第二次访俄，于圣彼得堡又见大画家куиджи之风景画，其境界之幽静，色彩之神秘，令人景仰，其时心中顿生此图，归来半月画成，不负此行也。戊子大暑后三日，怀硕并记。

21　颜娟英：《台湾美术评论全集·何怀硕卷》，第135页。

上：何怀硕 / 心象风景——絮云 / 67 cm×74 cm / 纸本水墨设色 / 1993 年

下：列维坦 / 弗拉基米尔路 / 79 cm×123 cm / 布面油彩 / 1892 年

　　列维坦的《弗拉基米尔路》（1892），何怀硕"个人认为他是全球油画风景画成就最卓越的大师"，其壮阔与深沉，不只是表现风景的美，更有"诗意的抒情"。

上：何怀硕 / 心象风景——残月 / 66 cm×77 cm / 纸本水墨设色 / 1993—1994 年

下：何怀硕 / 月照大荒 / 76 cm×99 cm / 纸本水墨设色 / 2000 年

　　画中题曰："庚辰秋分，何怀硕造心象风景。"

上：何怀硕 / 心象风景——伤逝 / 64 cm×86 cm / 纸本水墨设色 / 1997 年

下：何怀硕 / 风月寓言 / 66 cm×130 cm / 纸本水墨设色 / 1999 年

何怀硕 / 月河 / 67 cm×98 cm / 纸本水墨设色 / 2008 年

　　题记中的"大画家 куиджи"，即俄罗斯风景画大师库茵芝。与当时俄罗斯风景画偏重真实写生的主流风格不同，库茵芝作画带有强烈的主观性，尤其热爱描绘乌克兰平原的晨昏、月光与夜色，如《乌克兰之夜》等，构图简洁优美，色彩温情神秘，景色看似平凡，却洋溢着梦幻般的诗意。何怀硕此画，虽受其灵感启发，却并无库茵芝的温情梦幻，而更像横向铺展开的《海韵》，只是《海韵》中老屋背对的沧海，似被陆地所挤压所驱逐，只残留一条还做着海梦的河流，在月光下散发着清冷忧伤的光辉，宁静地泛着淡淡的寂灭感。

　　对何怀硕来说，从造境到心象的过程，就是一个日益远离实相而进乎本心的过程，他说："古今第一流的艺术家都在追求宇宙人生最高本质的真实的表现，但什么是'最高的真'？似乎永远没有答案。'实在'所呈现于吾人感观之前者只可能是'现象',最高的真实应为精神'本质'。然而，视觉艺术所能呈现的只可能是感观的形式，要表现内在的本质有先天性的困难。所以，当代的画家必须在'模仿自然'与'抽象形式'的旧路之外另觅途径。'梦幻比实在为更高的真。'斯特林堡这句话是我的知音……我的绘画是一连串个人内心幻景的视觉构筑。我用广义的写实手法表现最曲折幽昧、抽象隐晦、难以诉说的心理活动。或可称之为'梦幻的写实……不论是心象、意象、寓言或造境，都皆近于梦幻'。以梦幻来揭示、探测生命存在的真实，以及世界的真相……"[22]

22　何怀硕：《真实的梦幻》，载《心象风景：何怀硕九九年画集》，第23—24页。

吾土吾民

久居他乡，故乡已成他乡，岁月如烟飘散，而风物不再，一切的回忆，恍如"梦里身"！这种乡愁，既是个人与历史的，亦是文化与时间的。

枯树赋

在何怀硕作品中，枯树是一个最具个人符号化征象的母题。[1]其中，许多枝干相连、虬蟠盘曲，互相连接、互相纠缠的造型，是古今中外艺术史上前所未见的怪诞。

树木在世界几大古老文明中，皆被视为天地间的灵物：亚述文明有圣树与有翼日盘，北非腓尼基文明的圆筒印章中有圣树与太阳纹饰，西亚米坦尼印章中有"日—树"纹饰，中国古蜀先民有三星堆青铜神树……皆以几何化的树形纹，表现挺立天地间的生命之树，也象征和隐喻着人类不屈的生命力。人类的历史、文明与想象，似乎也以类似树状结构的方式连接起来。

中国文人对枯树的强烈兴趣，早期的典范是庾信的《枯树赋》，此赋文字亦为何怀硕《枯树赋》画上常摘录者：看到庭院中一株生意已尽的大槐树，诗人回想起一些正值鼎盛的"白鹿贞松，青牛文梓"，枝干"熊彪顾盼，鱼龙起伏；节竖山连，文横水蹙"，甚至能工巧匠也自叹不如。但随着时光的流逝，"莫不苔埋菌压，鸟剥虫穿；或低垂于霜露，或撼顿于风烟"，最终成为怀念与祭祀的对象，"东海有白木之庙，西河有枯桑之社，北陆以杨叶为关，南陵以梅根作冶"。

---

1   对何怀硕这一母题的较早论述，可参见拙文《悲怆的心象——何怀硕的水墨风景》，《美术研究》2005 年第 4 期。

　　激发起诗人内心强烈情感的枯树，在宋代，成为一种重要的视觉图像，不仅在（传）李成、王晓《读碑窠石图》中成为营造气氛的主要背景，更在（传）苏轼的《枯树怪石图》和（传）许道宁的《乔木图》中，成为艺术表现的主题，虬曲苍劲的古木，占据了画面的主要空间。在美术史家罗樾眼中，"这些树有着一种神秘又悲伤的气韵，它们那沧桑古旧的体态所具有的优雅形式不是削弱而是增强了这种气韵"。这种神秘的悲伤之情，同样激起赵孟頫观看一幅寒鸦枯树雪景图时的内心共鸣："林深雪积，寒色逼人。群鸟翔集，有饥冻哀鸣之态……"[2]

　　对画家来说，枯树这种"已成为废墟的树"，按喜龙仁的话，"表现了宇宙力量的不懈斗争"：它们"像受缚的龙一样虬曲翻腾，扭曲的枝条如锋利的巨爪般伸向天空，仿佛在为自己反抗衰老、腐朽和僵滞的斗争寻求援助。备受煎熬的形体所展现出的剧烈运动释放出无数画家的默默哀思"。对枯树的表现，巫鸿认为指涉的是"记忆"。[3] 在中国人眼中，枯树虽为"废墟"，但却是一种特殊的"废墟"，因为它虽枯，却未必完全死去。在中国绘画中，它的力量和吸引力，正根植于饱经沧桑后的视觉与概念上的模糊性：形体虽如废墟，却同时隐含着内在的活力与生机。在艰难中唤起人们对生命活力的向往。如苏轼所言，就是"外枯而中膏，似淡而实浓"，"绚烂之极，归于平淡"。在美学上，枯树则代表着一种沉稳古拙的"老境"，一种"大巧若拙"。[4]

　　这种神秘而悲伤的情绪，正是《枯树赋》结尾大司马桓温由物及

2　巫鸿：《废墟的故事：中国美术和视觉文化中的"在场"与"缺席"》，肖铁译，巫鸿校，世纪出版集团·上海人民出版社，2012，第38—39页。

3　巫鸿：《废墟的内化：传统中国文化中对"往昔"的视觉感受和审美（2007）》，载《时空中的美术：巫鸿中国美术史文编二集》，梅玫、肖铁、施杰等译，三联书店，2009，第31—82页。尤见第46页。

4　朱良志：《曲院风荷：中国艺术论十讲》，"第五讲：枯树"，安徽教育出版社，2003，第113—141页。

（传）李成、王晓 / 读碑窠石图 / 126.3 cm×104.9 cm / 绢本水墨 / 五代时期 / 大阪市立美术馆藏

　　枯树，在宋代，成为一种重要的视觉图像，在（传）李成、王晓的
《读碑窠石图》中成为营造气氛的主要背景。

人的感慨："昔年种柳，依依汉南；今看摇落，凄怆江潭。树犹如此，
人何以堪！"

　　有海外学者认为，对于文人而言，枯树有着自我想象的寓意。并
且，"枯树"主题与某种特殊的文人诗学之间存在着关联，它让我们
见证了一种无情的过程，伤感却无能为力。嶙峋的怪石与枯树等形象，
揭示出时间毫不留情的流逝，以及画面所定格的静止环境中人的脆弱。[5]
在枯树身上，更寄托着人们隐秘的渴望：寒冬时，苍老得仿佛死去的
枯树，让人怀恋其摇落之前的葱郁，更承载着人们期待其新生的情感。
就像加斯东·巴拉什眼中那样，它是大自然节奏的真正存在，体现着
时间的周期运动，也象征着时间的周期运动，像日历般宣告着永恒的
季节轮回——这种轮回是不可逆转的人类线性时间所不熟悉的[6]，因而
愈发让人慨叹人世的孤独和荒芜。

　　枯树最早在何怀硕画中出现，是 1971 年的《悲怆》和《白桥》等，
画中枯树可以明显看出榕树的特征，但已初步走出榕树实相的束缚。
现实中的榕树，虽气根盘绕错缠，蔚为壮观，但其相对光滑、苍翠的
表皮，却缺乏沧桑凝重的历史感。何怀硕巧妙处理了这种矛盾：《悲怆》
中的榕树，只是气根连绵缠绕，对肌理却不做表现；《白桥》则反其
道而行之，只是刻画白桥前两株互相分离的榕树的气根部分，就像摄
影的特写镜头，用线条勾勒出轮廓后，以皴擦来强化其苍拙之致，并
不斤斤计较于表面的真实。与这两件作品着重于气根不同，1973 年的

5　巫鸿：《废墟的故事：中国美术和视觉文化中的"在场"与"缺席"》，肖铁译，巫鸿校，
第 261—262 页。这是海外学者查尔斯·哈特曼与石慢的观点。
6　［法］阿兰·科尔班：《树荫的温柔：亘古人类激情之源》，苣蓿译，三联书店，2016，第 32 页。

何怀硕
悲怆
134 cm × 68.5 cm
纸本水墨设色
1971 年

何怀硕 / 白桥 / 69 cm×109 cm/ 纸本水墨设色 / 1971 年

何怀硕画中最早的枯树形象，见于 1971 年的《悲怆》和《白桥》，年代既远，早不知画作流落何方，只有黑白图像，留其雪泥鸿爪。

《江入大荒图》，则是着力刻画枝丫间犬牙互错的情态。显然，后一种样式为他所钟爱，因为此后枯树母题的作品中，他几乎放弃了对根部的刻画，而将眼光放在老苍的树干互相之间纤曲穿插的狞厉之美上，如《枯树赋》（1983）、《冻云》（1985）、《寒林之月》（1985）、《原始森林》（1987）、《流云》（1989）、《河殇》（1989）等，那些老树身上，布满斧斫之痕与斑斑的疤节，沉郁而诡异。

枯树意象的形成，也是一个由简陋臻于完善的过程。其转折，即 1983 年的《枯树赋》，画中，左下角一位蝼蚁般的黑衣僧，侧身仰望着连成一片的阴郁惨淡的枯树林，枯树涩古峻嶒，与榕树的联系已杳不可见，上方有寒气漫漫掠过，神秘、静寂而隐然逼人。在题记中，他特别声明："枯树赋。庾子山有此赋，仅借其题。"[7]成为他枯树样式确立的标志。这一意象的构筑，既得益于广东、台湾一带风物的沾溉，也是他转益多师的结果。无论构图还是精神上，《枯树赋》与李可染1956年江南写生的名作《汉代的柏树》，都存在着深刻的联系。

《汉代的柏树》题曰：

> 苏州光福镇有汉柏清、奇、古、怪四株，吾一九五六年至此写古、怪二株。可染。

位于邓尉山下的苏州光福镇，相传因东汉大司徒邓禹曾在此隐居而得名，山下供奉邓禹的司徒庙中，乾隆下江南时赐名"清、奇、古、怪"的四株汉柏，相传为邓禹手植。李可染选取"古、怪"二株，地面以淡墨略做皴擦，苍郁遒劲的古柏，枝干穿插交错，郁勃苍茫的柏叶连成一片，铺天盖地占据了画面三分之二的空间，顿挫沉凝的笔法，墨韵苍古，以赭石为主色调，只有柏叶略施花青，树下的一位黑衣老僧，微微抬头，望着沧桑的古柏，不知心中何所思想……后来，作为李可染此次写生的代表作，被选入人民美术出版社1959年出版的《李可染水墨山水写生画集》。

何怀硕的《枯树赋》与李可染的《汉代的柏树》，抛开树木品种与画面形制，《枯树赋》就像是从《汉代的柏树》中走出的一段，或者说，更像是横幅的《汉代的柏树》被压缩拉伸成条幅的样子。而且，何怀硕笔下枯树的深沉，与李可染《汉代的柏树》的沧桑气息相共鸣。

7　庾子山，即庾信。北周新野人，字子山，善宫体诗，初仕南朝梁，奉使西魏，被留不放还，后仕北周，官至骠骑大将军。虽居高位，但怀念南朝。他是由南入北最著名的诗人，饱尝分裂时代特有的人生辛酸，却结出"穷南北之胜"（倪璠《注释庾集题词》）的文学硕果。有《哀江南赋》《枯树赋》等传世。

何怀硕 / 枯树赋 / 99 cm×66 cm / 纸本水墨设色 / 1983 年

李可染 / 汉代的柏树 / 43.8 cm×58 cm / 纸本水墨设色 /1956 年

李可染 1956 年江南写生的名作《汉代的柏树》，何怀硕的《枯树赋》就像是从中走出的一段，或者说，更像是横幅的《汉代的柏树》被压缩拉伸成条幅的样子。

出版后不久即被何怀硕收入箧中的《李可染水墨山水写生画集》，他称之为"我青少年时期最珍爱的藏书"[8]，无疑时常展读研习，熟稔于胸，而终化为心象。

在他 1981 年出版的《怀硕造境》扉页照片上，《东山魁夷》《竹内栖凤》等画册赫然在目。东山魁夷 20 世纪 60 年代初有北欧之行，并创作出一批描绘森林与湖泊的作品，其中《森林的私语》(1963)、《青

8　何怀硕：《关于四十八年前这本珍贵的画集》，载北京画院编《李可染的世界·写生篇：千难一易》，广西美术出版社，2012，第 270—271 页。

沼》（1963）、《树魂》（1963）、《早春的蒂阿哈文》（1963）等对古木的礼赞，[9]无疑对何怀硕影响不小，成为他枯树意象形成的重要"预成图式"。川端康成对东山魁夷《树根》（1955）描绘古木的联想，与他亦是心有戚戚："仰望几百年以至一两千年树龄的大树，坐在树根歇息之间，当然不会不想人的生命的短暂。但那并非虚无缥缈的哀伤，莫如说有不熄不灭的顽强精神，有同母亲大地的亲和与交感自大树向我涌来。"[10]不过，形式借鉴之余，在审美趣味上，则是将东山魁夷日本画的素描式概括、清雅，一变而为《枯树赋》中线条与水墨皴擦的深邃、苍拙，格调遂大相径庭。

自《枯树赋》后，枯树的形象，不时形诸他的笔端，像《寒林之月》《冻云》《古木》《蟠木林》《原始森林》《高木寒云》等，即为其中杰出者。诗每有隐语，何怀硕的画作之名，亦常如是。如《冻云》，似与枯树无关，而之所以名之为"冻云"，意在形容流云如冻住般，颓然不流，截断连绵排开的枯树林的向上伸展，但亦凸显出枯树的傲然不屈之势。[11]《冻云》一年后所作的《蟠木林》，则以题识直抒胸臆：

倪迂画，逸笔草草，写胸中逸气。予画每惨淡经营，以写郁勃之气耳！此画连续半月。丙寅十二月中浣。怀硕。

9　对此，可以参见［日］东山魁夷：《与风景对话》，唐月梅译，漓江出版社，1999，尤其是第十九章"森林与湖泊之国"，第134—166页。亦可参见［日］《东山魁夷 Art Album》，讲谈社，2008。该套画册为三卷本，是"讲谈社创业百周年纪念出版"，极精雅，基本概览东山魁夷的艺术生涯。

10　［日］川端康成、东山魁夷等：《美的交响世界：川端康成与东山魁夷》，林少华译，青岛出版社，2016，第236—237页。

11　此作得名，2018年7月22日，笔者在台北新店碧潭与他交谈时告知于我。他还苦笑着说，有的杂志刊登《冻云》，常将画面上方的空白误以为多余而裁切掉，遂无余味。画蛇添足与割足适履，同样让人哭笑不得。

上：东山魁夷 / 白马森林 / 150 cm×223 cm / 纸本岩彩 / 1972 年

　　东山魁夷《白马森林》等礼赞的古木，是何怀硕枯树意象的重要"预成图式"之一。

下：何怀硕 / 冻云 / 76 cm×100 cm / 纸本水墨设色 / 1985 年

上：何怀硕 / 蟠木林 / 66 cm×128 cm / 纸本水墨设色 / 1986 年

下：何怀硕 / 流云 / 92 cm×135 cm / 纸本水墨设色 / 1989 年

因之，他在 1989 年《流云》一画的题记中，不无自得地宣称："吾家树法，穷二十五年始得之。"这一过程，验证着他对"意匠"认知的不断升华：

我自来很喜欢树，也一直喜欢画树。尤其是树的巨大雄伟，苍老斑驳，许多树且虬蟠屈曲，非常壮观。树林，尤其是密林，其阴森、雄浑、苍莽、威压，更使我赞美、崇拜而兴奋莫名。所以，画密林常常前后左右，每一棵树的主干与分枝，容易"张冠李戴"（应说"甲枝接乙干"），即使同一种树的树林，也不应前树接后枝，毫无"逻辑"吧？这确是一个困扰。但此困扰有一天便被我另一个思维打破了。我觉得，画树林，其造型、构图、气势、氛围才是画家考虑的重点，树林前后左右，枝叶与树干的归属关系，何须仅仅计较其合理性？画画不是画标本挂图。进一步，我更强调有意的使众枝干汇合为一些区块，而有繁、简；大、小；轻、重；精、粗；浓、淡，彼此发生对比与变化，组织这些区块成为造型，以表现其气势。有意使他们完全打破生物的逻辑，为造型与气势重建艺术构成的逻辑。许多人夸赞这是"何怀硕树"，世上所无。所以不论是《蟠木林》《河殇》与数不清的树林风景，我的蟠木纠结，成为个人风格特色之一项因素。可以说，由无意到有意，在创作中困惑而发现而领悟而发现而建立个人造型手法，非一日之功也。

使我震惊的是，当我一九八六年二月飞印度，十九天在印度游览，在荒野车窗中见蓬头垢面的树木虬蟠联结有如我的画中林木。一年之后，我在台北四维路画室画了一幅《云树》（73 cm×95 cm），就是画这种树林的风景。上面题曰："余画蟠木虬曲出自心象，十年中渐得屈折盘郁之趣，不见古人，欣然自命。丙寅岁首前后十九日游'身毒'，于荒野中数见类似奇树，编联纠结，正不知是造化师我，我师造化耳？一九八六年一月至六月写成。涩庵何怀硕并记于未之闻斋东窗。"此画记录中记载是"汉宝德收藏，一九八六、十"。[12]

　　1969 年，何怀硕提出"苦涩的美感"概念，为时人所侧目。他自言，这一偏于感性的美感概念的产生，源于其个人的审美趣味倾向，源自其对艺术本质的体认，同时也离不开时代与民族际遇的关联。鲍桑葵所谓相对于"快适的美"（easy beauty）的"艰难的美"（difficult beauty），即，与提供感官的快感与舒适的秀美、漂亮相对立的悲壮或崇高，更能打动他人格精神的深处。[13] 那历劫不屈的枯树意象，正是他所属意的"艰难的美"与悲剧性的象征。

　　更具象征性的是，《枯树赋》作者庾信本人身上所笼罩的矛盾性：庾信家族本为北方望族，在西晋亡于匈奴时南迁，成为"第一次南渡"后落籍南方的北人。岁月流转，他乡已成故乡，到了庾信一代，早已

何怀硕 / 枯树赋 / 94 cm×178 cm / 纸本水墨设色 / 2005 年

12　何怀硕 2018 年 4 月 8 日给笔者的信。
13　何怀硕：《创造的孤独》，载《苦涩的美感》，第 149—158 页。

何怀硕
枯树赋图
139 cm×32 cm
纸本水墨设色
1988 年

以南人自居，却在出使时被留不放还，终老北方。所以，《枯树赋》中的"枯树"意象，既哀叹个人身世之飘零，亦伤悼梁朝之灭亡。"若乃山河阻绝，飘零离别；拔本垂泪，伤根沥血"，明显喻指自己离开江南漂泊北乡的境况，与他晚年最重要的《哀江南赋》别调而同旨。这中间泄露出情感与记忆深层的不确定性：相对于时间的流逝、人身的迁徙，乡愁未必是根深蒂固的地缘情感，而是因时空的改变而改变。[14]如此伤怀之情，故乡他乡转换的复杂情感，[15]在何怀硕心中激起的共鸣与感慨，不止于枯树本身，更是他与千载之上的庾子山的"神会"。

14　王德威：《国家不幸书家幸——台静农的书法与文学》，载吴盛青、高嘉谦主编《抒情传统与维新时代》，上海文艺出版社，2012，第115—151页。
15　巫鸿：《废墟的内化：传统中国文化中对"往昔"的视觉感受和审美（2007）》，载《时空中的美术：巫鸿中国美术史文编二集》，三联书店，2009，第41页。

反思前夜风雨急

在一个联系日愈紧密的社会里，即便不成为政治型画家，也无所逃于政治。[1] 对于艺术家，文化关乎自我的命运：既是自我作为个体的命运，也是作为一名艺术家的创作的命运。文化和生命就此唇齿相依。艺术，即为二者的中介，它的一端是生命，另一端是文化。[2] 艺术家对自我生命的表达，离不开文化——时代文化与历史文化。

人出生的时代，不由自己选择，对生逢乱世的普通人来说，尤其如此：灾难不由他们发起，但却要他们承受。何怀硕生长的时代，抗日战争、"大跃进"等，皆是无从逃避的痛苦。虽然他《苦者有福》中有言："人不分贫富贵贱，皆在痛苦中出生、成长；痛苦是人必须永远面对的一个事实。人不论大小的成功，都是克服各种'痛苦'所取得的代价。"相信，"痛苦并不如想象那么坏，而且可以说是人生一切有价值的创造、一切欣欣安慰的获得所必须有的先决条件。因为如果没有痛苦，即无欠缺，则不必有所渴望；一无期待，即无法激起生命的动力。另一方面，没有痛苦，则生命失去磨炼锻造的机会，不

1　[美] 乔迅：《石涛：清初中国的绘画与现代性》，邱士华、刘宇珍等译，三联书店，2010，第72页。

2　汪民安：《八五新潮美术中的生命主题》，《读书》2014年第4期，第127—136页，尤见第130页。

可能成熟，更不可能坚忍不拔"[3]。现实中画家敏感的心灵，敏于时，敏于世，并以艺术表现、传递自我的独特感觉。

如颜娟英所言，在何怀硕的画中，树干粗壮而盘郁交错的古木，是男性与乡愁的象征，他每以之表达对故园的怀恋。从 1969 年的《隐居者》到 1973 年的《江入大荒图》到 1981 年的《隐庐》等，逐渐发展出黑色树干和白色背景，或白色树干和黑色背景这种实虚相生的手法，而树干不断放大，逐渐人格化，尤其是父母 1978 年、1981 年先后去世，故园难回的悲痛感，便益发寄托在人格化的古木上。作于 1980 年的《童年》，作于 1982 年的《童年·四（听风图）》《童年》《斜晖》等，更是以高大的树木，直接描绘逝去的时光与故乡。《童年》中，听风的儿童或坐在高大的树木上，或立在树下仰头谛听浓荫中传来的蝉声；《斜晖》中茫然站在石桥上徘徊的旅人，笼罩在木麻黄树粗硬扭转的树干相互勾连而枝叶连成一片的浓荫中，佝偻着身子，似无根的游魂，回不到逝去的时光，回不到夕曛下昏黄的故乡。

罗大佑的经典名歌《童年》，也在此前后发表。日后罗大佑曾回忆说："《童年》，从 1974 年一直写到 1978 年左右，四年半到五年左右。歌词原本写了四段，是在头两年多内写的。后来，我在快出唱片时想，它好像应有个第五段。就是这第五段就耗掉我两年多时间。"发表是后来的事，收在他 1982 年的《之乎者也》专辑。但之前的 1981 年，这首歌由张艾嘉首唱。《童年》歌中有"池塘边的榕树上，知了在声声地叫着夏天"的句子。图像与音乐，二者形式不同，但追怀逝去时光的主旨则一致。当时，伴随着台湾地区经济的腾飞，20 世纪 70 年代中期开始兴起的"校园民谣"风行一时。80 年代前后的台湾，昔日散落着动物粪便的乡间泥土小路，迅速被四通八达的现代柏油公路所取

3　何怀硕：《苦者有福》，载《艺术与关怀》，第 355—356 页。

上：何怀硕／童年（五）倦读图／45.5 cm×53 cm／纸本水墨设色／1982 年

下：何怀硕／斜晖／66 cm×66 cm／纸本水墨设色／1982 年

代，悠闲的田园风光日渐远去，取而代之的是闪烁的俗丽霓虹灯和人们奔忙于生计的麻木疲惫的脸。享受着物质生活的丰富与便利的人们，逐渐感到一个旧的曾经熟悉的世界，已永远被眼前鳞次栉比的钢筋水泥丛林阻隔、切割得支离破碎，永不归复。现代化的城市生活，虽部分解放了农业社会繁重的劳动对人的束缚，却无力实现人们往昔怀有的乌托邦式田园梦想，对童年、故园的怀念，因此蔚然而成一时潮流。何怀硕对二者的怀念之外，更兼一层家国可望不可回的无望。他的《童年》系列与《斜晖》等作，出现在这一时期，有巧合，也有心理上的联想与暗合。

1987年，两岸关系初步解冻后，何怀硕创作了《间关归行图卷》。《汉书·王莽传》中有云"间关至渐台"，形容旅途的崎岖、辗转和艰辛。宋人王炎《黄一翁自郡城回》中，有"青灯抽穗出金粟，喜见间关行李归"的句子。清人朱约《谒双忠祠》亦有"间关履险归行在"之说。以"间关"形容"归行"，虽结局可知，但前路漫漫。画中的孤客，侧身立于河畔的松林中，松林前，既有重峦叠嶂，又有茫茫云海，更见江河横流，正是他对时政的期望和现实焦虑。

手卷这种中国传统绘画形式，适合文人间的唱酬和小范围细赏，与现代艺术重直观性、冲击力的展厅文化大相径庭，更具私密性而非公共性。在何怀硕的创作中，极少采用，只在步入中年后，偶尔涉猎。如，1984年应友人莫士扬之邀而作的《四季山水图卷》，次年所作的《五老图卷》，1987年《间关归行图卷》之前不久的《卜居图卷》，数年后的《遁世者图卷》（1993）等区区数件而已。

几件手卷中，《四季山水图卷》堪为代表，构图的设计，历时一年之久，正式动手后一个多月的时间里，时作时辍，反复修改，常常到凌晨三四点。完成后的作品长达1070 cm，层次繁复、凝重忧郁。画

何怀硕 /《四季山水图卷》/ 67.8 cm×1070 cm / 纸本水墨设色 / 1984 年 / 水松石山房藏

完后，又花很多工夫推敲题跋的内容、字数和布局。对于题跋，他看重的是它之于历史的意义："谁知道呢！说不定百年后人家看了这幅画的题跋，才会了解我对手卷的观点。"这种态度表明画家"不争一时的名成利就，而争千古的青史留名"[4]。所以，在这件他生平最耗心力的手卷的尾部左下角，何怀硕以略呈方笔意趣的小篆题"四季山水图卷"，接着用苍劲顿挫的行书，说明此卷的因由与重要性："予客纽约，曾于一纸作四季山水。纳须弥于芥子，观四时于一瞬，唯中国绘画能之。此我平生第一长卷。岁次甲子七月下浣，郝丽台风之夜画成并记。涩盦何怀硕。"题毕，可能感到这段话没有充分传递出其中的良工苦心，遂在这段文字正上方，再跋："长卷之作，要在气势推移，血脉连贯。四季山水，则秀润苍拙，难于统调。须既分且合，大不同于独幅，唯惨淡经营耳。"

　　为解决一卷之内"四季山水，则秀润苍拙，难于统调"的困局，他先是在题材上选择指代四季的不同物什：春柳、夏榕、秋藤、冬雪；接着是在色调上加以区分，春绿嫩，夏绿浓，秋红艳，冬白冷……此为"分"。同时，时序的渐次更替，以色彩的渐变展现出来：手卷打开，扑面的是清冷的花青色山石；随着画面的徐徐展开，花青的山石间，渐渐有了温暖的绿色；到春柳的新绿蓬勃，绿意铺满老榕树的枝丫间；随着榕树过渡至苍藤，绿色间逐现秋黄，而至黄、赭、红诸色斑驳相杂；再渐渐淡隐，而至白雪笼罩苍山，冬山如睡；至卷尾，山间冷意渐消，转眼又是新的四季轮回……此亦为"分"。这些"分"的元素，大致皆出现在近景，意在"气势推移"；而将这些元素"血脉连贯"起来的，是一前一后、一隐一显的两条水平线：前者是隐现于榕树、秋藤间的民居（与《斜晖》中老屋如出一辙）、石桥；后者是将前景笼罩起来

4　徐小虎：《何怀硕与中国画》，载何怀硕：《绘画独白》"附录一"，第244—245页。

的连绵群山与蜿蜒穿行群山之间的江水……这些"合"之迹，与江岸的孤舟、山水间的飞鸟和桥上的过客这些"合"之意，最终将全作"既分且合"地"统调"为一体，"纳须弥于芥子，观四时于一瞬"，信然不虚！而且，《四季山水图卷》67.8 cm 的高度、近 11 m 的长度，对手卷来说，显然过于巨大，难以在友朋间适意地展玩交流，早已失却了私密性，而是志在展厅，面对公众的审视，只是借用手卷的形式而已。手卷引首，饶宗颐题："神奥在抱。怀硕兄四时山水剧迹。选堂拜题。"

作于《四季山水图卷》后三年的《间关归行图卷》，不像前作那样带有强烈的何氏符号化特征。其构图，尤其是山川走势、峰峦与云气的交错变幻，对山石的物理空间逻辑的颠覆，隐约可见元人方从义《云山图卷》（约作于 1360—1370 年间）的影子。《云山图卷》原藏王季迁处，1973 年 J.P. 摩根赠品交换购藏，入纽约大都会艺术博物馆，何怀硕 1974 年赴美，与王季迁相熟时，此作虽已不在王季迁手中，但作为王氏曾经的重要藏品之一，何怀硕应见过此作，而在多年后将其云山飞动的"山峦幻象"，转为自己笔底的怅惘乡愁。[5]

1979 年 1 月 1 日，全国人大常委会发表《告台湾同胞书》，主旨：坚持一个中国原则，反对"台独"；中央政府与台湾当局举行商谈，结束两岸军事对峙状态；两岸实现直接通商、通邮、通航（简称"三通"），进行各项交流……1987 年初，蒋经国指示有关部门研议开放民众赴大陆探亲的可能性。7 月 14 日，台湾当局宣布，自 15 日零时起，解除实施了长达三十八年之久的"戒严"[6]，为两岸关系的解冻提供了

5　王季迁曾购藏过何怀硕的《关山在望》一作，并与之合影留念（1976）。方从义《云山图卷》相关分析，见 [美] 何慕文：《如何读中国画——大都会艺术博物馆藏中国书画精品导览》，石静译，北京大学出版社，2015，第 110—111 页。

6　台湾作家杨照在《台湾的特殊世界纪录》中，对此有所回忆：就连大部分台湾人都不知道，台湾保有过一项特殊的世界纪录——长达三十八年不间断的"戒严"状态。

何怀硕 / 群山飞渡 / 55 cm×91 cm / 纸本水墨设色 / 1979 年

可能。10 月 15 日，台湾内政事务主管部门宣布有关台胞赴大陆探亲的实施细则。

　　细细爬梳何怀硕这一年从年初到年尾的作品，就会发现，他似是以创作呼应着当代两岸关系史上这充满转折意义的一年：

　　"一九八七丁卯春分涩园造境"的《远眺》，苍劲的老树，交错勾连成林，树身上雷击斧劈留下的疤痕，如一群手挽着手的沉默的脸，无奈却坚定地凝望着崇山之外。

　　一袭皂衣、满面悲怆之色的《杜甫像》，刻画了正伏案著书的诗人，并以细笔行书抄录《自京赴奉先县咏怀五百字》全文，跋曰："杜甫于玄宗天宝十四载（公元七五五）十一月安禄山作乱前夕，自长安往奉先县探望妻子时写此长诗，沉郁顿挫，长歌当哭。予于千秋之下，闻其音而想其人，因造此像。岁次丁卯，何怀硕。"

写张九龄诗意的《望月怀远》。

"丁卯初夏有感，写此于涩盦"的《山雨欲来风满楼》，[7] 飞动迅捷的笔触，传递出内心隐隐的躁动与不安。

刻画海边渔民生活小景的《夜话》。

刻画群舟静泊在暮色中的《苍岩暮泊》。

作于"丁卯夏"的《卜居图卷》，写唐人牟融《陈使君山庄》诗意："新卜幽居地自偏，士林争羡使君贤。数椽潇洒临溪屋，十亩膏腴附郭田。流水断桥芳草路，淡烟疏雨落花天。秋成准拟重来此，沉醉何妨一榻眠。"一椽茅屋，半隐于清幽的松石之间，背后是平缓起伏的冈峦，面前是缓缓流淌的淡寂溪水，水中时见白石，一片隐逸天机。

接下来是《雪》《间关归行图卷》《过客》《原始森林》《秋韵》《齐白石像》《黄宾虹像》《吾土吾民之二》《吾土吾民之三》《松石清幽》《东坡词意》《秋心》《清泉》等。

他这一年的三十几件作品，在其创作高峰期的 20 世纪 80 年代，数量并非最高——1981 年近四十幅，1982 年五十余幅，1985 年三十余幅，1988 年约四十幅。但略加对比，会发现该年作品的内涵可以说最为丰富。形式上，他作品中最常见的方构图，却只出现在《松石清幽》等小品中；一些传统绘画中常见，但在他作品中少见的形制，如立轴，也出现在《齐白石像》《黄宾虹像》等作品中。不过，这一年中，最引人瞩目的是，一些极致化形制——细长条屏、手卷和横披，集中出现。颇有意味的一点是，细长的条屏，若做90°旋转，平放起来，便是缓缓展开的手卷，《望月怀远》《东坡词意》《秋心》《清泉》的高旷辽远，尤其《东坡词意》中所题"纵使相逢应不识，尘满面，鬓如霜"的句子，和《卜居图卷》《间

7　查其记录，画中"初夏"为 4 月 14 日，台湾气候燠热，入夏亦早。此作一日即成，是何怀硕画中少见的即兴之作。

何怀硕 / 山雨欲来风满楼 / 66 cm×64 cm / 纸本水墨设色 / 1987 年

关归乡图卷》中的"卜""归"主题，两相对照，辅以悲怆沉郁的《原始森林》，便可知在这令人不安而又充满期望的一年，极致的情感以极致的形式出之，其中不少成为他的代表作。

1987 年如此而过。

1988 年，一班思想清晰、写作能力强又兼具可信人品的学界精英，组成"澄社"。

何怀硕
清泉
130 cm×32 cm
纸本水墨设色
1987 年
　　画中山石的破笔散锋画
法，可见"抱石皴"意味，左
下角所钤的"阿舒"一印，为
其早年所刻，甚少使用。

何怀硕 / 卜居图卷 / 32.5 cm×130 cm / 纸本水墨设色 / 1987 年

何怀硕 / 吾土吾民之十 / 67.4 cm×96 cm / 纸本水墨设色 / 1990 年

　　"澄社"的成立，在当时台湾社会激起巨大的反响，每家大报都是头版头条新闻，并专门给"澄社"开辟"澄社专栏"。当时，他们热情高涨，几个人每星期要写好几篇文章，刊登在不同报刊上，直到20世纪90年代初，因后来的新进良莠不齐，与当初的良愿渐行渐远，包括何怀硕在内的几位创社元老，遂全数退出。[8]

　　1990年5月20日，李登辉宣誓担任台湾地区领导人。在此前夕的5月15日，为抗议李登辉当局的"组阁"方式，"澄社"向台湾的大学发出抗议联名书。5月20日，即有万人抗议大游行之举。在此前夕，有感于时事的风云变幻，何怀硕以少见的即兴式笔法描绘《风雨欲来》（1990），海天之间，风起云涌，将岸边停泊渔舟的桅杆，吹得东倒西歪，

8　颜娟英：《台湾美术评论全集·何怀硕卷》，第123—124页。《一个独立的行者·何怀硕》，载《我的学思历程》，第146—195页。

乌云漫天翻滚，充满黑云压城之势，似乎等待但也惊悸于那即将到来
的轰然巨雷，正寄托着他的忧患。

《风雨欲来》后，他接连创作了《云山氤氲图》《幽壑》等，皆
为阴郁的调子，云气盘郁或丘壑杂列，与他对时事的关注和期待相表里，
且皆题以杜诗，前者摘句《奉先刘少府新画山水障歌》，后者摘句《寄
刘峡州伯华使君四十韵》，尤其是《云山氤氲图》，画面与诗句一律
充满莫可名之的不确定性与不安气息：

> 反思前夜风雨急，
> 乃是蒲城鬼神入。
> 元气淋漓障犹湿，
> 真宰上诉天应泣。
> 野亭春还杂花远，
> 渔翁暝踏孤舟立。
> 沧浪水深青溟阔，
> 攲岸侧岛秋毫末。
> 不见湘妃鼓瑟时，
> 至今斑竹临江活。

数月后，他这一时期内发表的系列文章，1990 年 9 月结集出版于
文集《变》中，二十八篇文章，写于 1987 年 4 月到 1990 年 7 月间。
笔锋所及，可谓"风声雨声读书声""国事家事天下事"，全方位展
示出他"忧国忧民"的襟怀。对于"澄社"和这些政论文字，他说：

> 九十年代以后我便不想写了……

　　"澄社"是我与友人四人发起的第一个最有影响力的知识分子论政团体，几年后我们四人都退出了……[9]

　　2018 年，他更是将政客指鹿为马，大众价值错乱的根源，指向台湾的病灶，就在于反智。[10]社会现实以一种令人齿冷而无可奈何的方式，验证着何怀硕的先见所虑非虚！

　　何怀硕相信，看似远离尘世烟火的风景，同样可以承载时代。列维坦的《夕阳·草堆》（1899）即为明证：同样描绘稻草堆，莫奈捕捉的是光线与色彩，列维坦则表现时代气息与个人的感觉——沙皇统治的黑暗时代的沉哀与抑郁。所见是风景，表现的其实是心境，是内心的深沉和悲怆。他作于 1989 年 7 月的《河殇》，正与列维坦有旷代的心灵感应。作品以黄色的河流象征中国漫长的历史，一片原始森林，"好像被雷击电殛过，大火烧过，一片荒凉、悲壮（而且）非常残缺。我想画出像铁铸般苍老的生命力，但是饱受摧残。这幅画我等于是在画中国人的命运，或是中国文化的命运"。[11]画上题曰："为苦难的中国作此"。中国绘画传统中一向不食人间烟火的山水画，在时代大悲剧的冲击下，使画家创作出饱含内心炽热情感的象征山水。画中苍老斑驳的几株老树，枝干互相交错穿插，结构与视觉上融为一体，其形为林木，其态如苍岩。1999 年，在面对颜娟英时，他这样追述自己当时的创作体会：

　　我想把历史对我的冲击，用隐晦的方式表达而不要直接写实描述。……我觉得它（《河殇》）综合了我许多的技法，不管在构图或

9　2000 年何怀硕将《变》寄笔者时，8 月 5 日写在该书扉页上的话。

10　何怀硕：《台湾病灶：反智》，载《矫情的武陵人》，第 702—704 页。

11　颜娟英 1999 年 1 月 3 日采访稿，载颜娟英：《台湾美术评论全集·何怀硕卷》，第 123 页。

何怀硕 / 河殇 / 121 cm×243 cm / 纸本水墨设色 / 1989 年

造型观念上，这里有许多传统金石的趣味，也有西方的很多影响在内。可以说我在画了很多年后，这幅画集合了我许多典型的东西。它在我的创作中有特殊的代表性。没有那样的时代与感情不会产生这幅画。[12]

　　1997 年，何怀硕与张晓刚分获"一九九七顾资亚洲当代艺术奖"（COUTTS Contemporary Art Awards—Asia 1997）。该奖项是"从广泛的不同艺术界别中物色候选人，其目标乃支持对本身所从事的艺术有重大贡献的艺术家。候选人无须提出申请，所有奖项均由艺术评审会决定"。虽然评审会认为："亚洲当代艺术界人才济济，要从中推选获奖者实在令人难以取舍。然而，我们意想不到地能在多位候选人中，轻易地列出最后名单。纵使名单颇多元化，而名单上的艺术家亦分别来自不同地区，但是我们心中却不约而同地选举出相同的人选。"对于两位艺术家的获奖，判断的标准并不相同，虽然"新意念和创作力是艺术发展的原动力，而每位艺术家于创作的过程中，亦会有意或无意地从传统艺术中汲取灵感"，但显然，何怀硕属于"为传统国画手法增添新意的艺术家"，张晓刚则属于"真正以新颖的当代表现手法突破传统规限的艺术家"。[13]

　　艺术评审会视何怀硕为"醉心于创作和冥想的艺术家，亦是个精于绘画的作家。……凭着对绘画艺术各种基本表达技巧的了解，及其以每种技巧表现内心意境的高超能力，为现代国画艺术作（做）出重大的贡献，把单靠文体语言表达方式而造成的不均现象平衡过来"。图录中选取的《斜晖》（1982）、《冻云》（1985）、《望月怀远》（1987）、

<hr />

12　颜娟英 1999 年 1 月 3 日采访稿，见颜娟英：《台湾美术评论全集·何怀硕卷》，第 123 页。
13　顾资银行香港办事处：《COUTTS Contemporary Art Awards—Asia 1997—— 一九九七顾资亚洲当代艺术奖 HO HUAI SHUO 何怀硕　ZHANG XIAO GANG 张晓刚》，第 7 页"顾资艺术基金"及第 11 页"顾资亚洲当代艺术基金评审会成员引言"。

《海风》（1989）、《沧海》（1990）、《索居图》（1990）、《月河》（1996）、《永远的月光》（1996），题材分别是夕晖、枯树、老屋、沧海、寒月等，概略性地展示出他的艺术追求。张晓刚则是其著名的"大家庭"系列，引用的他的自述："我们生命的第一课是学习如何保护自己，让情感及体验紧扣于心内，免受他人窥探。与此同时，身为'大家庭'的成员，我们必须与其他人和谐共处。"[14]一听之下，让人内心有不寒而栗的惊惧，是一种与何怀硕的诗化意境迥然不同的视觉与文化经验。

某种程度上，或许可以说，张晓刚正是借"怀旧的艺术产业"，由市场造就的神话之一。中国大陆艺术市场，尤其是拍卖市场的异军突起，除造就了许多艺术家与藏家的优渥生活外，更造就了许多天价传奇；以前是港台富商出手大方，现在则是许多来由莫名的大陆藏家更令人侧目，但收藏的趣味与取向，"却紧追港台趣味，毫无独特的眼光与审美个性"。或许，只有"经济实力与鉴赏实力同步成熟的时候，艺术拍卖会的重锤才能在一声响亮的瞬间，同时敲出中国艺术品的商业价值与文化价值"。[15]

2012 年 9 月，何怀硕应时任中央美院院长的潘公凯邀请，赴京参加 24、25 日"中国美术现代之路"在中国美术馆举办的学术研讨会，因其"现代"议题，他想起十余年前获得的"顾资艺术奖"，心有所感，临行前几天，成此文字：

"1997 年顾资（Coutts）艺术奖目录"附言

黑格尔说过"凡存在皆合理"。此合理未必是应然之理。今日的

14　同上，何怀硕与张晓刚颁奖词，分见第 19、45 页。
15　尹吉男：《怀旧的艺术产业》《拍卖》，载《后娘主义：近观中国当代文化与美术》，三联书店，2002，第 75—78、93 页。

上：张晓刚 / 血缘：大家庭 1 号 / 100 cm×130 cm / 布面油彩 / 1997 年

下：何怀硕 / 沧海 / 68 cm×99 cm / 纸本水墨设色 / 1990 年

西潮，未来回顾又是明日黄花。想想中世纪所谓黑暗时代，历一千年，也终于烟消云散。

1997 年，我突然接到一个艺术奖。

这是一家欧洲银行（顾资银行，Coutts），三百年前创立于伦敦。狄更斯与肖邦曾是他的客户。1992 年创设了一个艺术基金会，表扬有成就的艺术家，由一群评审人去挑选得奖者，1997 年度得奖人是台湾的我及大陆的张晓刚。当时知道张晓刚的人尚少，现在，他与岳敏君等画家，因为有拍卖公司，艺术市场便有成了天价的当代画家。张晓刚的名气正如日中天。

新世纪以来，我因为不欲参与艺术商品化的市场，我画画，但不卖画，连画展也不想了。

我与张晓刚的画，同样在 21 世纪是真实的存在，同样在 1997 年得奖，这或有助于我们思考中国艺术的现在与未来的诸多问题。尤其对于未来研究我们这个时代的学者，或有史料的意义。

我找出当年顾资艺术基金会印的目录三册，一本送给潘校长，二本送给中央美院图书馆保存。无穷的问题有待我们大家及未来的世代，做没有止境的思考和追求。

感谢邀请，谢谢！

何怀硕

20/9/12　台北 [16]

16　何怀硕致潘公凯此信，笔者得其惠赠复印件及目录一册。下方落款时间 "20/9/12"，是他按国际惯例的写法，即 2012 年 9 月 20 日。

荒原与废墟

　　英国诗人托马斯·艾略特早在 20 世纪初，感慨于自己所看到的一战后世界，简直就是赫尔曼·黑塞《混乱中的一瞥》："欧洲的一半，至少东欧的一半，正在走向通往混乱的路上……沿着悬崖的边缘前行"，笼罩着普遍的失望情绪与幻灭感，危机四伏，没有欢乐，没有信念，而将西方社会描述为一片生机寂灭的"荒原"——在这了无生气之地，人不生不死，虽生犹死，心中唯有幻灭与绝望，眼前的世界泛滥的只是"记忆和欲望"，现实令人窒息，人欲庸俗卑下，死亡的荫翳挥之不去，人们在浑浑噩噩中走向死亡。这一"支离破碎"而"荒芜"的"荒原"意象，成为现代世界的象征。[1]其折射出的灵魂荒芜，在何怀硕心中引发的回响，成为他笔下一个虽出现不多却无法漠视的母题。

　　在 1972 年的《荒原》中，何怀硕描绘了一片荒芜的原野，慢慢地消失在远方的地平线，原野上没有河流，没有人烟，没有庄稼，映入眼帘的只是粗糙的沙砾，唯一透出点滴生命迹象的，是几株斜着通向远方的矮树……恍然艾略特"荒原"（the Waste Land，即荒芜的平原）意象的复活。此后，几幅类似题材之作《荒原》（1974）、《荒原落日》（1976）、《荒原》（1981）等，大抵是延伸这一意象，所不同者，

1　[英]托马斯·艾略特：《荒原》，载《四个四重奏》，裘小龙译，漓江出版社，1991，第67—96页。

或是荒原映在夕阳中，或是荒原上出现了河流，但一律阒无人烟。

1986 年早春时节，何怀硕有印度之行，归后在《联合报》副刊（1986年 4 月 21 日）发表《身毒之谜——印度的梦之旅》一文，并创作《印度之旅》，其心灵的荒芜感，正是《荒原》的蔓延。

在许多国人心中，印度首先是佛陀的国度，何怀硕也曾以此为题，创作《佛陀悉达多像》（1989）。他"自小即对印度有深刻的、神秘的向往。很早便读了古印度梵文文学最伟大的作家加里陀沙（迦梨陀娑）的《沙恭达罗》；又读了泰戈尔与奈都夫人的诗集。中国有一位对印度文学极有研究的文学家许地山先生，他有以印度为题材的小说。这些都使我对印度产生了无限的沉醉"。在他的感受中，不同的印度艺术形式，音乐表现人生的大悲，而其文化与历史，大概就是这种悲情的极致。"没有一个民族的宗教感情如印度一般强烈而真挚，也没有一个民族像印度一样不切实际。"但这个曾经高度发达的文明古国，在现代西方文明的冲击下，一落千丈。真实的印度与想象的印度之间的巨大落差，令人惆怅而嗒然若丧。[2]

在他眼中，"和埃及一样，印度如同天方夜谭的故事，记载着另一个时空的幻梦"。被西方文化和接受西方文化价值观的许多文化几乎等同于"幸福"的财富、健康、技术进步、物质享受等标杆，在印度这块古老的土地上却失去了市场——他们视现实为虚幻，人世间不过是无止境的重复循环，因此他们漠视时间与历史。生命不为追求幸福，进步毫无意义，他们追求的是灵魂的解脱。解脱的途径，便是让生命受苦，以使灵魂超升；受苦的方式，便是寻求痛苦和忍受自残。但这种极端而残酷的行为只是针对自己，却严格避免伤害一切有生命的动

2　何怀硕：《印度的悲情——写在拉维香卡来华演奏前夕》，载《风格的诞生》，第 248—254 页。

上：何怀硕 / 荒原 / 68 cm×104 cm / 纸本水墨设色 / 1974 年

物，如，不在黑暗中饮水，以免吞食水中的生物等。西人眼中因懒惰
而造成的贫困，在许多视人生如行旅、视痛苦为净化灵魂代价的印度
人看来，勤奋只是贪求逸乐，懒惰才是心灵的坚贞。他们生活中的炊
具、水壶、桌椅、房屋乃至身体，同是污泥的颜色，因为竹木、陶瓷、
金属乃至肉体这一切，都来自土地，也将衰朽而归于大地。[3]

　　故而，他的《印度之旅》描绘的如梦如谜的印度，便以土黄色为
基调：画面主体，大致以印度中部德干高原上一座废弃的奥兰加巴德
古堡为原型，但虚化其景致的现实感，同时，不仅舍弃披纱丽的妇女、
神牛等印度符号，更渺无人烟，只有作为时间残迹的颓败古堡，无悲
无喜地直面天地翻覆，唯有空中的飞鸟，隐约露出些许生机。或许，

3　何怀硕：《身毒之谜》，载《艺术与关怀》，第 151—159 页。

笼罩全作的荒芜气息，正是他游览印度的心象表露：

> 乙丑岁暮，与友人共十二人赴印度，丙寅元旦抵奥兰格勃（奥兰加巴德），此为荒野中之古堡残迹。一九八六年三月，丙寅二月既望，何怀硕于涩园并记。[4]

就像何怀硕在《印度之旅》中所表达的那样，那似乎是一个废墟的国度，而这也吻合"中国人似乎一直都有一种更恬静和更哀婉的废墟观念"[5]。这种对废墟的感慨，成为艺术家的一种灵感之源。如，曹植（182—232）哀悼战后洛阳的诗《送应氏》：

> 步登北邙阪，遥望洛阳山。
>
> 洛阳何寂寞，宫室尽烧焚。
>
> 垣墙皆顿擗，荆棘上参天。
>
> 不见旧耆老，但睹新少年。
>
> 侧足无行径，荒畴不复田。
>
> 游子久不归，不识陌与阡。
>
> 中野何萧条，千里无人烟。
>
> 念我平常居，气结不能言。

4　对于他此次"印度之旅"的时间与行程，我曾去信求教。他在2014年11月28日的回信中说："查旧年笔记，我与友人十二人1986年二月五日去印度，再到尼泊尔、克什米尔共十八天。《印度之旅》乙丑岁暮是1986（年）二月，我1986（年）三月才在台北画此图，已是丙寅二月。乙丑虽是1985（年），但它的年尾已是1986（年）二月，因为阴阳历相差大约一个月，所以有此误差也。"并在复印给我的《印度之行》画作记录中特别强调："乙丑岁暮（1986年一月是乙丑岁暮也）去印度，回台北已是丙寅春，1986（年）三月正是丙寅二月也。"表示："此图早已为人收藏。今日再看，他日我想再另画一次，以后再说。"

5　这是英国作家罗斯·麦考雷《废墟之快感》（*Pleasure of Ruins*）中的看法。转引自巫鸿：《废墟的故事：中国美术和视觉文化中的"在场"与"缺席"》，肖铁译，巫鸿校，第18页。

何怀硕 / 印度之行 / 66 cm×81 cm / 纸本水墨设色 / 1986 年

　　这种怀古诗的意义，巫鸿认为，不止于文学，更代表了一种普遍的美学体验：凝视着废弃的城市或宫殿的残垣断壁，甚或是面对着历史的磨蚀所留下的沉默空无，观者会感到自己直面往昔，既与之丝丝相连，却又无望地与之分离。因此，怀古之情必然是为历史的残迹及其磨灭所激发，其中蕴含着内省的目光、时间的断裂，以及消逝和记忆。[6]何怀硕的《印度之行》，是从一个神话与现实更加分裂的异域，内省文明的脆弱。

6　巫鸿：《废墟的故事：中国美术和视觉文化中的"在场"与"缺席"》，肖铁译，巫鸿校，第 18 页。

何怀硕 / 劫后 / 67 cm×91 cm / 纸本水墨设色 / 2006 年

　　《印度之行》的荒芜感，是他 1974 年《废城》的延续。《废城》中，一个人低着头，背对观者，行走在荒无一人的街道上，街道两旁的废屋，几乎被密生的林木所淹没，远处破败几欲倾圮的城墙下，巨大空洞的城门，如一座虚无的大钟，无奈地注视着眼前曾经的繁盛一去不返。画中孤单的背影，无疑是心怀伤感的画家的化身。

　　但是，相比于时间无情流逝造成的《印度之行》般的破败，乃至废墟，来自人类自相残杀所造成的废墟，才更令人心痛。2006 年的《劫后》中，一片惨遭炮火蹂躏后残存的破败楼群，纵横零落，虽是工业化时代的产物，却有一种"败墙张素"般的天荒地老，其主旨，在"表现出荒漠似的人生，那经受摧残的大自然的愤怒与沉郁……借颓垣断壁勾起我对往昔的残恋，一种无可奈何的感情"[7]，借此人工"废墟"，控诉这个恃强凌弱的时代：

> 劫后。丙戌（二〇）〇六年，何怀硕。
>
> 三年前，美国攻伊，予曾作《劫后》草图，但未画。今夏，以色列攻黎巴嫩，毁城，残杀平民、小孩，作此以记强权宰制凌虐之恶。涩盦又记。

7　何怀硕：《苦涩的美感》，载《苦涩的美感》，第 77—83 页，尤见第 83 页。

空茫·归乡

　　对于视觉艺术，形式上的完美非常重要。结构与构图和主题一样重要。对伟大的艺术家来说，这并不是一般意义上的审美需求，而是实际的需要。因为只有完美的画面才能拥有穿透记忆的能力，成为时间洪流中的无法忘却之物。[1]只有更好的形式，才更有能力抵御时光的大浪淘沙。为此，艺术家要在主题与形式结构间寻找到最佳的平衡点。

　　何怀硕的《空茫》（1983）中，近景几株参天的古木与中景破败的古寺之间，一片空白，一位斜披黄色袈裟的矮胖老僧，伛偻着身子，向寺庙走去，小小的背影，在高大的古木和黑色破败的屋顶挤压下，像扇小小的门，同时将观者的视线推向两侧"胶水法"冲撞形成的光滑却斑驳的树干表面。此类构图，近景将树干、树枝、花朵等次要元素放大，而将主体元素缩小置于中远景，以视觉关系的主次，颠覆画面元素主次的方法，多得益于摄影的特写视角。这种强烈的大小对比，也为斋藤清等日本画家所喜用，像他的《馆》（*Yakata*，1955），近景一株古木的树干直直穿过画面，中景古屋寂然，便是如此。

1　匈牙利摄影家布拉塞1974年4月接受采访时，对于摄影形式重要性所做的表述。无疑这也是艺术的一项标准。见［英］保罗·希尔、托马斯·库珀：《摄影对话录》，毛卫东译，中国民族摄影艺术出版社，2014，第31—41页的"布拉塞"，尤其第32—33页。

何怀硕 / 空茫 / 67 cm×66.6 cm / 纸本水墨设色 / 1983 年

　　《空茫》取径天然禅师的《送渐侍者归省》："怅望湖州未敢归，故园杨柳欲依依。忍看国破先离俗，但道亲存便返扉。万里飘蓬双布履，十年回首一僧衣。悲欢话尽寒山在，残雪孤峰映晚晖。"画中题诗，便是拈取中间两句，谓"并拈唐僧天然诗句"，实则此天然并非唐代天然禅师，而是明末清初广东番禺海云寺主持天然禅师函昰。[2] 满纸国破家亡的黍离之悲。

何怀硕对宗教题材的表现，最早可追溯至 1964 年的《怀古》：竖长的画面，低低的缓坡上，紧靠画面左侧，一大一小两棵松树，一前一后拔地而起，翁郁的枝叶向上蓬勃展开，笼罩着画面上方。树下抚古松而盘桓的佝偻老僧，点出怀古意绪。老僧身后，低矮稀疏的丛林掩映着只露出屋顶的两间僧房，一片凄清。

并不信教的何怀硕，之所以选择僧人为描绘对象，文化传统之外，大约是有感于僧人作为脱离世俗的方外之人，有种决绝的断舍离。[3] 或许因为年轻气盛，这一萧条冷落的题材，之后在他笔下绝迹达十年之久，直到题为“一九七五年九月何怀硕于纽约”的《古寺之秋》：天上云霭淡浮的山脚下，一座破败的古寺，摇摇欲坠地矗立在色染丹黄的林间，可能随时会崩塌倾圮。一条通向古寺的林间小径尽处，一位背影略似黄宾虹的黑衣僧背对秋林，若有所思地凝望着古寺……也许因身处异国，萧索的心绪愈发强烈的缘故，此时的几件小品，均以刻画古庙为中心。纽约返台后，成为他的一个重要母题，日后屡加描绘，包括《庙》（1978）、《庙》（1981）、《破楼僧敲夕阳钟》（1981）、《竹溪寺》

2　《送渐侍者归省》，见天然和尚《瞎堂诗集》。末句“映晚晖”，原诗为“望晚晖”。“渐侍者”，名今渐，字顿修，浙江湖州人，与天然和尚弟子、丹霞别传寺开山澹归今释为同辈师兄弟。

　　不过，有研究者指出，天然和尚函昰（曾起莘），广东番禺人，一生未履湖州所在的长江流域，因此起首“怅望湖州未敢归”句殊不可解，此诗应为澹归和尚（金堡，浙江仁和人）的《上函昰星大师》。清初大兴文字狱，乾隆年间，文网日密。乾隆四十年（1745），澹归和尚文字狱案发，其《偏行堂集》数番由乾隆钦定为“语多悖谬，必有毁弃”的禁书，所有墨迹碑石一律“椎碎推仆，不使复留于世间”。天然一系，悉遭清算。经此剧变与后人整理，诗文版本舛误不免。以逻辑审之，亦难定谳：澹归为浙江人，“怅望湖州”似乎合理，但他籍隶仁和（属杭州），怅望的应是杭州而非湖州；函昰虽与湖州无涉，但所送“渐侍者”为湖州人，模拟被送者口吻作诗，为古诗常用手法，此诗归其名下，并非不合逻辑。况古人抄录题赠，常不注出处，后人难免莫衷一是。

3　关于是否信教的问题，2012 年 9 月底他来京时，我曾当面请教。他说，宗教题材于他只是画材，无关信仰。虽然家中有基督教的信仰，但他没有。

何怀硕 / 坐禅之图 / 45 cm×53 cm / 纸本水墨设色 / 1983 年

（1982）、《晨雾》（1982）、《怀古》（1983）、《枯树赋》（1983）、
《磬音》（1984），以及《佛陀悉达多像》（1989）等。

　　这些作品中，尤以《破楼僧敲夕阳钟》为佳构。袁枚《随园诗话》
记载："白下布衣朱草衣，少时有'破楼僧打夕阳钟'之句，因之得名。"
后人亦戏称朱草衣为"朱破楼"。"破楼僧打夕阳钟"以其萧索荒凉
的诗意，成为后世，尤其是清末民初画家不厌写之的画题，如陆恢、
任预等，皆有同题之作。不过，这些画家的作品，多为传统山水，诗
句只是点题，真正能凸显这一意象的，是李可染作于丙戌（1946）的《破

楼僧敲夕阳钟》。画家以简笔勾勒山石、林木、破楼、孤僧、寺钟、归鸟，并用简单的赭石勾勒夕阳笼罩的远山，复以淡赭染树石，虽笔致了了，而神韵俱足。题曰："前人有'破楼僧敲夕阳钟'句，真诗中画也。今戏写之。丙戌，可染。"将"僧打夕阳钟"易为"僧敲夕阳钟"，不知何本，但一字之别，韵致似更悠远。

何怀硕的《破楼僧敲夕阳钟》，延续了《古寺之秋》的意象，但将《古寺之秋》背景的远山虚化为冥漠的秋云，古寺略做收敛，并将寺前两侧的丹林与林间小径，改为连绵一片的林木，林间两僧相对而语，楼上一僧则正执锤敲打寺钟。相较《古寺之秋》，此作虽依然树染丹黄，但色调远为沉郁。不过，相比《古寺之秋》中彳亍凝神的独行僧，画中的僧人，显然有了交流的意向与可能性。较之李可染 1946 年同题之作的符号式表达，何怀硕此作更真实可感。

虽然生命中的大部分时间都生活在中国一隅的台湾，何怀硕却始终抱有强烈的文化使命感，因其文化抱负是中国文化的现代化。所以，他画中出现的是庄子、屈原、杜甫、李后主这些中华文化的最杰出创造者，是吴昌硕、齐白石、黄宾虹这些中国绘画的革新者，是陶渊明、庾子山、李白、杜甫、李后主、姜夔、戴望舒等文人墨客笔下的意境……

"诗画本一律，天工与清新"，中国绘画与诗歌的密切关系，已成一般人的常识。何怀硕强调，尽管不同艺术门类之间的特质不能互相替代，但绘画须借重文学才能充实其精神内涵，因为"文学是一切艺术中（尤其是诗）表现理念最为深度而完全的一种"，而以"诗为一切艺术之灵魂"。当然，这并不是说一切艺术只是一个躯壳，而是"其他艺术与诗在最高精神上是殊途同归"。[4]颜娟英认为，何怀硕画

4　何怀硕：《绘画与文学》，载《苦涩的美感》，第 90—106 页，尤见 105—106 页。

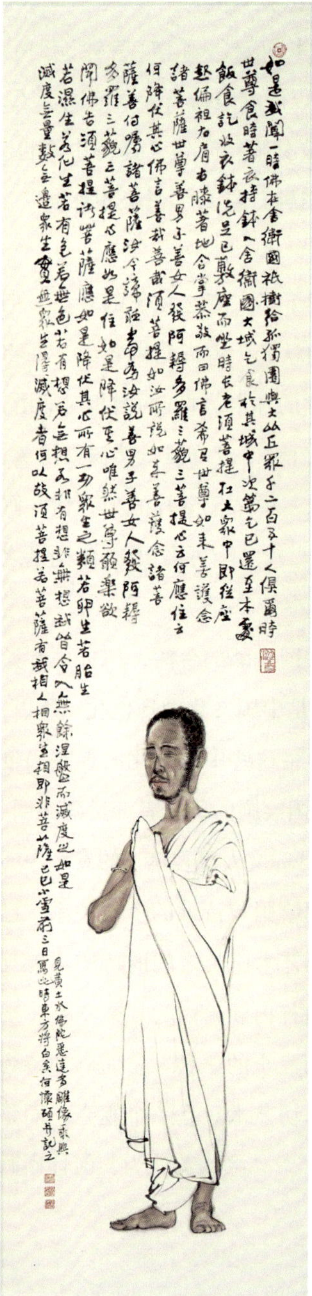

何怀硕
佛陀悉达多像
136 cm × 33 cm
纸本水墨设色
1989 年

中素材的简化，艺术语言的精炼，应与他对诗的艺术体验有关，[5] 并且，许多诗词直接成为他的绘画题材，如陶渊明《答庞参军》、庾子山《枯树赋》、李白《把酒问月》、杜甫《戏为韦偃双松图歌》、天然禅师偈子、李后主《相见欢·无言独上西楼》、姜夔《点绛唇·丁未冬过吴松作》、戴望舒《雨巷》……

汉宝德赞叹何怀硕是"最有诗情的画家"。他说，中国传统绘画同样讲求诗情，但传达的只是一首诗的诗情，即陶渊明的《归去来兮辞》。何怀硕与他们的不同在于，尝试在每一幅画中创造一个诗的境界，以其一贯的悲怆，传达对人生的多方面的感受。"他画一座石桥，好像在见证人生的无常，画两棵树，好像两个心灵无语的默祷。环顾画坛，他可能是仅有的、充满诗情的画家。"[6]

何怀硕以古诗词入画，多感于其中浓郁深沉的诗意，因而所取多唐宋以上，少见明清与现代人，大略是苦其缺乏韵致。但凡事有常则有变，现代诗中的某些别有怀抱者，时亦形诸他的笔端，如象征派诗人戴望舒的《雨巷》和老友余光中的《盲丐》（《古月》便是从中剪取的一段）。

《古月》是指向历史的，《雨巷》则是指向现实的。值得注意的是，余光中的诗《盲丐》，本义是借流浪海外的盲丐之口，怀恋故园，明显指向现实：

想起乡国，为何总觉得
又冷又饿又空又阔大
不着边际的风终夜在吹

5　颜娟英：《台湾美术评论全集·何怀硕卷》，第101页。
6　汉宝德：《艺术家是不会孤独的》，载何怀硕：《心象风景：何怀硕九九年画集》，第14页。

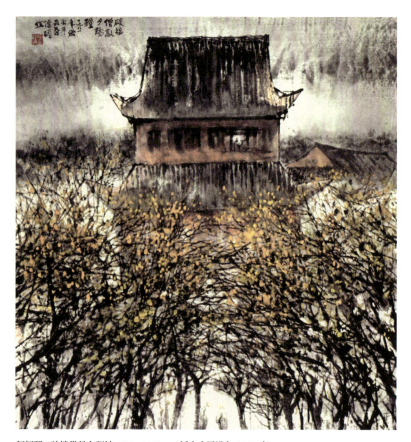

何怀硕 / 破楼僧敲夕阳钟 / 67 cm×65 cm / 纸本水墨设色 / 1981 年

左：
何怀硕
罗汉
135×36 cm
纸本水墨设色
2003 年

右：
何怀硕
屈原
116 cm×34 cm
纸本水墨设色
1982 年
水松石山房藏

隐隐有一只古月在吠

路愈走愈长蜃楼愈遥远

一支箫，吹了一千年

长安也听不见，长城也听不见

……

那土地，凭嗅觉也摸得回去

不用狗牵何须杖扶

膝印印着血印，似爬似跪

盲丐回头，一步一忏悔

腿短路长，从前全是错路

……

但何怀硕以篆书题写"古月"后，在画面上方只抄录了诗中优雅的几句："隐隐有一只古月在吠……长城也听不见。"有趣的是，在摘录这几句诗后，画家接着郑重其事地题上"录余光中《白玉苦瓜》句"。画家与诗人为多年老友，且以其严谨，自不会不知这几句诗出自《盲丐》，虽然此诗见于诗集《白玉苦瓜》。之所以在此"指鹿为马"，无疑是"白玉苦瓜"的意象更吻合"古月"朦胧深沉略带苦涩怀旧的调子。倘若不熟悉余光中，望文生义，不小心便会被画家这无伤大雅的黑色幽默小小幽上一默。

此画是他自美国回台后创作的第一件重要作品。画中，以一座类似故宫神武门（即北门）的古城楼象征古都北京，更代表他对古老中国的情感。当时，中国改革开放伊始，身在台湾的他，对中国的前路，虽忐忑却满怀希冀：庄严雄伟而古旧的暗红城楼，浮在迷雾中，"残破不堪，但是天上有个月亮。月亮万古常新，我们对它还是有很多的怀念，却又看到它这样的古老、衰败"。[7]如海市蜃楼，亦如梦幻，正是他对故园感怀的写照。

《古月》作于 1979 年，两年后，他又创作出同以现代诗意境入画的《雨巷》。因为爱月，何怀硕早年曾借《离骚》中的句子"前望舒使先驱兮"，以月御"望舒"为名，像《昙华林校景》（1960）、《儿童公园幽亭》（1960）、《昙华林之冬》（1961）等，便署此名。后来，读到诗人戴望舒之诗，才知有人已先得吾心，于是让贤。[8]但或许这种心有戚戚，让他对戴望舒格外青眼有加。《雨巷》作为戴望舒流传最广的一首诗，不只让作者得到"雨巷诗人"的美称，亦深深扎根在曾经的文学少年的心里。何怀硕推敲此诗的意象，非只一日，但只有到了约二十年后的 1981 年，《雨巷》的意象才从他笔下走出。

《雨巷》中，依稀可见李可染《鲁迅故乡绍兴城》（1962）的影响。但李可染的画面，重在以形式构成和黑白灰的节奏关系，表达自己对绍兴这座江南水乡小城的印象：一条河流从上往下穿城而过，掩映在浓密树荫间的黑瓦白墙民居，沿河道两岸而建筑；左侧民居背后的一条长街，大致平行于河道，蜿蜒而下；城中民居，临水、临街者多面水、面街，余者亦井然错落。河中乌篷船两三穿过，街上行人川流不息，而以两座石拱桥和一座过街楼将全作连成一气，城外纵横的水道，

7　颜娟英：《台湾美术评论全集·何怀硕卷》，第 114 页。创作《古月》前的 1978 年 12 月 18 日至 22 日，中共中央在北京召开十一届三中全会，彻底否定了"两个凡是"的方针，停止使用"以阶级斗争为纲"的口号，真正终结了"文革"，从而将工作重心从阶级斗争转移到经济建设上。几天后的 1979 年 1 月 1 日，中美正式建交。当时，对于从大陆辗转赴台的何怀硕，面对一水相隔、无法归返的大陆，"父亡……我 1978 年体会过，那时我 37 岁……当时两岸未开放，父亲的丧事我无法参加（申请签证要两个月之久）"，心中的情感，复杂与凄楚，难以言说，由此一寓于画，即《古月》。

8　他在 2018 年 4 月的修改稿中说："关于我取'望舒'为笔名，是出自屈原的《楚辞》。神话中月御名望舒（日御为羲和）。我为爱月，故以此命名。后来读到诗人戴望舒之诗，才知道在我之前已有诗人用此名，以后我便让贤了。不过我十几岁所自刻'阿舒'一印，到现在还偶尔在小画上用上。"

上：何怀硕 / 古月 / 67 cm×81 cm / 纸本水墨设色 / 1979 年

下：何怀硕 / 雨巷 / 66 cm×66 cm / 纸本水墨设色 / 1981 年

则将画作意象引向远方。

　　何怀硕此作的因由，则是源于读大学时，台北青田街、丽水街、潮州街一带多为日式瓦屋，其黑瓦屋顶与白墙之间的强烈节奏感，令其一见倾心，或许其中弥漫的某种与江南水乡相似的韵致，唤起了他对李可染《鲁迅故乡绍兴城》的联想，从而经由观察、记忆与借鉴，在戴望舒的诗意感召下，创作出气息迷离忧伤的《雨巷》。

　　相比李可染竖长构图、用"以大观小法"创造出的深远鸟瞰式空间，何怀硕方构图的《雨巷》，更像近景特写：连绵的黑瓦屋顶，沿着纵贯画面、一中一左、近乎平行的两条曲折小巷，渐次而上，并向画面四边铺展开去，几乎充满全幅……画中，除了黑色的屋顶，屋前撑起的灰色雨篷[9]，零星地冒着灰烟的烟囱，既无蓊郁的树木，也无缤纷的色彩，只有单纯得近乎单调的黑色、灰色，笼罩在飘飞的迷蒙雨雾间，而画家以"特技"制作出的淡淡墨晕，湿漉漉地散发着氤氲的气息，令人有置身江南雨后石板路上的恍惚。灰漠一片的细雨中，一个小小的青衣人撑着淡黄色的油纸伞彳亍而行。画面左上方，篆书的"雨巷"下方，用细劲的行书，分两行书写"撑着油纸伞，独自彷徨在悠长悠长又寂寥的雨巷。岁次辛酉之春，何怀硕，并录戴望舒句"。下钤的一朱一白两方小印"何""怀硕"，与右上方的"未闻"和右下角的"怀斯"两枚朱文印，既成"三角不齐美"[10]的不等边三角形，又为相对灰暗的画面调子，增添一抹亮色，以诗意的怀抱，走出《鲁迅故乡绍兴城》，

9　房屋前撑起的这种"雨篷"，材料因地而不同，有不锈钢、硬塑料、油布等，南方称"雨篷"，北方称"凉篷"，从其名称，可知功能。

10　"三角不齐美"是黄宾虹总结的形式规律，以何怀硕对黄宾虹的了解，自是了然于胸。

李可染 / 鲁迅故乡绍兴城 / 62 cm×44.5 cm / 纸本水墨设色 / 1962 年

构筑起属于自我的意象。[11]

1978 年经历丧父之痛，更因无法参加父丧而苦楚愈发难言的何怀硕，面对只隔着一道浅浅的海峡却无法返回的故国，心中的乡愁，不时涌现，发酵，感怀的不只是古月、雨巷，亦有故乡的民俗，像《上元夜雨》，1968 年之后，更有 1980 年、1990 年等不同版本。

作于 1990 年的《上元夜雨》题："予故乡谚云：'云盖中秋月，雨淋元宵灯。'庚午雨水后三日，何怀硕旧题新作，浑厚迷离略胜少作。"所谓"少作"，即 1968 年、1980 年两个版本，尤指 1968 年之作。在 1968 年一作中，古老的城楼前，几间歪斜的瓦房，掩映在两棵落尽叶子的小树间，房屋中透出的柠檬黄逆光，映着城楼栏杆上斑驳的朱红色，荒冷而衰飒。画中城楼、屋舍、林木，以线勾勒轮廓后，水墨渲染多而皴擦少，湿漉漉的天空，亦是大笔刷染水墨而成，淋漓之意足而笔意之韵弱。1990 年的"旧题新作"，将三层的城楼简化为两层，去掉了城楼前的屋舍，并将旧作的秃树改为连绵缠绕的树藤。物象的简化，令笔法从状物的束缚中解放出来，加之技巧精进，无论物象轮廓、屋瓦、栏杆，还是树藤、飘飞的雨丝、摇曳的藤蔓，皆以书写性笔法绘出，使画面形成统一的律动，而墨色间的相遇冲撞，自然幻化出氤氲迷离之状。

所谓"上元"，即通常所说的元宵节。中国地域辽阔，夏季普遍高温，冬季却南北差异巨大，何怀硕故乡广东温暖如春，北方则冰雪苦寒。画中所题的"予故乡谚云：'云盖中秋月，雨淋元宵灯'"，

11　2018 年 7 月 22 日，在台北新店碧潭，他告诉我，这件作品 1981 年创作后的第一次展览时，经纪人莫士扔告诉他，有十九个人，点名要买这件当时标价八千美元的作品，问他怎么办：是像传统画家那样，依样复制十九份，每人都是真迹，画家可以赚十九份的钱，皆大欢喜？还是价高者得？当时的他，生活虽较早年大有改善，但并不富裕，两种方式，皆有悖于他的原则，于是说：那就不卖好了。这件佳作，遂一直留藏在自己手中。

何怀硕 / 上元夜雨 / 75 cm×67 cm / 纸本水墨设色 / 1990 年

其时节正与北方民谚"八月十五云遮月，正月十五雪打灯"相对，但
"雨淋灯"与"雪打灯"，足见南北异趣。大约正由于这种经验的差异，
何怀硕作品中甚少出现雪景，即或出现，如《月照寒山》（1974）、《寒
山晚噪》（1974）、《冬》（1974）、《四季图》（1975）、《四季
山水图卷》（1984）、《四季山水》（1987）等，也多是留白，略微

渲染环境，点出雪意而已。像《寒夜》（1980）、《雪》（1987）那样，留白为雪，复以弹雪法表现雪花飘飞之态的，只是凤毛麟角。

元人张翥曾作《上元夜雨》："门外东风惊落尘，夜寒街鼓断无人。江山长抱千年恨，雨雪虚销一月春。红蜡光深行酒罢，玉龙声急落梅频。邻翁闻说儿时事，何异繁华梦里身。"写景状物之外，别寄岁月流逝的悲怆。显然，何怀硕的《上元夜雨》，抒发的是与《吾土吾民之十五》（1997）一样的情怀："故乡有此石桥，一九九二年回去，已不复见，我童年的踪迹也已杳然。"久居他乡，故乡已成他乡，岁月如烟飘散，而风物不再，一切的回忆，恍如"梦里身"！这种乡愁，既是个人与历史的，亦是文化与时间的。

海德格尔曾说，人总是生活在异乡，因为人认识事物的方式，不得不透过参照他人得来。或许就此而言，"异乡"是人不得不然的生存状态，每个人都因此成为漂泊他方、离家在外的异乡人。但对远离乡邦故土、安土重迁的华人来说，飘零在外，乡土成为"异乡"，却似乎愈加强化了内心对于某种"中国性"的执着，即便这种情感很多像飞蛾扑火般被牺牲，成为革命时代的薪柴而不是火 [12]，这种情怀，源

---

12 黄锦树：《互文，亡夫，走根——对谈贺淑芳、言叔夏》，载小说集《鱼》的"附录"，（台北）INK印刻文学生活杂志出版有限公司，2015，第339—340页。1967年出生于马来西亚柔佛州的黄锦树，祖籍福建南安。1986年赴台湾留学，一路下来，获得学士、硕士、博士学位。现为埔里暨南国际大学中文系教授。作为兼善理论批评的作家，在远离马来西亚的台湾，黄锦树更深刻地体认到"马华文学"中的"中国性"问题，这种观念，不仅体现在他的小说创作中，而且有很多理论探讨，相关论文，后汇为《马华文学与中国性》一书。"马华文学"是"马来西亚华文文学"的简称（不过，对于"马华文学"的名称，黄锦树在书中以《"马华文学"全称之商榷》一文，提议将"马来西亚华文文学"改作"马来西亚华人文学"，因为鉴于马来西亚"华人"概念内涵的复杂性，"华文文学"指涉过于狭隘，而且，随着马来语文在当地华人群体中渐成强势，已有华人以马来文从事文学创作，几成历史的必然，因此他认为，这是"马华文学"之为"马来西亚华人文学"的合理性所在），经过几代人的经营，已成为世界华文文学的重镇之一。对于什么是"中国性"，黄锦树并没有给出清晰的定义，但这种模糊性中的指向性大致是明确的。他强调，自半殖民半封建时代起，许多飘零在外的华人，内心固执的祖国情怀，使他们在危难时扑向祖国，愿意在祖国艰危之际竭诚一份心力。

于中国传统"血缘—文化—政治"三位一体的思考格局，华人与中国
之间的关系，很容易被理解为一种本质性的"内在关系"，如基因般
无可移易。[13]《吾土吾民之十五》中明言的承载乡愁的三孔石桥，实则
早已出现在他的画中，如1986年的《夏山图》和《石桥》、1989年的
《吾土吾民之五》、1990年的《吾土吾民之八》和《吾土吾民之十》等。
1997年之后，大约是随着香港回归，大陆与台湾的两岸交流逐渐变得
容易，这座三孔石桥渐少现身，但也偶尔出现在《乡愁》（2007）和《失
去的故乡》（2011）等画中，这是对故乡的怀恋，更是对逝去时光的怀恋。
它不是自然的风景，而是悲怆的风景，是抽象主题的具化，浸染着浓
郁的哲学气息。

　　何怀硕一再强调，西方现代艺术的"世俗化"，表现在逐渐向经
济势力最大的都会的趋炎附势上，世界"艺术之都"从巴黎向纽约的
转移，便是明证。他所钦慕的西方"现代大师"，不是自称"我不过
是一个小丑"，在视觉样式上翻新求异的毕加索，而是执着于追求人
文主义价值的艺术家："西方现代最优秀的艺术，或许在后世的评断
中只在欧洲，尤其中北欧。如德国的人道主义大画家珂勒惠支，挪威
的表现主义画家蒙克，奥地利表现主义画家席勒、克里姆特、科柯施
卡等大家，我们借以窥见西方文艺的伟大心灵之延续。"[14]

　　确实，在他的画面上，可以感受到北欧画家蒙克的阴郁、痛苦和
异端，甚至可以嗅到勃鲁盖尔《雪中猎人》的阴冷气息。这些作品，
形式上超越了优美的范畴，而表露出灵魂深处的战栗与惊悚。罗斯金

13　黄锦树：《神州：文化乡愁与内在中国》，载《马华文学与中国性》，（台北）麦田出版，
2012，第115—170页，尤见第115—119页。
14　何怀硕：《漫漫长途——归国画展自序》，载《艺术·文学·人生》，第41—50页，尤见
第47—48页。引文中的艺术家人名等，考虑到阅读习惯，已做修改。原文，蒙克作"梦克"，
科柯施卡，原文作"高戈契卡"。此文写于"一九七八年六月七日台北"。

何怀硕 / 吾土吾民之五 / 66 cm×92.5 cm / 纸本水墨设色 / 1989 年

在谈哥特式建筑时指出，一旦人们想要一个工人成为一个人，就不能
要求他成为一个工具。只要他开始想象，开始思考，开始尝试做值得
做的任何事情，机械性的精确就不复存在。这时就会显出他的全部粗
糙性、全部迟钝性和全部无能，但这时他的威严也就随之出现，从而
显示出其崇高性。那些古老的礼拜堂中雕刻的丑陋的妖魔、畸形的怪
物和那些不合乎解剖、呆板严肃的雕像，正是雕刻石像工人生命和自
由的象征，因为其中饱含着的自由思想和高度生命力，是依靠任何的
法则都无法达到的。[15] 正是对自由和创造力表现的追求，而不仅仅是技
术的完美和精熟，才使艺术之所以成为艺术。以此方诸他《大师的心灵》

15　［英］鲍桑葵：《美学史》，张今译，广西师范大学出版社，2002，第 403 页。

中所探讨的八位大师，就会明白，为什么齐白石、林风眠、傅抱石等人的作品，尽管有时技巧并非完美，但却依然能直抵人心的根由所在。

就精神性而言，何怀硕的艺术与林风眠更多内在的共鸣，更多抒发个人面对宇宙人生所感受到的悲苦与孤独，并不以视觉叙事的公共性为追求。虽然他们都注重画面整体视觉的自足性，但林风眠的作品，形式上更多借鉴印象派、立体派、野兽派等现代艺术经验，其传递内心孤寂感的意境，近乎宋词的调子，但不太讲究传统的笔情墨趣。相比林风眠在笔墨色彩上的不拘成法，何怀硕要传统得多，他坚持用生宣（极个别情况例外）、毛笔、传统水墨颜料作画，追求水墨的韵致与趣味，他说：

> 我不想多加彩色。因为水墨的韵味要突出，色便不宜浓厚。许多人以为多用色，是突破传统的一个贡献，我大不以为然也。[16]

并强调书法、篆刻的形式、内容与画面思想的统一，等等。在线条的质感上，何怀硕虽大量临摹过黄宾虹作品，但用笔却不同于黄宾虹讲求平、留的万毫齐力，而更讲求中锋用笔，追求线条的细劲虬屈，与李可染 20 世纪 50 年代的笔法相呼应，以这种神经末梢般的笔触捕捉倏然而逝的微妙感。

何怀硕认为，李可染并不在观念上追求中西融合，而是在造型语言上追求别出一格，在形式上，如"诗文中排句与复沓的运用"，用许多极相似而又各个不同的形、笔、点、线以复沓的形式组织成画面，从而强化节奏的力量。同时，将光、色的新形式引入水墨传统的山水画，

16　何怀硕 1997 年 9 月 20 日给笔者的信。笔者也是这"许多人"之一，因我曾建议他，不妨在用色上有所突破，也可别生新意。

为传统山水画增添新的生命因素，而在整体上并不颠覆传统的审美习俗：用色以墨色为主轴，以传统的赭石、花青做辅助，他注意到，李可染"花青有时加水彩的群青，显得活泼有生气"。积墨的大量运用，使层次丰富，多次地反复渲染，渐次叠生，使得黑者变化微妙，白者越发闪亮。这些技法特色，综合起来，令画面充满"惟恍惟惚"的神秘气息。所以，李可染虽不擅作诗，但他的画，却是图像的诗。[17] 一如何怀硕的《归乡》《吾土吾民》等所隐喻的，通过一次次地对黄宾虹、林风眠、李可染等大师的精神归乡，在对"中国性"的强化中，确立个人风格，追求中国艺术思想的现代性。

"中国性"特征，在何怀硕作品的题材选择上，也鲜明地体现出来。虽然出生在广东，并在台湾生活了半个多世纪，但其作品中几乎不出现带有强烈地域特征的香蕉树、棕榈树等风物，像香蕉树，只偶见于早年的《夕阳楼归来图》（1964）等作品，而是执着于表现带有中国文化普遍性的日、月、松、云、山、水等。

在何怀硕看来，李可染最好的画都是浓墨重染，苦涩沉晦，"一个有独特风格的画家总是以他自己的人生品位去观照、体察世界，而创造了饱含他主观情调的艺术境界"[18]。《吾土吾民之十五》（1997）描绘掩映在苍郁树荫深处的一座三孔石桥，题曰："故乡有此石桥，一九九二年回去，已不复见，我童年的踪迹也已杳然。岁次丁丑冬至写此，断续八阅月始成。"布势构图，依稀是从李可染《眉山大桥》一画的下半部走出来的一般。由此上溯，与之构图相近的《石桥》（1981），便直言是怀念《眉山大桥》之作：

17　何怀硕：《写生与创作——我对李可染先生画的体会》，载北京画院编《李可染的世界·写生篇：千难一易》，第 273 页。
18　何怀硕：《大师的心灵》，第 357 页。

何怀硕 / 夕阳楼归来图 / 68 cm×56 cm / 纸本水墨设色 / 1964 年

　　有君堂有此稿，予曾见之，念五年弹指间过而未忘怀，今写之。老辣不及，苍莽过之。辛酉四月，何怀硕并记。

　　"童年的踪迹"对何怀硕来说，作为记忆的现场，"迹"虽已不存，但曾经的客观自然尚在，而自己的童年时光已逝，今我虽在，旧我已杳，是另一意义上的人迹杳然，自然愈增感伤。岁月流转，这种感伤不仅没有淡漠，反而愈发沉重。十年后，《乡愁》（2007）以一种偏抒情的怀旧方式，重现这一主题：《吾土吾民之十五》中古老的三孔石桥被推至画面上方，石桥弯弯，如彩虹般横过画面，隐入桥头两侧浓密的树荫间，桥下河水粼粼，小舟络绎往来，舟子与桥上的野老，遥相呼应，恍如旧日重现，但画上题字，无情地打破了这种瞬间的恍惚："当我卅多年后回故乡去，石桥已然不存，我童年心中那古老的世界消失了，去哪里寻觅一个好的世界呢？"

　　几年后，同一主题的《失去的故乡》（2011），像一个镜头，将《乡愁》的画面略向左侧推移：桥下的小舟与桥上的行人，全都消失不见；河畔的烟树退至左下角，唯有林荫道间一位行者的佝偻背影，侧身向右探望，身前是仿若虚无的空白，头顶连成拱形的树冠上方，浮现出弯弯的石桥；石桥左侧虽有三五民居，却杳无一人，在灰漠天空的映衬下，石桥斑驳衰残，似梦幻泡影，右侧上方顺着老桥轮廓题写的"失去的故乡。辛卯小暑，何怀硕于涩盦"，恍如幽灵，桥下的另一段题识"一九九二年回到庵埠，故乡龟桥早已不存，我知道我已失去故乡及往日的世界。二〇一一年七月，怀硕"，以及画中所钤"我见人间但伤悲"朱印，无不在点出主题。

　　匈牙利导演贝拉·塔尔曾说过，在电影中只有持续的镜头，才能

李可染 / 眉山大桥 / 68 cm×45 cm / 纸本水墨设色 / 20 世纪 50 年代后期

　　李可染《眉山大桥》题曰："余昔年赴峨眉，过眉山，见此景。可染，北京。"这件
追忆之作，被选入 1959 年出版的《李可染水墨山水写生画集》，其远山近树夹中桥的构图
模式，如血液般流淌在何怀硕的形式思维中。

上：何怀硕 / 乡愁 / 66 cm×92.5 cm / 纸本水墨设色 / 2007 年

下：何怀硕 / 失去的故乡 / 66 cm×102 cm / 纸本水墨设色 / 2011 年

唤起他人的注意力对于正常时间的认识。松尾芭蕉的俳句《凝神以视》，也是此意：

凝神以视

荠菜花开

在墙角边

何怀硕以看似简单的画面，意在唤起人们对于画中，以及日常生活中万千事物的关注与凝视，画家这种观照万事万物的方式，如禅宗"一花一世界"的谛观，由此而得道、得悟。画中的一片土地、几株老树、三五旧屋、一缕夕阳等物象，静静地呈现，就像马致远《天净沙·秋思》中枯藤、老树、昏鸦、小桥、流水、人家、古道、西风、瘦马、夕阳、断肠人等物什的排列组合[19]，呈现为诗意的线性自然流动，"言有尽而意无穷"。

在《给未来的艺术家》中，何怀硕坦言，艺术中的"创造"之事是不能"教"的，艺术中能教的只有"技术"部分。但艺术不等于技术。艺术之路都是靠自己努力追求，一步一脚印走出来的。[20]罗杰·德·皮勒曾说，伦勃朗"不画重大的历史题材。他画思想……"（1699）[21]。博尔赫斯对艺术的判断，也有类似的见解。他虽不信神学，不信上帝的惩罚与恩赏的说法，却依然视但丁的《神曲》为文学的巅峰之作，

---

19 林梅村《瘦马非马——山西元代壁画墓出土散曲〈西江月〉名实辨》认为，这首小令的原作者，是山西人狄君厚，为其《扬州忆旧》套曲之一，其间经历颇多曲折，后人张冠李戴，误归马致远名下。详见《读书》2019年第2期。

20 何怀硕：《给未来的艺术家·自序》，2004。

21 埃莲娜·西苏：《拔士巴或内经》，都岚岚译，陈永国校。作者认为，伦勃朗所绘的《手持大卫王书信的拔士巴》，不只是简单的裸女，而是"一位思考的裸体女人"，是"有思想的身体"。即，伦勃朗描绘的是"思想性"。载陈永国主编《视觉文化研究读本》，北京大学出版社，2009，第252页。

因为诗本身是完美的。对比但丁与《失乐园》的作者弥尔顿，博尔赫斯认为，但丁在作自己的地狱之梦、炼狱之梦时，是在想象事物，而弥尔顿则是在构思词句，不是在意象上下功夫。因此，更打动他的是但丁，弥尔顿留给他的只是印象而已——但丁的诗句浑然天成，每一个意象都本该如此。[22] 这就是艺术与技术之别。

博尔赫斯曾引用萧伯纳"神在创造之中"的说法，申明神由创造者而出。当艺术家造就美的时候，也便创造着神。博尔赫斯并不信仰人格神。他相信，从某种意义上说，我们就是神。[23] 并不信教的何怀硕，对创造的信仰，亦如博尔赫斯，保持的是对世间神秘的信仰。

22　［美］巴恩斯通编《博尔赫斯八十忆旧》，西川译，作家出版社，2004，第113页。
23　同上书，第124页。

写真不貌寻常人

何怀硕极少作人物画，但偶或为之，却别有怀抱。对此，他很坦率：

> 我人物画偶尔不坏，但到底不是我最擅长，有时不够成熟，不过
> 构思尽量不落俗套而已。[1]

在他的人物画中，一部分描绘的是自己仰慕的古贤，如《紫气东来》
（1984）中骑青牛的老子、《梦蝶图》（1984）中萧然忘机的庄子、《杜
甫吟诗图》（1988）中苦吟的老杜、《佛陀悉达多像》（1989）中的
佛祖，等等；一部分是诗意画，如屈原《九歌》诗意的《湘君》（1982）、
刘禹锡"古调虽自爱，今人多不弹"的《唐人诗意》（1983）等；以
及最重要的，断断续续创作的一些肖像画。

肖像画作为人物画的一支，虽然同为描绘人物，但不同之处在于，
人物画可以相对符号化，但肖像画则应具体真实可感。东晋顾恺之曾
说："传神写照，正在阿堵中。"因而又有写真、写照或传神等称呼，
基本的要求便是形象肖似的"写照"，而欲得"传神"，则要对肖像
主角有深入的认识，要有感情，有见解，才能表现主角的形貌与内心。
因此，选取什么样的姿态与表情，用什么配景，采用什么样的技巧与

---

1 何怀硕 1997 年 9 月 20 日给笔者的信。

何怀硕 / 梦蝶图 / 46 cm×53 cm / 纸本水墨设色 / 1984 年

笔调，都与作品的成败优劣直接相关。

　　在何怀硕不多的肖像画中，或是描绘心目中钦慕的艺术家，如吴昌硕、齐白石、黄宾虹、川端康成、卓别林等，这些艺术家，他虽未谋面，但借助丰富的摄影与文字资料，亦足以状貌写神；或是关系密切、形容入画的友朋，如莫士挐、博乐斋主人（德国大藏家，主要收藏毕加索等现代大师作品与鼻烟壶等古董，后经莫士挐介绍，一向不作中国绘画收藏的他，即购藏何怀硕画作数件）、夏志清等；或是有感或受邀绘制的艺苑名流，如罗斯卓波维契等；或是身边的亲人，如《芃儿速写小像》（1985）、《媛如小影》（2016）等。

何怀硕
杜甫吟诗图
106 cm×42 cm
纸本水墨设色
1988 年

何怀硕
吴昌硕像
135 cm × 34 cm
纸本水墨设色
1988 年

何怀硕
芃儿速写小像
46 cm×34 cm
纸本水墨设色
1985 年

　　何怀硕1985年描绘女儿的《芃儿速写小像》。1990 年三八节之夜,何怀硕在《写给长大后的女儿》中,回忆起两个女儿三四岁时令自己难忘的事情,感慨:"我觉得每个来到世上的生命是多么无告无助,又是多么需要温暖与安慰。当生命不曾形成的时候,没有期待,没有希冀,也没有恐惧;但当生命出现,欢欣、牵挂、依恋、责任便结成了一个网;我们都在网中。"

　　在影像艺术普及的现代社会,肖像画的意义,存留形象之外,更重要的是探讨如何表现一个人,如何表现绘画本身。所以,当他绘制《罗斯卓波维契像》(1982)时,在凸显其大提琴演奏家的身份符号——斜向横过画面的大提琴之外,人物唯夸张其操琴的双手与专注的神态,只在面部与双手着淡赭色,而全作统一为黑白灰的节奏:呈不等边三角形的镜框、琴弦与袖口为黑色,头发与大提琴侧板、背板皆作灰白相间,灰黑的衣服与淡灰的衬衣袖口、人物前下方淡染的两笔,呈现为不同层次的灰,在留白背景的衬托下,画面整体结构简洁得像一把斜向倒置的大提琴。为不破坏画面的完整,只在右上方寥寥落款"壬戌夏。何怀硕"。下钤圆形朱文印"硕",与左下方的朱文小长印"未

何怀硕
回眸
45 cm×38 cm
纸本水墨设色
1990 年

之闻斋"，遥相呼应。或是感到有言未尽，约半年后，他在诗堂中补记绘制此画的前因后果：

  一九七三年，香港开始举办艺术节，邀集全球著名艺术家莅港一展身手，此后每年艺术节成为四方瞩目之盛会，香港之名声，在工商业之外，更添文化艺术之光彩。一九八二年，声誉远播之大提琴家罗斯卓波维契随团访港，是届海报与目录封面，即罗氏肖像，此为余所绘制，甚感与有荣焉。癸亥上元之夜，何怀硕补记于未之闻斋。

  在创作《川端康成像》（2003）时，何怀硕做了大量细致的前期工作，

一九七三年香港期
間蒙籌備藝術節
邀集全球著名飛
樹率莊港一展身手
此後每年藝術飲為
四方矚目之盛會香
港立名聲於工商業
之外豈係文化藝術之
出彩一九八二年聲譽遠
播之文提琴家羅斯卓
波維契蒞臨訪港是
屆海歌與目錄封面乃
瞿氏肖像吶為余所
繪製甚感興有榮焉
馬榮亥上巳之夜何懷碩
補記於未之閛齋

何怀硕
罗斯卓波维契像
82 cm×68 cm
纸本水墨设色
1982 年

诗堂
41 cm×68 cm
纸本水墨
1983 年

　　何 怀 硕 绘
制《罗斯卓波维
契像》，为避免
破坏画面的完整
性，以诗堂补记
画外话。

从谨严如白描的精细头部素描稿，到全身草图，到陪衬人物的道具，以及题款的位置、内容等，无不一一悉备。早在数十年前，他在论述日本艺术趣味的特质时，指出其艺术大致遵奉中国老庄的自然主义思想，尤其对木与陶感兴趣，显示出崇尚素朴美感的特征。他对日本文化的感觉是：

> 我过去喜日本电影与一些小说，也多次去过日本，是一个有味道的民族文化，有些中国，但比中国较深沉认真。[2]

素朴之外，日本人崇尚残缺的自然美，似与古代日本人性格中因多地震和火山爆发而形成的人生无常、生灭不定的岛国性格大有关联，像川端康成与三岛由纪夫那种向往死的美学，正是残缺美的表征。[3] 画中川端康成的身旁，放着一件简朴的陶器，正注脚着这一美学观。画上题记，寄怀着他对川端氏的深沉理解："予以为，川端文学是东方艺术家吸取西方文学成就，以新血注入民族文学传统而完成个人独特人格创造之典范。其人内心之孤独敏感与深情，令人悚栗共鸣。予后生，而似与之有心灵莫逆之感。岁次癸未元月既望，为斯人写象（像），五日写成。圆瓶曾见于氏之书房照片。永井荷风令人泫然句云：'凡无常无告无望的恍如春梦令人嗟叹的一切，于我都是可感可怀。'川端弃世之谜，只有在悲壮的美中求解。"

出身贫困的喜剧之王卓别林，以其塑造的流浪汉形象，指代那些被损害、被轻蔑的小人物，通过非凡的喜剧表演，达到深刻的悲喜剧

2　何怀硕 1999 年 10 月 2 日给笔者的信。
3　何怀硕：《扶桑走马》，原文写于 1972 年 10 月 10 日。何怀硕当年 7 月 15 日参加在日本东京上野之森美术馆举办的画展揭幕式，这是他第一次到日本，集体活动结束后，有五十天的日本之旅，回台后，写成此文。

何怀硕 / 川端康成像 / 102 cm×66 cm / 纸本水墨设色 / 2003 年

效果，将通俗娱乐提升至艺术境界。何怀硕的《卓别林像》（2016），刻画的便是《淘金记》（1925）、《摩登时代》（1936）等影片中的这一经典形象：破礼帽、小胡子、小礼服、肥裤子、大头鞋，再加上一根从不离手的文明棍，迈着鸭子步，并借跋文，表达他仰慕天才与愤懑俗世之情：

　　卓别林是廿世纪我最敬仰的大艺术家之一。他自编自导自演，对人间的黑暗勇敢批判，对肉食者与伪君子无情鞭笞，为天下受苦与受奴役者鸣不平。其思想之富人道精神，其情操之高尚，想象之奇诡，表演之精湛，既已空前，亦必绝后。造物者创造少数天才，又制造更多混蛋与蠢材。呜呼！人生苦海，岂有涯岸耶？！岁在丙申处暑后五日，涩盦何怀硕于未之闻斋。

　　《诗人》（2007）则描绘"满纸孤独"的台湾诗人周梦蝶：寒塞瘦弱的诗人，身着朴素的黑衣，双手笼在袖中，侧脸平静地坐在板凳上，如无人在意的街头小贩，只有头戴的暗红色线帽、暗红和墨青条纹的围巾，才依稀显出些许文人模样。龙应台说："如果没有诗，周梦蝶只是被大时代拨弄的退伍军人、骑楼下小贩，或是残酷时代的风中蓬草，他的孤单身影将是岁月的凄凉与人生辛酸。可是，因为有诗，他成为一种态度，他的一生清冷也成为美学。"面对极端贫困的现实生活，却沉迷于诗的虚幻，这种超越世俗日常与个人际遇的"有所不为"，"枯槁瑟缩于边陲地带，一再退缩，让自己占据着的时空成为最小"。[4]静观自得，于外在世界的喧嚣间沉潜于内心诗句的锤炼，正是诗意的精

---

4 曾进丰：《周梦蝶诗导论》，载周梦蝶：《鸟道：周梦蝶世纪诗选》，中央编译出版社，2015，第1—15页，尤见第3页。龙应台的话，见书封。

何怀硕 / 卓别林像 / 70 cm×45 cm / 纸本水墨 / 2016 年

何怀硕 / 诗人 / 66 cm×34 cm / 纸本水墨设色 / 2007 年

何怀硕 / 媛如小影 / 49 cm×61 cm / 纸本水墨设色 / 2016 年

神探求。

　　《媛如小影》则是何怀硕近年少见的肖像写生，以准线描的手法，描绘他的女友杨媛如，手握一本翻开的书，近乎侧身地坐在半圆形藤编扶手椅上，只在脸、手等肌肤裸露处，略施淡赭，在黑镜框、黑发和条纹状赭墨椅背的衬托下，淡淡地流溢着诗化的温婉清雅。

　　对画家来说，诗意的追求，其实是一种对内心的叩问，真正能做到"以心观物"的艺术家，不唯可从小说家与诗人身上窥探到其中信息，更能将诗意赋予寻常物什——另一种"写真"。

　　中国国家博物馆前副馆长、油灯收藏家陈履生曾邀请当代书画名家，包括杨延文、王孟奇、施大畏、张立辰、胡永凯、刘国辉、王明明、

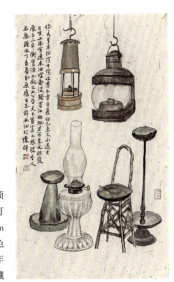

何怀硕
油灯
75 cm×45 cm
纸本水墨设色
2007 年
陈履生藏

田黎明等，以"油灯"为题，进行创作，何怀硕亦在受邀之列。

　　面对这一相对单调、自己几无涉猎的题材，何怀硕以大致平铺的构图，近乎科学的静物陈列，于一幅之内，绘出六盏形态不同的油灯，以之代表曾在中国这片辽阔土地上照亮几千年历史的主要照明工具，名曰《油灯》（2007），允称别调。题曰：

　　你若曾在油灯下读过书，不啻自暴你已老大。不过，今日世上尚有连点油灯都没钱买油的地方，可见文明发展之不平衡，资源分配之不公平，天下贫富之悬殊，令人太息！岁次丁亥春分，应履生兄命画油灯。怀硕。

　　昭示出油灯在中国已成"古物"这一事实的同时，感喟逝去的年代，看似描绘油灯"肖像"，实则无异于用灯人肖像，更曲折传达出画家对社会贫富不公的慨叹与内心的悲悯。

何怀硕 / 齐白石像 / 100 cm×66 cm / 纸本水墨设色 / 2003 年

我们生活的时代

我认为我这一代所处的是
千载难逢的时代……它是人类
几千年文化的最大转变，而我
们就恰逢这个时代。这个时代
固然艰苦，但最丰富、最有意义。

存天下之心

2004 年，何怀硕创作《黄昏》，俨然当时心境的写照：远处起伏和缓的赭红色山峦，横亘过画面，山前矗立着连绵如障壁般的楼宇，占据着三分之二的画面空间，层层楼房密密麻麻的窗户，吐着昏黄或苍白的光芒，淡淡的暮霭从楼前的小树林间浮起，漂浮在楼宇间，近景一二佝偻着身子从树林前走过的行人，略有匆迫之态⋯⋯

马克思曾在《共产党宣言》中有关于资本力量的经典论述：生产的不断革命，一切社会关系不停地动荡，永远的不定和骚动不安，这就是资产阶级时代区别于过去一切时代的特征；又说，一切新形成的关系等不到固定下来就陈旧了。一切坚固的东西都烟消云散了，一切神圣的东西都被亵渎了。

过去几十年间，整个中国的变化翻天覆地，在从"传统"走向"现代"的大历史中，虽然分处现代化的不同坐标点上，但都或先或后地踏入现代社会之林。这条路虽不无坎坷，出现过各种问题，但像中国这种古老文明，要在现代世界立足，并在全球化的社会有新的生命与贡献，却是"命定的现代化"，正如墨西哥诗人帕斯充分理解现代化可能对墨西哥古老文明造成的伤害，但依然肯定"现代化对墨西哥而言是唯一理性的，事实上也是无可避免的道路"一样。

问题不在于是否现代化，而在于如何现代化，如何在这一过程中

何怀硕 / 黄昏 / 88 cm×96 cm / 纸本水墨设色 / 2004 年

保持"全球的多元现代性"（global modernities），这就是以中国现代
化为"理性宗教"的金耀基的信条：

中国现代化运动是一场庄严神圣的运动，它不只忠于中国的过去，
更忠于中国的未来，它不只在解救中国文化的危亡，更在把中国的历
史文化推向一更高、更成熟的境地。[1]

1　金耀基：《从传统到现代》，法律出版社，2017，见书中《1999 年简体字版自序》。

　　有抱负的中国知识分子，所谈或为一时一地一物，但心中关注的却始终是民族的中国、文化的中国。在根本上，是要建构一个中国的现代性，一个中国现代文明的新秩序。

　　何怀硕常说，自己的知识取自他人，也要回馈社会，因此常说应"存天下之心"。

　　进入 21 世纪后，台湾社会的剧变与动荡，让同样关注建构中国现代文明新秩序的何怀硕感到忧虑，心绪日劣，作画的激情大不如前，但对社会问题的思考，却在岁月的打磨中愈见深邃沉着，创作于 2005 年的《坐看云起时》，便是自写心绪：乱山丛围中，一人背对观者，静坐桥头，坐前云飞，桥下水流，身畔巉岩耸峙，举头云山横空，虽几无依傍，却从容不迫。这种思考，经过充分的酝酿，在数年后的 2014 年，以《全球性的大"文革"》一文予以完整表述。

　　1974 年秋，何怀硕应邀在纽约勒辛顿大道的中国文化中心及宾州大学等美术馆举办个展时，巧遇以跳船方式偷渡纽约的台湾青年谢德庆，后谢德庆以《笼子》（1978—1979）、《打卡》（1980—1981）等五件各为期一年的"行为艺术"作品名噪一时，台湾的中文报刊遂大加报道。他认为，这正暴露了台湾盲目崇美，以投奔纽约为成名的新"终南捷径"。

　　二战结束后，美国以空前强大的国力，推出以抽象表现主义为代表的美国艺术，后更继之以"行为艺术""身体艺术"等后现代艺术形式，加之欧洲战后的衰落，信心丧失，虚无颓废情绪滋长蔓延。他戏称，"抽象表现"等几成美国的"新民俗艺术"，从而顺利登上世界艺术霸主地位。此种"时潮力量之巨大，如狂风海啸。先进分子吆喝在前，便有盲目追随者蜂拥在后，以至成为决澜之势……西方的观点、材料、技巧，几乎渐成中国艺术最依赖的模板。连中国最独特的水墨画与书法，

何怀硕出版物书影

近半个世纪以来，何怀硕出版的主要画集与文集（包括整理编辑的《近代中国美术论集》和《傅抱石画论》），纵论艺事文事政事天下事的文集，数量远多于画集，"存天下之心"，自非空泛之论。

也摭袭西方的模式与规格，以东施效颦的方式来'创新'，竟能博众彩，渐渐夺取'新传统'的地位"。纽约 MOMA（现代艺术博物馆）的"水墨艺术"展中，以谷文达的"实验水墨"作为当代中国水墨艺术的标杆。这种"边缘"主动向"中心"看齐，"中心"有意选择"边缘"的互动，从而否认"地域性"的"民族文化"价值取向，实则正落入"西方中心论"的陷阱。美国作为全球唯一的超级大国，到处推销其民族文化的沙文主义霸权，它披着"现代主义""现代性""国际性"或"世界性"等名目不同的文化外衣，但核心只有一点——以美国为世界的代表，所谓"全球化"，便是"美国化"。

　　"全球化"外衣下裹挟的"美国化"，如水银泻地，无孔不入，意欲从文化根本上无声地同化"他者",从而达成美国宰制全球的目的。哥伦比亚作家加西亚·马尔克斯在 1982 年接受西方记者采访时,曾谈及"殖民":拉美比非洲幸运得多,西班牙人作为殖民者,虽然野蛮,但比其他国家好。他们殖民后,与拉丁美洲人整合,因而产生了文化上的变革。但英、法、葡等国则不同,他们只是一味地残酷掠夺,甚至连原住民的语言都没有保留下来,遑论文化。何怀硕提醒说,现在美国所实行的战略,便是用硬、软两种实力,使各国丧失自我而不自省,甚至沾沾自喜,以实现"全球美国化,一元化"的目的,步武的正是英、法、葡等国斩草除根的老路。[2]

表面看来,何怀硕此文,是对现代社会中艺术"边缘与中心"关系的阐发,其实更根本的,是对中国社会现代化过程中积弊的反思。他坦言:"我虽然承认艺术与文化的其他项目一样有世界化之可能,但是我不能想象地域与种族的因素对艺术(以及文化的他项)的影响有一天会等于零。自然更不用说,个人的因素是无法因集体化而泯灭的了。所以,我觉得民族性是一个重要的因素。"[3]由此回溯至约 30 年前的 20 世纪 70 年代初,他写过两篇文章《艺术中的民族性》和《文学艺术的民族性》,坚持文化上的民族主义是人类文化生存、发展与繁荣的命脉所系。此后数十年间,在理解与认知上,或有深化,但主旨未变。他坚持认为,正因为世上有不同的民族,不同的历史、文化,不同的自然环境,而有不同的思想、价值观、审美观与艺术表现形式,才造就出一个丰富多元的世界。只有强烈的民族性,才能真正成为各民族心灵上的寄托与归属,而更具文化与人类学上的价值。各民族之间,应在相互欣赏、借鉴与交流中激发出新的启迪与创造,而不应以一种

2　何怀硕:《全球性的大"文革"》(上),《东方早报·艺术评论》2014 年 5 月 28 日。

3　何怀硕:《苦涩的美感》,载《苦涩的美感》,第 77—83 页,尤见第 80—81 页。

何怀硕 / 坐看云起时 / 65 cm×105 cm / 纸本水墨设色 / 2005 年

所谓"普世"的美国价值观取代所有不同的价值观。后来，他看到以赛亚·伯林有关民族主义的论述，与他有心灵的呼应，而感自豪与安慰，因为伯林同样反对全球一体化，伯林相信，文化的单一化就是文化的死亡。[4]

　　早在 20 世纪 70 年代初，何怀硕就分析说，美国这一历史短暂的文化之所以充满活力，原因在于没有真正属于自己可依循的"传统家风"，因而在风格建立的过程中，容易随着环境与人才的变幻更新而变幻更新，无法建立起持久而深沉的精神与形式特色。其艺术不免沦为汽车与时装般的视觉花样翻新。他并不否认这种视觉世界的拓展丰

4　《一个独立的行者·何怀硕》，文见《我的学思历程》，第 146—195 页。以一种价值标准衡量一切，常不自觉落入文化沙文主义。其间的差异，在于"度"的掌握，但概言之，对异己文化的尊重，是其基石。

富了视觉经验，并对环境设计、建筑和实用美术贡献良多。但坚信，以艺术的人文理想来审视，这种美国艺术，反映的是工业文明的美学观和功利主义，重视的是官能的刺激，注重的是纯形式主义的追求，必然沦为肤浅、盲目和庸俗。[5]

罗斯金直言：庸俗的本质就是感觉的丧失。对艺术家来说，痛苦的便是社会的庸俗化而影响到个人艺术感觉的钝化、消退乃至丧失。民进党上台后，2003 年，他颇为无奈地说：

> 我自迁新居以来，做了许多杂事，画画却比前更少，世局影响心情。一切都有些飘浮与虚无，创作欲略不振，正待酝酿新机。[6]

有时也不免感慨：

> 这个世界西方新潮影响了全球，中国也不能幸免。当代"艺术"变迁太大，令人不知今夕何夕，我因之大不如以前有"创作欲"，似乎觉得突然与"他人"没有共同语言对话，所以不如缄口、封笔，与世隔绝。我正在想：如何再持笔。[7]

更让他感到无从措手的是，因为不愿投入"主流"文化，不愿商业化：

> 更痛苦的是，这个时代，使我激不起创作灵感，其情形好似：一个作家，四周的人忽然与他不同语文，这个作家，忽然等同哑巴、文盲，

5　何怀硕：《安德鲁·怀斯评介——一位现代隐士的启示》，载《苦涩的美感》，第 327—352 页，尤见第 343—345 页。
6　何怀硕 2003 年 4 月 12 日给笔者的信。
7　何怀硕 2005 年 1 月 17 日给笔者的信。

因为没有共同语文，所以说不出话，写不出字。[8]

　　这种内心的痛苦感，随着时间的推移，世界的日益商业化，扞格益发强烈，几乎失去了绘画的冲动：

　　我这几年对名利之事非常淡泊，世界变得如此虚假、庸俗、商业化，我只想躲起来，写一两本我有一点"使命感"所驱策的书。偶有兴致，也画一点画。但完全为了对我自己的生命有交代，绝无利益之想，连"出名"也不感兴趣。我现在最感安慰的是读书与写书（要写很久，不是为出版社"约稿"而写——虽然我的出版社朋友每次见面总在催促）。[9]

　　就像《夜雨》（1993）绵绵无尽，泛滥成《苦雨·台北》（2010）：笼罩在雨中的都市，消弭了其现代化的景观，几如孤独的小城，建筑的外墙，被淫雨淋洗得千疮百孔，像破败的蜂巢，零星亮起的灯光，却无力温暖街道上撑着雨伞的人们。

　　内心的这种痛苦与伤感，投射于作品，即《雾中风景》（2009—2010）中身形佝偻着走向画面深处的行者。画名出自希腊导演安哲罗普洛斯1988年的同名电影，如电影充满象征性的诗意表现，何怀硕借此传递出自己内心孤寂与彷徨的不确定性：未来虽模糊难明，如"雾中风景"般，既看不远，又看不清，但也只能彳亍前行。这种感觉，类似米兰·昆德拉在《被背叛的遗嘱》里说的那样，每个人在生活中前进，就像前进在迷雾中，看得清前面五十米，再远就不知道了，这是雾中人的自由。不过，但凡随时往后评判往昔之人，却总看得清一切，

上：何怀硕 / 苦雨·台北 / 68 cm×75 cm / 纸本水墨设色 / 2010 年

下：何怀硕 / 雾中风景 / 65 cm×104 cm / 纸本水墨设色 / 2009—2010 年

何怀硕 / 苦雨·台北 / 77 cm×65 cm / 纸本水墨设色 / 2019 年

看得清他们的蠢举盲动，迷雾不再有了。然而，过去的人们也是前进在迷雾中的……[10]

　　这种心绪蔓延到他的笔下，似乎苦雨的台北，就像马尔克斯《没有人给他写信的上校》中的小镇，雨一点一点渐渐沥沥地下成了雨丝，从 2010 年开始，一直漫无边际地下到 2019 年，让人骨头都生出返潮之感，被莫名的无望与淡淡的忧愁所笼罩。

　　诗人西川说，中国社会是一个巨大的矛盾修辞的现实。

　　这个时代是怎样的一个时代，见仁见智，每个人或许都会有自己的看法。现在这个时代表面很轻松，可根底还是不免残酷地表里不一，痛苦未必尽是痛苦，而是一种连难过都说不出来的郁结难舒。[11]

　　尽管如此，何怀硕张扬文化独特性的坚持，却始终没有动摇：

　　　关于当代西方文化的膨胀，全球化的扩张，以霸道的压力笼罩全世界，我很不以为然。我坚持认为在人文价值方面，各不同传统文化、民族、国家、社会自己独特性是人文价值很重要的内涵。不论某个非西方文化有多少腐败、不良或不合理，文化的发展演变与革新是文化自己的事，不当也不该以西方文化为准绳来替换原来自己的文化。更不该强加于人。

　　　……

　　　一个悠久的传统文化，它应如长河要向前流动（不流便成死水……），但无论如何，自己的基本宗旨与立场，自己的本质与特色，不能抛弃，更没理由以其他"先进"取代自己的文化。何况所谓"先进"常常是功利角度的判断，自然观、世界观、生死观、宗教观、审美观、

10　米兰·昆德拉：《被背叛的遗嘱》，余中先译，上海译文出版社，2003，第 250—251 页。

11　吕美静 2014 年 9 月 28 日凤凰文化"年代访"栏目《导演许鞍华：愿你的黄金时代似警钟来到心上》［http://culture.ifeng.com/a/20140928/42107198_0.shtml. 2014 年 10 月 8 日登录］。

生活方式、心灵的依托等人文价值是无所谓先进与落后的。近代中国因为救亡图存，总强调了以西方的"先进"来救济中国的"落后"，在工业生产、科技应用、社会改造等方面过分崇洋，失去批判性地接受外来文化的警戒心，一窝蜂崇洋、学洋以致忘失了自己原来的精神与特质，等到觉悟过分盲从、崇仰、追随近代西方文化，连其祸害也一并引进，以至在西方造成的大危机中我们也无法自拔，已经来不及了。（所谓"大危机"简言之即：地球的破坏，过分抽取地球资源，能源危机，而过分运用、消耗造成气象与土地、水、空气的大破坏，过分的商业化、消费文化，造成放纵物欲，不知节制，浪费资源，商业化又造成道德的败坏、艺术的死亡、人格的堕落……）

　　我们要如何吸收别的文化的优长，而保有自己文化的精神（也可说有中国特色的新文化），这是我们永远不能不追求的方向，但不必因为憎恨自己本土文化中的腐败、黑暗而放弃自己的文化。（其实，古今世界上的文化，再伟大的文化也有其黑暗的一面——这差不多是人类的宿命：人不完美也。）

　　……

　　我认为民族性是可贵的因素，它是人的归属感之所寄。以撒·柏林说文化的一元化是文化的死亡。现在西方全球化的文化正在促进非西方文化的没落与死亡，最后也造成西方的没落。[12]

　　此时的何怀硕，相比早年的孤傲不群，不妥协立场中多了几许从容，自是岁月磨砺中他不断读书、思考的结果。虽然他对艺术与社会中的很多现象，尤其是所谓"世界性"和虚无主义有批评，但并非意在"唯我独尊"，而是强调不同观点的存在与争鸣，思想与艺术才不致僵化："历史上，宗教或政治的强制，艺术的多样化不可能，便造成艺术最

12　何怀硕 2013 年 11 月 3 日给笔者的信。

暗淡的时代。不过，对于艺术思想的批评，不能视为反对多样化的行为，相反的，不同意见的争鸣，正是多样化的表现……多样化的前提，我觉得有一句话非常重要，即苏格拉底说的'认识你自己'。遵奉传统圭臬或盲从西方时势，便是不认识或看不到自己。只有在每个人有他独特的'自己'的情况下，才有多样化的可能。"[13] 现实生活中，现代化带来的便利生活与效率提升，使大多数人摆脱了破旧脏乱的落后状态，人们不必为安慰怀旧的感伤而退回往昔，但现代化带来的同质化，却需要警惕。柏林认为，人不是康德所说的"自由漂流的主体"，而是归属于特定的群体，最切实的就是自身所属的民族。就像令赫尔德不安的那样，假如没有归属感，人会无所依栖、孤单、渺小、悲哀。这种归属感，就是柏林所说的群体认同、民族认同，是人的基本需要之一。在文化上，这种归属感，来自生活多样化、语言多样化与文化多样化，来自坚持文化的民族主义。[14]

以韦伯之见，所谓现代性就是一个祛魅的过程。因为祛魅，所以才会依靠理性、依靠专业、依靠体制，才会产生平等、自由、法治。现代国家正是在此意义上才得以建立，并获得合法性。但祛魅的过程，也是传统秩序及其符号崩溃的过程，是每个自我学习自我站立的过程。在何怀硕的精神世界，更多秉持的是儒家的"有为"精神："我们只能在地上生存，在地上努力。我们只晓得人生的善行，虽不是恣意纵情贪得，也不在寂灭虚无，一番耕耘，可以得到一些收获；遭受挫折，应该更加辛勤努力，绝不轻言放弃。这种态度，似乎更能显示生命的强韧与光辉，更能使生命有意义。我们大概永远看不透人生种种奥秘，

13　何怀硕：《中国绘画现代化答客问》，原载 1981 年 9 月 13 日台湾《民生报》，载《绘画独白》，第 125—135 页，尤见第 133 页。

14　何怀硕：《在地的乡愁》，原载 2002 年 1 月《联合报》副刊，载《珍贵与卑贱：未之闻斋散文·随笔》，第 60—62 页。

但既生为人，必须善用我们的智慧与力量，去做一番在现实世界上对别人，对自己有贡献的事业。"并一再引用他少小时最憧憬的罗曼·罗兰的名言"受苦的人没有悲观的权利"勉励世人：如果是受到暴政的迫害或外来的侵凌而受苦，只有坚决的反抗；如果因制度与风俗的不良而受苦，便需做改革的努力；如果是来自人性的不完善与人生的局限性，则"天下无人不是'受苦者'，唯一的光明出路就是努力奋斗"。[15] 身处这个日益平庸与扁平的世界，人更多感受到存在于人类灵魂深处的软弱：缺少特立独行的人生态度，缺少真诚面对的勇气，缺少坚忍不拔的毅力……在这个我们每个人都不得不"背对着"未知未来的时代，虽然人"生而短缺"，或者说"生而不自由"，但他仍倡言《自由与精神的超越》：

　　每个人出生于什么年代、什么地方，有什么样的家庭和父母兄弟，生来有什么样的体格、什么样的心智乃至什么样的长相，等等，都不是自己所能选择。生下来之后，环境与命运（我们可以把许多"偶然"的因素集合而称之为"命运"）又使每个人身不由己地被铸造成为某种形态。其间贤愚、精粗、俊陋、善恶、敏锐、刚柔、强弱、寿夭……各不相同。这也一样不由个人所能选择。更可悲的是，我们无法知道"自我"应该是怎么样，甚至有没有一个"自我"的"原型"，也不可知——也许每个人都是众多不可知的、非理性的因素的混合体。所以，每个自我的存在都迹近荒谬。然则，所谓"寻找失落的自我"，认真来说，也只是无稽之谈而已。

15　何怀硕：《受苦者的出路——小说〈花落莲成〉涉想种种》，原文1977年5月19日写于纽约，载《艺术·文学·人生》，第237—254页，尤见第245页。在《矫情的武陵人》重刊此文的"后记"中，何怀硕说，此文写作的因由，是因为夏志清甚为推重姜贵，介绍他看姜贵小说《花落莲成》，有感而成此文。

任何一个成年人都有他对人生世界的看法，也借着这些看法指挥他的行为。这些看法大多都可能只是偏见，因为它们来自每个人狭隘孤陋的经验、残缺不堪的知识，也来自与生俱来的私心……

小孩子不自由，因为身体弱小，智能尚未成熟，他们只能在成人社会所布设的迷宫里，辛苦地寻找成长的出路。小孩子的无告、悲伤和委屈，常不为成人所觉察，他们自己也只半知半觉。

老年人也不自由。衰弱贫贱的老年人，其情形与不幸的儿童相近，而痛苦过之。即使富有而掌握权力的老年人也一样不自由。他们是寄生在下一代世界里的，过去世代的游魂。他们囿于来自过去的陋习与腐见；因为夕阳有限乃或产生妒忌与怨恨，表现为暴躁与苛顽，而且因为生理的退化，极可能有其他种怪癖谬行。很少老年人能跳出自我，站在旁观者的立场回头观照自己的言行，有所反省，而摆脱"自我"的缰锁。

似乎青中年而处小康，便有较大自由。其实未必。因为这一段岁月，虚荣与欲念，以及权力的竞夺，使他们一样受奴役。人生永远是无尽的煎熬。这是追求自由最初的慧觉，也是产生普泛的同情心的基础。

摆脱这一切不自由的痛苦唯一的途径，就是追求"精神的超越"，获得内在生活的自由。首先得承认并面对"人乃生而不自由"的事实，而寻求认知"自我"不自由的原因。然后扩展我们的同情心——不是以"我"为主体，对他人的怜悯，乃是对一切人类（不分老幼男女，也包括我自己在内）种种不完美的同情悲悯——我们才能免除或减少因自我不自由所引发的不公、无明乃至腐败、偏私与痛苦。所谓"精神超越"，便是超越不由自主的、那个由先天后天种种因素所混合而成的"自我"的偏执与闭塞，找到精神上的开豁与自由。

人的境遇

"社会急遽的变迁，意味着社会在成长，在进步，在发展；另一面，变迁的本身也显现了新的困局，新的危机。总之，现代社会之复杂、多变与变迁之速，是客观事实。"[1]乔治·奥威尔曾在《我为什么写作》中说："好文章就像一块窗玻璃。"也可视为何怀硕的文字信条，与很多知识分子以貌似深奥的花言巧语谄媚权力不同，他追求文字的简洁、清晰、准确，表达对自己、对生活世界的思考。作为画家的何怀硕，并不满足于专业本位，他坚信："只有最懂得生活的人才能成为第一流的画家。中国历史大画家，都不仅在艺事的修为上刻苦努力而已，在艺术以外，自然、历史、人生、文学、品操等方面的观照、历练、体验、修养，皆无所偏废。"[2]生活在现代社会中的他，更愿意成为一位听风听雨听天下的公共人："做一个艺术家固然是我在人间选择的本行，但做一个对人与世界有见解的人更所向往。也许绘画创作不能完全满足我的意愿，所以写文章在我绝非'副业'。那都是同一个心智，同一只右手所表现的生命的呼应。"[3]他的关注，是艺术，更是"人的境遇"。

---

1 何怀硕：《民意·公理·孔子像》，原载 1985 年 3 月 28 日台湾《联合报》，载《煮石集》，第 43—46 页。
2 何怀硕：《中国画的"道"与"通感"》，载《绘画独白》，第 85—91 页，尤见第 88 页。
3 何怀硕：《自序》，载《煮石集》，第 3—5 页。

何怀硕 / 独行 / 94 cm×88 cm / 纸本水墨设色 / 2007 年

　　就"人的境遇"而言，他最服膺爱因斯坦的一段话："一个人只是整体的一部分，这个整体就是我们所谓的'宇宙'，这一部分在时间上或空间上都是有限的。一个人只有他自己的经验，因此他的思想和感情都和别人不同——这是他认知与判断错谬的根源。这种错谬对我们来说有点像囚笼，把我们局限于私欲，使我们的爱心局限于对少数最接近我们的人。我们的课题就是摆脱这个囚笼，把我们的同情心扩及一切生物和整个美丽的自然界。没有人能够完全达到这个境界，但是迈向此一目标的努力，本身就是解脱的一部分，也是内心安全的基础。"谓之"最伟大的格言，莫过乎此"。他说，生活在尘世中的芸芸众生，当然不能也不必唱这种"高调"，但如果希望个人的生命有更高的价值，希望我们生活的世界更光明、更美好、更值得依恋，则需要寄望于较多有自觉的生命个体能体悟这样的"高调"，摆脱"我身"自我偏僻的囚笼，让自我的心灵滋生警惕与悲悯，即爱因斯坦口中"我们的同情心"。这一同情心，及于一切生命，就是博爱；及于大自然，就是人与自然的和谐。[4]

这种关怀，与何怀硕在美国所受的爱默生以降的经验主义熏染不无关系，近代而言，便是杜威的影响。杜威 1934 年出版的《作为经验的艺术》，对传统美学中那种将艺术与生活截然分离开来的观念提出批判，同时也是针对当时美国社会存在的庸俗的与日益商业化的艺术活动现实。杜威强调，无论个人、国家或社会团体，要彰显超越的艺术品位，展现经济实力的强大，并不是盖些豪华的歌剧院、艺术馆和博物馆，搜罗世界各地的艺术珍品便万事大吉。事实上，这些建筑物就像是教堂，艺术作品被安置和陈列其中，人们对之顶礼膜拜的同时，它们实则也成为艺术作品的坟墓，切断了它们原本具有的与普通生活的关联，抽离了它们自然饱满的生命体验，而成为政治、经济和文化利益的符号。[5]真正重要的是要让艺术重新回到生活，使其恢复作为一种自足完满生命体验表达的本质，成为与千百万普通人的生活相关的存在，成为改造和提升社会生活的力量。美学和艺术必须走出象牙塔，

4　何怀硕：《囚笼》，载《煮石集》，第 115—119 页。
5　John Dewey. *Art As Experience*, Minton Blach, 1934, A Perigee Book, 2005, pp.7–8.

成为生活实践的指南。

正如西谚所言：神在细节之中。[6]

身为画家的何怀硕，对美术馆的关注，较之普通大众，自然更多一些。对于美术馆的建立，他认为，一定要有明确的"历史使命"。尤其是面对苏富比公司 1984 年 1 月 21 日在台北国泰美术馆展出的一批近代中国画精品时，联想到"像这样的许多国宝长期以来都为外国公私收藏所搜购而去，我们自故宫藏品以下近百年中国名家原作的收藏一片空白，不禁感慨万千"。这种感慨，既源自"一个美术馆的建筑可以花七八亿元的经费，但对于典藏与其他经费却不成比例"，而且听不进内行人士的意见；更源自其历史使命感的缺乏：中国的美术馆，却一直漠视清中晚期到 1949 年之前这一段中国美术史上最重要的大转捩期的作品，只是在外国人争相研究、购藏、价格飞涨之后，才跟风认识到"有价值"。既已跟风，已属太迟，但若再不抓紧弥补，这些艺术精华，或许"侯门一入深似海"，以后纵然我们有钱，也无处可买。在他看来，如此表象背后，根本在于美术馆自身缺少一种历史意识：在故宫流传下来的历代国宝之外，推翻了清朝的民国政府，却在"故宫"珍宝之外，无法为后世留下属于自己时代的艺术珍品，这个时代的美术馆，意义安在？

所以，他痛声疾呼，收藏这一段艺术历史的使命，正是现代中国美术馆最重要的工作，像赵之谦、任伯年、何绍基、康有为、吴昌硕、齐白石、徐悲鸿、傅抱石等近现代中国艺术大家作品的收藏，便是当

6　这句格言，是阿比·瓦尔堡 1925—1926 年在汉堡大学的第一次研讨班"班训"时特别提到的一句话："Der liebe Gott steckt im Detail."后广为流传，但瓦尔堡并没有声称是自己创造的。贡布里希说，他见过用法语援引的这句话"le bon Dieu est dans le détail"，有人认为是福楼拜所说。其来源问题至今未明。见〔英〕E.H.贡布里希：《瓦尔堡思想传记》，李本正译，商务印书馆，2018，第 14 页。

务之急。进一步来说，当代的优秀作品，也应逐步有计划地收藏，但犹在其次，因为第一步更加紧迫。如果认识不到、做不到这一点，那现代美术馆既愧对先人，更愧对后世，所谓"文化建设"与"美术馆"，也不过是虚应故事，纵有多么华丽的头衔，也无非是增加了一些没有历史传承意义的头顶"美术馆"名目的展览"画廊"而已！"美术馆"虽然是在当代人手中建立，却难逃未来历史的公论。[7]细而化之，对于台湾美术馆，他建言，目标就不宜笼统定位为"专业的现代美术馆"，而应以展示台湾地区美术发展史的历程为目标，"现代台湾美术"只是台湾晚近美术发展的一小段而已，若只着眼于"现代"部分，不免取径过狭。自己身为画家，何怀硕当然理解画家渴望有一个大展览场举办展览的心情，但质诸公义，"台湾省立"若不典藏展示有本省地方色彩的美术作品，放之全国，纵然各省都有自己的美术馆，谁还会以台湾美术的收藏与展示为目标？况且，"现代"本身就是一个笼统而模糊的概念，如何以之评断哪些画家"现代"，何者应该收藏？美术馆的藏品，以过去已有定评者进行取舍，较之以现代艺术家为选择对象，无疑可靠而切实可行。[8]

何怀硕对美术馆功用的审视，秉持的显然是一种"历史感"，这种态度，也是他对待"古典"的态度。20 世纪 80 年代，台湾流行用现代白话翻译古典名著，对此做法，他一直质疑是否"值得做、应该做"？因为，自秦代"书同文"以来，文字固然有字体、文法、句式、字义等的变迁，但基本一脉相承，希望以现代白话翻译古典名著而引导读

7　何怀硕：《美术馆的历史使命》，载《艺术与关怀》，第 311—313 页。该文写于 1984 年 1 月 21 日。

8　何怀硕：《省立美术馆应何所为》，载《艺术与关怀》，第 314—315 页。该文写于 1984 年 12 月 25 日。他认为，台湾美术馆的典藏对象，就应是郑成功光复台湾以来约三百年间美术发展的历史，不仅应包括福建渡海来台的中原艺术的传承，还应涵盖日据时代来自日本的西洋画输入与展开，像廖继春、蓝荫鼎等，至于当代与中青一代，固然也要考虑，但不宜过急。

者探骊得珠的想法，在他看来，不只南辕北辙，更直接斫丧了下一代直接接触、阅读古典的能力。更何况，像《诗经》《老子》《庄子》《史记》等名著，辞章即其本身不可分割的一部分，一经语译，味同嚼蜡，倒不如给人镬中一脔，即或有限，亦得真味：对有心者来说，必然有克服文言的决心；对期望"事半功倍"的浅尝辄止者来说，白话古典也不过是"陈设"，况且还不如摆设原典来得"神气"。所以，对出版界来说，虽是做文字生意的，但白话古典这种过于商业化而损害古典名著的方式，损害的不只是学术精神，更是传统智慧对绵延不绝的后世子孙的润泽。[9]甚或可以说，看似推广传统，实则无异于戕害古典传统所包蕴的美学与文化精神。

当然，传统的并非都是好的。对于中国社会中十分普遍的"求墨宝"陋习，他直陈这是"妨碍中国艺术发展，降低中国书法与绘画水准的坏风习"。但他不是简单地指责这种陋习，而是在探究其历史根由后，再剖析其流毒：传统中国社会，书画多由文人兼任，属文人"余事"。文人正业，不是"学而优则仕"，便是幕僚；退而求其次，则是做塾师；最落魄者，只得以文书、测字、占卜、包讼、堪舆、做对子等谋生。至于隐逸溪山，博取高名令誉者，则为别开蹊径的另类。书画作为雅事，一涉及买卖，便为风雅之士所不屑（职业画家，除了吃朝廷俸禄的画院之士，主要便是近代商埠开辟以后才渐见于通埠大邑，但非主流）。因此，在传统观念中，既然书画家各有职业，不以字画为生，则家有书画，或为书香世家、高门大第的象征，或喻示与诗礼传家的世家望族沾亲带故，足以炫耀世人。"求墨宝"于是成为一种攀附风雅的"面子"有光的行为。

何怀硕痛陈，问题于焉而生：

9　何怀硕：《白话"古典"》，原载 1985 年 1 月 8 日台湾《联合报》，载《煮石集》，第 1—4 页。

　　历代书画家除了应付三亲六戚、世家同好之外，还得应付达官显贵及一切新知旧雨，乃至大量辗转求托者的大量需索。除了少数心甘情愿精心制作之外，绝大部分不能不只是虚应故事，敷衍塞责，草率为之。所以历代书画家一生耗费了极大一部分精力时间去做书画的人情酬酢；而历代书画遗产也就大部分为这样应酬之作。这是中国艺术家的才情多么可惜的浪费，也是中国艺术多么惨重的损失！我觉得中国画之所以有四君子及许多简笔小品，之所以有许多笔法已成一套固定公式的画法，与应付请托酬酢实在不无关系。[10]

　　这些出现于传统社会的问题，与分工精细化的现代社会愈发格格不入。多元价值追求，使人才得以解放，各行各业，各有追求，亦各有价值而受到尊重。在此背景下，艺术品成为商品，便不仅不是令人“不屑”，而是对这种劳动与价值创造的平等尊重。何怀硕强调，现代社会，人的衣食住行，皆为商品，无不需按价购取，只有合理的价值交换，才称得上是真正的尊重。如此，依旧秉承旧时陋习，热衷向书画家“求墨宝”者，名为“求”，实为对书画家的不尊重。所谓谈钱便俗，实则是自己不肯付出，却要别人白白奉献的借口。而且，这种所谓的“墨宝”，对书画家来说，是沉重的“笔债”，对求索者来说，只是人情应酬的“赠品”，较之“商品”犹且不如，何“宝”之有？书画家既不能以书画维生，何来中国艺术的发展？[11]

10　何怀硕：《论“求墨宝”》，载《风格的诞生》，第326—330页，尤见第327页。

11　同上书，第328—329页。何怀硕文中讨论的是专业书画家，业余者不论。至于书画家出于诚意，赠予师长友朋者，因为其中特殊的情感与意义，往往留下难得的佳作，与“求”来的“墨宝”自不可同日而语。

　　“求墨宝”陋习，最等而下之者：一泼皮无赖，按书画家名录，四处打探住址，然后直接将书画家堵在家中，软磨硬泡，无偿索取，不堪其扰者，往往随便拿出一件，打发了之。或有坚决不肯白白相予者，该泼皮便跑到书画家楼下或别墅周围，指名道姓，百般辱骂不止，如此这般，几乎无坚不摧。数年下来，凭着这些毫无情感或充满怨憎的“饾饤癞祭”，该泼皮如此集腋成裘，居然摇身成为著名“收藏家”。

……

在台湾，何怀硕对种种社会现象的批评，或者说批判，每每引起有些人的不悦，认为小事一桩，何必如此挑剔？他自己也非常明白，"似乎挑剔都不大受欢迎"，但并不因此而减弱批评的锋芒，理由很简单：

> 文化就是挑剔的成果；不挑剔则没有文化，或者已有的文化就停滞、僵化、退坠。人类如果不挑剔双脚走路太慢，不会发明轮子；如果不挑剔双手太弱，不太稳定，不会发明机械；如果不挑剔眼睛不够灵光，不会发明望远镜与显微镜；如果不挑剔天气有时太热，有时太冷，不会发明冷暖气；如果不挑剔大地地形不理想，不会逢山开路，遇水架桥；如果不挑剔生命太虚幻，为天地所刍狗，便不必隆重庆生祝寿，乃至树碑立传；如果不挑剔白昼太短，古人不会有"秉烛夜游"，今人也不必发明种种照明灯具；如果不挑剔眼镜太重，而且破坏花容月貌，便不会发明隐形眼镜；如果不挑剔地心引力太可恶，就不会发明妇女用的钢片胸托与美容的拉皮术……

文中，他直言"挑剔"似乎与"知足常乐"的古训互相矛盾，令人无所适从，甚至"有些挑剔似乎也造成罪恶……诈赌太辛苦，干脆发明镭射赌局；循正道赚钱太慢太少，干脆设计坑人……考试太难，干脆电子作弊……"但造成罪恶并非挑剔本身必然引致的结果，而是方向错误，而且更应挑剔正道不兴的原因何在？对每一个体而言，是否更应挑剔自身的根源？至于"挑剔"与"知足"间，实无扞格：在客观条件允许，主观能力可行范围内的挑剔，绝非不知足；客观条件不允许或不具备，主观能力所未及状况下，挑剔实为放肆甚或妄想。具体来说，客观与主观不可能，则应知足；客观与主观可能，便应容许不知足。而且，应该鼓励不知足——挑剔以正道，足以跃升文明。[12]
所以，万事万物，总要有许多挑剔的人，像牛虻刺激这社会，努力改善，
或谋求创造，"才有人类生活不断的提升，才有人类世界不断的进化"。[13]

　　何怀硕的事事关心，正如夏志清对他的评价："何怀硕不仅是文
艺评论家，也是值得国人重视的社会评论家……也是万事关心的现代
知识分子。"虽然，这样"对一个努力为中国画创新境的艺术家而言，
他不断关注社会上种种问题"，不仅"分散自己的注意力"和精力，
而且未免令人有多管闲事的不务正业之感。对此，何怀硕不以为然：
古代专制社会，不容读书人批评时政，遂多八大山人、石涛一类皈依
老庄或逃禅的遁世艺术家，但现代社会，生存环境相对宽松自由，"今
天中国艺术家都应该是现代中国的知识分子，他的艺术至少得表现出
现代中国人的态度"。[14]作家古剑曾在一篇小文《"怪人"何怀硕》中，
谈到他认识的何怀硕与朋友眼中的何怀硕。

　　古剑与何怀硕的相识，源于1984年何怀硕在香港艺术中心的个展。
当时，身为《良友》画报主编的古剑，"看了他的画很受感动，决定
在《良友》画报上介绍他"，两人由此相识。多年后，何怀硕给古剑
《梦系人间》一书作序："在许多香港报纸、杂志的访问中，认识了
当时尚在历史悠久的《良友》画报任主编的古剑先生……似乎在开头
的几分钟里，我已感受到一种'相逢何必曾相识'的默契……那一次
画展，接触了不少访问者，就只有这位'古剑'往后成了朋友。"不过，
1985年古剑初次赴台，招待他的"艺术图书公司"老板何恭上对他说：
"台北的两个怪人（指何怀硕、管执中），看来与你都谈得来。"古

12　何怀硕：《挑剔》，原载1985年8月1日台湾《联合报》，载《煮石集》，第133—136页。
13　何怀硕：《食》，原载1985年8月8日台湾《联合报》，载《煮石集》，第137—142页。
14　夏志清：《文艺与人间世——何怀硕〈域外邮稿〉序》，载何怀硕：《域外邮稿》，第1—12页。

剑问二人怪在何处？何恭上说，二人都不合群，不搞小圈子，独来独往，我行我素。女作家施叔青曾对古剑说过何怀硕爱"骂人"。余光中则说他特立独行，行"不结盟主义"。

　　古剑感觉，何怀硕"才华横溢，但有点傲，对那些在他眼中不上档次，又想方设法钻营的同行，他是羞与为伍的"。他在台北遇到的一件事，足可印证这种看法：当时，苏南成新任高雄市长，大约为彰显政绩，广邀台湾艺术家参加市长大人主持的千人画展，何怀硕、管执中却不给面子，拒绝邀约。至于原因，何怀硕说："艺术又不是搞群众运动！"[15]对于现下各种名目的"邀请展"，何怀硕同样颇不以为然：

　　　　许多邀请展我多半无兴趣参加，因为多为不入流的"大庙会"，我不贪求"名"。刘国松则巨小无遗，画作和手工艺品差不多，但热衷名利，到处献"宝"，实在难为他不怕累、不怕烦。[16]

　　这种处事方式，让他在艺术界不免招人妒恨，有些孤独，也使其在风格流派化的艺术史叙事中，往往难以被"规划"。如《乱象与主流：台湾当代美术的文化生态研究》中，将其归类于"经历过学院教育"的"中年一代的传统画家"，固然视他为"潮流之外的探索与实践"，但着眼点却是从1980年代开始，传统美术逐渐被冷落、忽视，占据主流的是更能代表"本土化"与"国际化"的前卫艺术，像何怀硕这样的画家，仍在坚持水墨这种传统绘画语言而取得突破，而不是其独特的艺术追求与风格。[17]但何怀硕对自己艺术的创造价值，坚信不疑：

15　古剑：《"怪人"何怀硕》，《兰州晚报》2014年6月12日。相关事迹，与古剑《书缘人间：作家题赠本纪事》（山东画报出版社，2010）中的《何怀硕》一文多有重叠，叙述略有出入，但基本事实相同。

16　何怀硕1999年11月10日给笔者的信。

17　陈明：《乱象与主流——台湾当代美术的文化生态研究》，安徽美术出版社，2012，第162页。

何怀硕 / 夏志清像 / 80 cm×49 cm / 纸本水墨设色 / 2010 年

　　何怀硕以《夏志清像》（2010）贺其九十大寿。

　　因为商业化使我对世局失望，但我永远相信真正有价值的东西，永不可磨灭。一时兴风作浪的"时尚"，不会长久，时代终有回转之日，现在人人反省对地球的戕害。有一天便会转而反省对道德与一切价值的戕害，历史都是钟摆般摆荡，虽然可哀，但不绝望。[18]

　　虽世事颓唐，美梦不存，他仍怀着一颗诗心，坐对大荒（《大荒图》，2010），思接千载，沉酣于《如诗的月夜》（2010），感受造物的瑰奇、美好与慰藉，直如太白"夜来月下卧醒，花影零乱，满人衿袖，疑如濯魄于冰壶也"，以玲珑剔透意象的创造，完成自我对世俗的超越：

　　于此浊世，曾有如此月夜，也不虚此生矣！庚寅白露前三日，何怀硕。

18　何怀硕 2009 年 10 月 8 日给笔者的信。

上：何怀硕 / 大荒图 / 65 cm×91 cm / 纸本水墨设色 / 2010 年

下：何怀硕 / 如诗的月夜 / 66 cm×102 cm / 纸本水墨设色 / 2010 年

像一支箭，射到大海里去

"天地刍狗万物，人只是命运的玩偶"，生于忧患、长于困苦的何怀硕，常慨叹"生命之诡异与复杂难解"[1]——抗日战争、解放战争、"大跃进"，青年时代，从1961年起辗转于香港、台湾，进而游学美国，使他对时代的危乱、苦痛有着特别的敏感。1974—1978年定居纽约的经历，使他在近距离了解西方现代艺术的同时，不断反思民族文化在现代的传承与发展之路。尽管缺乏安宁，但他说：

我不会抱怨自己所处的环境与时代，反而认为自己有幸生存在这个时代……如果认为发大财、享受物质生活才叫好的时代，未免太功利、庸俗。我认为我这一代所处的是千载难逢的时代，是指在人类数千年的文明史中，没有任何人像我们这一代，处于旧有几千年文明的尾端，同时也是未来科技发达、资讯发达时代的开端。这中间有一个转折点，它是人类几千年文化的最大转变，而我们就恰逢这个时代。这个时代固然艰苦，但最丰富、最有意义。[2]

---

1 何怀硕：《珍贵与卑贱》，原载2001年7月《联合报》副刊，载《珍贵与卑贱：未之闻斋散文·随笔》，第20—22页。
2 《一个独立的行者·何怀硕》，文见《我的学思历程》，第146—195页。这段话，是他针对老友汉宝德一本书的序言而发，汉宝德说："作为一个20世纪中叶成长的人，我们很可怜，因为贫苦、动乱又要肩负时代转换的大任。"见第161页。

　　他赞同社会学大师 P. A. 索罗金的看法："我们是生活在艺术矮化的时代。"但究其根源，他认为这正是整个人类精神困境的写照。现代社会，普遍倾向于功利与经济，在实证科学的影响下，经验主义、物质主义、功利主义、实用主义取代了精神理想，物质社会的趋同化，必然导致决定一个人性格的诸多要素（幼年生活、父母的行为模式、教育方式与环境等）的差异逐渐消失，独特的个性自然越来越难求诸现代人。[3] 就何怀硕本人而言，经历的是一个从农业社会到工业化、现代化的大转变时期，社会的剧烈变迁，观念的激烈冲突，都会刺激人思考并产生智慧。动乱之中，往往也是文学、艺术及思想最丰收的时代，古今中外莫不如此。其作品悲怆而深沉格调的形成，正是个人情感体验与民族、时空交汇的必然。

　　何怀硕自谓："平素甚少与人见面，除了学校之外，可谓足不出户，因为在我每苦时间短缺，故不大与人来往。"古剑记得何怀硕曾跟自己说过，读古罗马西塞罗的《论老年论友谊论责任》的心情："我打开这样的古典名著，心中怀着崇敬与仰慕，如果什么事都不做，光读上等文章也可使我快慰无比。"古剑因此感慨："全身心放在读书绘画写作的人，哪会把时间放在应酬交际上浪费光阴，行事不必看人脸色，以求自己的大自在大作为，自然会被人看作孤僻、傲慢，是怪人。若没这个'怪'，他也不可能成为今日的何怀硕了。"[4]

　　这种心情，在他 2015 年的复古山水《岩穴云泉》中，借题记的打油诗表述出来：

3　何怀硕：《艺术价值之反省》，该文写于 1971 年 12 月 9 日，载《苦涩的美感》，第 120—133 页，尤见第 129 页。
4　古剑：《"怪人"何怀硕》，《兰州晚报》2014 年 6 月 12 日。

何怀硕 / 夜 / 65 cm×64 cm / 纸本水墨设色 / 2010 年

老夫忽发思古狂，

万点恶墨上毫端。

恨无岩穴可逃世，

幸赖书卷度小年。

怕看旧雨频变脸，

厌听新歌远人烟。

画境神游君莫笑，

从来桃源在心田。

此图三年前画成未题，戊戌盛夏口占打油一首，怀旧正合复古也。怀硕在涩盦。

　　何怀硕平日虽"足不出户"，但也有目的地出游，广博识见，远至美、欧、俄罗斯，近到日、韩、印度、越南等地，堪称行脚半天下。但在心理层面，他从初到台湾时的客居感，到后来的认同感，其画虽不乏大山大水构图，如《不尽长河》（1984）、《漂云》（1998）、《梦幻金秋》（2000）、《万重山》（2002）等，但比重最大、最重要的作品，率多集中于一丘一壑、一涧一水、一林一月等题材，其自限万象于一隅，某种程度上，似乎遥遥相应于他身处的孤悬祖国东南一隅的台湾岛。

　　古人每有"世短意恒多"的感叹，对何怀硕的万事关心，社会学家金耀基大为推崇："何怀硕的自我形象不只是一个专业性的画家，而毋宁更是一个关心天下事的知识分子……何怀硕根本就是以知识分子或'现代的士'作为自我认同的第一对象的。他是一个不可救药的事事关心者。"[5] 他似乎也不惮于这样一种身份，就像萨义德主张的，

5　金耀基：《没有"没有传统的现代化"——何怀硕"艺术·文学·人生"序》，载何怀硕：《艺术·文学·人生》，（台北）大地出版社，1986，第3—4页。

何怀硕
岩穴云泉
133 cm×53 cm
纸本水墨设色
2015 年

何怀硕 / 梦幻金秋 / 67 cm×102 cm / 纸本水墨设色 / 2000 年

敢于成为流亡者与边缘人的流亡的知识分子（exilic intellectual），不被驯化，不因循惯常的逻辑，代表改变和前进。[6] 像《大师的心灵》，他更当仁不让："不单为画画的人而写，也为艺术界人士，更为关怀中国文化的知识分子而写。"[7]

对于中国传统的"士"与现代知识分子的关系，何怀硕述以《士的现代意义》。

中国传统社会的"士"，由武士转变为文士（"读书人"），由一个社会阶层转变为阶级（称"士族"或"世族"，因世代做官而形成，亦称"世禄之家"）。隋代科举制度兴起后，读书渐为稻粱谋，许多读书人渐变为政治寄生虫——得意者或成为统治者的鹰犬，奴臣或弄

6　萨义德：《知识分子论》，单德兴译，陆建德校，三联书店，2002，第44—45、57 页。

7　何怀硕：《大师的心灵》，"绪说"，第15—16 页。

臣；失意者或成为迂夫子、腐儒。陆游谓"书生老瘦转酸寒"，黄仲则谓"百无一用是书生"，都是"士"的传统中卑污黯淡的一面。但"士"的传统中，更有光荣崇高的一面，他们无论得意或失意，在朝或在野，胸怀"士不可不弘毅，任重而道远"的抱负，以"道统"对抗"政统"，发挥辅佐、制衡与批评的作用，而为天地间的良心、黎民百姓的代言、社会正气的中坚。随着历史的变迁、知识的普及，传统中知识阶层与非知识阶层之间的严格分界随之消失，"士"作为一个特殊社会阶层从中国社会消失了，但从历史中浮现出来的抽象的"士"的意识，却并没有彻底消亡。

正像文人要"文"一样，知识分子不仅要"知"，亦要有"识"。现实生活中，人们常将现代知识分子泛泛等同于传统的"士"，但在何怀硕心目中，现代社会的分工之细，使得传统"士"的"天下之心"，不得不被各行各业研究的专业精神所代替，往往有"专业"而没有"通业"（即"天下之心"）。如果在钻研本行的高深知识之外，不能超越专业的局限，盱衡国家社会的现实，留心时代人生的动态，秉持以天下为己任，将自己的真知灼见奉献给大众的态度，以尽自己作为社会文化、政治、思想意识的前驱者和批评建设者的重任，便是自甘"专业人士"，不配"知识分子"这一称呼，自然也谈不上接续和发扬传统"士"的精神中崇高光荣的一面。现代知识分子，渐渐有了某种"世界性格"：无中外之别，无职业与专业之别，关切的是人生世界中普遍的有关人生的各种问题。就传统中国"士"的优秀一面来说，与现代优秀知识分子所怀抱的责任使命，并无不同。何怀硕引用金耀基《中国的现代化与知识分子》一书"自序"的一段话，说："我多少是以一个'知识分子'的立场写的，而不是纯以'学者'（应该说研究社会科学的人）的立场写的。我总觉得在中国要做一个纯学者是一种过高的奢侈。换句话说，我多少还有着中国读书人好对全面人生与社会文化发表意见的传统性格。"以为，这就是传统的"士"的精神在现代的发扬，也是现代知识分子新精神中的老传统。[8]

在《士的现代意义》两年多后的一次访谈中，何怀硕概括了他心目中的"知识分子"标准："能抛弃私情私利做真理的代言人，才称得上是知识分子。"知识分子的标准，不只是拥有知识，更要有一种知识之外的坚持正义的立场。作为现代的知识分子，首先必须要关心时代和社会，参与时代和社会，进而对社会、人民有责任感和使命感，将其变成自己的血肉、观念、信仰，并贯彻下去，怀有一颗"天下之心"，才能有"舍我其谁"的胸襟。然而，作为知识分子，既要关心政事，又要努力超然于政治之外，让知识和学术能够独立。[9]早在 21 世纪初的 2001 年，他曾以《欲望之国》批评美国的霸权：

尽管美国有极多的优越性，譬如他（它）的民主自由、富强安乐、学术科技之发达、多元种族文化之兼容并蓄等都为世人所歆羡……但是，两百多年来在这块得天独厚的处女地所建立的美国文化，有其殊别于欧亚两大文化的独特性。如果用最简约的一句话来说明美国文化的特色，那是什么呢？那就是"欲望无限度的（地）膨胀"。美国确是"欲望之国"。

美国只有全球近三十分之一的人口，却消耗全球五分之一的资源。美国对地球资源的浪费、糟蹋，几乎到穷奢极欲的程度……美国是全球霸权，在政治上一向扶植亲美势力，打击、颠覆不听话者。多少国

8　何怀硕：《士的现代意义》，载《艺术·文学·人生》，第 221—236 页。该文写于"六十七年十二月廿一日"，即 1978 年。

9　何怀硕：《知识分子的共识》，载《艺术与关怀》，第 341—343 页。该文原载 1981 年 7 月 13 日《民生报》，为"民生报建国会"专访，宋晶宜小姐记录。

家因为美国的介入，战火连年，山河裂变，成为杀戮战场，对于非西方国家，美国哪顾及民主、人权与公义？经济上则是跨国公司的巧取豪夺。索罗斯之流趁亚洲金融风暴，不知吸了多少小国的血汗钱。在精神文化方面，美国向全球输出的是好莱坞洗脑、蛊惑、刺激感官的电影……美国的商品与艺术，美国的生活方式，美国的价值、思想、信仰、品位等借经济的全球化向外扩张、渗透，因而压缩、打击、窒息甚至摧毁了其他文化生存发展的空间。美国文化是最唯我独尊，最傲慢的意识形态，以全球总管与宰制者自居。美国文化要塑造你的身体，雕刻你的心灵，灌入你的灵魂，使你丧失"自己"。[10]

　　哈佛大学商学院教授苏波芙，将今天的美国称为"监控式资本主义"，形容以谷歌、脸书公司为首的高科技网络公司，搜集、开发、贩卖用户数据，赚取天文数字的利润。其对大众的监控无孔不入，无处不在，有甚于《一九八四》。从政者不是"为善者"而是"向上爬者"，不是服务大众而是大富大贵。论者视这种美式资本主义为一个富人剥削穷人和聪明人欺诈蠢材的游戏。[11]对外，特朗普以火上烹油的方式，为扰乱于美洲（核心是美国）之外而在欧亚非各处煽风点火，从政治、经济到文化、军事，以分而治之的手段，搞乱被其视为竞争对手地区的发展，激化或制造地区国家之间的矛盾，乃至极限施压，从而坐收渔翁之利，劣迹斑斑，仿佛就是这些话的坐实和注脚，能不令人悚栗？

　　1991年岁暮，他曾以《说中国》一文，探讨"中国"这个概念。概言之，近代以来的中国，一直在挣扎图存，举步艰难，从复古到西

10　何怀硕：《欲望之国》，台湾《联合报》2001年10月9日。

11　何怀硕：《自序（四）》，载《批判西潮五十年：未之闻斋中西艺术思辨》，第27—29页。这篇自序，写于2019年2月22日，是因为读了香港《亚洲周刊》专栏作家林沛理的文章，有感而发。一书而有四篇自序，前所未见。可见他对"美国从天使，至今已变魔鬼"，亟欲批而判之的心绪。

化的种种探索，而终成一个种种相反相成因素纠缠联结的复合体，其中包裹着光荣与耻辱、自大与自卑、可爱与可恨、精深与浅薄、高雅与庸俗、自强与腐败等，不一而足。但建立一个真正民主、自由、均富的中国，一个"由传统自然发展而成为现代化的中国……是全体中国人的使命"。二十多年后的 2017 年，在该文再版的"后记"中，他对比两岸形势，毫不隐晦地说：

> 改革开放三十多年来不再搞政治斗争，全力发展科技、经济、民生、教育，日新月异的跃进，终于成为世界第二大经济体。大国崛起，世界瞩目……但近代的痛史不能重演，中国不容分裂，民族应该团结。这将是不可逆的大方向。[12]

不只是对于知识分子，即使是对于生活在现代社会中的人来说，现代社会存在的假设前提，都是知识的不断膨胀，其开放式理性要求我们认识到，虽然身为人类的我们，总希望寻找到确然性，但真实的世界，却是卡尔·波普尔所描述的或然性的世界："只有在证伪之后才算真实"的"猜想和试验"的世界，鲜有长期存续的机会。因此，思想的现代化，需要一种理性的成长，对世界的"祛魅"，在这里，"没有也不可能有任何空间去容纳魔法或神圣"，人们认同的是一种价值无涉（value free）的探索。[13] 何怀硕对开放性、探索性世界观的认同与思考方式的建立，看似与艺术创作并无直接关系，实则从根本上奠定了其艺术思考与创作的模式。

12　何怀硕：《说中国》，原载 1991 年岁暮《自由时报》副刊，载《珍贵与卑贱：未之闻斋散文·随笔》，第 113—115 页。
13　［英］艾伦·麦克法兰主讲，刘北成评议，刘东主持《现代世界的诞生》，第 256—259 页。

　　人生到底如何取舍？人性到底是什么？恐怕永远也不会有答案，但文学艺术也因此永远有发掘不完的矿藏，也永远有创造不完的新风格去表现大海般辽阔无垠的人生世界。即便是快乐主义，在何怀硕看来，也并不像字面上的乐观，其底色是人生苦短的悲观，因为快乐要付出大代价，而且，快乐之后，忧苦随之。"桃花源与乌托邦永远是人生之渴望而永不可能圆满获得。古今最深刻动人的艺术，无不具悲剧性的原因在于此。"[14]虽然爱因斯坦1938年在《给五千年后子孙的信》中，预估未来的人会更有智慧，更能克服愚昧与贪婪。但在这个喜欢刺激与娱乐的大众化时代，何怀硕不无悲哀地发现，现实是爱因斯坦时代被视作民主灯塔的美国，二战后却逐渐变成恶魔，控制、掠夺、侵略与吸血，成为世界的霸王，以其反道德而堕落的"大众文化"，来培育、制造受蛊惑而盲从的全球化群众，这与爱因斯坦认为的当时"所有这一切，都是由于群众的才智和品格，较之那些对社会产生真正价值的少数人的才智和品格来，是无比地低下"，并无不同。他因之呼吁，在这个民主带来民粹，竟或"无知也是力量"的时代，"我们每个活着的人，应该警惕不要厕身于'群众'之中，盲目地像生物一样受制于时空客观条件，而应该挣脱出来，成为有自觉的、独立的个人"。尽管任何人都无法绝对地不陷于群众之列。[15]所以，他所追求的充满悲剧性的苦涩美感，虽注定与庸众趣味格格不入，但却依然我行我素。就像精英主义理念虽饱受攻讦，而他并不以为意而秉持不渝一样。他

14　何怀硕：《谁在那边哭泣》，原载2002年3月《联合报》副刊，载《珍贵与卑贱：未之闻斋散文·随笔》，第67—69页。

15　何怀硕：《说群众》，载《珍贵与卑贱：未之闻斋散文·随笔》，第179—182页。该文写于2011年3月。群众是一个复杂的概念，这一群体在社会中的地位与命运，他在此文，尤其是几年后写成的《再说群众》中，有详细的探讨。总体而论，他认为这一群体受困于客观条件与性格，命运无力自控，令人同情。但大众的无知、盲从、迷信、自私与势利主义等本性，又使之难以摆脱可悲的命运。《再说群众》，见该书183—186页。

始终相信，即便经济、知识与技术等力不如人，并不可怕，可怕的是缺少一颗奋发卓立的心：

> 艺术上臣服于人，甘愿追随他人，以模仿"先进国"为荣，毫无自立自强的自觉，其实是精神的沦落，心灵的空洞与虚无，远比政、经、科技的不能自立自主更可悲。[16]

对于21世纪科技的飞速发展所改变的世界、中国与我们，他有忧虑，更有期待：

> 我们其实人人都有同感，科技带来物质的享受，也引发"商业化"，拜物拜金成为"主流思想"，所以道德沦丧，食物充满毒素，使人身陷健康危机而不自觉，此其危害之大者。道德崩溃则人心险恶不可信任，健康受害则生命更加无常，身体不死也日遭戕贼，身心都大伤。另一方面，环境破坏，气候反常，天灾空前频巨，加上地球资源快速耗竭，世界陷入危境。科学本是人智之光，但成技术（科技）使生产力剧增，而有商业化之社会，道德难以维持，科技之恶，已成事实。但历史不可逆退，人生已为科技所操控，命运也不能由人自主，此全球皆然。正所谓人人无所逃于天地之间，始作俑者，欧美诸"先进"国，亦何能避免此厄运？但愿中国人有自觉，崛起之后寻求走自己的路。
>
> 处今日之世，我们只能坚定自己之信念，行心之所安，作能力所

---

16 何怀硕：《"当代艺术"的陷阱与觉醒》，该文写于2014年9月，原载上海《艺术评论》周刊，载《批判西潮五十年：未之闻斋中西艺术思辨》，第632—642页。这段文字是针对伊拉克当代艺术而发，他称之为"荒谬的伊拉克'当代艺术'"，慨叹："美国摧毁伊拉克，但伊拉克的艺术却'皈依'美国的当代艺术，是心灵的空洞与错乱，毫无骨气，毫无自觉，可悲之至！这个国家复兴之路该有多么遥远啊！"当然，这具有普遍性。

何怀硕 / 风起云涌 / 118 cm×88 cm / 纸本水墨设色 / 2006 年

及之事。我以读书、写作、创作为生命之所依托，功利之心尽量收敛，不必要之社交应酬能免则免，自己谋求合理之生活，然后乐天知命，放松心情，唯求粗安而已。[17]

同时，亦满怀信心：

中国崛起，令人鼓舞，大家应好好干。[18]

即今之世，"渐入老境"的他，固然有渴望"游于无有"（《墨鱼》，2013）的虚无和超脱，自比于老鱼，但又不免"新纪危疑闻妖吼，老鱼白眼看青天"（《老鱼》，2014）的骨鲠不平。"鼓其愚勇谔谔直言"的性格，激励他在 2017 年增订版《给未来的艺术家》中，以新增的《艺术的异化》和《忧思与期望》，批判当代的同时，寄希望于未来。

在《艺术的异化》中，他将异化的源头，直指为"商业化与大众化成为时代主流的结果"，其表象是，特朗普取代了杰斐逊；乔布斯的苹果（产品）取代了牛顿的苹果（定理）；哈利·波特取代了莎士比亚；沃霍尔取代了伦勃朗；雷迪嘎嘎取代了卓别林；村上春树取代了夏目漱石；韩寒、九把刀取代了鲁迅、梁实秋……种种表象，个别看似亦无所谓，或出于偶然，但其蔚然而为时代潮流，却是那么刺眼而令人心惊。这种不论中外，沛然莫之能御的时代之病，何怀硕痛诉，根源于当代一切产品的商业化——商业的目的在于牟利，文学艺术影视

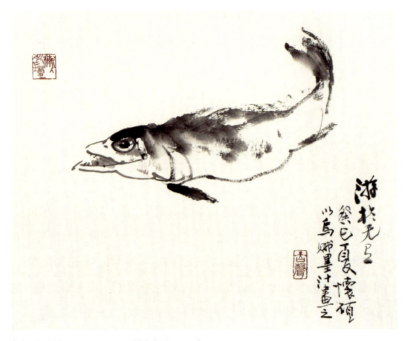

何怀硕 / 墨鱼 / 38 cm×48 cm / 纸本水墨 / 2013 年

　　等既已成为娱乐的商品,想要追求利益的最大化,便要取悦"下里巴人",自然不可能追求"阳春白雪"——文艺低鄙化、粗俗化的根由,正在大众化。

　　具体到当代艺术,便是缺乏辉煌艺术史传统的美国,挟其强大的政治经济影响力和狂妄霸倨之气,行其反传统的文化帝国主义,登上当代艺术的主流地位,既引领又搅动着全球性的人文素质,如理想、价值、品位等的普遍下降。这种下降,在科技猛进,物质与工具进步神速的时代背景下,愈显突兀刺目。现象之外,何怀硕更反思这种现象背后的根源,在于被过分赞美的"科学"与"民主",即五四运动

何怀硕 / 老鱼 / 70 cm×41 cm / 纸本水墨设色 / 2014 年

时期无尚推崇的"赛先生"与"德先生"。

何怀硕分析说，科学与民主，本身不是问题，问题在于，经过不断的异化与变迁，科学促成科技，民主变成民粹：科技造成的生产力的过分发达，激发了世界的物欲化，既造成地球生态的破坏、资源的耗竭，也造就了以美国为首的帝国主义对他国的掠夺与欺凌；民主的不完美与扭曲，不可避免变成民粹，即大众化，则庸俗、肤浅、粗野等，正是大众化的特色。当今世界政治、艺术、娱乐等领域狂享着名利快感的先锋们的品格、行为，正验证着人才的凋零与精英文化的落幕。今日艺术的虚妄荒诞正与此同根共生而相互表里。[19] 这与尼尔·波兹曼《娱乐至死》表达出的忧虑，异域而同理。

在尼尔·波兹曼忧惧的眼光里，乔治·奥威尔《一九八四》（1949）中刻画的恐怖预言并没有成为现实，成为现实的，反倒是另一个包裹着糖衣的版本，虽然这个版本比《一九八四》的年代稍微久远一点，也不那么广为人知，似乎不那么令人恐悚，即同为英国人的赫胥黎的反乌托邦小说《美丽新世界》（1932），以荒诞的笔法描绘出的他心目中的未来世界：奥威尔警告人们将会受到外来压迫的奴役；赫胥黎则认为，人们失去自由和历史，责任并不在他者，而是人们会渐渐爱上压迫，崇拜那些使他们丧失思考能力的工业技术。所以，尼尔·波兹曼警诫世人：奥威尔害怕的是那些强行禁书的人，赫胥黎担心的则是再也没有人愿意读书；奥威尔害怕的是那些剥夺我们信息的人，赫胥黎担心的则是人们在信息的汪洋中日益变得被动和自私；奥威尔害怕的是真理被隐瞒，赫胥黎担心的则是真理被淹没在无聊烦琐的世事中；奥威尔害怕的是我们的文化成为受制文化，赫胥黎担心的则是我

19　何怀硕：《艺术的异化》，载《给未来的艺术家（2017增订新版）》，（台北）立绪文化事业有限公司，2017，第282—292页。

们的文化成为充满感官刺激、欲望和无规则游戏的庸俗文化。[20]

不同于《一九八四》中人们受制于痛苦，《美丽新世界》中的人们是因享乐失去了自由。正由于当代中国商业文化的勃兴，才更让何怀硕对未来怀有信心之余，忧心忡忡于今日中国的艺术界和艺术教育。

何怀硕深知当今中国的各种禁忌，"一说便涉及名利：不是伤人，便是害己"，艺术界"已成了集体享受利益，大家埋头分食国家社会富裕的'大饼'，没有人着急，亦无暇顾及伤害国族艺术文化前途的大危机的事实"。但他依然不惮于伤人害己的利益筹谋，基于公心，细数种种"必须正视的危机"。

一是美术教育的问题。设立众多的美院、美术系、美研所，大量招生，且不断盲目扩编、增加硕博班、增聘各种导师，继而再大量招生，自壮声势，大力创收……本来，为适应经济发展的需要，多培养实用美术人才，才是合理。但畸形发展的现实却是纯绘画人才的培养，何怀硕反问，一个国家哪里需要每年毕业如此多的"画家"？所以，表面的繁荣之下，繁盛的是不够格的教授与勉强招收的学生，师生水平急剧下降，大学虚有其名，既浪费公帑，也浪费青年的生命与前途，于国于私何益？

二是艺术界官本位现象严重。从中央到地方，从各级大学到各种协会，到各博物馆、美术馆、画院，再到各出版社和大量增设的各种名目的艺术机构，严重衙门化，艺术成就比不上官位有力，常有为争官位要"出钱出力"才争得到者——有了官衔，艺术成就的高下优劣便有了"官方"的认定标准，以官本位的屹立不倒，制造官位让众人分享利益，从而令"艺术官"愈发追逐官本位，如此循环往复，腐败滋生而艺术萎靡。

20　［美］尼尔·波兹曼：《娱乐至死》，章艳译，广西师范大学出版社，2009，第3—4页。

三是博物馆、艺术馆的问题。各种展览馆，除了公办展览，其他所有展览都收费，从而使得大大小小的公办展览馆，无法对展出质量严格把关，既失去了权威性，更造成良莠不齐之弊。在租金收入的利益面前，不可避免地丧失了艺术的标准与社会教育功能。

四是艺术批评的死亡。对于当代中国艺术界"付费写评"之风，何怀硕称为"古今中外未有的赤裸裸的行贿。但学者文人待遇菲薄，有权力者从未予以关注"。从而造成艺术家与评论家"利益分润的怪现象"。这种"润笔"评论，好话难免，即或实在难以入眼，也是遮遮掩掩地玄之又玄一番。由此导致的艺术批评死亡，令艺术失去了向更高境界提升的助力。

五是各种"食禄"画院不减反增。画家本应用作品说话，却因这种制度的存在，将精力虚耗在进入画院体制和拼头衔上，本末倒置，成为"画坛衰败众多原因之一"。

六是美术图书与刊物的出版过于泛滥。平庸甚至不良艺术出版物的失序，不仅极不环保地浪费纸张和油墨，更混淆了艺术价值。

七是西方新潮的冲击。就中国水墨画而言，以美国为首的"当代艺术"的示范效应，刺激了形形色色的新派"中国画"，各种无以名之的"当代水墨"横行无忌。何怀硕戏称，李小山曾焦虑的"中国画穷途末路"不仅没有来临，反而是无奇不有，花样百出地一派"繁兴"。

八是拍卖。拍卖本属正常市场行为，但现今之日，许多洗钱、行贿、炒作等不正当行径，借拍卖市场的外衣来操作。甚而有拍卖行推出"中国艺术院校优秀作品专场"，让本应致力于艺术探索的艺术院校，沦为"商品画家"的养育场，扭曲如此，可怕而复可悲！

何怀硕说："因为我身处边缘，只有爱中国艺术的初衷，没有个人利益的考虑，比较超然，比较能说出大陆美术界先进同道所不愿、不屑、不敢、不便、不肯说的这些问题，真诚坦率地写出来，求教也求救于关爱中国文化、中国美术的各界先进人士。愿共同关注，并谋改革是幸。"[21]

上溯至 1944 年，许寿裳在《回忆鲁迅》中曾谈到他和鲁迅的共识："当时我们觉得我们民族最缺乏的东西是诚和爱。换句话说：便是深中了诈伪无耻和猜疑相贼的毛病。口号只管很好听，标语和宣言只管很好看，书本上只管说得冠冕堂皇，天花乱坠，但按之实际却完全不是这回事。"鲁迅先生在《坟·论睁了眼看》中更将其归结为"国民性"之弊："中国人的不敢正视各方面，用瞒和骗，造出奇妙的逃路来，而自以为正路。在这路上，就证明着国民性的怯弱、懒惰，而又巧滑。一天一天地满足着，即一天一天地堕落着，但却又觉得日见其光荣。"可悲的是，时至今日，何怀硕罗列的这些怪相，何尝不是"用瞒和骗，造出奇妙的逃路来，而自以为正路"。

尼尔·波兹曼警告世人："有两种方法可以让文化精神枯萎，一种是奥威尔式的——文化成为一个监狱，另一种是赫胥黎式的——文化成为一场滑稽戏。"[22]鲁迅先生在《华盖集续编·马上支日记》中也说："看客虽然明知是戏，只要做得像，也仍然能够为它悲喜，于是这出戏就做下去了；有谁来揭穿的，他们反以为扫兴。"何怀硕这种令做戏者扫兴的坦诚，就像反抗绝望，知道自己的反抗就像一支箭，射到大海里，但这正是知其不可为而为之的道义所在。正如他所坚信的艺术，一定不是商业所裹挟主导的，而是有更深刻的意义和追求：

21　何怀硕：《必须正视的危机——我们今日画坛的问题》，《中国画学刊》2015 年第 6 期，总第十二期。这是何怀硕应林木主持的"港澳台的中国画"专题而写的一文。何怀硕并没有"枝枝节节讨论中国绘画专业的课题，那是只注意秋毫之末而不见舆薪"，故有此文。
22　［美］尼尔·波兹曼：《娱乐至死》，第 132 页。

　　过去中外普遍对艺术很粗浅的见解，如艺术美化人生，陶冶性情；或艺术使人有教养，给我们美的享受，使人类由野蛮提升为文明……这些都没有错，但艺术绝不仅此。艺术一直在启导人生为何值得活。艺术真正的意义和价值，还应继续追索发掘。

　　……

　　人类未来……我想不再可能再由科技一枝独秀，发展出商业挂帅的文化的欧美来主控这个世界；必期望有一个崇尚人文价值的、新的王道而非霸道的文化来澄清天下，重建人文的世界。[23]

　　他坚信："学养与气势支撑一个人的气度，人可以老，气不可萎。"[24]这种硬朗的生命质感，就像《漫游》（2008）中的渔父一样，看似任意东西，实则有自己不变的坚持：

　　其实，我在编书，全力反击西方中心主义，维护文化的民族主义；我在写西方文化霸权只三百年便把全人类的世界毁坏了——物质的地球，生存环境的破坏；以及心灵的世界，人类社会的人文价值（伦理、道德、美感、艺术）也同时被摧毁或异化或消解了。我还要再创作书、画作品。也要写人生观感录之类，把我对世界与我一生的观感与经验坦诚写下来留予后来者参考。所以，我的老年生活比过去并不放松，并不清闲。

　　光整理我一生的文字与书画作品，整理我的书与文字资料（剪报、杂志、书画册……）也将是大工程。何况有许多书要补读，然后写随笔，我在工作中度过每一天，每一年，一点都没有一般人因无所事事而无

23　何怀硕：《给未来的艺术家（2017增订新版）》，第303页。
24　何怀硕2018年12月24日给笔者的信。

何怀硕 / 漫游 / 67 cm×97 cm / 纸本水墨设色 / 2008 年

聊而空虚，相反地，许多工作逼迫我如牛一样努力负轭向前，虽然有点苦，更多是欣幸快慰。[25]

25　何怀硕 2018 年 4 月 7 日给笔者的信。

结语

独立苍茫

　　牟宗三有种说法，个人的禀赋虽有厚薄高下的不同，但每个人潜在的才能却是独特而无可取代的，所谓"天生我材必有用"，关键在于能否找到最大限度发挥个人潜能的路径和入口。每个人其实都在碰撞中寻找，很多人终其一生亦不得其门而入，虽有不世之才也只能寂然泯灭。一旦撞对门路，便可撞出火花，便可登堂入室，其生命便可发出熠熠光华。一切伟大的艺术家皆是如此。有时，正确的道路就在眼前，一般人往往会以一念之差而疏忽错过，其中的神秘本来就属于生存的一部分。[1] 早在元代，赵子昂《赠彭师立》中感慨"名世不难传世难"，也正是对这种光华出现的偶然性的喟叹。

　　我们生活的时代，套用狄更斯《双城记》的开篇词："这是最好的时代，这是最坏的时代；这是智慧的时代，这是愚蠢的时代；这是

---

[1]　格非：《加西亚·马尔克斯：回归种子的道路》，载《博尔赫斯的面孔》，译林出版社，2014，第147—157页，尤见第151页。

信仰的时期，这是怀疑的时期；这是光明的季节，这是黑暗的季节；
这是希望之春，这是绝望之冬；我们面前一片光明，我们面前一无所有；
我们正直登天堂，我们正直下地狱。"纵观中国近代史，启蒙与革命
可以说是两大主题，但从中国漫长的文化传统来看，始终绵延着一条
抒情传统。王德威认为，近代这一抒情传统的延续，不只是一个纯粹
审美的问题，更是 1949 年以后，离散海外的华人用审美的方式来回应
革命和启蒙的一种方式。这一抒情传统，由于它的海外立场，实际构
成了对大陆所代表的现代性某些不足之处的批判。其实，这是一个从
屈原以来，直到近代鲁迅《摩罗诗力说》到艾青等的大传统，而不只
是西方浪漫主义的小抒情。他特别强调，这种抒情的"情"，不是七
情六欲的情，而是情况的情、情景的情、情势的情，是现实生活的一
个对应，更重要的是情理的情，在一种刻意强调事功的、刻意强调革
命与启蒙的大时代背景下，一种个人能够操作、细密心思能够理解的
面向，便是抒情。[2] 何怀硕的绘画，异于传统的表面之下，包裹着的诗心，
可以说，延续的便是这一伟大的抒情传统。

波德莱尔说过："现代性就是过渡、短暂、偶然，就是艺术的一半，
另一半是永恒和不变。"相对于过渡、短暂与偶然，何怀硕更追求艺
术的永恒和不变，即人类共通的情感。

日升月恒，在时间的长河里，幼林长成古木，"斧斤所赦今参天"，
江河流淌，冲走岁月，冲走记忆，古木死去，幼林又生，"太阳底下
无新事"，而人事代谢，一代一代，周而复始地出现又消失，消失又

2　凤凰文化"年代访"栏目《王德威：我用文学来回应人生无言以对的时刻》，徐鹏远 2015
年 6 月 6 日采访。王德威就文学而论，认为这一抒情传统，不只是文学创作，也是论学的
一个方式，像陈世骧、高友工，新儒家的唐君毅、徐复观，等等。见 http://culture.ifeng.com/
a/20150606/43920862_0.shtml［2015 年 6 月 29 日登录］。王德威所论为文学，但从更宏观的角度，
可以说这是中国文化的一大传统。

出现在时间的长河里……马尔克斯《百年孤独》中说："所有的事物都有生命，问题是如何唤起它的灵性。"这些变之不变，无常之常，正是何怀硕所表现与追求的艺术价值的永恒。正像 1935 年 2 月 4 日鲁迅先生在写给青年木刻家李桦的信中说的那样：

> 一个艺术家，只要表现他所经验的就好了，当然，书斋外面是应该走出去的，倘不在什么旋涡中，那么，只表现些所见的平常的社会状态也好。日本的浮世绘，何尝有什么大题目，但它的艺术价值却在的。[3]

现代世界对人的压迫，常令个体在广阔的异化世界生出无能为力之感，这是一种卡夫卡《变形记》《城堡》中流露出的情绪。在当代世界，被称为"深沉的异化哀悼者"的美国诗人马克·斯特兰德，与之有内在的暗合，他曾在一篇访谈中说："世界是势不可挡的，而人是很弱小的。一个人甚至没有力量去对付自己的过去，自己的历史。"[4] 一个人的成长，就是在现实世界的碾压与威迫下不断妥协的过程，一个逐渐放弃曾经的理想与幻想的过程，沦落为顺从的现实主义者，这种对自我本性的抛弃，便是"我"之独特性的提前死亡，而对曾经理想与幻想的坚持，便是所谓的"赤子之心"。

现代世界的确立与艺术世界的改变，带来了绘画美学的转变，使得艺术家越来越趋向以特殊的视觉性与题材建立差异性，有时借由视觉性与题材便可以判读出社会阶级的区分。[5] 从何怀硕的作品中，显然可以见出他的文人精英主义色彩。同时，现代主义又给予他一种不同

3　鲁迅：《致李桦》，载王世家、止庵编《鲁迅著译编年全集（拾捌）》（一九三五·甲），人民出版社，2009，第 36 页。
4　王家新等：《二十世纪外国重要诗人如是说》，河南人民出版社，1992，第 541 页。
5　［美］乔迅：《石涛：清初中国的绘画与现代性》，邱士华、刘宇珍等译，第 26 页。

上：何怀硕 / 天地过客 / 66 cm×105 cm / 纸本水墨设色 / 2005 年

下：何怀硕 / 独立苍茫 / 66 cm×66 cm / 纸本水墨设色 / 1986 年

于传统儒家过于重视人与人关系的思维与观看模式，使得画家能够面对自己的孤独，以一种超验的精神，体验岁月的伤逝与生命的苍凉无奈，感受"艺术给予它的创造者往往不是怡乐，而是悲苦。尤其在现代，征服自然以增进人类幸福的美愿在现实中冷酷地泄露了幻灭的朕兆，这是西方没落的事实；而东方的人与自然的和谐之历史环境因机械文明的输入，已老早成为明日黄花，这个惨痛的经验在我们这一代人身心上有切肤的感受，无可推卸的，复无可逃避的，中国现代艺术家必须正视这个事实"。[6]

《庄子·天道》云："视而可见者，形与色也；听而可见者，名与声也。悲夫，世人以形色名声为足以得彼之情。"本雅明认为，作家之所以写作，是因为他对自己阅读到的东西的不满。不唯作家，大约真正的创造者皆是如此。"怅望千秋一洒泪，萧条异代不同时。"时空的无法回头，正如人生的无法回头，物换星移，独特而曲折的人生经历，使何怀硕1975年还在纽约游学时，便决绝地走上了一条抗拒"复古"与"西化"、独立于主流之外的艺术道路：

> 艺术是个人的创造，但亦有其社会性以及与历史、时代的关联性，有肩负民族文化存亡绝续的责任感；艺术固有超然的一面，但参与中国文化的现代化，应成为中国画家一个自觉的使命。自然，这个使命感的自觉，要以民族文化的自尊心与自信心为前提。[7]

他的人生观与情怀的这种折射，早在中国崛起之前数十年的1977年，便有痛彻的感怀：

6　何怀硕：《苦涩的美感》，载《苦涩的美感》，第77—83页，尤见第80页。
7　何怀硕：《画家王己千先生评介》，载《域外邮稿》，第94页。

56

9

国族文化的自豪，我觉得美洲之大与欧洲之古，只有我们国家差不多可以尽包；而民族的忧患，使我面对这"大"这"古"，无法不为自己国家的可爱与可痛低徊太息。[8]

这种情怀与自信，历数十年而未变，在 2015 年的《走出西方世界梦魇》中，他不无欣慰地看到，西方中心的没落、美国独霸形势的反转，以及非西方尤其是中国的复兴，使世界正进入"一个三百年来未有的大变局"。坚信"一个更重视民族自尊与文化差异，和而不同的思潮将取代近百年的西化狂潮；'世界性的艺术'将是历史的笑谈"。[9]他相信，自己所追求的艺术，"是一种对宇宙人生的观点，与科学实证的研究同为认识宇宙人生的途径"。正如克罗齐《美学》所言，认识有两种：形象认识和逻辑认识；得自想象的认识和得自理智的认识。艺术就是感性经验、形象认识、直觉力和想象认识的产物。它不应是中国传统功利主义所认知的"正事"以外的"余兴"，而应是人类必须具备的一种思维的方式，即维柯所说的"诗性智慧"。将自我的艺术追求，自觉融入中国文化现代化的追求中。[10]

对何怀硕来说，早年寒苦，而不戚戚于贫贱，刻苦自励，以"狂者进取，狷者有所不为"的狂狷之心，追求成为一个有"气象"的人——识见高远；忠于自己坚信的信念与原则的同时，不断反省，虚心接纳高见，时时修正而择善固执；保持践履信念原则的坚强意志，拒绝随俗浮沉。[11]先得大陆传统文化的沾渥，继而客居台湾，一住数十载，"浮

---

8 何怀硕：《〈域外邮稿〉自序》，载《域外邮稿》，"自序"第 3 页。
9 何怀硕：《走出西方世界梦魇》，台北《中国时报》2015 年 4 月 3 日。本文是他为朱云汉《高思在云：一个知识分子对二十一世纪的思考》一书所写的书评，谓其"深得我心"。
10 何怀硕：《艺术——诗性的智慧》，该文写于 1987 年 4 月，载《什么是幸福：未之闻斋人文艺论集》，第 402—408 页。
11 何怀硕：《气象》，原载 1986 年 5 月 30 日《中华日报》，载《煮石集》，第 259—263 页。

家成久居"，画中题记，也从早年的"何怀硕时客台北"（《江入大荒图》，1973）变为"何怀硕于台北"（《枯树赋图》，1993），这种对台湾乡土的认同与归属感，于此可见鸿爪；间以游学美利坚，得以视野大开，复而回身重新审视吾土吾民的文化独特性，枯树、寒林、月光、荒原，等等，遂与他的生命碰撞出灿烂的火花，成就了他矫矫不群的艺术面目，时也命也运也！

时间远去，呈现在每个人面前的现实，都是历史与现实的交错，而何怀硕对这一切的观察、体验、感受、想象与表达，从绘画，到书法篆刻，到写作，是独特历史前提下的独特存在，表达的是个体面对时代的孤独，淤积在内心，发而为画为书为文。尤其是他的绘画，以对自我的诚实，传达内心的焦虑、苦痛与困惑，正如画中佝偻身子、踟蹰独行的过客般，在自我的艺术中，栖息自我的魂灵，隔着时间的长度，以"倏忽飘尘"的生命，孤独地面对文明的消长与变迁。从造境到心象，直抵内心的悲怆，其对"苦涩"这一独特美学维度的深掘与表现，正折射出个体经验的历史与时代变幻所构成的复杂性与深沉性：

在艺术里，没有一种思想、题材与技巧是"世界性"的；如果有，那便是"独特"。[12]

---

12 何怀硕：《熏陶》，原载 1985 年 10 月 10 日台湾《联合报》，载《煮石集》，第 175—178 页，尤见第 175—176 页。

后记

从前以后

每本书都有自己不同的命运，正如每个人一样。

《心象造境》能有幸在广西师范大学出版社出版，首先要感谢我的年轻同事张涛。夏末的一天，他问我，书的出版进展得如何，我说联系了一家出版社，还没给答复，知道要走程序，也没催问。他说，他的《草头露与陌上花》一书责编谢赫，和南朝《古画品录》作者同名，和我们同一专业，年轻，酷爱看书，刚转到广西师大出版社，专做艺术书，有没有兴趣试试。一听到广西师大出版社，想起一段往事，心头一凛，便说好啊。

2003 年，我硕士毕业，之前的冬季招聘会，广西师大出版社北京贝贝特招人，当时，出版社老总呼延华打了个照面后，具体负责招聘工作的是萧恩铭，笔试、面试，然后通知，你被录用了，过来签合同吧！回家商量，妻子问我，你不再碰碰别的单位？不试了。之前面试过的几个单位，像某民族出版社，固然看起来按部就班，也有面试，但一到人事部门，不问专业，先问你怎么来应聘的，谁介绍来的，这种官僚衙门，固然看不上我们，也实在不适合我们这种一无人脉，二无变通之才的寒门子弟。贝贝特的老总呼延华，只是稍长于我，管事的萧恩铭，小姑娘比我年轻不少，已独当一面，他们最近出了很多学术书，极有水准，一看就是做事的地方，就是它了。于是签合同。没想到，后来赶上非典，赶上留校，思来想去，觉得学校还是更适合做专业。于是又要解除合同，又是一番坎坷。当时没有机会，十几年弹指一挥间，虽然呼延华和萧恩铭早已离开这家公司，大约也早已忘了这件事，在此还是要补上一声抱歉！这本我耗时颇久的书，若能在广西师大社出版，人生兜兜转转，亦是前缘。

书稿电子版下午刚发给谢赫，大约也就两小时左右的工夫，她便托张涛转告我，可以出。刚好她正在北京出差，见面谈谈。

我说，这本书，我自己写得很有感情，不免让人觉得与美术史追求的客观有所悖谬，不知道你觉得合不合适。她说，人文学科，当然要有感情，再说，哪里存在客观！我说，你觉得好当然最好。本书的顺利出版，自然要感谢谢赫，不敢说慧眼，便是这份干脆的决断，已足以令人欣慰而感动。

与怀硕先生说知后，他大为感慨，说自己买过也看过很多这个出版社出的书，广西远处祖国边陲，客观条件有限，却能出版那么多识见不凡的书，可见很有志气，能在这里出版，甚好！

本书的出版，还要感谢我办公室的年轻同事彭筠、赵炎、戴陆和北京画院的奇洁，对我这样一个内心对电子产品怀有某种奇异的恐惧感，出了问题只会民间操作——除了拍打，便是晃鼠标的老古董，为搜图、扫描图片，实在麻烦诸位太多！远在台北的杨媛如小姐，为我查找、传送何怀硕早年作品图片与相关资料，不厌其烦，在此一并致谢！

　　最要感谢的，无疑是艺术的创造者——何怀硕先生。即今之世，各种名目的艺术"活久见"，可敬的，可爱的，可笑的，可鄙的，可憎的，可耻的……当然明了真正创造的艰辛不易。读研时，同学吴雪杉、乔晶晶见我常提何怀硕，大不以为然，有那么好吗？毕业后，听说我在写何怀硕，每次见面，吴雪杉总是唠叨，老兄，还没写完呐！我都写了多少篇论文了，你一本书还没写完？！乔晶晶总是眯着湖南妹子的笑眼问，写完了吗？岁月不居，借本书出版之机，既感谢二位的督促，也希望告诉已各有所成的二位，真的有那么好！岂止是好，简直是不可一世！

　　物之浮沉，正如人之相与。"相知何必旧，倾盖定前言。"信夫！

2019 年 8 月 31 日

怀斯居北窗，晴光入室至夜

心象造境：何怀硕苦涩美感的世界
XINXIANG ZAOJING: HE HUAISHUO KUSE MEIGAN DE SHIJIE

出版统筹：冯　波
责任编辑：谢　赫
助理编辑：郭　倩
营销编辑：李迪斐
责任技编：王增元
装帧设计：彭振威设计事务所

图书在版编目（CIP）数据

心象造境：何怀硕苦涩美感的世界 / 初枢昊著. --
桂林：广西师范大学出版社，2021.8
　ISBN 978-7-5598-4157-5

　Ⅰ．①心… Ⅱ．①初… Ⅲ．①何怀硕—评传
Ⅳ．①K825.72

中国版本图书馆 CIP 数据核字（2021）第 159142 号

广西师范大学出版社出版发行

(广西桂林市五里店路 9 号　邮政编码：541004)
　网址：http://www.bbtpress.com

出版人：黄轩庄

全国新华书店经销

珠海市豪迈实业有限公司印刷

（珠海市香洲区洲山路 63 号豪迈大厦　邮政编码：519000）

开本：787 mm × 1 092 mm　1/16

印张：37.25　　字数：440 千

2021 年 8 月第 1 版　　2021 年 8 月第 1 次印刷

定价：178.00 元

如发现印装质量问题，影响阅读，请与出版社发行部门联系调换。